JN248002

地方上級／国家総合職・一般職・専門職

公務員試験

新スーパー過去問ゼミ 6

民法Ⅰ

総則　物権　担保物権

資格試験研究会編

実務教育出版

新スーパー過去問ゼミ6

刊行に当たって

公務員試験の過去問を使った定番問題集として，公務員受験生から圧倒的な信頼を寄せられている「スー過去」シリーズ。その「スー過去」が大改訂されて「**新スーパー過去問ゼミ６**」に生まれ変わりました。

「６」では，最新の出題傾向に沿うよう内容を見直すとともに，より使いやすくより効率的に学習を進められるよう，細部までブラッシュアップしています。

「新スーパー過去問ゼミ６」改訂のポイント

① 平成30年度～令和２年度の問題を増補

② 過去15年分の出題傾向を詳細に分析

③ １行解説・STEP解説，学習方法・掲載問題リストなど，
学習効率向上のための手法を改良

もちろん，「スー過去」シリーズの特長は，そのまま受け継いでいます。

- **テーマ別編集で，主要試験ごとの出題頻度を明示**
- **「必修問題」「実戦問題」のすべてにわかりやすい解説**
- **「POINT」で頻出事項の知識・論点を整理**
- **本を開いたまま置いておける，柔軟で丈夫な製本方式**

本シリーズは，**「地方上級」「国家一般職［大卒］」試験の攻略にスポットを当てた過去問ベスト・セレクション**ですが，**「国家総合職」「国家専門職［大卒］」「市役所上級」試験など，大学卒業程度の公務員採用試験に幅広く対応**できる内容になっています。

公務員試験は難関といわれていますが，良問の演習を繰り返すことで，合格への道筋はおのずと開けてくるはずです。本書を開いた今この時から，目標突破へ向けての着実な準備を始めてください。

あなたがこれからの公務を担う一員となれるよう，私たちも応援し続けます。

資格試験研究会

本書の構成と過去問について

本書の構成

❶学習方法・問題リスト：巻頭には，本書を使った効率的な科目の攻略のしかたをアドバイスする「**民法の学習方法**」と，本書に収録した全過去問を一覧できる「**掲載問題リスト**」を掲載している。過去問を選別して自分なりの学習計画を練ったり，学習の進捗状況を確認する際などに活用してほしい。

❷試験別出題傾向と対策：各章冒頭にある出題箇所表では，平成18年度以降の国家総合職（国家Ⅰ種），国家一般職（国家Ⅱ種），国家専門職（国税専門官），地方上級（全国型・特別区），市役所（C日程）の出題状況が一目でわかるようになっている。具体的な出題傾向は，試験別に解説を付してある。

※市役所C日程については令和2年度の情報は反映されていない。

テーマ別出題頻度表示の見方

テーマ別の頻出度（ひんしゅつど）をA，B，Cの3段階で評価。学習の順序や力の入れ方の参考にしよう。

各テーマの出題数を合計して表示。

平成18年度以降の過去問を
18年度－20年度
21年度－23年度
24年度－26年度
27年度－29年度
30年度－2年度
に5分割。
各期間の出題数を合算して表示した。傾向の変化を大きくつかもう。

頻出度	試験名	国家総合職（国家Ⅰ種）					国家一般職（国家Ⅱ種）					国家専門職（国税専門官）				
	年度	18-20	21-23	24-26	27-29	30-2	18-20	21-23	24-26	27-29	30-2	18-20	21-23	24-26	27-29	30-2
	テーマ / 出題数	4	6	4	4	3	5	5	6	6	6	2	1	3	3	3
B	17 担保物権	1					1	3		1	1		1			
B	18 法定担保物権	1	1		1		1		1	1	1	1			1	1
C	19 質権		1	1		1			1							
A	20 抵当権	1	3	2	2	2	3	1	4	3	4	1		2	2	2

❸必修問題：各テーマのトップを飾るにふさわしい，合格のためには必ずマスターしたい良問をピックアップ。解説は，各選択肢の正誤ポイントをズバリと示す「**1行解説**」，解答のプロセスを示す「**STEP解説**」など，効率的に学習が進むように配慮した。また，正答を導くための指針となるよう，問題文中に以下のポイントを示している。

（アンダーライン部分）：正誤判断の決め手となる記述

（色が敷いてある部分）：覚えておきたいキーワード

「**FOCUS**」には，そのテーマで問われるポイントや注意点，補足説明などを掲載。

必修問題のページ上部に掲載した「**頻出度**」は，各テーマをA，B，Cの3段階で評価し，さらに試験別の出題頻度を「★」の数で示している（★★★：最頻出，★★：頻出，★：過去15年間に出題実績あり，―：過去15年間に出題なし）。

❹POINT：これだけは覚えておきたい最重要知識を，図表などを駆使してコンパクトにまとめた。問題を解く前の知識整理に，試験直前の確認に活用してほしい。

❺**実戦問題**：各テーマの内容をスムーズに理解できるよう，バランスよく問題を選び，詳しく解説している。問題ナンバー上部の「＊」は，その問題の「**難易度**」を表しており（＊＊＊が最難），また，学習効果の高い重要な問題には⚡マークを付している。

⚡ ＊＊ **No.2**　必修問題と⚡マークのついた問題を解いていけば，スピーディーに本書をひととおりこなせるようになっている。

なお，収録問題数が多いテーマについては，「**実戦問題1**」「**実戦問題2**」のように問題をレベル別またはジャンル別に分割し，解説を参照しやすくしている。

❻**索引**：巻末には，POINT等に掲載している重要語句を集めた用語索引がついている。用語の意味や定義の確認，理解度のチェックなどに使ってほしい。

本書で取り扱う試験の名称表記について

本書に掲載した問題の末尾には，試験名の略称および出題年度を記載しています。

①**国家総合職，国家Ⅰ種**：国家公務員採用総合職試験，
国家公務員採用Ⅰ種試験（平成23年度まで）

②**国家一般職，国家Ⅱ種**：国家公務員採用一般職試験［大卒程度試験］，
国家公務員採用Ⅱ種試験（平成23年度まで）

③**国家専門職，国税専門官**：国家公務員採用専門職試験［大卒程度試験］，
国税専門官採用試験

④**地方上級**：地方公務員採用上級試験（都道府県・政令指定都市）

（全国型）：広く全国的に分布し，地方上級試験のベースとなっている出題型

（東京都）：東京都職員Ⅰ類Ｂ採用試験（平成20年度まで）

（特別区）：特別区（東京23区）職員Ⅰ類採用試験

※地方上級試験については，実務教育出版が独自に分析し，「全国型（全国型変形タイプ）」「関東型（関東型変形タイプ）」「中部・北陸型」「法律・経済専門タイプ」「その他の出題タイプ」「独自の出題タイプ（東京都，特別区など）」の６つに大別しています。

⑤**市役所**：市役所職員採用上級試験（政令指定都市以外の市役所）

※市役所上級試験については，試験日程によって「Ａ日程」「Ｂ日程」「Ｃ日程」の３つに大別しています。

本書に収録されている「過去問」について

①平成９年度以降の国家公務員試験の問題は，人事院により公表された問題を掲載している。地方上級の一部（東京都，特別区）も自治体により公表された問題を掲載している。それ以外の問題は，受験生から得た情報をもとに実務教育出版が独自に編集し，復元したものである。

②論点を保ちつつ内容を法改正に対応させるなどの理由で，問題を一部改題している場合がある。また，人事院などにより公表された問題も，用字用語の統一を行っている。

③東京都Ⅰ類の専門択一式試験は，平成21年度から廃止されている。しかし，東京都の問題には良問が多く，他の試験の受験生にも有用であるため，本書では平成20年度までの東京都の問題を一部掲載している。

CONTENTS

公務員試験　新スーパー過去問ゼミ６

民法Ⅰ

「新スーパー過去問ゼミ６」刊行に当たって …… 1
本書の構成と過去問について …… 2
民法の学習方法 …… 6
合格者に学ぶ「スー過去」活用術 …… 7
学習する過去問の選び方 …… 8
掲載問題リスト …… 9

第１章　総　則　13

テーマ1　制限行為能力者 …… 16
テーマ2　失踪宣告 …… 46
テーマ3　法人 …… 60
テーマ4　物 …… 72
テーマ5　意思表示 …… 82
テーマ6　代理 …… 106
テーマ7　無効，取消し …… 140
テーマ8　条件，期限 …… 156
テーマ9　時効 …… 170

第２章　物　権　201

テーマ10　物権の性質・効力 …… 204
テーマ11　不動産物権変動 …… 212
テーマ12　即時取得 …… 236
テーマ13　占有 …… 254
テーマ14　所有権 …… 278
テーマ15　共有 …… 294
テーマ16　用益物権 …… 310

第3章 担保物権 327

テーマ17 担保物権 330
テーマ18 法定担保物権 342
テーマ19 質権 358
テーマ20 抵当権 372
テーマ21 譲渡担保 408

索引 424

カバー・本文デザイン／小谷野まさを　　書名ロゴ／早瀬芳文

民法の学習方法

公務員試験の「民法」について

民法では，注意すべきポイントが2つあります。1つは傾向の把握，もう1つは量の克服です。

❶傾向の把握

民法の出題傾向は，近年大きな変化を見せています。その変化を的確にとらえておかないと有効な対策をとることは困難になっています。そのために，傾向を踏まえた最新の過去問演習は不可欠といえるでしょう。

❷量の克服

もう1つ，民法には量の克服という大きな関門があります。民法は条文数が千を超える法律系科目の中で最も量が多い科目です。そこで，圧倒されるほどのその量をいかに克服していくかが重要なポイントになってきます。

学習する際の注意点

本書に取り組んでみるとすぐにわかるのですが，本試験の問題は一定の重要な部分に集中していて，その部分だけを把握しておけばほとんどの問題は容易に正答を出すことができます。つまり，**民法自体の量が膨大といっても，公務員試験に必要な民法の知識量はそれほど多くはない**のです。したがって，試験に必要な知識の範囲をどのように絞り込み，また，その範囲内の知識をいかに効率よく理解していくかを意識しておくことが，とても重要になってきます。

また，**民法では，学習は覚えることよりも理解することのほうがはるかに効率的**です。たとえば抵当権の時効消滅などは覚えようとするとすぐに忘れてしまいますが，一度その意味を理解しておけば，試験場で簡単に復元できます。そのほうが何度も覚え直すよりもはるかに効率がよいのです。本書では，テキスト等にあまり詳しい説明がないこのような部分の趣旨や意味についても必要に応じて紹介していますから，それらを参考にしながら，理解する学習を心がけるようにしてください。

本書では各選択肢の解説を単に判例や通説の紹介で終わらせずに，できるだけ身近な例を用いて理解の促進を図っています。また，図表などの具体的なイメージを把握できるような工夫も随所に施しています。これによって，短期間で民法の理解が促進されると考えたからです。

公務員試験は，学者や法律の専門家を養成するための試験ではありません。公務員試験において必要なのは，限られた時間の中で試験に合格するための力を養えるかどうかという点です。そのため，本書では厳密な意味での理論的な緻密さや正確性の追求よりも，合格のための理解の促進のほうに優先的な価値を置いて記述しています。本書の目的は，「短期間で民法を合格レベルに引き上げる」ことですから，学術的な厳格性を捨象している部分もありますが，その点は了解してください。

合格者に学ぶ「スー過去」活用術

公務員受験生の定番問題集となっている「スー過去」シリーズであるが，先輩たちは本シリーズをどのように使って，合格を勝ち得てきたのだろうか。弊社刊行の『公務員試験受験ジャーナル』に寄せられた「合格体験記」などから，傾向を探ってみた。

自分なりの「戦略」を持って学習に取り組もう！

テーマ1から順番に一つ一つじっくりと問題を解いて，わからないところを入念に調べ，納得してから次に進む……という一見まっとうな学習法は，すでに時代遅れになっている。

合格者は，初期段階でおおまかな学習計画を立てて，戦略を練っている。まずは各章冒頭にある「試験別出題傾向と対策」を見て，自分が受験する試験で各テーマがどの程度出題されているのかを把握し，「掲載問題リスト」を利用するなどして，**いつまでにどの程度まで学習を進めればよいか，学習全体の流れをイメージ**しておきたい。

完璧をめざさない！ザックリ進めながら復習を繰り返せ！

本番の試験では，6～7割の問題に正答できればボーダーラインを突破できる。裏を返せば**3～4割の問題は解けなくてもよい**わけで，完璧をめざす必要はまったくない。

受験生の間では，**「問題集を何周したか」**がしばしば話題に上る。問題集は，1回で理解しようとジックリ取り組むよりも，初めはザックリ理解できた程度で先に進んでいき，何回も繰り返し取り組むことで徐々に理解を深めていくやり方のほうが，学習効率は高いとされている。**合格者は「スー過去」を繰り返しやって，得点力を高めている。**

すぐに解説を読んでもOK！考え込むのは時間のムダ！

合格者の声を聞くと**「スー過去を参考書代わりに読み込んだ」**というものが多く見受けられる。科目の攻略スピードを上げようと思ったら「ウンウンと考え込む時間」は一番のムダだ。過去問演習は，解けた解けなかったと一喜一憂するのではなく，**問題文と解説を読みながら正誤のポイントとなる知識を把握して記憶することの繰り返し**なのである。

分量が多すぎる！という人は，自分なりに過去問をチョイス！

広い出題範囲の中から頻出のテーマ・過去問を選んで掲載している「スー過去」ではあるが，この分量をこなすのは無理だ！と敬遠している受験生もいる。しかし，**合格者もすべての問題に取り組んでいるわけではない。**必要な部分を自ら取捨選択することが，最短合格のカギといえる（次ページに問題の選択例を示したので参考にしてほしい）。

書き込んでバラして……「スー過去」を使い倒せ！

補足知識や注意点などは本書に直接書き込んでいこう。**書き込みを続けて情報を集約していくと本書が自分オリジナルの参考書になっていく**ので，インプットの効率が格段に上がる。それを繰り返し「何周も回して」いくうちに，反射的に解答できるようになるはずだ。

また，分厚い「スー過去」をカッターで切って，章ごとにバラして使っている合格者も多い。**自分が使いやすいようにカスタマイズ**して，「スー過去」をしゃぶり尽くそう！

学習する過去問の選び方

具体的な「カスタマイズ」のやり方例

本書は全161問の過去問を収録している。分量が多すぎる！と思うかもしれないが，合格者の多くは，過去問を上手に取捨選択して，自分に合った分量と範囲を決めて学習を進めている。以下，お勧めの例をご紹介しよう。

❶必修問題と⚡のついた問題に優先的に取り組む！

当面取り組む過去問を，各テーマの「**必修問題**」と⚡マークのついている「**実戦問題**」に絞ると，およそ全体の５割の分量となる。これにプラスして各テーマの「**POINT**」をチェックしていけば，この科目の典型問題と正誤判断の決め手となる知識の主だったところは押さえられる。

本試験まで時間がある人もそうでない人も，ここから取り組むのが定石である。まずはこれで１周（問題集をひととおり最後までやり切ること）してみてほしい。

❶を何周かしたら次のステップへ移ろう。

❷取り組む過去問の量を増やしていく

❶で基本は押さえられても，❶だけでは演習量が心もとないので，取り組む過去問の数を増やしていく必要がある。増やし方としてはいくつかあるが，このあたりが一般的であろう。

◎**基本レベルの過去問を追加**（難易度「＊」の問題を追加）
◎**受験する試験種の過去問を追加**
◎**頻出度Ａのテーマの過去問を追加**

これをひととおり終えたら，前回やったところを復習しつつ，まだ手をつけていない過去問をさらに追加していくことでレベルアップを図っていく。

もちろん，あまり手を広げずに，ある程度のところで折り合いをつけて，その分復習に時間を割く戦略もある。

掲載問題リストを活用しよう！

「**掲載問題リスト**」では，本書に掲載された過去問を一覧表示している。

受験する試験や難易度・出題年度等を基準に，学習する過去問を選別する際の目安としたり，チェックボックスを使って学習の進捗状況を確認したりできるようになっている。

効率よくスピーディーに学習を進めるためにも，積極的に利用してほしい。

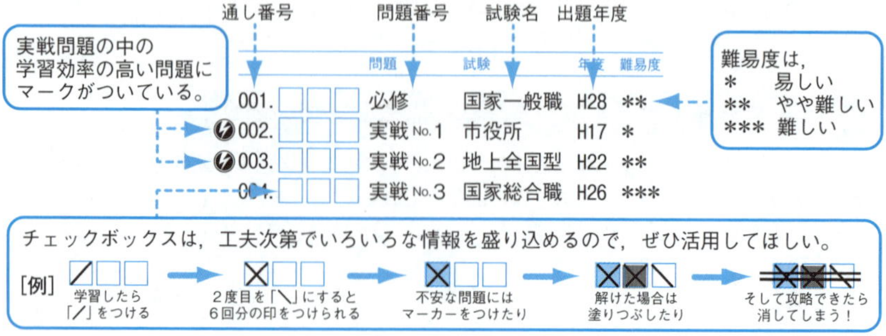

掲載問題リスト

本書に掲載した全161問を一覧表にした。□に正答できたかどうかをチェックするなどして，本書を上手に活用してほしい。

第1章 総則

テーマ1 制限行為能力者

		問題	試験	年度	難易度
001.	□□□	必修	地方全国型	H29	*
002.	□□□	実戦 No.1	国税専門官	H22	*
003.	□□□	実戦 No.2	地上特別区	H20	**
004.	□□□	実戦 No.3	地上全国型	H24	*
005.	□□□	実戦 No.4	市役所	H8	*
006.	□□□	実戦 No.5	地上全国型	H15	*
007.	□□□	実戦 No.6	国家一般職	H30	**
008.	□□□	実戦 No.7	国税/財務/労基	R元	**
009.	□□□	実戦 No.8	地上特別区	H27	**
010.	□□□	実戦 No.9	国税/財務/労基	H28	**
011.	□□□	実戦 No.10	国家総合職	R元	**
012.	□□□	実戦 No.11	国家Ⅰ種	H19	***

テーマ2 失踪宣告

		問題	試験	年度	難易度
013.	□□□	必修	市役所	H28	*
014.	□□□	実戦 No.1	地上特別区	H22	*
015.	□□□	実戦 No.2	国税専門官	H20	*
016.	□□□	実戦 No.3	地上特別区	H26	*
017.	□□□	実戦 No.4	地上特別区	R元	**
018.	□□□	実戦 No.5	地上特別区	H18	**
019.	□□□	実戦 No.6	国家Ⅰ種	H15	**

テーマ3 法人

		問題	試験	年度	難易度
020.	□□□	必修	地上特別区	H30	**
021.	□□□	実戦 No.1	市役所	H27	*
022.	□□□	実戦 No.2	地上特別区	H14	*
023.	□□□	実戦 No.3	国家Ⅰ種	H21	**
024.	□□□	実戦 No.4	国家一般職	R元	**

テーマ4 物

		問題	試験	年度	難易度
025.	□□□	必修	地上全国型	H26	*
026.	□□□	実戦 No.1	国税専門官	H6	*
027.	□□□	実戦 No.2	国家Ⅰ種	H4	**
028.	□□□	実戦 No.3	地上特別区	R2	**

テーマ5 意思表示

		問題	試験	年度	難易度
029.	□□□	必修	市役所	H30	*
030.	□□□	実戦 No.1	地上特別区	H30	*
031.	□□□	実戦 No.2	国税/財務/労基	H27	*
032.	□□□	実戦 No.3	国家Ⅱ種	H9	*
033.	□□□	実戦 No.4	国家一般職	H29	**
034.	□□□	実戦 No.5	国家Ⅱ種	H22	**
035.	□□□	実戦 No.6	国家一般職	H25	***
036.	□□□	実戦 No.7	国家総合職	H30	***

テーマ6 代理

		問題	試験	年度	難易度
037.	□□□	必修	地上特別区	R元	**
038.	□□□	実戦 No.1	市役所	H28	*
039.	□□□	実戦 No.2	地上特別区	H24	*
040.	□□□	実戦 No.3	地方上級	H23	*
041.	□□□	実戦 No.4	地方上級	H4	*
042.	□□□	実戦 No.5	国税/財務/労基	H29	**
043.	□□□	実戦 No.6	国家Ⅱ種	H18	**
044.	□□□	実戦 No.7	国家一般職	H29	**
045.	□□□	実戦 No.8	国家一般職	H30	**
046.	□□□	実戦 No.9	国家一般職	R元	**
047.	□□□	実戦 No.10	国家総合職	R元	***
048.	□□□	実戦 No.11	国家総合職	H25	***

テーマ7 無効，取消し

		問題	試験	年度	難易度
049.	□□□	必修	国家一般職	H26	*
050.	□□□	実戦 No.1	地上特別区	H18	**
051.	□□□	実戦 No.2	地上特別区	H24	**
052.	□□□	実戦 No.3	国家Ⅱ種	H23	**
053.	□□□	実戦 No.4	地上特別区	H28	**
054.	□□□	実戦 No.5	国家総合職	H30	**

テーマ8 条件，期限

		問題	試験	年度	難易度
055.	□□□	必修	地方全国型	H30	*
056.	□□□	実戦 No.1	国家一般職	H28	*
057.	□□□	実戦 No.2	地上特別区	H21	*
058.	□□□	実戦 No.3	地上特別区	H25	*
059.	□□□	実戦 No.4	地上特別区	H29	*

テーマ9 時効

	問題	試験	年度	難易度
060.	必修	国税/財務/労基	H30	**
061.	実戦 No.1	地上全国型	H21	**
062.	実戦 No.2	国家一般職	H26	*
063.	実戦 No.3	国家Ⅱ種	H21	**
064.	実戦 No.4	国家Ⅱ種	H8	*
065.	実戦 No.5	地方上級	H18	**
066.	実戦 No.6	地上特別区	H29	**
067.	実戦 No.7	国税/財務/労基	H25	**
068.	実戦 No.8	国家総合職	H27	**
069.	実戦 No.9	国家Ⅱ種	H23	**
070.	実戦 No.10	国家総合職	H26	**
071.	実戦 No.11	国家Ⅰ種	H21	***

第2章 物権

テーマ10 物権の性質・効力

	問題	試験	年度	難易度
072.	必修	国家Ⅱ種	H23	**
073.	実戦 No.1	地上特別区	H21	*
074.	実戦 No.2	国家Ⅱ種	H16	*

テーマ11 不動産物権変動

	問題	試験	年度	難易度
075.	必修	国税/財務/労基	H30	**
076.	実戦 No.1	国家Ⅱ種	H18	**
077.	実戦 No.2	国税/財務/労基	H26	**
078.	実戦 No.3	国家Ⅱ種	H16	**
079.	実戦 No.4	国家一般職	H29	**
080.	実戦 No.5	国家Ⅱ種	H15	**
081.	実戦 No.6	地上特別区	H28	**
082.	実戦 No.7	国家総合職	H28	**
083.	実戦 No.8	国家総合職	R2	**

テーマ12 即時取得

	問題	試験	年度	難易度
084.	必修	国家一般職	H27	**
085.	実戦 No.1	地上全国型	H17	*
086.	実戦 No.2	地上特別区	R元	**
087.	実戦 No.3	国税専門官	H13	**
088.	実戦 No.4	地上特別区	H29	**
089.	実戦 No.5	国家一般職	H24	**
090.	実戦 No.6	国家総合職	R元	***
091.	実戦 No.7	国家Ⅱ種	H21	***

テーマ13 占有

	問題	試験	年度	難易度
092.	必修	地上特別区	H27	*
093.	実戦 No.1	市役所	H28	*
094.	実戦 No.2	市役所	H18	*
095.	実戦 No.3	地方上級	H17	*
096.	実戦 No.4	国税/財務/労基	H27	**
097.	実戦 No.5	地上全国型	H19	*
098.	実戦 No.6	国家Ⅱ種	H19	**
099.	実戦 No.7	国家Ⅱ種	H22	**
100.	実戦 No.8	地上特別区	H30	**
101.	実戦 No.9	国家一般職	R元	**
102.	実戦 No.10	国家総合職	R2	**

テーマ14 所有権

	問題	試験	年度	難易度
103.	必修	地方上級	H27	*
104.	実戦 No.1	地方上級	H17	*
105.	実戦 No.2	地上特別区	R元	**
106.	実戦 No.3	市役所	H9	**
107.	実戦 No.4	国家総合職	H30	**
108.	実戦 No.5	地方上級	H10	*
109.	実戦 No.6	国家一般職	H28	**

テーマ15 共有

	問題	試験	年度	難易度
110.	必修	市役所	R元	*
111.	実戦 No.1	地方上級	H28	*
112.	実戦 No.2	地上特別区	H24	*
113.	実戦 No.3	地上特別区	H29	**
114.	実戦 No.4	国家総合職	H29	***
115.	実戦 No.5	国家Ⅱ種	H18	**

テーマ16 用益物権

	問題	試験	年度	難易度
116.	必修	地上特別区	H30	*
117.	実戦 No.1	地上特別区	H23	*
118.	実戦 No.2	地上特別区	H28	*
119.	実戦 No.3	地方上級	H8	*
120.	実戦 No.4	地方上級	H11	**
121.	実戦 No.5	地上特別区	H25	**
122.	実戦 No.6	国家総合職	H30	***

第3章 担保物権

テーマ17 担保物権

No.	問題	試験	年度	難易度
123.	必修	国家Ⅱ種	H23	*
124.	実戦 No.1	地上特別区	H21	*
125.	実戦 No.2	市役所	H22	*
126.	実戦 No.3	国税専門官	H21	*
127.	実戦 No.4	国家一般職	H27	**
128.	実戦 No.5	地方上級	H9	*

テーマ18 法定担保物権

No.	問題	試験	年度	難易度
129.	必修	地方上級	H28	*
130.	実戦 No.1	国税/財務/労基	H27	**
131.	実戦 No.2	地上特別区	H26	**
132.	実戦 No.3	地上特別区	R元	***
133.	実戦 No.4	国家一般職	H30	**
134.	実戦 No.5	地上特別区	H25	*
135.	実戦 No.6	地上特別区	H29	**

テーマ19 質権

No.	問題	試験	年度	難易度
136.	必修	地方全国型	H29	*
137.	実戦 No.1	地上特別区	H23	*
138.	実戦 No.2	国家Ⅱ種	H13	*
139.	実戦 No.3	国家Ⅱ種	H3	*
140.	実戦 No.4	国家Ⅰ種	H21	**
141.	実戦 No.5	国家総合職	R元	*
142.	実戦 No.6	地上特別区	R2	**

テーマ20 抵当権

No.	問題	試験	年度	難易度
143.	必修	国税/財務/労基	H30	*
144.	実戦 No.1	地上全国型	H15	*
145.	実戦 No.2	国家Ⅱ種	H22	**
146.	実戦 No.3	国税専門官	H4	*
147.	実戦 No.4	地上全国型	H22	**
148.	実戦 No.5	地上特別区	H30	**
149.	実戦 No.6	国家一般職	R元	**
150.	実戦 No.7	国家一般職	H29	***
151.	実戦 No.8	国税/財務/労基	H29	**
152.	実戦 No.9	国家一般職	H28	***
153.	実戦 No.10	国家一般職	R元	**
154.	実戦 No.11	国家一般職	H30	**
155.	実戦 No.12	国家Ⅱ種	H20	***
156.	実戦 No.13	国家一般職	H24	***

テーマ21 譲渡担保

No.	問題	試験	年度	難易度
157.	必修	地方上級	R元	*
158.	実戦 No.1	国家Ⅱ種	H21	**
159.	実戦 No.2	国税/財務/労基	H24	**
160.	実戦 No.3	国家一般職	H29	**
161.	実戦 No.4	地方上級	H9	***

注　記

【判例の表記について】

（最判平11・11・24）とあるものは「最高裁 平成11年11月24日 判決」の意。

（大決大13・1・30）とあるものは「大審院 大正13年1月30日 決定」の意。

なお，判旨の表記は，読みやすさを考慮して，口語化・簡略化を行っている部分があるので，原文とは異なる場合がある。

【法律名称の表記について】

以下のような表記の簡略化を行っている場合がある。

民訴法……民事訴訟法

民執法……民事執行法

不登法……不動産登記法

一般法人法……一般社団法人及び一般財団法人に関する法律

【平成17年4月1日施行の「民法の現代語化のための改正法」について】

平成17年4月1日施行の「民法の現代語化のための改正法」においては，旧来のカナ文字・文語体を用いた難解な表現がわかりやすい現代語に置き換えられるとともに，条文の番号の整序，定着した判例の解釈を条文に取り込む等の変更が行われた。本書では，改正法に則して解説を施すとともに，改正以前に出題され，旧来の条文・用語が使用されていた部分について，学習上の混乱を避ける観点から，これをすべて新法の条文・用語に置き換えている。

【令和2年4月1日施行の債権法改正等の民法改正について】

令和2年4月1日施行の債権法の改正においては，内容の修正とともに，用語の変更なども多岐にわたって行われた。また，これらの修正・変更は，債権法分野だけでなく総則・物権を含む民法のさまざまな箇所に及んでいる。さらに，家族法分野でも改正が行われ，令和元年7月1日から順次施行されて，その変更点は家族法以外の分野にも影響を及ぼしている。本書では，これらの改正法に則して解説を施すとともに，法改正以前に出題され，旧法による問題設定がなされた部分について，学習上の混乱を避ける観点から，改正法に合わせたものに内容を修正するとともに，条文もすべて新法に置き換えている。

第 1 章
総　則

テーマ 1 制限行為能力者
テーマ 2 失踪宣告
テーマ 3 法人
テーマ 4 物
テーマ 5 意思表示
テーマ 6 代理
テーマ 7 無効，取消し
テーマ 8 条件，期限
テーマ 9 時効

第1章 総　則

試験別出題傾向と対策

試験名		国家総合職（国家Ⅰ種）					国家一般職（国家Ⅱ種）					国家専門職（国税専門官）				
年度		18-20	21-23	24-26	27-29	30-2	18-20	21-23	24-26	27-29	30-2	18-20	21-23	24-26	27-29	30-2
頻出度	テーマ　出題数	10	8	6	6	6	8	8	6	6	6	8	6	5	3	3
A	1 制限行為能力者	3	2		1	1	1		1		2	2	2	1	1	1
B	2 失踪宣告		1				1					1				
B	3 法人		1	1						1	1	1	2			
C	4 物									1						
A	5 意思表示	2	1	1	3	2	2	2	1	1	1	2		2	1	
A	6 代理	3	1	2	1	2	3	1	2	2	2	1		1	1	
B	7 無効，取消し		1			1		2	1							
C	8 条件，期限						1			1		1				
A	9 時効	2	1	2	1			3	1				2	1		2

総則は債権総論と並ぶ民法の最重要分野の一つである。理論的な部分が多いことから判例の集積がめざましく，判例を素材とした問題が頻繁に出題されている。

ところで，民法における全般的な傾向として，出題形式の変化と出題箇所の拡大には注意する必要がある。従来は五肢択一が基本的な出題パターンであったが，現在では「妥当なものの組合せ」問題が，五肢択一に代わって基本的なパターンになっている。特に，国家一般職と国家専門職では，ほとんどの問題がこの形式に切り替わっている。この形式では，五肢択一のように消去法が使えず，各選択肢について正誤判断が必要になるため，より緻密な知識が必要になってくる。

また，国家総合職では「教授と学生の問答から誤っているものの組合せを選ぶ問題」が必ず数問出題されている。出題の素材は判例が圧倒的に多く，ただ，試験によって基礎的な判例か，それとも理論的により複雑な判例かの違いがあるにすぎない。

●国家総合職（法律）

例年2問が総則から出題されている。この分野は理論的な箇所が多いため，論理問題が多く出題される傾向にある。形式としては，「妥当なものの組合せ」のほか，事例，空欄補充，対話中での正誤肢選択など多様であり，形式の多様性が一つの特徴となっている。出題箇所は，意思表示，代理，時効の３つが最も多く，条件・期限からの出題はほとんどない。

地方上級（全国型）					地方上級（特別区）					市役所（C日程）					
18-20	21-23	24-26	27-29	30-2	18-20	21-23	24-26	27-29	30-2	18-20	21-23	24-26	27-29	30-元	
3	4	3	3	3	6	5	6	6	6	2	3	3	3	2	
1	1	1	1		1			1			1		2	1	テーマ1
					1	1	1		1						テーマ2
					1		1		1						テーマ3
		1							1						テーマ4
1	2		2	1		1		1	1		1	2		1	テーマ5
1		1			1	1	1	1	1	1			1		テーマ6
					1		1	1		1					テーマ7
				1		1	1	1							テーマ8
	1			1	1	1	1	1	1		1	1			テーマ9

●国家一般職

例年２問が総則から出題されている。テーマとしては，意思表示，代理，時効からの出題が多い。出題分野は総則の全般にわたっているが，細かな知識や奇をてらった問題などはなく，ほとんどがオーソドックスで基礎的な知識問題である。

●国家専門職（国税専門官）

出題は民法の全体にわたっているが，その中でも総則の比重が高く，特定のテーマに範囲を絞った問題よりも，意思表示全般，代理全般といった広範囲で知識を問う問題が多い。

●地方上級（全国型）

総則の中でも制限行為能力者，意思表示，代理，時効からの出題が多い。主要判例を素材とした基礎的な知識問題が主流で，あまり細かな知識問題は出題されないので，主要論点における判例と条文の知識を正確にしておけば足りる。

●地方上級（特別区）

例年２問が総則から出題されている。失踪宣告，意思表示，代理，時効が周期的に出題される。主要判例を素材とした基礎的な知識問題が主流である。主要論点における判例と条文の知識を正確にしておけばよい。

●市役所

例年１問が総則から出題されている。近年は意思表示からの出題が目立っているが，代理，時効，制限行為能力者も要注意である。

制限行為能力者

√

必修問題

制限行為能力者制度に関するア～オの記述のうち，未成年者制度と成年後見制度の両方について妥当するものをすべて挙げているのはどれか。

【地方上級（全国型）・平成29年度】

ア：この制度は本人保護を目的としている。

イ：この制度が開始されるためには，家庭裁判所の**審判**が必要である。

ウ：この制度で保護される者が制限される行為は個別に定められている。

エ：この制度で保護される者は，法定代理人の選任手続について関与することができない。

オ：この制度で保護される者が行為の相手方に対して**詐術**を用いたときには，当該行為を取り消すことができない。

1 ア，イ
2 ア，オ
3 イ，ウ
4 イ，エ
5 ウ，オ

難易度 ＊

必修問題の解説

制限行為能力者制度とは何か。

それは，**経済取引に必要とされる判断能力が不十分である者**について，保護機関の同意を必要とすることなどによって**財産が不当に減少することを防止しようとする制度**である。たとえば，小学生がさほど役に立たないような高額な教材を売りつけられる，あるいは認知症の高齢者が粗悪な羽根布団を高額で売りつけられるなどという場合に，**十分な判断能力を有する者（親権者や後見人など）がその契約の妥当性を判断して，不合理だと思えば同意しない，あるいは取消しを認める**というものである。

それによって，判断能力が不十分な者の財産保護を図ろうというわけである。

この制限行為能力者には，成年になるまで一律に保護する「未成年者」と，本来は十分な判断能力を有するべき成年者のうち，認知症など何らかの理由で判断能力に支障が生じた者について，**家庭裁判所の審判を経て保護の対象とする成年被後見人等（他は被保佐人，被補助人）**の場合がある。

そして，**この制度の第一の目的は本人の保護**（本人の財産の不当な減少の防止）であるが，**その一方で，取引きの安全についても一定の配慮がなされている**。これを本問で確認してみよう。

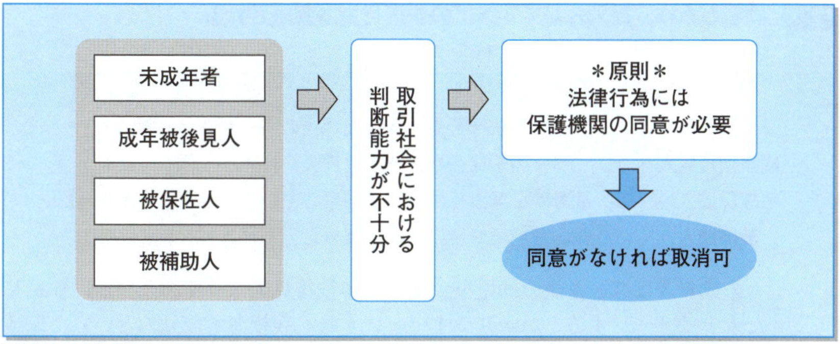

ア○ 制限行為能力者制度は，制限行為能力者の保護を目的とする制度である。

両方に妥当する。先に説明したとおりである。

イ× 未成年者は一律に制限行為能力者とされ，家庭裁判所の審判は必要でない。

成年後見制度の場合は，それが開始されるには家庭裁判所の審判が必要である（8条）。以下，順に説明する。

まず，未成年者とはゼロ歳児から満20歳未満（2022年4月1日からは満18歳未満）の者をいう（4条）。未成年者は，成長に伴い少しずつ取引の仕組みなどもわかってくるが，たとえ成年間近であっても，不動産取引のように複雑な財産取引などは，まだ少々荷が重いであろう。また，**取引に必要な能力が備わったかは個人差があるので，法は年齢で一律に区切って，未成年者をすべて制限行為能力者とした**（5条1項本文）。そうしておかないと，取引きをしようとする相手方に「取消されるおそれがある」というリスクを一方的に負わせるからである（年齢なら健康保険証等で容易に判断できる）。

一方，成年者は，それなりの経験を積み，「取引に必要な能力が備わった者」である。ただ，認知症を発症した場合のように，例外的にサポートが必要なこともあろう。そこで，法は，判断能力がどの程度低減しているかによって３段階のサポート類型を設けた。まず，判断能力が常態として極度に失われている者には強力なサポートを，それに至らない者には，低減の程度に応じて必要な範囲でのサポートを用意した。前者が本問の成年被後見人，後者が被保佐人と被補助人である。

では，取引きの相手方は，成年者について「取消されるおそれがある」者かどうかをどのように判断すればよいか。この点に対処するため，法は，**制限行為能力者としてのサポートを受けるには，家庭裁判所に申立てて審判を経なければならない**とした。審判があると，**家庭裁判所から登記所に連絡が行き，法務局内の登記所でその旨の登記がなされる（成年後見登記制度）**。取引の相手は，この登記簿に登記事項ないしは「登記されていないことの証明書」の添付を要求すればよい。この証明書は公務員への就職の際などにも求められることがあり，住民票などと同じような簡単な手続きで入手できる。

ウ× **両者ともに，原則としてすべての法律行為が制限される。**

制限の範囲を表で示しておこう。

制限行為能力者	制限の範囲
未成年者	すべての法律行為に法定代理人の同意が必要（原則）
成年被後見人	すべての法律行為を法定代理人が代わって行う（原則）
被保佐人	同意が必要な行為を法が列挙している（重要な財産行為）
被補助人	家庭裁判所が特に必要と認めた行為だけ同意が必要

未成年者は３～４歳の幼児を，また成年被後見人は重度の認知症に罹患した人をイメージするとわかりやすい。いずれも親権者・後見人といった保護機関がすべての法律行為についてサポートする。

一方，被保佐人や被補助人は，ある程度の判断能力は有しているので，サポートの範囲は，必要な程度という観点から限定的なものとなっている。

エ× **成年被後見人は，審判申立てという形で法定代理人の選任手続に関与できる。**

未成年者は，親権者が出生時から自動的に法定代理人となるが（818条１項，824条本文），成年被後見人は家裁への審判申立てが必要で，本人も申立て権者に含まれる（７条）。その意味で，後者は手続きに関与できるといえる。

なお，選任手続きはほとんど取り上げられることのないテーマなので，本肢は惑わし肢と考えて，他の肢で判断する方がよい。

オ ○ 制限行為能力者が詐術を用いたときは，取消権は消滅する。

両方に妥当する。

詐術とは，自己が行為能力者である（すなわち制限行為能力者ではない）と相手を欺くことである。未成年者が別の契約書を持って来て「ほらちゃんと契約できているでしょう。未成年者じゃありませんよ」などと相手を欺くとか，成年被後見人がたまたま本心に復していたときに「制限行為能力者なんかじゃありません。安心して契約してください」と相手を欺くなどである。

民法は，基本的なスタンスとして，「アンフェアな手段を用いた者は保護しない」という姿勢を全編で貫いている。それは，公正・公平を旨とする民法としては当然であろう。そして，その姿勢はここでも同様で，**制限行為能力者が詐術を用いた場合には，取消権は消滅する**としている（21条）。

以上から，妥当なものは**ア**と**オ**であり，正答は**2**である。

正答 2

FOCUS

制限行為能力者は，公務員になって最も役立つ分野の一つである。制度は複雑なように見えるが，試験に出題される部分は限られているので，ポイントをしっかり押さえておけば十分である。

▶▶▶ POINT

重要ポイント 1 有効な取引行為の３要素…権利能力，意思能力，行為能力

①**権利能力**…権利義務の主体となりうる地位のこと。ごくシンプルに表現すれば，「取引行為の主体として認められる資格」をいう。民法は，自然人（生身の人間のこと）と法人にこの資格を認める。

②**意思能力**…自己の行為の結果を判断できる能力，すなわち取引行為の有利・不利などを判断できる能力をいう。

③**行為能力**…単独で有効に法律行為（契約，解除，取消しなど）を行いうる地位をいう。反対に，単独で有効に法律行為を行うことができない者を制限行為能力者という。

④**３つの能力の関係**…一般的には，①と②があれば有効な法律行為となる。ただ，②があるかどうかは証明が難しいので，「意思能力が欠如ないしは不十分」と思われる者を類型化して保護手段を講じたのが制限行為能力者の制度である。

したがって，制限行為能力者の場合には，親権者の同意などの「法が別途用意した手続」を経れば，①プラスその手続で法律行為を有効なものにできる。

重要ポイント 2 制限行為能力者

（1）制度趣旨

メインの制度趣旨は，意思能力が不十分な者の財産保護である。

ただ，意思能力が不十分かどうかは外部からはわかりにくいので，これを類型化して画一的に扱うことにした（例：あと数日で成人という場合でも，成人に達していない以上，契約には親の同意が必要）。このような画一的な基準があると，相手も取引に向けて準備ができる（例：年齢を確認して親の同意書を添付させる）。このように，取引の安全を図ることも制度趣旨の一つとされる。

（2）類型

未成年者，成年被後見人，被保佐人，被補助人の４種がある。

（3）未成年者

原則	法律行為には親権者・未成年後見人の同意が必要 →両者はともに法定代理人である。これは，本人から代理人になってほしいという依頼なしに代理権が認められる者のこと →未成年後見人は，親権者がいない場合，または親が親権（の内の財産管理権）を剥奪された場合に付される
例外	以下の場合は法定代理人の同意は必要でない ①単に権利を得または義務を免れる法律行為 →弁済の受領はこれに該当しない（∵債権を失うから） ②目的を定めて処分が認められた財産（例：パソコン購入のためなど） ③婚姻した場合（成年擬制）※2022年４月１日より廃止 →婚姻すれば，未成年の間に離婚しても制限行為能力者には戻らない ④営業の許可があった場合

(4) 成年被後見人・被保佐人・被補助人

①これら3類型を，認知症を例に取るとすれば，重度（成年被後見人），中程度（被保佐人），軽度（被補助人）という程度の違いに基づく。条文では，これを，順に「事理弁識能力を欠く常況」，「事理弁識能力が著しく不十分」，「事理弁識能力が不十分」と表現している。

②3類型ともに，行為能力の制限には家庭裁判所の審判が必要（審判を要求することで画一的な取扱が可能となる→取引の相手方保護が図れる）。したがって，審判がなければ，たとえ判断能力が不十分でも完全な行為能力者として扱われる。

③保護機関の権限を表にすると，以下のようになる。

<table>
<tr><th></th><th>保護機関</th><th>同意権</th><th>代理権</th><th>取消権</th></tr>
<tr><td>成年被後見人</td><td>成年後見人</td><td>×
（∵同意は無意味）</td><td>○</td><td>○</td></tr>
<tr><td>被保佐人</td><td>保佐人</td><td>○</td><td rowspan="2">△
家庭裁判所が定める「特定の法律行為」について代理権あり</td><td>○</td></tr>
<tr><td>被補助人</td><td>補助人</td><td>○
同意権付与の審判があることが要件</td><td>○
審判が要件</td></tr>
</table>

④**成年被後見人**…法定代理人の同意の有無にかかわらず，原則としてすべての法律行為を取り消しうる。

例外は，「日用品の購入その他日常生活に関する行為」。これについては成年被後見人自身も有効になしうる。

⑤**被保佐人**…法が列挙する「高度の判断を必要とする重要な財産上の行為」について，保佐人の同意が必要。

これ以外の行為についても，家庭裁判所の審判を経て「保佐人の同意を要する行為」を追加できる。ただし，「日用品の購入その他日常生活に関する行為」は追加できない。

⑥**被補助人**…特定の行為について補助人の同意が必要。「特定の行為」をどのようなものとするかは，請求に基づき，家庭裁判所の審判を経て決定される。

⑦成年後見人と異なり，保佐人と補助人には当然には代理権はない。これらの者に代理権を認めるには，家庭裁判所の代理権付与の審判が必要である。

⑧本人以外の者の請求における「本人の同意」の要否…補助（開始の審判）の場合には本人の同意が必要。保佐と成年後見では不要。

なお，これと混同しやすいのが保護機関への代理権付与手続であり，こちらの方は保佐・補助ともに本人の同意が必要とされている。

本人の同意	成年後見	保佐	補助
本人以外の者による審判請求手続	不要	不要	必要
保護機関への代理権付与手続		必要	必要

（5）効果

①制限行為能力者の法律行為には保護機関の同意が必要であり，同意がない場合，取り消すことができるものとなる。なお，保護機関の同意は，事前に与える必要はなく，事後でもよい（事後の同意は**追認**と称する）。

②制限行為能力者も自らが同意を得ないで行った法律行為を単独で有効に取り消すことができる。これについて，法定代理人や保佐人などの保護機関の同意は不要である（∵法律関係の複雑化を避けるため）。

③保護機関がいったん追認してしまうと，制限行為能力者はこれに反する意思表示（取消し）はできない。

④制限行為能力を理由とする取消しがなされた場合，契約は当初に遡って無効となる。その場合，契約から受けた利益があれば返還しなければならない。

制限行為能力者の返還の範囲は現存利益であり，「浪費した場合には現存利益なし→返還義務なし」，「必要な費用に充てた場合には現存利益あり→返還義務あり」となる。

（6）相手方の保護

①相手方は，１か月以上の期間を定め，その期間内に追認するかどうかを制限行為能力者側に催告できる。確答がない場合には，催告の相手が

ⅰ）単独で追認できる場合（保護機関への催告，または制限行為能力者が行為能力者となった後に行う催告）には追認が擬制され，

ⅱ）単独で追認できない場合（被保佐人・被補助人への催告）には取消しが擬制される。

②保護機関の追認は，相手方に対してなされなければならず，制限行為能力者に対してなされても追認の効果は生じない。

③制限行為能力者が詐術を用いた場合には，取消しができなくなる。

詐術とは，有効な法律行為になると相手方を欺いて信じさせることをいい，たとえば保護機関の同意を得ていると相手方に伝える，あるいは能力者であると誤信させるなどがその例である。相手方に制限行為能力者の詐術を理由とする取消権が認められるためには，詐術のために，相手方が制限行為能力者を行為能力者（または有効な保護機関の同意がある）と誤信したことを要する。

④黙秘は，それだけ（＝制限行為能力者であることを告知しない）では詐術には当たらないが，他の事情とあいまって，完全な行為能力者であると誤信させる状況がある場合には詐術に当たる。

重要ポイント３ 関連する分野

（1）制限行為能力者を巡る法律関係

①制限行為能力者であっても，代理人となることができる。

②制限行為能力を理由に取り消すことのできる法律行為（たとえば売買）であっても，「未成年者が成年になった後」に代金を受領,あるいは法定代理人が代金を受領した場合には追認が擬制され，取消しはできなくなる（**法定追認**）。

③不動産の譲渡契約が制限行為能力を理由に取り消された場合，取消前の第三者に対しては，制限行為能力者は登記を取り戻さなくても取消しの効果（所有権の復帰）を主張できる。これに対して，取消後の第三者との関係では，登記を取り戻さなければ取消しの効果を主張できない（先に登記を備えたほうが優先する）。

④動産を即時取得したと主張する者に対しても，制限行為能力を理由に譲渡（売買が一般的だが，贈与の場合もあるので譲渡という表現を使う）を取り消して，動産を取り戻すことができる。

ただし，取消後は速やかに動産を取り戻しておかなければならない。取消後に譲渡されれば，即時取得の対象となる。

⑤未成年者の法律行為に対する同意は，父母が共同して行う必要がある（**親権の共同行使の原則**）。ただし，一方が他方に無断で共同名義で同意を与えた旨を表示した場合，相手方が善意であれば有効な同意がなされたものとして扱われる（取引の安全＝相手方保護）。

（2）善意・悪意の意味

民法で善意とは，単にその事実を知らないこと，悪意とは知っていることをいう（単純な知・不知の問題である。悪意は，害意という強い意味ではない）。

（3）絶対的構成

不動産が，「X→Y→A→B」と順次譲渡された場合において，Xが善意者に取消しや無効を主張できない事由があったとする（つまり悪意者には取消し→無効を主張できる）。その場合，Aが善意であれば，Bが悪意でもXはBに取消しや無効の効果を主張できないとされている。BはAの「善意の地位」をそのまま承継するというのがその理由である（これを絶対的構成という）。

（4）相当の期間を定めた催告－期間内に確答がない場合のまとめ（財産法関係）

①	・単独で追認できる者に催告した…追認を擬制（法律行為は有効に確定） ・単独で追認できない者に催告した…取消しを擬制（遡及的に無効に確定）
②	無権代理の相手方が本人に追認するかどうかを催告（114条） →催告時点の状態は「無権代理－本人に効果が帰属していない状態」 →確答がなければ追認拒絶を擬制（無権代理に確定）
③	選択権を有する選択債権の当事者に選択すべき旨を催告（408条） →催告時点の状態は「選択権が行使されていない」 →確答がなければその者の選択権は消滅，選択権は他方当事者に移る
④	行使期間の定めがない解除権で，解除するかどうかを催告（547条） →催告時点の状態は「いまだ解除されていない－契約は存続状態にある」 →確答がなければ解除権は消滅
⑤	予約完結権の行使期間の定めがない「売買の一方の予約」で完結権を行使するかどうかの催告（556条２項） →催告時点の状態は「売買はいまだ本契約に至っていない」 →確答がなければ売買の予約は効力を失う

実戦問題❶　基本レベル

＊
No.1　権利の主体等に関する次の記述のうち，妥当なのはどれか。

【国税専門官・平成22年度】

1　単独で有効に契約などの法律行為をなし得る能力を権利能力といい，権利能力のない者が行った法律行為は取り消し得るものとなる。

2　権利の主体となることができるのは自然人に限られず，法人もまた権利の主体となり得る。法人の設立に関しては，民法は，法人たる実体を備えていれば法律によらず当然法人格が認められる自由設立主義を採っている。

3　法定代理人の同意を得ない未成年者の契約は取り消すことができるが，この取消しは，未成年者は単独で行うことができず，法定代理人の同意が必要となる。

4　後見開始の審判を受けた者に付される成年後見人は法定代理人として代理権を有するが，保佐開始の審判を受けた者に付される保佐人は当然には代理権を有しない。

5　未成年者がした契約の相手方は，その未成年者が成年となった後，期間を定めて，当該契約を追認するか否かについて確答すべき旨の催告をすることができる。この場合において，当該期間内に確答が発せられなかったときは，当該契約は取り消されたものとみなされる。

＊＊
No.2　民法に規定する制限行為能力者に関する記述として，通説に照らして，妥当なのはどれか。　【地方上級（特別区）・平成20年度】

1　未成年者が法律行為をするには，必ずその法定代理人の同意を得なければならないが，同意を得ないで行った法律行為を後で取り消すことはできない。

2　成年後見人の同意を得て行った成年被後見人の法律行為は，取り消すことができないが，日用品の購入その他日常生活に関する行為については，取り消すことができる。

3　保佐人の同意を得なければならない行為について，保佐人が被保佐人の利益を害するおそれがないにもかかわらず同意をしないときは，家庭裁判所は，被保佐人の請求により，保佐人の同意に代わる許可を与えることができる。

4　家庭裁判所は，被補助人の補助開始の審判を，本人，配偶者，4親等内の親族等の請求によりすることができるが，本人以外の者の請求により補助開始の審判をする場合に，本人の同意を得る必要はない。

5　制限行為能力者が行為能力者であることを信じさせるため詐術を用いたときは，その行為は当然に無効となる。

No.3＊ **未成年者Aが，その所有する不動産を，Aの法定代理人であるBの同意を得ずにCに売却した場合に関する次の記述のうち，妥当なものはどれか。**

【地方上級（全国型）・平成24年度】

1 Cに対してAが自ら行った追認が有効となるためには，Aが追認時に成年となっていることは必要でない。

2 Aが契約をした時から５年を経過した後は，行為能力の制限を理由に取り消すことができない。

3 Aは本件の契約を取り消すためには，Bの同意が必要であり，Aが単独で取り消すことはできない。

4 Aが本件の契約を取り消す場合，Cがすでに当該不動産をDに売却していた場合でも，AはCに対して取消しの意思表示をしなければならない。

5 本件の契約が取り消された場合，Aは受け取った売却代金の全額をCに返還しなければならない。

No.4＊ **未成年者Aは親権者Bに無断で，その所有する土地を3,000万円でCに売却した。Aは土地代金3,000万円のうち，1,200万円をDへの借金の返済に充て，800万円を遊興費に，300万円を生活費に使ったため，手元には700万円しか残っていなかった。これを知ったBがこの売買契約を取り消し，Cに当該土地の返還を求めた。**

この場合，AがCに返還すべき金額として妥当なのは次のうちどれか。

【市役所・平成８年度】

1 700万円　**2** 1,000万円　**3** 1,800万円

4 2,200万円　**5** 3,000万円

No.5＊ **Aの父Bが最近認知症になったので，Aは家庭裁判所に補助開始の審判を請求した。この場合に関する次の記述のうち，妥当なものはどれか。**

【地方上級（全国型）・平成15年度】

1 補助人に同意権を与える審判を行うためには，本人の同意があることを要する。

2 補助人に代理権を付与する審判を行うことはできない。

3 被補助人が単独で法律行為をすることはできない。

4 補助人の同意を得ないで行為をした場合において，被補助人が取り消すことはできない。

5 補助人の同意を要する法律行為について，補助人に対し催告したが，追認が得られない場合は，取り消したものとみなされる。

No.6 行為能力制度に関するア～オの記述のうち，妥当なもののみをすべて挙げているのはどれか。 【国家一般職・平成30年度】

ア：未成年者Aが，親権者Bの同意を得ずに，祖父Cから大学進学の資金として100万円の贈与を受けた場合には，Bは，Aが締結したCとの贈与契約を取り消すことができる。

イ：成年被後見人Aが，成年後見人Bの同意を得ずに，自宅近くにあるスーパーマーケットCで日常の食事の材料として食料品を購入した場合には，Bは，Aが締結したCとの売買契約を取り消すことができる。

ウ：家庭裁判所は，保佐人Aの請求により，被保佐人Bの同意を得ることなく，Bが所有する家屋の売買についてAに代理権を付与する旨の審判をすることができる。

エ：家庭裁判所が，補助開始の審判によってAを被補助人とし，補助人としてBを選任した上で代理権を付与したが，同意権は付与しなかった場合には，Aの行為能力は制限されない。

オ：未成年者Aが，親権者Bの同意を得ずに，大型家電量販店Cで高価な家電製品を購入した場合において，Cは，Aが成年に達しない間に，Bに対し，1か月以上の期間を定めて，Aが締結したCとの売買契約を追認するかどうかその期間内に確答すべき旨の催告をすることができる。

1 ア，イ
2 ア，オ
3 ウ，エ
4 ウ，オ
5 エ，オ

実戦問題1の解説

No.1 の解説　権利の主体等

→問題はP.24

1 ×　権利能力のない者が行った法律行為は無効である。

権利能力とは，**権利・義務の主体となりうる地位**のことで，**民法上は自然人と法人にのみ認められている**（3条，34条）。なお，特別法でこれ以外の団体にも権利能力が認められることがある（例：農協，漁協，生協など，また国公立大学も現在は独立行政法人である）。

権利能力のない者が行った法律行為とは，たとえば犬や猫が結んだ契約（ちょっと考えられないが）のことであるが，これは**当初から無効**であって，「いったんは有効に成立するが後で取り消せる」というものではない。

2 ×　法人の設立については自由設立主義でなく法人法定主義がとられている。

法人法定主義とは，**「法人は，民法その他の法律の規定によらなければ成立しない」というもの**（33条1項）。一方，自由設立主義とは，このような「法律の規定によらなければ成立しない」という拘束を外して，法律の規定にマッチすることを要件とせずに自由に法人の設立を認めるというもの。

ある団体が法人かどうかは，その団体と取引をする相手方に大きな影響を及ぼす。法人ならばその法人と契約して当該法人に履行を求めればよいが，そうでなければ一々構成員と契約してその履行も構成員に求めるなど面倒である。そのため，**法人か法人でないかは明確に定められていることが必要であるとして，民法は法人法定主義をとっている。**

3 ×　法定代理人の同意を得ないでなされた取消しも完全に有効な取消しとなる。

これは，法律関係の無用な複雑化を避けるためである。

〔例〕
①未成年者が法定代理人の同意を得ないで法律行為を取り消した（第一の取消し）。これを，同意がないので不完全な取消しとすると…
②法定代理人が第一の取消しを取り消すことができる（第二の取消し）→「法律行為は取り消すことのできる状態」という原状に戻った。
③さらに未成年者が法定代理人の同意を得ないで法律行為を取り消した（第三の取消し）。

↓

法定代理人の同意を得ない取消しを有効な取消しと認めないと，このような連鎖が延々と続くことになり，法律関係は無用な混乱を来す。

この「法律関係の無用な複雑化を避ける」は，民法でしばしば登場するので，ちょっと注意しておこう。むやみに複雑化して，かえって混乱をきたすような事態を生じることは，いたずらに紛争を増大させてしまって社会的な損失が大きいからである。

4 ◎ 保佐人に代理権を付与するには，家庭裁判所の審判が必要である。

被保佐人は，事理弁識能力が著しく不十分な（判断能力がかなり衰えている）者であるが，たとえ不十分ではあっても判断能力がなくなっているわけではない。したがって，その意向を無視して，**保佐人に対し法律行為全般を行うという代理権を与えることは，被保佐人の人格の尊重の観点から好ましくない。**そのため，このような**一般的な代理権は認められていない**（859条１項，876条の４）。

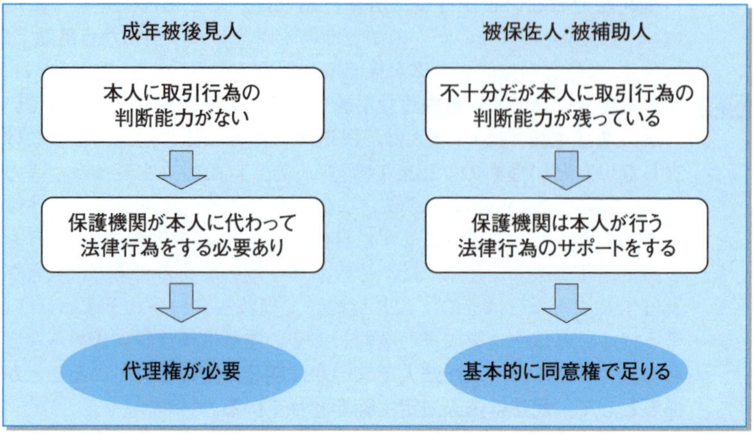

なお，抵当権設定など取引における高度の判断が必要なために，保佐人・補助人が本人に代わって法律行為をすべき場合もあることから，それに備えて，**裁判所が「特定の法律行為」について個別に代理権を付与することは認められている**（876条の４，876条の９）。ただし，本人以外の請求によってこの代理権付与の審判がなされるには，本人の同意（例：「高齢者マンション購入契約などとても難しくて手におえないから，ぜひお願いしたい」など）が必要とされる。

5 × 成年後に催告したが確答がなかった場合は，追認したものとみなされる。

次のルールで解く（どの部分でも同じ）。

①**原則**…確答がなければ，現在の法律状態を維持する形で確定
②**例外**…被保佐人・被補助人に対する催告の場合は，「取消し」に確定

未成年者が成年者となった後には，「もはや十分な判断能力が備わった者」として扱われる。すなわち，その時点では契約の有利・不利を判断できるはずであるから，その者に対する催告は①の原則が適用される。そして，**「現在の法律状態」とは，いまだ取消しがなされていない状態，つまり法律行為が有効な状態である。**法律関係はこの状態で確定するので，取消しではなく**追認したものとみなされる**（20条２項・１項後段）。

●「現在の法律状態を維持する形で確定する」理由

これは，ある法的な状態が存在する場合に，できるだけその状態をそのままの形で認めていこうとする法律の基本的な考え方の一つである。

なぜなら，その状態について法的な瑕疵や欠陥があっても，それが現実に社会の中に存在する以上，そこに当事者や第三者の法的な利害が生じる可能性がある。そこで，「その状態を覆滅することを認めると，大きな混乱を生じる可能性がある。それは社会にとってマイナスである」という考慮が働くことになる。

このような考え方は，この部分だけに限らず，法律一般に共通している。たとえば時効でも同じような考え方をするし，行政法で行政行為の不可争力（一定期間を過ぎると，行政行為の瑕疵を争うことができなくなる）が認められるのも，同様の考え方に立つものである。

No.2 の解説　制限行為能力者

→問題はP.24

1 ×　同意を得ないでなされた未成年者の行為は，取り消すことができる。

＊不合理な財産減少のおそれがある場合＊

法律行為（未成年者）	同意（親・後見人）

←――2つが揃えば十分な判断能力――→

親権者・後見人が代理して行うことも可

たとえば，小学生が高額な英語の教材を購入するような例で考えると，この場合の小学生の判断能力は十分とはいえない。そこで，法は，①親権者・後見人の同意，または，②親権者・後見人が未成年者に代わって購入すること，のいずれかの手段をとることを要求している。これらの行為なしに購入がなされた場合には，後に取り消すことが認められる（5条）。効果を「取消し」としたのは，契約の有利・不利を判断して，**「有利ならそのままで，不利なら取り消す」という考える機会を確保するため**である。

一方，小学生が「小遣いでノートを買う」というような場合には，判断能力に問題はなく，不当な財産減少のおそれもない。したがって，保護機関の同意は不要であり，取消しも認められていない。

2 ×　成年被後見人の行為は，原則として同意の有無を問わずに取り消しうる。

成年被後見人とは，判断能力（以下，「**事理弁識能力**」という）が常態として失われており（例：重度の認知症），家庭裁判所から後見開始の審判を受けた者をいう（8条）。事理弁識能力が欠けているので，**法律行為はすべて成年後見人が代わって行う**。また，成年被後見人自身が行為をしても，その行為は**「同意の有無にかかわらず」取り消すことができる**。成年被後見人は，同意の意味を理解できないし，同意のとおりに行為をするとは限らないからである。

ただ，食品や洗剤の購入など，日々の細かな取引まですべて取消しの対象とするのはあまりにも煩雑であり，また保護機関（＝成年後見人）の同意なしにこれらの購入を認めても財産保護にさほどの支障は来さない。そのため，**日常生活に関する行為については，取消しの対象とはされていない**（9

条但書)。

3◎ 不利益でないのに保佐人が同意しない場合は，家裁の許可で代替できる。

保佐人が被保佐人の利益を害するおそれがないのに同意しない場合には，家裁の許可で保佐人の同意に代替できる（13条３項）。

4× 本人以外の請求で補助開始の審判をするには，本人の同意が必要である。

補助は，「判断能力がやや衰えているものの，まだ自分で取引ができるが，誰かにサポートしてもらったほうがいい」という場合の保護の制度である。本人の判断能力がまだ十分残っているので，意思の尊重という観点から，**本人以外の者の補助開始審判請求においては，本人の同意が必要とされている**（15条２項）。

5× 相手を欺いて取引をした者には，行為能力者としての保護は与えられない。

行為能力者と信じさせるという不正な手段を用いた者が，相手方の利益を害することは許されない。そのため，契約の履行に期待を寄せている相手方の利益を考慮して，もはや取消しができなくなるとされる（**取消権の消滅**，21条）が，無効となるわけではない。

No.3 の解説　未成年者

→問題はP.25

1× 追認は，取消しの可否を判断できる状態になってから行う必要がある。

未成年者などの制限行為能力者は，契約等の法律行為を行うための判断能力が不十分であるとして，単独で有効に法律行為を行うことを制限されており，法律行為には原則として親権者や後見人などの保護機関の同意が必要とされている。

そして，**追認**とは，**自分が過去に行った不完全な法律行為について，「法律行為を有効にする」つまり取消権は放棄するという意思表示**であるが，権利を放棄する以上，十分な判断能力が備わったと認められる状態（本肢の場合は成年に到達）になっていなければならない。そうでないと，その追認自体が未熟な判断でなされたとしか評価されないからである。

したがって，**追認が有効になるにはAが追認時に成年となっていて，取消しが可能であることを認識していることが必要**である（124条１項）。

2× 取消権は行為時から20年，また追認できる時から５年で時効消滅する。

取消権が行使できる状態になった場合には，法律関係をできるだけ早期に確定させるために，取り消すかどうかの判断を一定期間内に行うのが妥当である。何十年も経ってから「あの時の行為を取り消す」といわれても，相手に不意打ちになり，むやみに法律関係が混乱することになる。そこで，**法は，取消権の行使は追認できる時から5年，行為時から20年という期間制限を設けた**（126条）。本肢で行為時とは契約時のことであるから，契約から20年，そしてAが成人してから５年で取消権は時効消滅する。

3× 取消しは未成年者に不利な行為ではないので，単独でできる。

取消しは，契約がなかった状態に戻すことであり，それは未成年者にとって不利な行為ではない。**いったん取り消して，親権者等に改めて契約の是非を相談することで不十分な判断を修正する機会を与えられる**からである。この場合の取消権は制限行為能力者の財産保護の観点から認められているので，Ａは親権者等の**同意がなくても有効に契約を取り消すことができる**（120条１項）。

4◎ 契約の取消しは，その契約の相手方にしなければならない。

妥当である。取消しとは，契約をなかったことにすることであるから，相手方に対してしなければならない（123条）。第三者Ｄに対しては，その効果（取り消したのでＡＣ間の契約は無効になった旨）を主張するだけである。

5× 取り消した場合の未成年者の返還義務の範囲は現存利益に限られる。

未成年者が契約を取り消した場合，未成年者は受け取った売却代金をＣに返還しなければならないが，その**返還の範囲は現存利益（その時点で利益として残っている部分）に限定されている**（121条の２第３項後段）。そのため，浪費によって手元に残っていない金銭は返還しなくてよい。

これは制限行為能力者の財産保護のためであるが，相手方にとっては不利である。それだけ，相手方は制限行為能力者との契約に際して慎重な判断を要求されることになる。

そうなると，制限行為能力者であるかどうかが容易にわかる状態になっていなければならない。法が未成年者という画一的な基準を設けて，十分な判断能力が備わっているかどうかにかかわらず，たとえ成年に達する直前でも一律に制限行為能力者としているのは（類型化），取引の安全確保が理由となっている。

No.4 の解説 未成年者の土地の売却

→問題はP.25

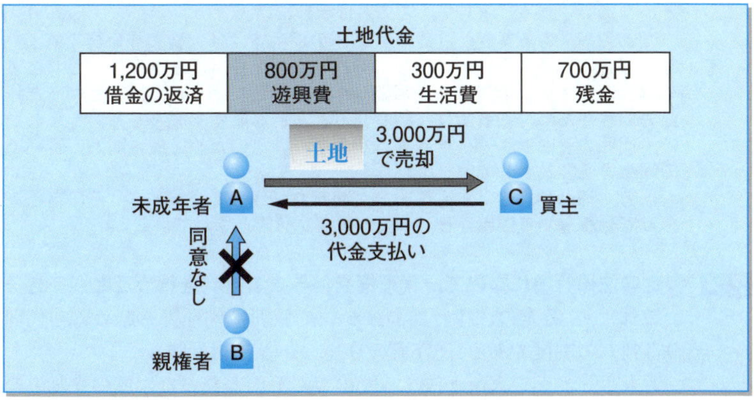

この問題は次の方法で処理する。

浪費した＝現存利益なし→**返還義務なし**
必要な費用に充てた＝現存利益あり→**返還義務あり**

遊興費＝浪費，「借金の返済＋生活費」＝必要な費用。よって，返還義務を免れるのは遊興費の800万円だけである。

返還金は　3,000〔万円〕－800〔万円〕＝2,200〔万円〕。

よって，正答は**4**である。

No.5 の解説　補助

→問題はP.25

認知症というと，何か判断力が完全に失われるようなイメージを持つかもしれないが，軽度の場合なら，罹患していることがわからないほど判断力の衰えが進んでいないこともある。したがって，本問では認知症という言葉に着目するのではなく，むしろ補助という言葉に着目して考えてみよう。

そこで補助であるが，これは，たとえば「高齢になって複雑なことを判断できないようになったので，難しい契約などの特定の法律行為についてだけサポートしてほしい」などという場合のために法が用意した本人保護の手段である。

1◎　本人以外の請求で同意権付与の審判をするには本人の同意が必要である。

妥当である（17条２項）。補助人に同意権を与える審判がなされると，その限りで被補助人の自由な法律行為が制約を受ける。被補助人は判断能力の欠如の程度が軽いため，必要以上に制約を加えないために**「同意権を与える審判」には本人の同意が要求されている**（なお，同３項参照）。

●保佐と補助における本人の同意の要否

保佐と補助には，前者が，事理弁識能力が「著しく不十分」，後者が「不十分」という違いがある。そして，この差は実際には大きい。

たとえば，ある業者が「この50万円の羽毛布団は大変お買い得ですよ」と勧誘した場合に，それを簡単に信じて契約書に判を押してしまうか，それとも「自分では判断できないので誰かに相談したい」としていったん断るといった程度の判断力の差がある。前者では，騙されてどんどん財産を減らしていく恐れがあるので，周囲の者がサポートをせざるをえない。そのため，保佐開始の審判では本人の同意は必要とされていない。

一方，補助の場合は本人に十分な判断力が残っているので，その自己決定をできるだけ尊重する観点から，本人の同意が必要とされている。

2×　特定の法律行為について，代理権を付与する審判を行うことができる。

これは，「特定の法律行為」について個別に代理権を認める「代理権付与の審判」の制度である（876条の９）。→No.１選択肢４

老人ホームへの入所が決まったので，不要となった家屋の売却を補助人に代理させるなどの場合である。

3 × **補助人の同意を要する行為以外は，単独で有効に法律行為ができる。**

補助人の同意を要する行為は，家裁の審判で定められた事項に限られる。したがって，それ以外の行為については単独で有効に法律行為ができる（17条）。

4 × **同意なくなされた行為については，被補助人が取り消すことができる。**

同意の実効性を確保するために，取消権が認められている（17条4項，120条1項）。取消しを認めなければ，被補助人が未熟な判断で行った契約等の法律行為がそのまま有効になってしまい，被補助人の財産保護を図れないからである。

5 × **補助人に催告して確答がない場合は追認したものとみなされる。**

補助人は法律行為の有利不利を判断できるので，相当期間内に確答がなければ，法律関係はそのままの状態（この場合は有効）で確定する（20条2項）。→No. 1 選択肢5

No.6 の解説　制限行為能力者制度

→問題はP.26

ア × **単に権利を得るような財産保護に支障がない行為には同意は必要でない。**

制限行為能力者制度とは，判断能力が不十分な者の財産が不当に減少することを防止しようとするものである。ということは，**財産が不当に減少するおそれがない行為については，サポートを要求する意味はない。**

そうであれば，本肢のように，単に利益を受けるだけの行為については，サポート機関（法定代理人）の同意は必要でなく完全に有効な行為となる。したがって，取消権も発生しないことになる（5条1項但書）。

イ × **成年被後見人が行った日用品の購入は取り消すことができない。**

これは，取消しがあまりにも煩わしいことや，少額の買い物などは取り消さなくても成年被後見人の財産保護に支障がないことがその理由である。

たとえば，「コンビニでおにぎりを買う，あるいはドラッグストアでシャンプーを買う」などをいちいち取り消していたのでは，煩わしくてたまらない。また，これを**取り消さなくても財産保護に支障はない**。そのため，**成年被後見人も日用品の購入その他日常生活に関する行為については，単独で有効に行うことができる**とされている（9条但書）。→No. 2 選択肢2

ウ × **保佐人への代理権付与の審判には本人の同意が必要である。**

保佐人に代理権が付与されると，その範囲で，保佐人は被保佐人の意思とは無関係に契約等を代理して行うことができる。

ただ，被保佐人が「してほしくない」と思っている行為を，保佐人が勝手に行うことは，たとえそれが本人の利益になるとしても，まだ**判断力が残っている被保佐人の意思の尊重**という観点から望ましくない。そのため，**代理権の付与には本人の同意が必要**とされている（876条の4第2項）。

エ ○ **補助開始の審判で同意権付与がなければ，被補助人の行為能力は未制限。**

本肢は，たとえば，Aの家族が，Aに家屋を処分させてそのお金で有料の高齢者施設に入居させるため，「A所有家屋の売却の代理権をBに付与する」という審判を求めたような場合のことである（876条の9）。その旨の審判がなされても，Bは家屋の売却を代理して行えるというにすぎず，Aが一般的に行為能力を制限される（Aが行う契約等の行為に，いちいちBの同意が必要になるという）わけではない。

なお，Aが日常的に簡単に不要な商品を買ってしまうなど「ちょっと危なっかしい」などという場合には，**同意権付与の審判を求めることも可能**である。その場合には，上記とは異なり，Aは「補助人の同意を必要とする」という意味で行為能力（単独で有効に法律行為を行う能力）の制限を受けることになる（17条1項）。

オ○ 相手方は法定代理人に1か月以上の期間を定めて追認の催告ができる。

まず，未成年者が，親権者の同意を得ずに高価な家電製品を購入する行為（例：何十万円もする高画質テレビの購入契約を結ぶなど）は，その者に十分な資金があったとしても，その財産を危うくする行為であり，親権者の同意がなければ取消しの対象となる。

ただ，量販店としては，取り消されれば家電製品を引き取らざるを得ず，そんな状態では未成年者に家電製品を渡してよいものか判断に迷うであろう。そして躊躇している間にモデルチェンジ等が行われて価値が下がれば，量販店はその分で損害を被ることになる。そこで，法は，親権者Bに対して「追認して完全に有効にするか，それとも取り消すかはっきりしてほしい」と催告する権利を認めた（20条2項）。**確答するまでの猶予期間は「1か月以上」**である。そして，**その期間内に確答がなければ，親権者は追認したものとして扱われる**（→No.1選択肢5参照）。

なお，親権者ではなく未成年者自身に催告した場合，未成年者は成年に達するまでは「催告の内容の当否を判断できない」とされているので，これを行っても意味がない。**未成年者に催告するならば「成年者になってから」**であり（124条1項），通常そこまでは待てないであろうから，本肢では催告の相手方は親権者Bとされている。

以上から，妥当なものは**エ**と**オ**であり，正答は**5**である。

正答 **No.1=4　No.2=3　No.3=4　No.4=4　No.5=1　No.6=5**

実戦問題2　応用レベル

＊＊
No.7 **行為能力に関するア～オの記述のうち，妥当なもののみをすべて挙げているのはどれか。**　【国税専門官／財務専門官／労働基準監督官・令和元年度】

ア：未成年者が不動産の売買契約を締結するには親権者の同意を得なければならないが，親権者が２人いる場合であっても，当該同意は，原則として一方の親権者のみでよい。

イ：成年被後見人が締結した売買契約は，いかなる場合においても取り消すことができる。

ウ：被保佐人が保佐人の同意を得ずに不動産の売買契約を締結した場合において，当該契約の相手方が，被保佐人に対し，１か月以上の期間を定めて，保佐人の追認を得るよう催告したときは，その期間内に被保佐人が追認を得た旨の通知を発しなければ，追認があったものとみなされる。

エ：被保佐人が借主となった金銭消費貸借契約が取り消された場合，被保佐人は，その行為によって現に利益を受けている限度において返還義務を負うため，当該契約によって被保佐人が得た利益のうち，賭博に浪費されて現存しない部分については返還の義務を負わないとするのが判例である。

オ：行為能力の制限によって取り消すことができる行為は，当該行為を行った制限行為能力者自身も，単独で取り消すことができる。

1　ア，イ　　**2**　ア，エ　　**3**　イ，オ　　**4**　ウ，エ　　**5**　エ，オ

＊＊
No.8 **民法に規定する制限行為能力者に関する記述として，妥当なのはどれか。**

【地方上級（特別区）・平成27年度】

1　未成年者が法律行為をするときは，法定代理人の同意を得なければならないが，法定代理人が目的を定めて処分を許した財産は，その目的の範囲内において，未成年者が自由に処分することができ，目的を定めないで処分を許した財産を処分することはできない。

2　補助人の同意を得なければならない行為について，補助人が被補助人の利益を害するおそれがないにもかかわらず同意をしないときは，家庭裁判所は，被補助人の請求により，補助人の同意に代わる許可を与えることができる。

3　家庭裁判所は，被保佐人のために特定の法律行為について，保佐人に代理権を付与する旨の審判をすることができるが，保佐人の請求により代理権を付与する場合において，被保佐人の同意は必要としない。

4　被保佐人の相手方が，被保佐人が行為能力者とならない間に，保佐人に対し，相当の期間を定めて取り消すことができる行為を追認するかどうかを確答すべき旨の催告をした場合，保佐人がその期間内に確答を発しないときは，その行為を取り消したものとみなす。

5　成年被後見人の法律行為は，日用品の購入その他日常生活に関する行為を除き，成年後見人の同意を得ないでした場合，これを取り消すことができるが，成年後見人の同意を得てなされたときは，これを取り消すことができない。

＊＊
No.9　制限行為能力者に関するア～オの記述のうち，妥当なもののみをすべて挙げているのはどれか。ただし，争いのあるものは判例の見解による。

【国税専門官／財務専門官／労働基準監督官・平成28年度】

ア：成年被後見人は，精神上の障害により事理を弁識する能力を欠く常況にある者であるため，成年被後見人自身が行った，日用品の購入その他日常生活に関する行為を取り消すことができる。

イ：被保佐人の相手方は，被保佐人が行為能力者とならない間に，その保佐人に対し，その権限内の行為について，１か月以上の期間を定めて，その期間内にその取り消すことができる行為を追認するかどうかを確答すべき旨の催告をすることができる。この場合において，その保佐人がその期間内に確答を発しないときは，その行為を追認したものとみなされる。

ウ：被保佐人は，精神上の障害により事理を弁識する能力が著しく不十分な者であるため，元本の領収や借財をするといった重要な財産上の行為を，保佐人の同意があったとしても行うことができない。

エ：被補助人は，精神上の障害により事理を弁識する能力が不十分な者であるが，自己決定の尊重の趣旨から，本人以外の者の請求によって補助開始の審判をするには本人の同意が必要である。

オ：制限行為能力者が行為能力者であることを信じさせるために「詐術」を用いた場合には，取消権を行使することができない。「詐術」とは，制限行為能力者が相手方に対して，積極的に術策を用いたときに限られるものではなく，単に制限行為能力者であることを黙秘しただけであっても，詐術に当たる。

1　ア，ウ
2　ア，オ
3　イ，エ
4　ア，イ，ウ
5　イ，エ，オ

No.10 ＊＊ **権利能力および行為能力に関するア～オの記述のうち，妥当なもののみをすべて挙げているのはどれか。** 【国家総合職・令和元年度】

ア：Aは，Bが運転する自動車にひかれて死亡した。Aの妻であるCは，そのお腹にAの子である胎児Dがいる場合，Bに対する損害賠償請求において，Dの代理人として，Dの出生前にBと和解をすることができるとするのが判例である。

イ：Aについて失踪宣告がなされた後，Aが実際には生きていたことが判明した場合であっても，失踪宣告によってAの権利能力は失われているため，その失踪宣告後にAが締結した契約はすべて無効となる。

ウ：被保佐人Aは，保佐人Bの同意を得ずに，Aが所有する土地をCに売却する契約をCとの間で締結したが，その際，Aは，自分が被保佐人であることをCに告げなかった。この場合，被保佐人であることを黙秘することをもって直ちに民法第21条の「詐術を用いた」といえるため，Aは，その契約を取り消すことができないとするのが判例である。

エ：成年被後見人Aは，成年後見人Bの同意を得た上で，Aが所有する土地をCに売却する契約をCとの間で締結した。この場合，Aは，その契約を常に取り消すことができると一般に解されている。

オ：未成年者Aは，法定代理人Bから目的を定めないで処分することを許されて渡された小遣い銭を用いて，Cとの間で書籍を購入する契約を締結した。この場合，Aは，その契約を取り消すことができない。

1 ア，ウ
2 ア，オ
3 イ，ウ
4 イ，エ
5 エ，オ

実戦問題2の解説

No.7 の解説　行為能力

→問題はP.35

ア×　親権者が２人いる場合，同意は原則として双方から得る必要がある。

親権者が２人いる場合には，それぞれの親権者が知恵を出し合って，同意すべきか取り消すかを２人で考えて結論を出すのが望ましい。そのため，同意は原則として双方から得る必要がある。いわゆる**親権共同行使の原則**である（818条３項本文）。

イ×　成年被後見人が行った日用品の購入等の契約は取り消すことができない。

このような契約をあえて取り消さなくても，成年被後見人の財産保護に支障はないことなどが，その理由である（９条）。→No.２選択肢２

ウ×　被保佐人への催告に対して期限内に確答がなければ，取消しとみなされる。

一般的な原則は，「確答がなければ，その状態をむやみに動かさず，現状のままで法律関係を確定させる」というものであるが，**被保佐人・被補助人に対する催告は唯一の例外**なので，これは覚えておこう。例外とする理由は，制限行為能力者自身は，「それが自分にとって有利なのか」をきちんと判断できない点にある。一方，保護機関に催告した場合には，有利・不利の判断ができるので，確答がなければ原則どおり「取消しがない」状態で確定する（20条２項，すなわち追認したものとみなされる）。→No.１選択肢５

なお，被保佐人・被補助人以外の制限行為能力者である未成年者・成年被後見人に対しては，そもそも催告ができないことに留意しておこう。

エ○　取り消した場合でも，浪費して残っていない金銭は返還しなくてよい。

制限行為能力者の財産保護がその理由である（最判昭50・６・27）。したがって，相手方はそのリスクを踏まえて制限行為能力者と取引きをする場合には，それなりの注意が必要になる。→No.３選択肢５

オ○　取消しができる場合，制限行為能力者自身も単独で有効に取消しができる。

たとえ**保護機関の同意を得ずに取り消しても，その取消しは有効**である。制限行為能力者に不利にならないことや，「同意がないので，その取消し自体を取り消せる」とすることはいたずらに法律関係を複雑にすることなどがその理由である。→No.１選択肢３

以上から，妥当なものは**エ**と**オ**であり，正答は**5**である。

No.8 の解説　制限行為能力者

→問題はP.35

物品の購入や部屋の賃借など，生活の中での経済的な取引を行うには，契約内容を理解してその有利・不利を判断できる能力が必要である。民法ではこれを意思能力と呼ぶ。この意思能力は，すべての者に備わっているとは限らず，中にはそれが不十分な（ないし失われた）者も存する（例：年少者，認知症の患者）。そのような者に何の保護もなしに経済的取引行為を行わせるのは，財産の不合理な喪失につながり社会的正義に反する。そこで，法は，判断能力が不十分な場合を類型化して，その不十分な部分を保護機関のサポートで補うことにした。これが制限行為能力者の制度である。

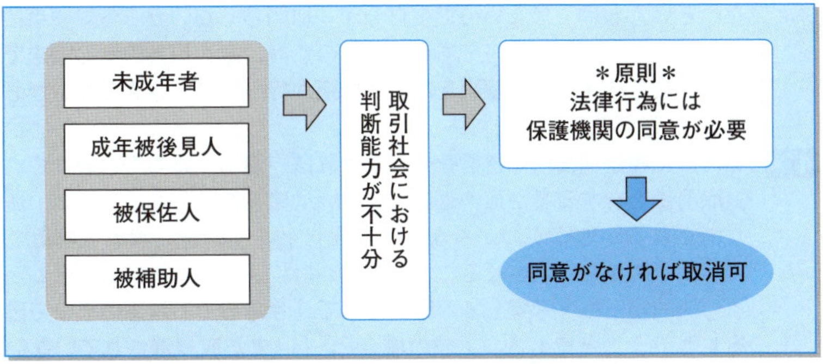

1 ×　目的を定めないで処分を許した財産も自由に処分できる。

本肢の「目的を定めないで処分を許した財産」とは，たとえば「子どもが正月にもらうお年玉」などがその例である。もらった子が何に使う（＝処分する）かは自由で，それについて何らかの制約があるわけではない（5条3項後段）。すでに処分を許しているので財産保護に支障がないことがその理由。

2 ◎　不利益でないのに補助人が同意しない場合は，家裁の許可で代替できる。

被補助人とは，**精神上の障害により事理弁識能力が不十分**であるとして，家庭裁判所から補助開始の審判を受けた者をいう（15条1項）。高齢で判断力が衰えたので，重要な契約について判断を補助してもらうなどがその例である。

本肢の「同意に代わる許可」とは，たとえば被補助人である老女Aが最近とみに歩行が困難になり，自宅生活が難しくなったので，所有不動産の一部を売却して有料の施設に入ろうとして補助人である実の娘に相談したとする。ところが，娘は相続財産が減ることを嫌がって同意しようとしない。このような場合，**家庭裁判所は補助人の同意に代わる許可を与えることができる**（17条3項）。

3 ×　本人以外の請求で保佐人に代理権を付与するには本人の同意が必要である。

被保佐人とは，**精神上の障害により事理弁識能力が著しく不十分**であるとして，家庭裁判所から保佐開始の審判を受けた者をいう（11条）。補助との差は「著しく」が付くかどうかであるが，**要するに判断力が多少衰えているか（補助），相当に衰えているか（保佐）といった程度差の問題**である。

そして，被保佐人にはサポート機関として保佐人が付され，重要な法律行為については保佐人の同意が必要とされ（13条1項本文），本人が同意なしに勝手に契約などを行った場合には保佐人が取り消すことができる（同4項）。

問題は，同意よりも本人（被保佐人）への影響の大きい代理権の付与であるが，代理では保佐人は本人に相談なしに自己の判断で契約等の法律行為ができる。本人は，いかに判断力が衰えているとはいえ，まったく判断ができないというわけではないので，自分が一切関与しないところで勝手に契約等をされるというのは不当であろう。そのため，**本人以外の者の請求で保佐人に代理権を与える旨の審判を家庭裁判所が行うには，本人の同意が必要**とされる（876条の4第2項）。

4 × **保佐人が相当期間内に確答を発しなければ，追認したものとみなされる。**

取消権を有する者が何の返答もしない（確答を発しない）場合，法は，取り消されるかどうかわからないという相手の不安定な状態を解消するために，法律関係を確定させることにしている。どのように確定させるかというと，法的安定性を考慮して，**原則として「今あるその状態のままで確定させる」**ということである。本肢の場合は，**「いまだ取り消されていない，つまり契約は有効」というのが現在の状態**であるから，取消しではなく追認したものとみなされ（20条2項），**契約は有効で確定する。**→No.7ウ

5 × **同意の有無を問わず，成年被後見人の法律行為は原則として取り消しうる。**

成年被後見人は，**精神上の障害により事理弁識能力を欠く常況にある**として，家庭裁判所から後見開始の審判を受けた者をいう（15条1項）。重度の認知症に罹患した者などがその例である。

成年被後見人は，後見人が同意しても意味を理解しているかどうか不明なので，**同意の有無にかかわらず取消しが認められている**（9条本文）。

No.9 の解説　制限行為能力者

→問題はP.36

ア×　成年被後見人の行為のうち日用品の購入等は取消しができない。

これは，取消しがあまりにも煩わしいことや，取り消さなくても成年被後見人の財産保護に支障がないからである（9条但書）。→No.２選択肢２

イ○　保佐人が相当期間内に確答を発しなければ，追認したものとみなされる。

保佐人は，被保佐人が行った法律行為の有利・不利を判断できるので，確答がなければその時点の状態，すなわち契約は有効で確定する。すなわち，保佐人はその行為を追認したものとみなされる（20条２項）。→No.７ウ

ウ×　保佐人の同意があれば，重要な財産上の行為を行うことができる。

被保佐人は，事理弁識能力が著しく不十分な者であるが，事理弁識能力を欠く常況にある成年被後見人とは異なり，不十分とはいえその能力を有している。そうであれば，その**不十分な部分を保佐人が補えばよい**ので，保佐人の同意があれば元本の領収や借財をするといった重要な財産上の行為を行うことができる（13条１項本文，１・２号）。

エ○　本人以外の請求で補助開始の審判をするには，本人の同意が必要である。

自己決定の尊重の趣旨から，本人の同意が必要とされている（15条２項）。

→No.２選択肢４

オ×　単に制限行為能力者であることを黙秘しただけでは，詐術には当たらない。

制限行為能力者が行為能力者であることを信じさせるため**詐術を用いたときは，取消しは認められない**（21条）。そして，黙秘については，他の言動などと相まって相手方を誤信させ，または誤信を強めたものと認められるときは詐術に当たるが，**単に制限行為能力者であることを黙秘していただけでは詐術には当たらない**とされている（最判昭44・２・13）。

●複雑な「黙秘の効果」

詐術と黙秘の関係はわかりにくいので，ここで整理しておこう。

①まず，単に制限行為能力者であることを黙秘していただけでは詐術には当たらないのはなぜか。

そもそも，制限行為能力者とは契約の有利不利を十分に判断できない者である。そういう者に，「信義に照らして制限行為能力者である旨を告知せよ」と要求すること自体無理がある。年少あるいは認知症などで契約のルールさえ理解できないのに，相手に対して「自分は制限行為能力者ですよ。それでも契約しますか？」という告知義務を課すのは非現実的である。だから判例は，単に黙秘していただけでは詐術（取消権の消滅）に当たらないとしている。

②では，他の言動などと相まって相手方を誤信させ，または誤信を強めたものと認められるときは詐術に当たるのはなぜか。

ここまでのことができるのは，契約のルールが理解できている者である。そのうえで，制限行為能力者であることを利用して相手を陥れようとするのであるから，こんな悪質な者を保護する必要はない。①とは，明らかに態様を異にしている。

③ところで，単なる黙秘では制限行為能力者保護が優先されるとすると，相手方が「自己の契約の安全性」を確保するにはどうすればよいのか。

制限行為能力者の保護に手厚い民法の規定を考えると，やはり自分で守るしか方法がない。まず，若年者と契約しようとするときは，免許証を見せてもらうなど年齢を確認することが肝要になる。この手法は，現在では取引社会で広く普及している。次に，成年被後見人・被保佐人・被補助人については，態度が不自然だと思えば躊躇せずに「登記されていないことの証明書」（法務局で発行してくれる）の交付を求めることである。契約では，相手方の観察が特に重要になってくる。

以上から，妥当なものは**イ**と**エ**であり，正答は**3**である。

No.10 の解説　制限行為能力者

→問題はP.37

ア×　胎児には権利能力はないので，母は胎児を代理して和解契約を結べない。

まず，**和解**というのは仲直りなどといった感情面の問題のことではなく，裁判によらず**当事者の合意（契約）によって争い**（損害賠償等）**を解決すること**をいう（695条）。

そして，これは契約（和解契約）であるから，これを行うには，まず権利主体として認められること，すなわち権利能力が必要である。

では，胎児には権利能力は認められるかというと，**母体外に完全に出てくるまでは（いわゆる全部露出説）権利能力は認められない**というのが原則である。ただ，それでは不都合なこともあるので，次の**3つの場合には「生きて生まれること」を条件に例外的に権利能力が認められている**。

●胎児に例外的に権利能力が認められる３つの場合（生きて生まれることが条件）
①不法行為に基づく損害賠償請求権（721条）…胎児も加害者に賠償請求できる
②相続権（886条１項）…胎児も相続人となれる
③遺贈（965条）…胎児に対して遺言による贈与ができる

では，**胎児の間に親が代理人**（824条本文）**となれるかというと，これはできない**（大判昭７・10・６）。胎児は，生きて生まれるかどうかわからないからである。

胎児Ｄは，父から育ててもらう権利，すなわち監護・教育を受ける権利を有しているので（820条），それを侵害した加害者Ｂに対して損害賠償請求ができる。ただ，それはＤが胎児の間に母Ｃが代理して行うのではなく，Ｄが生きて生まれてから，その請求を行うべきことになる。

イ×　自然人の権利能力が消滅するのは，死亡の場合に限られる。

自然人の権利能力の始期は出生のとき（３条１項），終期は死亡の時である。つまり，生きている限り，物を売ったり買ったり，あるいはアパートを借りたりすることができる（権利義務の主体となりうる）。**失踪宣告**については次章で説明するが，これは**権利能力の終期ではない**。

一方，**権利能力の始期は出生の時**であるが，この原則を徹底すると不都合を生じることがある。具体的には，**①不法行為による損害賠償請求，②相続，③遺贈（＝遺言による贈与）の3つの場合**がそれである。たとえば相続なら，父が重篤の病気で子の出生前に死亡したという場合，父は生まれてくる子のために，自分の死亡時の相続では胎児にも自分の財産を受け継がせたいであろう。このような事態に備えるため，この3つの場合には，**生きて生まれることを条件に胎児にも権利能力が認められている**（721条，886条，965条）。

ウ× **単に制限行為能力者であることを黙秘しただけでは，詐術には当たらない。**

判例は，単なる黙秘は詐術に当たらないと解している（最判昭44・2・13）。→No.9オ

エ○ **同意の有無を問わず，成年被後見人の法律行為は原則として取り消しうる。**

成年被後見人は，常態として判断能力を欠いているので，同意の意味を理解できているかどうかわからない。そのため，「日常生活に関する行為」を除いて常に取り消すことができるとされている（9条本文）。そして，土地の売却は「日常生活に関する行為」にはあたらないので，成年被後見人Aはその契約を常に取り消すことができる。→No.2選択肢2

オ○ **目的を定めず処分が許された財産で締結した契約は，取消しができない。**

すでに処分を許しているので，**未成年者の財産保護に支障がない**ことがその理由である（5条3項後段）。→No.8選択肢1

以上から，妥当なものは**エ**と**オ**であり，正答は**5**である。

正答 No.7=**5**　No.8=**2**　No.9=**3**　No.10=**5**

実戦問題❸　難問レベル

***
No.11　民法上の催告に関するア～オの記述のうち，妥当なもののみをすべて挙げているのはどれか。　　【国家Ⅰ種・平成19年度】

ア：被保佐人Ａが保佐人の同意を得ずにＢとの間でＡの所有する不動産の売買契約を締結した場合において，Ａが行為能力者となった後に，Ｂが１か月以上の期間を定めてＡに対して当該契約を追認するかどうかを確答すべき旨の催告をしたが，Ａがその期間内に確答をしないときは，Ａが当該契約の追認を拒絶したものとみなされる。

イ：無権代理人ＡがＢの代理人と称してＣとの間で契約を締結した場合において，Ｃは相当の期間を定めてＢに対して追認をするかどうかを確答すべき旨の催告をしたが，Ｂがその期間内に確答をしないときは，Ｂが当該契約を追認したものとみなされる。

ウ：ある選択債権が弁済期にある場合において，契約の一方当事者Ａが相当の期間を定めて選択権を有する他方当事者Ｂに対して選択すべき旨の催告をしたが，Ｂがその期間内に選択をしないときは，その選択権がＡに移転する。

エ：契約の解除権行使について期間の定めがない場合において，契約の一方当事者Ａが相当の期間を定めて解除権を有する他方当事者Ｂに対して解除をするかどうかを確答すべき旨の催告をしたが，Ｂがその期間内に解除の通知をしないときは，Ｂが当該契約を解除したものとみなされる。

オ：売買の一方の予約において相手方Ａがその売買を完結する意思表示をすべき期間を定めなかったときは，売買の予約者Ｂは，Ａに対して相当の期間を定めて売買を完結するかどうかを確答すべき旨の催告をすることができ，Ａがその期間内に確答をしないときは，売買の一方の予約は効力を失う。

1　ア，イ
2　ア，エ
3　イ，ウ
4　ウ，オ
5　エ，オ

実戦問題3の解説

No.11 の解説　民法上の催告

→問題はP.44

本問は，行為能力だけの問題ではないが，本テーマで学んだ知識を確認しつつ，民法の学習方法（考え方のポイントさえ押さえておけば，どのテーマでも同じように考えればよい）を知る意味で好個の素材である。

ア × 妥当でない。Aは行為能力者となっているので，ここでは例外ではなく原則が適用される（20条1項）。

> **状態**…契約はいまだ取り消されていない→有効に存在している
> **その状態で確定**…「契約はそのまま有効に存続」で確定。その結果，取消権は消滅する

イ × 妥当でない（114条）。

> **状態**…無権代理で本人の追認がなされていない
> **その状態で確定**…「本人は追認しない」という状態に確定

ウ ○ 妥当である（408条）。選択債権とは，たとえば「２頭の馬のうち，買い手が好きなほうを自分で選べる」という債権のこと。

> **状態**…選択権は行使されていない
> **その状態で確定**…「選択権は行使されない→もはや行使できない」で確定。ただ，どちらかを選択する必要があるので，選択権は他方当事者Aに移る

エ × 妥当でない（547条）。

> **状態**…契約はいまだ解除されていない→契約は有効に存在している
> **その状態で確定**…「契約はそのまま有効に存続」で確定。その結果，解除権は消滅する

オ ○ 妥当である（556条２項）。**売買の予約**とは，「将来売買契約を締結しましょう」と約束しておくことである。

> **状態**…売買契約は締結されていない
> **その状態で確定**…売買契約は締結されない。つまり，予約は効力を失う

なお，**一方の予約**とは当事者の一方が**予約完結の意思表示**（「いよいよ，売買契約を締結しますよ」との意思表示）をすれば，相手方は契約締結の義務を負う場合のこと（556条１項）。

以上より，妥当なものは**ウ**と**オ**であり，正答は**4**である。

正答 No.11=4

失踪宣告

必修問題

失踪宣告に関する次の記述のうち，妥当なものはどれか。

【市役所・平成28年度】

1 失踪宣告がなされた者は死亡したものと推定されるが，反証がある場合にはこれを覆すことができる。

2 失踪宣告は，失踪者の旧来の住所における法律関係にのみ影響し，失踪者が他の場所で行った行為は有効である。

3 失踪宣告は，失踪者が生存していた場合にのみ，これを取り消すことができる。

4 失踪宣告によって財産を得たものは，失踪宣告が取り消しになった場合はその所有権を失い，そのすべてを返還する義務を負う。

5 失踪宣告の取消しは，取消前の失踪者の法律関係のすべてに影響を及ぼし，失踪者の法律関係はすべて旧来に復帰する。

難易度 ＊

必修問題の解説

失踪宣告とは，生死不明者について，家庭裁判所が宣告により死亡を擬制（みなし）して，その者が失踪前（あるいは失踪時）に生活していた旧来の住所における所有権や債権債務，婚姻などの法律関係の整理を認める制度である。

なぜこのような制度が設けられているかというと，生死不明者をめぐる法律関係を整理することが，家族などの利害関係人に必要な場合があるからである。

たとえば，ある家庭で夫が家を出たまま長期間生死不明の状態になっているとか，沈没した船に乗船していて生死不明になっているといった場合，そのままの状態では，たとえ家族といえども夫の財産を勝手に処分することは許されない。しかし，帰ってくる見込みがない夫の財産をいつまでも整理できず，いわば半永久的に管理を続けなければならないというのも不都合な話である。一般的な人の死亡の場合であれば，相続によって財産が親族（相続人）に移るので，親族は新たに自分の財産として管理を始めればよい。しかし，生死不明のままでは相続は開始しないので，何らかの法的整理の制度がなければ，夫の財産関係・身分関係は半永久的に維持すべき状態が続くことになる。

そこで，生死不明になる前に暮らしていた生活圏で残ったままになっている法律関係を整理する制度が民法に設けられた。これが失踪宣告である。

1 ×　失踪宣告の効果は死亡の推定ではなく，反証を許さない死亡の擬制である。

推定とは，それと異なる事実が証明されれば（＝反証があれば）それで覆るというもの。簡単にいえば，「死亡したと思っていた本人がひょっこり現れれば，それで失踪宣告はなかったことになる」というのが推定である。しかし，失踪宣告がなされると，相続が開始し，財産が相続人に移転し，債務が債権者に支払われるなど，通常は様々な法律関係が激しく変動する。それを**単なる反証だけで一挙に覆されると混乱が大きい**。やはり，ここは，**「家庭裁判所での宣告の取消し」という慎重な手続きを踏んで，一つ一つ丁寧に原状回復させるというプロセスが必要**である。そのため，**失踪宣告の効果**は，反証で簡単に覆る推定ではなく，**法的手続きを踏まなければ覆らない擬制（みなす）とされている**（31条）。すなわち，宣告の効果を覆すには，「宣告に反する事実に加えて宣告の取消し」が必要となる（32条）。

2 ◎　失踪宣告がなされた者が，現在生活している場所で行った契約は有効である。

妥当である。失踪宣告は，失踪者が失踪前に生活していた住所地で作り上げ，残していった法律関係だけを整理しようとするものであるから，失踪者が生存していた場合に，失踪者が他の場所で行った行為は有効である。

3 ×　宣告で認定された時期と異なる時期に死亡していた場合にも，取消しは可能。

たとえば，父が失踪し，宣告によって死亡したとみなされる時期の少し前に長男が病死したが，その後，父は失踪直後に死亡していたことがわかったという場合，**相続人の相続分が変わってくる可能性**がある。

そこで，宣告によって**死亡とみなされる時と異なる時に死亡したことが証明されたときにも，宣告の取消しが認められている**（32条1項前段）。

4 ×　財産を得た者が善意の場合，現存利益の範囲で返還すればよい。

本人の生存を知らずに（＝善意）財産を譲り受けた者は，当然に正当な財産取得と信じて自由に財産を使うであろう。それを後から「実は宣告は間違いであった」といわれると，「それなら使わなかったのに」ということになるであろう。正当な財産取得であるとの信頼を保護するために，善意者の場合は現に利益を受けている限度で返還すればよい（32条2項但書）。

5 ×　婚姻のような身分関係は，宣告の取消しによって旧来に復帰するとは限らない。

失踪宣告を受けた者の配偶者が再婚した場合のように，当事者の意思を尊重すべき身分関係においては，前婚は復活しないとする見解が有力であり，この場合には失踪者の法律関係は旧来に復帰しないことになる。

正答 2

FOCUS

この分野は必要な知識の範囲が限られており，同じポイントから，ほぼ同じ表現で繰り返し出題されている。知識の範囲としては，「POINT」に列挙してあるもので十分なので，あとは知識の正確性を確保するようにしたい。

▸▸▸POINT

重要ポイント 1 失踪宣告の制度趣旨

不在者の死亡を擬制して，失踪者が失踪前に生活していた場所（旧来の住所）における法律関係を整理しようとするもの。

重要ポイント 2 失踪宣告の要件と効果

（1）要件

①利害関係人の請求が必要である。

②失踪宣告は，失踪者の法律関係を整理するための制度であるから，宣告を請求できる利害関係人は法律上の利害関係人でなければならず，単なる事実上の利害関係人では足りない。

たとえば，夫が失踪して妻が生活に困っているのを見かねた妻の兄弟が，夫名義の土地を処分して生活の資に充当できるようにと考えて，失踪宣告を申し立てるようなことはできない。妻の兄弟には事実上の利害関係しかないからである。

③裁判所が職権で失踪宣告を行うことは許されない。また，検察官が職権で失踪宣告の申立てを行うことも許されない。

④普通失踪は生死不明の期間が７年間，特別失踪（危難失綜）は１年間継続したことである。

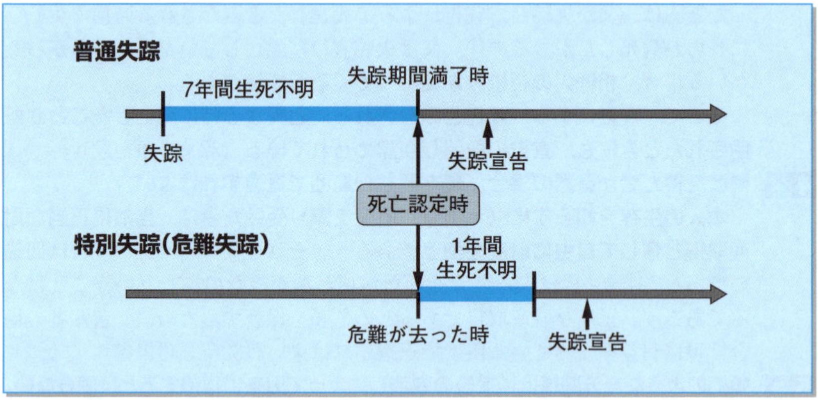

（2）効果

①失踪宣告があると，失踪者の死亡が認定される。

これによって，財産関係では相続が開始し，身分関係では婚姻の死亡解消（死別）となるので，配偶者は再婚ができるようになる（宣告の効果は財産関係のみならず身分関係にも及ぶ）。

②普通失踪では，７年の失踪期間満了時に死亡したものと認定されるが，特別失踪（危難失踪）では危難が去った時に死亡したものと認定される（特別失踪は，要件が「生死不明が１年間継続」であり，死亡認定時は「危難の去った時」であって，両者がずれているので混同しないように注意）。

③失踪宣告の効果は死亡の推定ではなく，反証を許さない死亡の擬制（みなす）で

ある。それゆえ，本人が生きて帰っても，それだけでは宣告の効果は覆らない。宣告の効果を覆すためには，宣告の取消しを家庭裁判所に請求することが必要である。

④失踪宣告は，失踪者が失踪前に生活していた場所（旧来の住所）における法律関係を整理しようとするものであるから，失踪者が生存していた場合，その者の権利能力や行為能力まで宣告によって奪われるわけではない。したがって，その者が現在生活している場所で行った契約は有効である。

⑤自然人の権利能力の終期は，自然状態としての死亡である。これ以外に，権利能力が消滅する場合はない。

一方，その始期は出生であるが，これには「相続」，「遺贈」，「不法行為に基づく損害賠償請求」という3つの例外がある（いずれも胎児についての例外であり，胎児の時点で権利能力が認められるには生きて生まれることが条件）。

重要ポイント3 失踪宣告取消しの要件と効果

（1）要件

①取消しは，失踪者が現に生存しているとき，または，宣告によって死亡とみなされる時と異なる時に死亡したことが証明されたときのいずれかで，請求が可能。

②失踪宣告の取消しは本人と利害関係人のいずれかの者による請求が必要である。

③宣告の場合と同様，家庭裁判所や検察官が職権で手続に介入することはできない。

（2）効果

①失踪宣告が取り消された場合，宣告は初めから行われなかったものとして扱われる。

②失踪宣告が取り消された場合，善意の相続人は現存利益の範囲で返還義務を負い，悪意の相続人は，得た利益のすべてに利息を付して返還する義務を負う。

③失踪宣告を受けた者の配偶者が婚姻をした後，被宣告者が帰来して当該宣告が取り消されたときは，重婚状態を生じる。この場合の後婚の扱いについては学説が分かれている。すでに後婚の生活が営まれていることから，後婚の当事者の意思を尊重すべきではないかなど，意見は多様である。そのため，定説が形成されるまでには至っていない。

実戦問題

No.1 * **民法に規定する失踪宣告に関する記述として，妥当なのはどれか。**

【地方上級（特別区）・平成22年度】

1 生死が７年間わからなかった者が失踪宣告によって死亡したとみなされるのは，当該宣告がなされた時である。

2 戦地に臨んだ者または沈没した船舶の中に在った者が生死不明となり，失踪宣告によって死亡したとみなされるのは，その危難が去った後１年の失踪期間が満了した時である。

3 失踪宣告は，利害関係人の請求により行い，その利害関係人は法律上の利害関係を有する者を意味するが，不在者が死亡するまで定期の給付を負担する終身定期金債務者は，利害関係人に該当しない。

4 失踪宣告を直接の原因として財産を得た者は，その取消しにより権利を失うが，その者が善意の場合は，現に利益を受けている限度においてのみ，その財産を返還する義務を負う。

5 失踪宣告は，一定の要件の下に人を死亡したものとみなし，被宣告者の権利能力を消滅させるもので，被宣告者が行った行為はすべて無効である。

No.2 * **民法上の人等に関するア～エの記述のうち，妥当なもののみをすべて挙げているのはどれか。**

【国税専門官・平成20年度】

ア：人の権利能力は出生によって始まるが，不法行為による損害賠償の請求権については胎児はすでに生まれたものとみなされるから，出生前に法定代理人が胎児を代理して損害賠償請求をすることができるとするのが判例である。

イ：人の生死が不明な状態が７年間続いたときは，失踪宣告によって７年間の期間満了時に死亡したものとみなされ，戦争や事故等の危難によって人の生死が不明な状態が１年間続いたときは，失踪宣告によって１年間の期間満了時に死亡したものとみなされる。

ウ：失踪宣告によって死亡したものとみなされた者が帰還した場合は当然に失踪宣告は効力を失うが，その場合，失踪宣告によって財産を得た者は，取得した財産すべての返還義務を負う。

エ：複数の者の死亡の先後が不明の場合，同時に死亡したものと推定され，これらの者の間では相続が生じない。

1 ア　**2** エ　**3** ア，ウ　**4** イ，ウ　**5** イ，エ

No.3 ＊ **民法に規定する失踪の宣告に関する記述として，通説に照らして，妥当なのはどれか。** 【地方上級（特別区）・平成26年度】

1 失踪の宣告によって財産を得た者は，その取消しによって権利を失うので，善意の場合であっても，法律上の原因を欠く不当な利益として，失踪の宣告によって得た財産のすべてを返還しなければならない。

2 失踪の宣告がなされると，死亡したのと同じ扱いがなされるので，不在者は，仮に生存していたとしても宣告と同時に権利能力を剥奪される。

3 失踪の宣告は一律で強力な対世的効力をもつものであるから，単に事実上の利害関係を有する債権者も，失踪の宣告を請求することができる利害関係人に含まれる。

4 不在者の生死が７年間明らかでないときは，家庭裁判所は，利害関係人の請求により，失踪の宣告をすることができ，当該宣告を受けた不在者は，失踪した時に死亡したものとみなす。

5 沈没した船舶の中に在った者の生死が船舶の沈没後１年間明らかでない場合に失踪の宣告を受けた者は，当該船舶が沈没した時に死亡したものとみなす。

No.4 ＊＊ **民法に規定する失踪の宣告に関する記述として，通説に照らして，妥当なのはどれか。** 【地方上級（特別区）・令和元年度】

1 失踪の宣告は，失踪者の権利能力を消滅させるものであるから，その者が他の土地で生存していた場合に，その場所でした法律行為は無効である。

2 家庭裁判所は，失踪者が生存することの証明があったときに限り，本人または利害関係人の請求により，失踪の宣告を取り消すことができる。

3 家庭裁判所は，不在者の生死が７年間明らかでないときは，利害関係人または検察官の請求により，失踪の宣告をすることができるが，当該利害関係人には，単なる事実上の利害関係を有するにすぎない者は含まれない。

4 沈没した船舶の中に在った者の生死が当該船舶が沈没した後１年間明らかでない場合に失踪の宣告を受けた者は，当該船舶が沈没した後１年の期間が経過した時に，死亡したものとみなされる。

5 失踪の宣告によって財産を得た者は，その取消しによって権利を失うが，その者が善意の場合には，現に利益を受けている限度においてのみ，その財産を返還する義務を負う。

No.5 ＊＊ **民法に規定する失踪宣告に関する記述として，通説に照らして，妥当なのはどれか。** 【地方上級（特別区）・平成18年度】

1 失踪宣告は，利害関係人または検察官の請求により家庭裁判所が行うが，この利害関係人には，失踪宣告に法律上の利害関係を有する者のみならず，単に事実上の利害関係を有する者も含まれる。

2 失踪宣告を受けた者は，不在者の生死が明らかでないときは，７年間の失踪期間の満了時に，沈没した船舶の中に在った者で生死が明らかでないときは，船舶の沈没した後１年を経過した時に，それぞれ死亡したものとみなされる。

3 失踪宣告は，失踪者の従来の住所を中心とする法律関係において，失踪者が死亡したのと同じ法律効果を認めるもので，権利能力を消滅させるものではないので，失踪者が生存していた場合に他の場所でした法律行為は有効である。

4 失踪宣告は，失踪者が失踪宣告によって死亡したとみなされた時と異なった時に死亡したことの証明があった場合には，家庭裁判所の取消しがなくても当然にその効力を失う。

5 失踪宣告により財産を得た者は，失踪者の生存による失踪宣告の取消しで権利を失い，善意・悪意にかかわらず，現存利益ではなく，失踪宣告により得たすべての財産を返還する義務を負う。

＊＊
No.6 **Aについて失踪宣告がされたという事例に関するア～オの記述の正誤の組合せとして妥当なのはどれか。** 【国家Ⅰ種・平成15年度】

ア：失踪宣告の効力は失踪者の死亡の推定であり，失踪宣告を取り消す判決がされていなくても，Aは，生存していることを証明して，相続人Bに対し相続により取得した財産の返還を請求することができる。

イ：失踪宣告が取り消された場合に，相続人Bは，相続により取得した財産について，すでに消費した分を含め，すべて返還しなければならない。

ウ：失踪宣告が取り消された場合に，相続人Bが相続により取得した土地をCに売却していたとしても，Cが善意でさえあれば，CはAに土地を返還しなくてもよいとするのが判例である。

エ：Aの失踪宣告がいわゆる普通失踪宣告である場合，Aが死亡したものと扱われる時点は，失踪宣告がされた時である。

オ：失踪宣告の取消しは，Aが生存していることが明らかになった場合にのみ行うことができる。

	ア	イ	ウ	エ	オ
1	正	正	正	誤	誤
2	正	誤	正	正	正
3	誤	正	誤	正	正
4	誤	誤	正	誤	誤
5	誤	誤	誤	誤	誤

実戦問題の解説

No.1 の解説　失踪宣告

→問題はP.50

1 ×　普通失踪では，生死不明から７年経過時点で死亡とみなされる。

死亡したとみなされるのは，宣告がなされた時ではなく，生死不明になってから７年という法が定める期間の「満了時」である（31条）。

失踪宣告の手続きには，**一定期間生死不明という場合と，危難に遭って死亡の可能性が高い場合の２つがあり，前者を普通失踪，後者を特別失踪と呼ぶ**。そして，普通失踪では，不在者がいつの時点で死亡したかが明らかではないため，「生死不明から７年を経過した時点」で死亡とみなすという画一的な基準が設けられている。

2 ×　特別失踪では「危難が去った時点での死亡」が擬制される（31条）。

本肢は特別失踪（例：公海上で航空機事故に遭い遺体が発見されないなど）であるが，この場合には危難の時点で死亡した可能性が高いことから，危難の終了時を死亡時とみなすことにした。

3 ×　終身定期金債務者は，失踪宣告の請求ができる「利害関係人」に該当する。

失踪宣告の請求ができる**「利害関係人」とは，宣告によって権利を得，あるいは義務を免れるといった法律上の利害関係を有する者**をいう。単に友人として残された家族を心配しているなど**事実上の利害関係を有する者は含まれない**。

終身定期金債務者は，「不在者が死亡するまで定期の給付を負担」し続けなければならないので（年金をイメージするとわかりやすい），法律上の利害関係人に該当する。

4 ◎　失踪宣告の取消しの際の善意者の返還義務は「現に利益を受けている限度」。

妥当である（32条２項但書）。なお，ここで善意とは，失踪宣告が事実と異なることを知らないことをいう。また，**「現に利益を受けている限度」とは，得た財産が元のまま，あるいは形を変えて残っている場合**である。

5 ×　失踪宣告では権利能力は消滅せず，被宣告者が行った行為も無効ではない。

死亡したものとみなすのは，「生死不明になる前に暮らしていた生活圏」で残ったままになっている法律関係を整理するためであり，宣告はその目的を達成する範囲でのみ効力を認めれば，それで十分である。

解答のポイント　**3**の「終身定期金債務」は耳慣れない言葉であるが，選択肢に説明が書いてあるので，それを使って考えればよい。終身定期金債務自体が単独に問われることはないので，内容を詳しく調べる必要はない。

No.2 の解説　民法上の人等

→問題はP.50

ア ×　胎児は，出生前には損害賠償の請求はできない。

妥当でない。人の権利能力は出生の時点で始まるのが原則である。つまり，生まれて初めて，その子はベビー服の所有者となるなど，権利義務の主体としての地位が認められる。

ただ，この原則を貫くと実際上の不都合が生じるため，民法は次の３つについて例外を認めている。

●胎児にも権利能力が認められる場合

①相続（886条１項）
→母が出産する前に，胎児を残して父が死亡したような場合，父の財産を生まれてきた子どもに受け継がせるために，胎児の段階で「権利義務の主体となりうる資格」を認める必要がある。相続は，父の死亡の時点で「人」として存在していないと，その資格が認められないからである。

②遺贈（965条）
→これも①と同じ。たとえば，子どものいない「おじ・おば」が胎児に財産を与える旨の遺言を残して死亡したという場合，死亡の時点（遺言が効力を生じた時点）で「人」でないと財産を受け継げないので，胎児にも権利能力を認める必要がある。

③不法行為に基づく損害賠償請求（721条）
→例：父が交通事故で死亡した場合，加害者に「子」としての損害賠償を請求させる必要がある。

ただし，いずれの場合も，**生きて生まれることが権利能力を認められるための条件**である（死産の場合には①〜③はいずれも認められない）。

イ×　特別失踪では「危難が去った時点での死亡」が擬制される。

妥当でない。前半は正しいが後半が誤り。すなわち，戦争や事故等で死亡した確率が高い「危難の去った時」（例：水害が治まったにもかかわらず，なお無事が確認されていないなど）に死亡したものとみなされる（31条後段）。→No.１選択肢２

ウ×　失踪宣告の効果は，家庭裁判所による宣告の取消しがなければ失われない。

妥当でない。**失踪宣告の効果**は，単なる死亡の推定ではなく**死亡の擬制（みなす）である**。すなわち，単に生存が確認されたというだけでは，宣告の効果は失われない（32条１項）。→必修問題選択肢１

これを覆すには，宣告の取消しという，証明力の高い家庭裁判所の審判が必要で，法律関係をその審判に基づいて画一的に処理するのが妥当だからである。

なお，返還義務の範囲については，次のNo.３選択肢１参照。

エ○　死亡の先後が不明であれば，互いに他方を相続することはない。

妥当である。**相続とは，死亡した者の財産（財産上の地位）を，生存している者へ承継させる制度**である。ところが，**死亡の先後が不明であれば，どちらがどちらを相続するのか，その判断が困難**となる。そのため，法は，このような場合には同時に死亡したものと推定している。すなわち，**同時死亡**とは，**「一方が死亡した時点で他方もまた死亡している（生存していない）」という扱い**である。したがって，死亡の時点で相続資格を有する相手が生存していなければ，両者間で相続は生じないことになる（32条の２）。

以上から，妥当なものは**エ**のみであり，**2**が正答となる。

No.3 の解説　失踪宣告

→問題はP.51

1 × **善意の場合は，現に利益を受けている限度で財産を返還すればよい。**

まず，**失踪宣告の取消し**の効果は宣告時にさかのぼって生じる。すなわち，**宣告はなかったということで法律関係が処理される**。そのため，失踪者の死亡を前提に行われた宣告取消前の行為は，すべて無効になる。

しかし，本人の生存の事実を知らない**善意者は，宣告が有効であることを前提に，たとえば相続した財産でマンションを購入するなど新たな法律関係を次々と築いていく**のが常であるから，後の宣告の取消しによってそれを全部無効にされると不測の損害を被る。そのため，善意でなされた行為については，法は例外的にこれを有効なものとして扱っている（善意者保護，32条1項後段）。

そして，宣告の取消しによって返還すべき財産の範囲についても，善意者と悪意者では扱いが異なる（通説）。

①善意者の行為…無効にならない。
　→返還義務の範囲は現存利益に限られる（32条2項但書）。
②悪意者の行為…原則どおり無効になる。
　→取得した財産の全部に利息を付して返還しなければならない（704条）。

なお，悪意者の返還義務の範囲が上記のように扱われているのは，生存の事実を知っていた（悪意）者は，いわば不正に財産を得た者である。その場合は，「得た財産の全部」プラス「利息」を返還させるのが妥当だからである。

●「宣告の有効性を前提に新たな法律関係を築く」とは？

たとえば，「被宣告者Aの妻Bが，残された子どもの養育費や大学進学の費用を捻出するために，相続したA名義の土地を善意のCに売却する。そして，Cは銀行と住宅ローン契約を，また住宅メーカーと建築請負契約を結んでその土地上にマイホームを建てる」といった具合に，財産関係には常に新たな権利関係がその上に築き上げられていくという意味である。

この場合，宣告の取消しによって土地の売買契約が遡及的に無効になると，Cは建物を撤去して土地をAに返還しなければならなくなる。それはCに不測の損害を招く結果になる。そのような事態を避けるために，善意者の場合には無効にはならないとされている。

2 × **被宣告者が生存している限り，宣告によっても権利能力は失われない。**

失踪宣告は**生死不明になる前に暮らしていた生活圏で残ったままになっている法律関係を整理する制度**である。したがって，宣告はその目的を達成する範囲でのみ効力を認めれば，それで十分である。→No. 1 選択肢5

3 × **単に事実上の利害関係を有するだけでは，失踪宣告の請求はできない。**

失踪宣告は，被宣告者の死亡を擬制して，その者について相続を開始するというもので，権利関係に大きな変動を伴う制度である（被宣告者は，いわば一方的にその財産を整理されてしまう）。したがって，請求を認めるには，宣告によって権利を得，あるいは義務を免れるといった**法律上の利害関係を有していること**が必要で，残された妻の親友で家族の行く末を心配しているなど，単に事実上の利害関係を有するだけでは請求は認められない。

4 ×　普通失踪で宣告により死亡したとみなされるのは，生死不明から７年後。

不在者の生死不明という普通失踪の場合，宣告によって死亡したものとみなされるのは，失踪した時ではなく，生死不明になってから７年の法定期間が満了した時である（31条前段）。→No. 1 選択肢 1

5 ◎　危難遭遇者の失踪宣告で死亡とみなされるのは，危難が去った時である。

妥当である。船舶の沈没などの危難に遭遇した者の失踪宣告（特別失踪）では，危難が発生した時ではなく，それよりも死亡した確率が高い「危難の去った時」に死亡したものとみなされる（31条後段）。→No. 1 選択肢２

No.4 の解説　失踪宣告

→問題はP.51

1 ×　失踪宣告では権利能力は消滅せず，被宣告者が行った行為も無効ではない。

失踪者が生存している限り，その者は権利能力を失わない。

→No. 1 選択肢５

①**自然人の権利能力の終期**…自然状態にいう死亡のみ。法律による死亡の認定を含まない。

→法律による死亡認定は一定の目的をもった制度なので，その目的が達成できる範囲で死亡の効果を認めればよい。

②**相続の開始原因**…「死亡」。ただしこれには法律による死亡の認定を含む。

ところで，失踪宣告は，宣告を受けた者（被宣告者）を死亡したものとみなすという効果を伴うものである。ところが，「裁判所が死亡とみなしているのに，生きていれば，その者が行った契約（例：洗濯機や冷蔵庫などの購入契約）は有効だ」というのは何か釈然としないと感じるかもしれない。ただ，民法ではしばしばこういうことが生じてくる。なぜなら，「法律関係はむやみに動かすのではなく，必要な範囲で調整すればよい」という考え方があるからである。本肢の問題も，その典型的な一例といえる。

2 ×　宣告と異なる時点での死亡が明らかなときも，取消しの請求が必要である。

いつ死亡したかで相続の順序等に影響を及ぼすからである（32条１項前段）。

3 ×　失踪宣告の請求権者は利害関係人に限られ，検察官はこれに含まれない。

本肢は前半が誤り。失踪宣告の請求権者に検察官は含まれない（30条１項）。失踪者がいつか帰ってくると信じて家族が待ち続けているような状況で，検察官が死亡認定の効果を伴う宣告を申し立てることは不当だからである。

なお，ここで**利害関係人**とは，たとえば失踪者に融資したお金を返してもらっていないなど，**法律上の利害関係を有する者をいい**，残された家族のことを友人として案じているなど，**事実上の利害関係を有するにすぎない者は含まれない**（大決昭７・７・26）。

4 ×　危難遭遇者の失踪宣告で死亡とみなされるのは，危難が去った時である。

死亡した確率が高い「危難の去った時」に死亡したものとみなされる（31条後段）。→No.１選択肢２

5 ◎　善意の場合は，現に利益を受けている限度で財産を返還すればよい。

妥当である。条文では善意・悪意は区別されていないが（32条２項但書），通説は両者を区別して，**善意の場合は現に利益を受けている限度**において財産を返還し，**悪意の場合は「得た利益の全部」に「利息」を付して**返還すべきとしている。→No.３選択肢１

No.5 の解説　失踪宣告

→問題はP.52

1 ×　検察官や事実上の利害関係を有するだけの者は失踪宣告の請求はできない。

本肢は，次の２点で誤り。

①検察官には失踪宣告の請求権はない（30条１項）。→No.４選択肢３

②事実上の利害関係を有する者は，失踪宣告の請求権者には含まれない。

→No.３選択肢３

2 ×　特別失踪の場合は「危難が去った時点」で死亡したものとみなされる。

なお，前者の普通失踪は正しい（７年の期間の満了時に死亡とみなされる。31条）。→No.１選択肢１・２

3 ◎　失踪者が生存していた場合に，他の場所でした法律行為は有効である。

妥当である。失踪宣告は失踪者が残していった法律関係の整理を目的とするものであるから，その目的以上に法律効果を広げる必要はない。すなわち，失踪者が生存している限り権利能力は消滅せず，その者が行った法律行為は無効にはならない。→No.１選択肢５

4 ×　宣告と異なる時点での死亡が明らかなときも，取消しの請求が必要である。

宣告の取消しは，

①被宣告者が生存していたとき，

②宣告によって死亡とみなされる時と異なる時に死亡したことが証明されたとき

の２つの場合に請求できる。

②の場合にも請求ができるのは，「他の親族中に死亡した者がいる場合，時間の先後で相続の順序等に影響が出てくる」など，権利関係に変動を及ぼす可能性があるからである。

そして，①の場合だけでなく，被宣告者がすでに死亡している②の場合にも，宣告の効果を覆すには宣告の取消しが必要である。この場合も，利害関係人の権利関係を画一的に処理する必要があるからである。

5 × 善意者の場合は現存利益（現に利益を受ける限度）だけ返還すればよい。

通説はこのように解している。→No.３選択肢１

No.6 の解説　失踪宣告

→問題はP.53

ア × 宣告の効果は死亡の推定ではなく，死亡の擬制（みなす）である（31条）。

①推定…反証を許す。
→本人が生存の事実を証明すれば宣告の効果を否定できる。
②みなす（擬制）…反証を許さない。
→生存の事実が証明されても（例：本人が目の前に現れるなど），家庭裁判所による宣告の取消手続がなければそのまま死亡という扱いが続く。

失踪宣告の効果が「みなす」とされているのは，法律関係の画一的な処理を図るためである。→必修問題選択肢１

イ × 善意（生存の事実を知らなかった）であれば，返還は現存利益の範囲でよい。

→No.３選択肢１

ウ × 宣告の取消しによる影響を受けないためには，双方の善意が必要である。

自分が関与していないところで一方的に行われた宣告により財産を奪われる被宣告者の不利益を考慮して，判例は第三者の権利取得のハードルを高くしており，ＢＣ双方の善意を必要としている（大判昭13・２・７）。

エ × 普通失踪では，生死不明から７年経過時点で死亡とみなされる。

死亡しているかどうか，また死亡しているとすればいつ死亡したかの特定が困難なことから，画一的な処理が行われ，生死不明の状態が７年間継続した場合に，その期間の満了時に死亡したものとみなされる（31条前段）。

→No.１選択肢１

オ × 宣告と異なる時点での死亡が明らかなときも，取消しの請求ができる。

生存していることが明らかになった場合だけでなく，当該失踪宣告により死亡したものとみなされる時と異なる時に死亡したことの証明がある場合にも，失踪宣告の取消しを請求できる（32条１項）。→No.５選択肢４

以上より，**ア～オ**すべて誤りなので，正答は**5**である。

正答　No.1=**4**　No.2=**2**　No.3=**5**　No.4=**5**　No.5=**3**　No.6=**5**

法 人

√△

必修問題

権利能力のない社団に関する記述として，最高裁判所の判例に照らして，妥当なのはどれか。 【地方上級（特別区）・平成30年度】

1 権利能力のない社団の成立要件は，団体としての組織を備え，多数決の原則が行なわれ，**構成員の変更にもかかわらず団体そのものが存続**し，その組織によって代表の方法，総会の運営，財産の管理その他団体としての主要な点が確定しているものでなければならないとした。

2 権利能力のない社団の代表者が社団の名においてした取引上の債務は，その社団の構成員全員に，一個の義務として**総有**的に帰属するものであり，社団の総有財産がその**責任財産**となるだけでなく，構成員各自も，取引の相手方に対して，直接，個人的債務ないし責任を負うとした。

3 権利能力のない社団の財産は，当該社団を構成する総社員の総有に属するものであるが，総有の廃止その他財産の処分に関して総社員の同意による定めがない場合であっても，当該社団を脱退した元社員は，当然に，当該財産に関して，共有の**持分権**または**分割請求権**を有するとした。

4 権利能力のない社団の資産は，当該社団の構成員全員に総有的に帰属しているのであり，社団自身が私法上の権利義務の主体となることはないから，当該社団の資産である不動産について，当該社団が不動産登記の申請人となることは許されないが，社団の代表者である旨の**肩書きを付した代表者個人名義の登記**をすることは許されるとした。

5 権利能力のない社団を債務者とする金銭債権を有する債権者が，当該社団の構成員全員に総有的に帰属し，当該社団のために第三者が登記名義人とされている不動産に対し**仮差押え**をする場合，仮差押命令の申立書に，当該不動産が当該社団の構成員全員の総有に属することを確認する旨の当該債権者と当該社団および当該登記名義人との間の確定判決を必ず添付しなければならないとした。

難易度 ＊＊

必修問題の解説

権利能力のない社団とは，社団としての実体を備えていて，本来なら法人（＝権利義務の主体）になれるのに，なんらかの理由で法人となっていない団体をいう。

法人になれば，その法人の名前で取引ができ，「構成員全員が連名で契約する」などといったわずらわしい事態を避けることができる。しかし，そのためには団体として取引主体となりうる資格（権利能力のこと，法人格と称する）を取得していなければならない。権利能力なき社団はその法人格を取得していないが，実体は社団なので，できるだけ社団法人に近づけた法解釈（類推適用）がなされている。

1 ◎ 権利能力なき社団では，団体としての主要な点が確定していることが必要。

妥当である。権利能力なき社団は，単に法人格がないというにすぎず，その実体は社団である。それは，店主が取引主体であるような個人商店などとは異なる。取引では，**相手方は，社団という「個人商店よりも高い信用力を有する存在」を取引主体ととらえている**ので，取引社会の主体にふさわしい実体を備えていなければならない。そのためには，「団体としての主要な点が確定している」ことが当然に必要になる（最判昭39・10・15）。

2 × 総有財産だけが責任財産となり，構成員は直接に個人的責任を負わない。

権利能力なき社団の債務は社団の財産だけで弁済され，構成員は社団に代わって弁済の責任を負わない。社団は構成員とは独立した存在なので，**社団の債務は社団が自らの責任で支払うべき**だからである（最判昭48・10・9）。

3 × 権利能力のない社団の財産は総有で，構成員に持分権や分割請求権はない。

判例は，権利能力なき社団の財産は社員（構成員）の**総有**（→No.1選択肢3）に属し，**社員は共有持分権や分割請求権を有するものではない**としている（最判昭32・11・14）。

4 × 代表者の肩書きを付した代表者個人名義の登記などは認められていない。

現在の登記制度は，**権利能力なき社団名義の登記や代表者の肩書付きの登記というものを認めていない**。そのため，残る手段は個人名義での登記であるが，共有登記（総有登記は認められていない）は構成員の変動の可能性を考えると手間と費用が面倒で現実的でない。結局，**代表者が信託を受けて個人名で登記するほかはない**ということになる（最判昭44・6・2）。

5 × 第三者名義の総有不動産に仮差押えをするには確定判決までは必要でない。

仮差押えは，強制執行前に債務者が財産隠し等をするのを防ぐため，「処分禁止」を急いで求めるものなので，裁判官が「多分そうだろう」と推測できる資料（疎明資料という）があれば認めてくれる（最決平23・2・9）。

なお，ここまでの知識は不要なので，本肢は惑わし肢で無視してよい。

正答 1

FOCUS

法人は身近な存在であるにもかかわらず，法人の権利能力である法人格が意外にわかりにくい。この分野で新たに登場する法人格や総有などの概念は，「必要があるからそのような概念をつくった」と考え，そのようなものだと割り切って理解しておけばよい。

▸▸▸ POINT

重要ポイント1 法人

①法人とは，自然人以外のもの（人や財産の集合体）に，法が取引主体となる地位を認めたものをいう。
②法人は，法令の規定に従い，定款その他の基本約款で定められた目的の範囲内において，権利を有し義務を負う。
③法人の代表者が法人の目的の範囲外の行為を行った場合，その行為は無効である。これについては，総会などによる追認の決議はできない。目的の範囲外では，法律行為をすること自体が認められていないからである。
④法人が名誉を毀損された場合には，損害賠償を請求できる。

重要ポイント2 権利能力なき社団

（1）要件

①権利能力なき社団といえるためには，団体としての組織を備え，多数決の原則が行われ，構成員の変更にもかかわらず団体そのものが存続し，その代表の方法，総会の運営，財産の管理その他団体としての主要な点が確定していなければならない。
②権利能力なき社団は，一般社団法人であると誤解させるような名称を用いることができない。

（2）法律関係（全般）

①権利能力なき社団は，その実体に即して，できるだけ一般社団法人の規定を類推適用すべきとされている（通説）。
②社団の財産は構成員の総有に属する。それゆえ，特別の定めがない限り，構成員は当然には共有持分権や脱退に際しての財産分割請求権を有しない。
③権利能力なき社団の債務は社団の財産だけで弁済され，構成員が社団に代わって弁済の責任を負うことはない。このことは，社団の代表者であっても同じである。
④権利能力なき社団にも，民事訴訟の当事者能力は認められている。
⑤権利能力なき社団が法人格を取得した場合，権利能力なき社団から法人への財産の移転行為は不要である。

（3）法律関係（不動産登記）

①権利能力なき社団は，社団の不動産について社団を権利者とする登記（社団名義の登記）はできない。また，代表者の肩書を付した個人名義での登記も認められていない。
②権利能力なき社団の不動産は，構成員の信託を受けて（構成員が代表者を信頼するという形で）代表者の個人名義で登記されている。そのため，代表者が交替した場合には，新代表者は旧代表者に対して自己への登記移転を請求できる。

重要ポイント3 法人の機関

（1）理事の代表権の制限

①定款で理事の代表権（代理権）を制限したとしても，それを知らずに（善意）取引をした第三者に対しては，法人はその制限規定を理由に無効主張ができない。

なお，定款とは法人の内部規則のことであり，法人設立の目的や理事の任免など基本的な事項を定めた根本規則をいう。

②定款による代表権（代理権）の制限は知っていても，理事の行為がその制限規定に従って行われていると信頼する事情がある場合には，法律行為の相手方は110条の表見代理規定によって保護される余地がある。

（2）理事の代表権（代理権）の濫用

理事が代表権（代理権）を濫用した場合には，原則＝有効，相手方が悪意または有過失の場合＝無権代理となる（107条類推適用）。

重要ポイント4 法人の不法行為

①法人の不法行為責任に関しては，次の条文が適用される。

法人の理事の不法行為＝一般法人法78条等（平成18年改正前民法44条１項）

法人の被用者の不法行為＝715条（使用者責任）

②理事の行為が法人の有効・適法な行為と認められない場合であっても，一般人から見て理事等の職務行為と認められる場合には，法人に不法行為責任が発生する（外形理論）。ただし，相手方は，理事の職務行為に属すると信頼していなければならない。

③理事の代表（代理）行為につき表見代理が成立する場合であっても，相手方は損害があれば，法人に対して不法行為責任を追及することができる。

④法人が不法行為責任を負う場合，その行為を行った理事もまた法人と連帯して賠償責任（不法行為責任）を負う。

実戦問題❶ 基本レベル

No.1* 権利能力のない社団に関する次の記述のうち，妥当なものはどれか。

【市役所・平成27年度】

1 権利能力のない社団といえるためには，団体としての組織を備え，多数決の原則が行われていることに加え，構成員が変動しないことが要件となる。

2 権利能力のない社団の代表者が社団の名において取得した財産について，各構成員は持分権を有するので，分割請求をすることができる。

3 権利能力のない社団の代表者が社団の名においてした取引上の債務について，各構成員は無限責任を負う。

4 権利能力のない社団が不動産を有する場合，社団名義での不動産登記はできないが，代表者の肩書を付した代表者名義での登記であればできる。

5 権利能力のない社団は当事者能力があり，社団の名において訴えまたは訴えられることができる。

No.2* 権利能力なき社団に関する記述として，判例に照らして，妥当なのはどれか。

【地方上級（特別区）・平成14年度】

1 権利能力なき社団は，これを認定する基準として，団体としての組織・代表の方法，総会の運営など社団としての実体を備える必要があるが，社団はその構成員の変動から独立して存在しうる一体性をもっている必要がない。

2 権利能力なき社団の構成員は，当該社団の代表者が当該社団の名で行った取引上の債務について，当該社団の総有財産だけが責任財産となるのではなく，直接に個人的債務ないし責任を負う。

3 権利能力なき社団は，当該社団の不動産について，当該社団を権利者とする登記をすることができず，また，当該社団の代表者である旨の肩書を付した代表者個人名義で登記をすることができない。

4 権利能力なき社団の財産は，当該社団の構成員全員の総有に属するが，当該社団の構成員は，総有の廃止や財産の処分に関する定めがなくても，当然に自らの持分権や脱退に際しての財産分割請求権を有する。

5 権利能力なき社団は，法人格を取得した場合，法律的かつ形式的には主体の交代となり，社団としての前後同一性を失うことから，権利義務は移転行為をしなければ設立された法人に移転されない。

＊＊
No.3 **権利能力のない社団に関する次の記述のうち，判例に照らし，妥当なのはどれか。** 【国家Ⅰ種・平成21年度】

1 ある団体が，団体としての組織を備え，そこでは多数決の原理が行われ，構成員の変更にもかかわらず団体そのものが存続すれば，たとえ代表の方法，総会の運営，財産の管理その他団体としての主要な点が確定していなくても，権利能力のない社団であると認められる。

2 権利能力のない社団は，その代表者が社団の名において法律行為をすることはできるものの，法人格を有しないため，社団の名において訴えを提起したり，訴えられることはできない。

3 権利能力のない社団の資産である不動産については，社団の代表者が個人の名義で所有権の登記をすることができるほか，社団の代表者である旨の肩書を付した代表者個人名義の登記をすることは許されるが，社団には法人格が認められないから，社団を権利者とする登記をすることは許されない。

4 権利能力のない社団の代表者が社団の名においてした法律行為による債務は，その社団の構成員全員に一個の義務として総有的に帰属し，構成員各自は，法律行為の相手方に対し，直接には個人的債務ないし責任を負わない。

5 権利能力のない社団の代表者が社団の名においてした法律行為による債務については，社団の責任財産が公示されていないから，債権者を保護するために，当該代表者も社団とともに責任を負わなければならない。

実戦問題1の解説

No.1 の解説　権利能力なき社団

→問題はP.64

1 × 権利能力なき社団では，構成員が変動しないことは要件ではない。

なぜかというと，権利能力なき社団は構成員とは別個の存在なので，構成員の変動によって影響を受けるべきものではないからである。

この性質を理解するには，まず権利能力なき社団にいう「社団」とは何かを理解しておくことが必要になる。

●社団とは何か？

ごく簡単にいうと，50人なり100人なり，とにかく複数の自然人（構成員）がまとまって作った団体について，「構成員とは別の存在」であることを認めようとするものである。

なぜそんなことをするかというと，そのほうが取引などの法律関係を簡明に処理できるからである。たとえば，100人の集団と取引しようとする場合に，100人全員の連名で取引をするのでは，あまりにも煩わしい。そこで，集団内部のだれかが100人全員を代理して取引をすることになろうが，その場合 100人全員からきちんと代理権を与えられていたかを相手方が調べるのも面倒である。また，取引の最中に，「何人かの構成員が抜けて，新たに別の者が加わった…」などということになると，取引は最初からやり直さなければならない。そんな煩わしいことをやっていたのでは，スムーズな取引などできるわけがない。それならばいっそのこと，その集団を「構成員とは別の存在」として社会的に認めて，取引を簡明に進めようというわけである。

そうなると，あとは，その「別の存在」と安心して取引できるように法律を整備すればよい。そうやって規定されているのが，民法とその特別法である一般法人法の社団法人の制度である。ここで社団法人とは，①社団－構成員の入れ替わりがあっても団体は影響を受けないなど，独立の取引主体としてふさわしい実体を備えていること，②法人－そのような団体に法が独立の取引主体として承認している（つまり権利能力を付与している）こと，が組み合わさったものである。

そして，権利能力なき社団とは，上記のうち①のみの要件が備わったものをいう。

2 × 構成員は当然には共有持分権や脱退に際しての財産分割請求権を有しない。

たとえば構成員の決議（総会決議）で社団を解散するということであれば，社団は消滅するのでその財産の分配である分割請求が可能になる。しかし，社団は構成員とは別の存在であるから，社団に対して財産を分割せよという権利は当然には出てこない。

判例は，**構成員全員の同意で総有の廃止その他社団財産の処分に関する定めがなされない限り**，構成員は当然には共有持分権や脱退に際しての**財産分割請求権を有しない**とする（最判昭32・11・14）。

3 × 社団の名でした取引上の債務は，社団のみが責任の主体である。

社団が構成員とは別の存在であるとすれば，社団が行った取引の責任は社団のみが負い，構成員は責任を負わない。

その場合に問題となるのが，社団は「自分の資金」で債務を支払うといえるかという点である。権利能力なき社団には「所有権などの権利義務の主体となりうる資格」すなわち権利能力がない。なので，構成員からの出資金があっても，それは社団が「自分の資金」といえる財産ではないはずである。そうなると，「自分の資金」ではないもので債務を支払ってよいのかという問題が出てくる。しかし，**出資金は常識的に見て社団が自分の資金といえる財産**であろう。そうであれば，その**実態に即した法解釈が必要**になる。

そこで，判例や学説は，権利能力なき社団の財産は構成員の総有に属するという解釈をとっている。**総有**とは，簡単にいえば，**社団法人の財産関係とほぼ同様に扱おうとするもので，構成員の財産と切り離された社団独自の財産があることを承認しようというもの**である（ただそれだけのことなので，それ以上深く考える必要はない）。

そこで本肢の，社団の債務であるが，判例は，**権利能力なき社団の債務**は，その社団の構成員全員に一個の義務として総有的に帰属し，**社団の総有財産だけがその責任財産となり，構成員各自は，取引の相手方に対し，直接には個人的債務ないし責任を負わない**とする（最判昭48・10・9）。

4 × **登記制度上，代表者の肩書を付した登記なるものは認められていない。**

権利能力なき社団の不動産については，**代表者が構成員から信託されて個人名義で登記**するほかはない（最判昭44・6・2）。→必修問題選択肢4

この点が，法人格があるかないか（つまり社団法人と権利能力なき社団）で，**法的扱いが異なる事実上唯一のことがら**である。

5 ◎ **権利能力なき社団は，民事訴訟で当事者となる資格が認められている。**

権利能力なき社団が取引の主体として認められるのであれば，取引上のトラブルにおいて，訴訟で紛争を解決することも認められてよい。そのため，民事訴訟法は，**権利能力なき社団にも当事者能力，すなわち原告または被告として訴訟の当事者となりうる資格**を認めている（民訴法29条）。

No.2 の解説　権利能力なき社団

→問題はP.64

1 × **社団には，構成員の変動から独立して存在しうる一体性が必要である。**

権利能力なき社団には，構成員とは別個の「独自の存在」として承認されるだけの実体が備わっていなければならない。ここで独自の存在とは，経済社会で取引主体として認められるだけの実体を備えているかどうかの観点から，次のように解されている（最判昭39・10・15）。重要なので，しっかり覚えておこう。

●権利能力なき社団といえるためには！

団体としての組織をそなえ，多数決の原則が行われ，構成員の変更にもかかわらず団体そのものが存続し，組織によって代表の方法，総会の運営，財産の管理その他団体としての主要な点が確定していなければならない。

2 × **総有財産だけが責任財産となり，構成員は直接に個人的責任を負わない。**

権利能力なき社団の債務は社団の財産だけで弁済され，**構成員が社団に代わって弁済の責任を負うことはない**。社団が構成員とは独立した存在であるならば，社団の債務は社団が自らの責任で支払うべきだからである（最判昭48・10・9）。

3 ◎ **登記制度上，代表者の肩書を付した登記なるものは認められていない。**

妥当である。権利能力がないことは，「社団が所有権の主体である」という主張ができないことを意味する。したがって，**社団を権利者とする登記は認められない**（最判昭47・6・2）。また，**「肩書を付した登記」といったものは現行制度上認められていない**。→必修問題選択肢4

4 × **構成員は当然には共有持分権や脱退に際しての財産分割請求権を有しない。**

権利能力なき社団の財産は，当該社団の構成員全員の**総有**に属する（最判昭48・10・9）。これは，権利能力なき社団を，構成員とは別個の取引上の主体として認めるために，法解釈で導き出したものである（妥当な結論を導くための法技術である）。

つまり，権利能力なき社団について，構成員とは別個の取引主体として認めようとするわけである。したがって，いわば他人の財産に勝手に持分や分割請求が認められないのと同様に，構成員全員の同意で総有の廃止その他社団財産の処分に関する定めがなされない限り，**構成員は当然には共有持分権や脱退に際しての財産分割請求権を有しない**（最判昭32・11・14）。

→No.1選択肢2

5 × **社団が法人格を取得すれば，権利義務はそのまま法人に移転する。**

権利能力なき社団の法律関係については，できるだけ社団法人に近づけた法解釈が行われる。これは法人格が備わっていないことからくる便宜上の扱いで，これが備われば便宜上の扱いをしなくて済むというだけである。すなわち，**法人格の取得によって，実体は何も変わるところがなく**，前後同一性などが影響を受けることはない。したがって，**移転行為は不要**である（最判昭42・9・26）。

No.3 の解説 権利能力なき社団

→問題はP.65

1 ×　権利能力なき社団は，団体の主要な点が確定していなければならない。

権利能力なき社団とは，取引主体となりうるだけの実体（組織・構成・規約等）を備えていながら，単に法人格を備えていない団体をいう。

逆にいえば，社会で一般的に活動をしている社団法人から法人格を差し引いた状態（具体的には社団名義での登記ができないといった程度の差しかない）をイメージすればよい。そのような団体は，単に「構成員の変更にもかかわらず団体が存続する」などといった組織ではなく，「代表の方法，総会の運営，財産の管理その他団体としての主要な点が確定している」組織でなければならない（最判昭39・10・15）。

2 ×　権利能力なき社団は，民事訴訟で当事者となる資格が認められている。

したがって，民事訴訟において原告となり（訴えを提起したり），あるいは被告となりうる（訴えられる）資格が認められている（民訴法29条）。

→No.1選択肢５

3 ×　「肩書きを付した登記」といったものは現行制度上認められていない。

判例は，団体名に代表者名を併記する方法での登記の是非が問題となった事件で，団体名の記載自体を否定している（最判昭47・６・２）。

→必修問題選択肢４

4 ◎　総有財産だけが社団の責任財産であり，構成員は個人的責任を負わない。

正しい。代表者名でなされた法律行為による債務は，社団法人の場合と同じで，社団だけが責任を負い，構成員は責任を負わない（最判昭48・10・９）。それは，「社団という構成員とは別の存在が責任を持つ」として行われた取引だからである。→No.2選択肢２

5 ×　社団の債務について，代表者も含め，構成員は個人責任を負わない。

判例は，権利能力なき社団の債務は，その**社団の構成員全員に一個の義務として総有的に帰属**し，社団の総有財産だけがその責任財産（強制執行や抵当権による競売などの強制換価手続の対象となる財産）となり，構成員各自は，取引の相手方に対し，直接には個人的債務ないし責任を負わないとしている（最判昭48・10・９）。→必修問題選択肢２

正答　No.1＝5　No.2＝3　No.3＝4

実戦問題2　応用レベル

＊＊
No.4　法人に関するア～オの記述のうち，妥当なもののみをすべて挙げているのはどれか。　【国家一般職・令和元年度】

ア：民法は，法人の設立，組織，運営および管理についてはこの法律の定めるところによると規定しており，法人制度全体の原則規定だけでなく，法人の管理，解散等に係る一般的な規定はすべて同法で定められている。

イ：いわゆる権利能力のない社団の資産は，その社団の構成員全員に総有的に帰属しているのであって，社団自身が私法上の権利義務の主体となることはないから，社団の資産たる不動産についても，社団はその権利主体となり得るものではなく，したがって，登記請求権を有するものではないとするのが判例である。

ウ：およそ社団法人において法人とその構成員たる社員とが法律上別個の人格であることはいうまでもなく，このことは社員が一人である場合でも同様であるから，法人格がまったくの形骸にすぎない場合，またはそれが法律の適用を回避するために濫用されるような場合においても，法人格を否認することはできないとするのが判例である。

エ：税理士に係る法令の制定改廃に関する政治的要求を実現するため，税理士会が政治資金規正法上の政治団体に金員の寄附をすることは，税理士会は税理士の入会が間接的に強制されるいわゆる強制加入団体であることなどを考慮してもなお，税理士会の目的の範囲内の行為といえるから，当該寄附をするために会員から特別会費を徴収する旨の税理士会の総会決議は無効とはいえないとするのが判例である。

オ：会社による政党への政治資金の寄附は，一見会社の定款所定の目的と関わりがないものであるとしても，客観的，抽象的に観察して，会社の社会的役割を果たすためになされたものと認められる限りにおいては，会社の定款所定の目的の範囲内の行為であるとすることを妨げないとするのが判例である。

1　ア，ウ
2　ア，エ
3　イ，エ
4　イ，オ
5　ウ，オ

実戦問題2の解説

No.4 の解説　法人

→問題はP.70

ア×　法人制度に関する一般的な規定は，民法ではなく一般法人法が定める。

法人制度に関する民法の規定が十分でなかったことから，法人に関する一般的な準則を定める**一般法人法**（一般社団法人及び一般財団法人に関する法律）が平成18年に成立し，平成20年12月１日に施行された。これに伴い，民法の規定の多くは一般法人法に移され，**民法に残っている法人に関する規定は，法人の能力などのごくわずかな基本的な事項**に限られる（33条以下）。

イ○　権利能力のない社団の資産たる不動産について社団名義の登記はできない。

妥当である（最判昭47・６・２）。→Ｎo.３選択肢３

ウ×　法人格がまったくの形骸であったり濫用の場合には法人格は認められない。

判例は，法人格がまったくの形骸にすぎない場合，またはそれが法律の適用を回避するために濫用されるような場合には，法人格を認める本来の目的に照らして許すべきでないものとして，法人格を否認すべきであるとする（最判昭44・２・27，**法人格否認の法理**という）。

エ×　税理士会が政治資金規正法上の政治団体に金員の寄附をする総会決議は無効

税理士会は，税理士が業務を行うために加入が義務づけられている強制加入団体である。すなわち，税理士業務を行おうとする者は，税理士資格を有していることに加えて税理士会に加入していなければならない。そして，そのような団体は，そのメンバーも政治的思想や主義がさまざまであり，特定の政党などに寄附するための特別会費を徴収する旨の決議があっても，それに従う義務はない。Ａ政党を支持している者が，それと主張が対立するＢ政党への寄附を強制されることは，政治的思想を侵害されることにほかならないからである（最判平８・３・19，南九州税理士会事件）。

オ○　会社による政党への政治資金の寄附は会社の目的の範囲内の行為である。

妥当である。八幡製鉄事件の判例である（最大判昭45・６・24）。

以上から，妥当なのは**イ**と**オ**であり，正答は**4**である。

●本問のポイント

法人に関する問題で，権利能力のない社団以外のテーマを扱うものは，国家一般職で時折出題される（それ以外ではまず出題されない）。ただ，特別法である一般法人法に踏み込んだようなものは，内容的に難解なため，民法の知識を試すのには不適である。そのため，本問では，権利能力なき社団などの一般的な知識で正解を導けるようになっている。イは民法の知識で，またエとオは憲法の基礎的な知識で正誤判断ができるし，ウは常識で解けるであろう。

権利能力なき社団以外のテーマで出題されたからといって，あえて学習範囲を広げる必要はない。

正答　No.4＝4

物

必修問題

民法上の物に関する次の記述のうち，妥当なものはどれか。

【地方上級（全国型）・平成26年度改題】

1 建物は，土地の一部であるから，売買契約によって土地の所有権が買主に移転した場合に，当該土地上に存在している建物の所有権も買主に移転する。

2 立木は，土地の一部に属するため，独立の所有権の対象となることはない。

3 主物と従物は，それぞれ別個の物であるから，主物が譲渡された場合，特別の意思表示がない限り，主物とともに従物の所有権は移転しない。

4 法定果実とは物の使用の対価として受けるべき金銭その他の物であり，地代や賃料のほか，利子も法定果実である。

5 倉庫内に保管してある製品群に対して，譲渡担保権を設定する場合，当該製品群を一つの物として，一つの譲渡担保権を設定することはできない。

難易度 ＊

必修問題の解説

前テーマまでは，自然人や法人などの権利の主体に関する問題を扱った。本テーマは，権利の客体を扱う。ただ，権利の客体といっても様々なものがあるので，本テーマでは客体のうちの主要なものを扱う。

1× **建物は，土地の一部ではなく，土地とは別個の不動産である。**

その理由は，建物の価値の高さのために，**土地とは別個に取引の主体としておくのが合理的**と考えられたためである（民法に明文規定はないが，388条は両者が別の物であることを前提としている）。

したがって，土地とは別に建物だけを譲渡（売買や贈与などの所有権移転のこと）の対象とすることができる。

2× **立木も，公示方法を備えれば独立の所有権の対象となる。**

「この山のヒノキ全部」など，価値を有する立木は，その価値に着目して立木のままで取引の対象とされている。ただし，土地とは別個の独立の物として扱われるには，公示方法が必要とされている。

ここで**公示方法**とは，**地盤（山林や原野などの土地）の所有権とは別に，立木が独立して取引の対象となることを明らかにしておくこと**をいう。原則的な公示手段は**立木登記**であるが（立木法1条・2条），手続きが煩わしいのと登記費用がかかることからあまり利用されていない。多く利用されているのは，以前から慣習的に行われてきた「**明認方法**」であり，判例もこれを立木の公示方法として認めている（大判大5・3・11）。→No.1 選択肢4

3 ×　特別の意思表示がない限り，従物の所有権は主物とともに移転する。

たとえば刀の刀身と鞘のように，それぞれ独立の物であるが，鞘が刀身の**経済的効用を助けていると客観的に認められる関係**にある場合，刀身を**主物**，鞘を**従物**と呼ぶ。家とそれに付属する畳なども同様である。

両者は，それぞれ独立の物であるから別々に譲渡してもかまわないが，**両者の結合を解かないほうが経済的意義を全うさせるという意味では望ましい**。そのため，「刀身は売るが鞘は売らない」などの特別の意思表示がない限り，従物の所有権は主物とともに移転するとされる。

4 ◎　利子も物の使用の対価として受けるべき金銭であり，法定果実である。

妥当である。くだものの木が，最初はその木に存在しなかったくだものを生み出すのと同様に，元の物（元物）から新たなものが生み出された場合，民法はそれを果実と呼ぶ。

これには2種があり，**自然的に生み出される場合を天然果実，法的に生み出される（法が生み出すことを認めている）場合を法定果実**という。利子も元物である元金から生み出すことを法が認めたもので，法定果実である。

5 ×　製品群を一つの物として，これに担保権を設定することができる。

譲渡担保（→テーマ21）が何かについては，とりあえずここでは「担保」ということだけ考えておこう。そして，倉庫の中の製品群の価値がたとえば五千万円あれば，「それを担保に銀行から三千万円の仕入れ資金の融資を受ける」などということは，財産（**製品群**）の有効活用や経済活動を活発化させるという意味で有意義である。そのため，**担保の設定は可能**とされている（集合動産について最判昭54・2・15）。

正答 4

FOCUS

概念だけがずらりと並んでいるので，とっつきにくい印象を受けるかもしれない。ただ，この部分は民法の基礎用語となる部分なので，知識を正確に把握しておく必要がある。

▶▶▶ POINT

重要ポイント 1 物

(1) 物の意義

①物とは物権の客体である。
②民法は物を有体物（固体・液体・気体）に限っている（85条）。
③物を対象としたものだけが民法上の契約ではない。民法上の契約は生活上のあらゆる利益について成立する。
④1個の物権の客体は独立した1個の物でなければならないが，特定性が維持される限り，集合物の上にも1個の物権が成立する。

重要ポイント 2 動産・不動産

(1) 不動産

①土地およびその定着物を不動産という。建物も土地の定着物であるから不動産である。
②建物が土地と別個の不動産と認められるためには，少なくとも屋根と壁を備えることが必要である。
③一筆の土地の一部を分筆しないまま譲渡することができる。ただし，その部分の所有権取得を第三者に対抗（権利主張）するには分筆登記をしたうえで移転登記を行うことが必要である。
④一筆の土地の一部にも時効取得は成立する。他人の土地の一部を長期間占有すれば，その部分について時効取得を主張することができる。

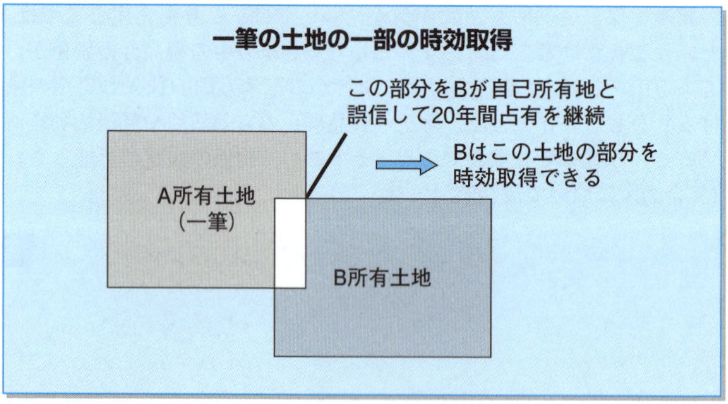

(2) 立木（りゅうぼく），未分離の果実

①立木や未分離の果実は，そのままでは土地の一部にすぎない。
②立木は，立木法に定める登記（立木登記）をすれば独立の不動産とみなされ，土地とは別に立木だけについて立木のままで譲渡や抵当権の設定ができる。また，明認方法を施すことによって譲渡することもできる（なお，明認方法でできるのは譲渡のみで，抵当権の設定はできない）。
③未分離の果実（りんごやみかんなど）も，明認方法を施すことによって土地に植

栽したままで取引の対象とすることができる。

(3) 動産

①不動産以外の物はすべて動産である。

②貨幣は，存在形態は動産であるが，それは価値そのものであって物としての個性を有しないので，即時取得の対象とはならない。

重要ポイント3 主物（しゅぶつ）・従物（じゅうぶつ）

①複数の独立性を有する物（動産・不動産を問わない）の一方が他方の経済的効用を補っていると認められる関係にある場合に，補われているほうを主物，補っているほうを従物という。

②主物が譲渡された場合，従物の所有権は，特段の意思表示がない限り主物とともに移転する。

③借地上の建物について設定された土地の利用権は建物の従たる権利である。したがって，その建物に抵当権が設定されると，その効力は土地の利用権に及び，また抵当権について登記が備わると，土地の利用権についても第三者に対抗（権利主張）できる。

重要ポイント4 果実

①果実には天然果実と法定果実の２つがある。

②**天然果実**とは，物の経済的用途に従って産出される物であり，**法定果実**とは物の利用の対価として受ける金銭その他の物をいう。

③天然果実は，通常の場合は所有者が，また利用権（賃借権，地上権など）が設定されている場合には利用権者（賃借権者，地上権者など）がこれを収取する権利を有する。

実戦問題

No.1 * 物に関する次の記述のうち，妥当なのはどれか。

【国税専門官・平成６年度改題】

1 主物と従物はそれぞれ別個の物であるが，主物が譲渡された場合には，特段の意思表示のない限り，主物に伴って従物の所有権が移転する。

2 土地は人為的に区分され，一筆ごとに登記されるため，一筆の土地の一部を時効取得することは認められないとするのが判例である。

3 建物は常に独立の不動産とされるが，木材を組み立てて屋根をふいた程度の工程に達すれば建物とするのが判例である。

4 立木は土地の定着物であるから，伐採しない限り独立の物として取引の目的物とする余地はない。

5 利息は物の収益ではなく元本債権の収益であるから，法定果実としては取り扱われない。

No.2 ** 物に関する次の記述のうち，妥当なのはどれか。

【国家Ⅰ種・平成４年度】

1 一筆の土地の一部を分筆しないまま譲渡しても，譲受人は所有権を取得することがあるが，一筆の土地の一部について時効取得が認められることはない。

2 借地上に建つ建物に抵当権が設定され，その登記が経由された場合，その抵当権の効力は敷地の賃借権には及ばず，第三者に対する対抗力は認められない。

3 金銭は動産であるが，占有のあるところに所有権があるので，当該金銭に物として個性がある場合は格別，民法192条の即時取得の規定の適用はない。

4 土地の定着物については，土地所有権と一体をなすものであるので，土地とは別個の独立したものとして，その権利を移転したり，それを差し押さえることはできない。

5 構成部分の変動する集合動産については，一物一権主義の考え方に照らし，工場抵当法，企業担保法等の特別法に基づき公示することによって初めて一個の集合物として譲渡担保の目的となりうる。

D

＊＊
No.3 民法に規定する物に関するA～Dの記述のうち，判例，通説に照らして，妥当なものを選んだ組合せはどれか。 【地方上級（特別区）・令和２年度】

A　民法における物とは，空間の一部を占める液体，気体，固体である有体物および電気，熱，光等の無体物をいうが，これらの物が物権の客体となるためには，法律上の排他的支配が可能である必要はない。

B　天然果実は，その元物から分離するときに，これを収取する権利を有する者に帰属し，法定果実は，これを収取する権利の存続期間に応じて，日割計算によりこれを取得する。

C　最高裁判所の判例では，宅地に対する抵当権の効力は，特段の事情がない限り，抵当権設定当時，当該宅地の従物であった石灯籠および庭石にも及び，抵当権の設定登記による対抗力は，当該従物についても生じるとした。

D　最高裁判所の判例では，樹木は，本来，土地所有権と一体をなすものであるため，立木法による所有権保存登記をした樹木以外の個々の樹木については，樹木の譲受人が第三者に対し，樹木の所有権取得を対抗できる余地はないとした。

1　A，B
2　A，C
3　A，D
4　B，C
5　B，D

実戦問題の解説

No.1 の解説　物

→問題はP.76

1 ◎ 特別の意思表示がない限り，従物の所有権は主物とともに移転する。

妥当である。両者の結合を解かないほうが，経済的意義を全うさせるという意味で望ましいことが理由である。→必修問題選択肢３

2 × 判例は一筆の土地の一部についても時効取得を認める。

時効取得は，物を一定期間継続して占有することで成立するが，通常は物の一部分だけ（たとえば自動車のタイヤのみ）を占有することはありえないので，物の一部については時効取得は認められていない。ところが，**土地の場合は部分的な占有ということが起こりうる**ため，判例・通説はともに**一筆の土地の一部の時効取得を認めている**（大判大13・10・7）。

→重要ポイント２の図参照

●土地の単位

土地には自然的な意味での境目がないので，人為的に区切られた境界によって「１つの物」かどうかが区別される。その単位は「筆」と呼ばれる（一筆，二筆などと称する）。

3 × 建物と認められるには屋根に加えて壁が必要である。

建築途中の建物が独立の物としての評価を受けるには，「屋根がふかれ外気を遮断する周壁を有する」など**社会観念上独立した建物としての効用を有する（つまり雨風をしのぐ状態）に至ったと認められることが必要**とされている（大判昭10・10・1）。

4 × 立木も，明認方法などの公示方法を備えれば独立して取引の対象となる。

→必修問題選択肢２

明認方法

●明認方法

立木や未分離の果実などといった土地の定着物について，その権利関係を明示するために慣習上行われる公示方法である。

樹木などのように，土地に植えられている物については，地盤である土地の所有者が所有権を有するのが原則である。ところが，樹齢数百年の銘木のように，それだけで数百万円，数千万円という価値を有する物になると，土地に植栽されたままで木材業者に売却されることがある。その場合，木材業者は，同じ木が他の業者に二重に売却されないように，その木についての権利関係を公示しておくのが通常である。その手段としては，立木登記という方法があるが，登記には費用と手間がかかるので，「１～２か月後には伐採して運び出す」などという場合には，登記はあまり利用されない。それに，他の業者がいちいち登記を確認してくれるかどうかもわからない。仮に，他の業者が登記を確認しないままその木を購入し（二重譲渡），先に伐採して製材・売却したら，後の処理が大変である。そこで，木に直接権利関係を明示するという方法が古くからとられてきた。これが明認方法である。その手段としては，たとえば木の周囲に所有者を明示した立て札を立てたり，直接その木に「この木は○×が所有している」などと墨やペンキで書いて権利関係を明示する方法がとられる。立木や未分離の果実などの取引では，事前に現場を確認することが取引慣行となっているので（買主は，どれだけの価値がある物なのか自分の目で確かめるのが通例である），立木等に権利者名が表示されていれば，二重売却の危険は薄らぐ。そこで，判例もこのような方法について対抗力を認めている。なお，明認方法は，それが存在し続けていることが対抗力を認められるための要件とされている。たとえば，登山客がいたずらして立て札を持ち去ったなどという場合には，その時点から対抗力は失われることになる（これが明認方法の欠点とされている）。

5 ×　元物から生じる収益を果実といい，利息はそのうちの法定果実とされる。

木に実る果実や賃貸家屋の家賃のように，ある物が別の物を生み出すことがあり，生み出した物を元物，生み出された物を果実と呼ぶ。

この果実は，自然に生み出される天然果実（88条１項）と物の使用の対価である法定果実（同２項）に分けられる。金銭は物ではないが，**利息はその使用の対価であることに変わりはないので法定果実に分類されている**（大判明38・12・19）。

No.2 の解説　物

→問題はP.76

1 ×　一筆の土地の一部についても時効取得は可能である。

→No. 1 選択肢２

2 ×　抵当権の効力は敷地の賃借権に及ぶ。

抵当権とは，土地を賃借してその上にビルを建てたなどという場合に，その建設費を融資した銀行が設定する担保権の一種である。

他人の土地にビルを作ろうとする場合，その土地の利用権（地上権や賃借権など）をあらかじめ取得しておく必要があるが，銀行としては，資金を融資する場合，ビルとともにその土地の利用権も担保に入るのでなければ意味がない。なぜなら，返済が滞ってビルを競売にかける場合，土地の利用権がなければ，地主から土地の明渡しを請求されると，ビルを解体撤去せざるをえないからである。それでは担保としての機能は果たせない。

そのため，抵当権の効力は従たる権利である敷地の賃借権にも及び，**抵当権の登記があれば，敷地の賃借権についても，これを第三者に対抗（権利主張）することができる**とされている（最判昭40・５・４）。

3 ◎　金銭では占有と所持が一致するので即時取得の対象とはならない。

妥当である。金銭は純粋に価値としての性格を有するもので，「その物」（言ってみれば，記号番号○○の１万円札）の所有権取得を認める即時取得の制度は適用されない（最判昭39・１・24）。

4 ×　土地とは独立の物と認められる場合には，譲渡や差押えも可能である。

土地の定着物であっても，建物や公示方法（立木登記・明認方法）を備えた立木のように，土地とは独立の物と認められるものについては，土地と別個に権利を移転することや差押えをすることも可能である。

5 ×　集合動産も，それを一つの物として担保権を設定することは可能である。

→必修問題選択肢５

No.3 の解説 物

→問題はP.77

A × **民法における物は有体物を意味し，電気などの無体物を含まない。**

民法において，**「物」とは液体，気体，固体である有体物をいう**（85条）。すなわち，電気，熱，光等の無体物は含まない。したがって，これらの無体物は民法でいう所有権等の物権の客体にはならない。

B ○ **法定果実は，収取する権利の存続期間に応じて日割計算でこれを取得する。**

妥当である。まず，**天然果実**は，その元物から分離する時にこれを収取する権利を有する者に帰属する（89条1項）。ここで，「収取する権利を有する者」とは，所有者，賃借権者，永小作権者などをいう。

また，**法定果実**は，これを収取する権利の存続期間に応じて日割計算によりこれを取得する（同条2項）。

いずれも条文をそのまま素材とした肢である。

C ○ **不動産の譲受人が，賃貸人の地位を賃借人に主張するには登記が必要である。**

抵当権の効力は，抵当権設定時の従物（＝主となる物の経済的効用を助ける関係にある物で，主物との結合を外さないほうがよいと思われるもの）にも及ぶ（最判昭44・3・28）。抵当権者は，従物（本肢でいう石灯籠および庭石など）を含めて，全体としての担保価値を評価して（融資額を決定して）いるからである。

D × **樹木も，明認方法を備えれば，立木登記がなくても所有権を対抗できる。**

立木登記（立木法1条・2条）は，手続が煩わしいのと登記費用がかかることからあまり利用されておらず，権利の公示方法としては，以前から**明認方法**が慣習的に行われてきた。そして，**判例もこれを立木の公示方法として認めている**（大判大5・3・11）。→No.1選択肢4

以上から，妥当なものは**B**と**C**であり，正答は**4**である。

正答 No.1＝**1**　No.2＝**3**　No.3＝**4**

意思表示

必修問題

AはBとの間で，A所有の不動産を売買する契約を締結し，さらにBはその不動産をCに転売し，登記も移転した。この場合に，AがBに対する意思表示の取消しまたは無効を主張することで，Cから不動産を取り返すことができる場合に関する記述として妥当なものはどれか。

【市役所・平成30年度改題】

1 Aは内心では売るつもりがないのに，それを黙って契約を締結したが，BにはAの内心を知る余地がなかった場合。

2 Aは売るつもりがないのに，Bと**通謀**して売買契約を締結したが，Cが善意であった場合。

3 Aが**重大な過失**によって，この不動産を別の不動産と誤って売買契約を締結した場合。

4 AはBの詐欺により売買契約を締結した後，詐欺を理由に契約の取消しを主張したが，この取消しがBから詐欺について善意・無過失のCへの転売後に行われた場合。

5 AはBの強迫により売買契約を締結した後，強迫を理由に契約の取消しを主張したが，この取消しがBから強迫について善意・無過失のCへの転売後に行われた場合。

難易度 ＊

必修問題の解説

民法上の意思表示は，一般の用語でいう「単に自分が思っていることを口に出す」といったものではなく，そこで表示されたとおりの法的効果が発生することを法が認めたものをいう。

たとえば契約の解除でいうならば，解除の内容は「契約はなかったことにする」であり，これに基づいて解除権者が解除の意思表示をすると，その意図したとおりの効果すなわち「契約はなかったことになる」という効果が発生する（法がそのような効果を認める）。これが民法にいう意思表示の特質である。

では，意思を表示した者（表意者という）が，そもそも意思表示どおりの効果の発生を望んでいなかったら（意思の欠缺），あるいは誤って意思表示をしたら（意思表示の瑕疵），その効果はどうなるのであろうか。これが，主に本テーマで扱う内容である。

民法は，意思表示に欠陥がある場合として，心裡留保，通謀虚偽表示，錯誤，詐欺，強迫という５つの類型を規定している。やや数が多いので複雑な印象を受けるが，内容は意外に常識的なので，問題を繰り返す中で理解を深めつつ，知識を整理していこう。

1 × **心裡留保は原則有効であり，第三者も善意であれば保護される。**

まず，買主が知り得る余地がない状態で，売主が，「自分は売るつもりがなかったので，あの契約はナシだ」と主張することは許されない。これを**心裡留保**といい，原則は有効とされる（93条1項）。この場合，所有権は有効にBに移転しているので，AはBから所有権を取得したCに「返せ」とはいえない。

2 × **通謀虚偽表示の無効は，善意の第三者には対抗（主張）できない。**

ABが結託してBに売ったように見せかける行為を**通謀虚偽表示**という。これは，たとえばAが差押えを免れたいなどの場合に行われる（94条1項）。Bの財産になっていれば，Aの債権者はもはや強制執行できないからである。

ところが，Bが金に困って自分に仮に移されている登記名義を悪用して，事情を知らない（善意）Cに売却したらどうなるか。

Aは，「A→Bの譲渡は無効だから，不動産を自分に返してほしい」とCに主張（対抗）できるか。これは許されない（94条2項）。なぜなら，虚偽の譲渡契約書や移転登記（このようなことを「**虚偽の外形**」と表現する）を自ら作り出しておきながら（**虚偽表示**という），それを**信頼して取引した者に無効主張することはアンフェアな行為であって許すべきではない**からである。

3 × **表意者に重大な過失があれば，その表意者は錯誤無効を主張できない。**

重大な過失とは，「普通，それ気付くべきだよね？」というような重大な見逃しや判断ミスのことである。言葉を換えれば，**その事情の下で「当たり前に」要求されるべきことをしなかったこと**をいう。

たとえば，東京に居住するAが，不動産投資目的で大阪にいくつかマンションを所有し，そのマンションのうち，甲区のマンション1室（時価3,000万円）を売りに出すつもりで，誤って都心部の乙区のマンション1室（時価4,000万円）を3,000万円で売るという表示をしたような場合である。離れた土地にいるとはいえ，Aとして，どのマンションを売るかくらいは，当然に確認しておくべきである。その募集に応じてBがこれを購入すれば，AはBに「錯誤があったので契約を取り消す」とはいえない。したがって，Cから不動産を取り返すことは認められない（95条）。

4 × **詐欺による取消しは，その効果を善意・無過失の第三者には対抗できない。**

詐欺による意思表示の場合，表意者と第三者のどちらの利益を優先すべきか。本肢で，民法の利益調整の感覚を学んでおこう。

まず，Aは騙されて意思表示しており，本人自身に悪質さはないので，**法は取消しを認めて保護している**（96条1項）。一方，Cは善意・無過失であ

れば，何も責められるべき点はないので，やはり保護の対象とすべきである。

ではどちらを優先するか。Aについてはだまされた側にもうかつだったという落ち度があるが，Cには何の落ち度もない。そこで民法は，両者を比較した場合，**善意・無過失の第三者の利益をより強く保護すべき**としている。その結果，Aは取消しの効果をCに主張できないことになる（96条３項）。

Cについて，善意（詐欺の事実を知らないこと）に加えて無過失（詐欺の事実を知らなかったことに落ち度がないこと）まで要求するのは，上記２の虚偽表示と対比した場合，**虚偽表示では表意者の悪質性が強いので，第三者は善意であれば足りる**（権利取得できる）。それに対して，**詐欺の場合には，表意者の落ち度が低いので，バランス上，無過失まで要求するのが妥当**と判断されるからである。

5◎ 強迫による取消しは，その効果を善意・無過失の第三者にも対抗できる。

強迫とは，脅された状態で仕方なく意思表示をした場合である。

詐欺などと同様に瑕疵ある意思表示に分類されるが，詐欺の場合には騙された表意者の側にもうかつだったという落ち度があるが，**強迫では表意者に責められるべき事情がない**。そのため，**被強迫者の方をより保護する必要がある**として，**取消しの効果は善意・無過失の第三者にも対抗できる**（取り消したので不動産をAに戻すようにCに主張できる）とされている（96条３項の反対解釈）。

正答 5

FOCUS

意思表示の瑕疵は種類が多く，込み入った感じのする分野であるが，総則だけでなく債権法でも事例問題の判断要素として取り上げられることが多い。民法の全般を通じて登場する重要な分野なので，しっかり理解しておこう。

重要ポイント1 意思の不存在と瑕疵ある意思表示

民法は，意思表示に欠陥がある場合として，表示に対応する意思の不存在の場合（心裡留保，通謀虚偽表示）と，瑕疵ある意思表示の場合（錯誤，詐欺，強迫）について規定する。それぞれについて，意思表示が無効かどうか，取り消すことができるかどうかが問題となる。

重要ポイント2 心裡留保・通謀虚偽表示

(1) 心裡留保（しんりりゅうほ）

①真意でないことを知りながら，それを相手に告げずにする意思表示を心裡留保という。

②心裡留保は原則として有効であるが，相手方が真意でないことを知っているか（悪意），または知ることができたときは（有過失），無効とされる。

③心裡留保による意思表示の無効は，善意の第三者に対抗できない。表意者が真意でなく意思表示をしていることを第三者が知っていた場合は，表意者は意思表示が無効だと主張できる。一方，第三者が知らなければ，それについて過失があっても無効主張はできない。

(2) 通謀虚偽表示（つうぼうきょぎひょうじ）

①当事者が通謀して行った虚偽の意思表示を通謀虚偽表示という。その効果は無効である（94条１項）。

②虚偽表示を行った当事者は，それが無効であることを善意の第三者には対抗できない（同条２項）。

③通謀虚偽表示における善意の第三者とは，「通謀虚偽表示によって作り出された虚偽の外形を信頼して，新たな法律上の利害関係を有するに至った者」をいう。

④第三者が保護されるためには善意であればよく，過失がないことや，登記を備えていることなどは必要でない。

⑤直接の相手方でない者も（例：ＡＢ間の通謀虚偽表示によってＡ→Ｂ→Ｃ→Ｄと土地が譲渡された場合のＤ），善意であれば第三者として保護される。

⑥AB間の通謀虚偽表示によってＡ→Ｂ→Ｃ→Ｄと土地が譲渡された場合，Ｃが善意であれば，Ｄは悪意であってもＣの権利をそのまま承継する（絶対的構成）。

⑦前例において，善意の第三者Ｃは適法にＡの権利を取得する。適法な取得であるから，Ａの債権者であれほかのだれであれ，Ｃの権利取得を否定することはできない。

⑧第三者が適法に取得する権利は，虚偽の外形を信頼して法律関係に入った場合にそこから導かれる権利である。

その法律関係が売買であれば所有権の取得であるが，抵当権の設定契約であれば適法に抵当権を取得する。

⑨善意の証明責任は，それを証明することによって利益を受ける側，すなわち「第三者」の側にある。

⑩意思表示によらないで虚偽の外形を作り出した場合にも，通謀虚偽表示の規定を

類推適用して第三者を保護することができる（94条２項類推適用）。

⑪自ら積極的に虚偽の外形を作り出しているわけではないが，表意者が虚偽の外形に原因を与えているという場合は，94条２項，110条の法意に照らし，第三者は「善意＋無過失」であれば保護される。

重要ポイント３ 錯誤

（1）錯誤

①錯誤とは，意思と表示が一致しない意思表示であって，そのことを表意者が知らないものをいう。

②錯誤は，それが法律行為の目的および取引上の社会通念に照らして重要なものであるときは，取り消すことができる。

取消しの主張を重要な錯誤の場合だけに制限するのは，表意者保護と相手方保護の調整を図る趣旨である。

（2）動機の錯誤

①表意者が，法律行為の基礎とした事情についてのその認識が真実に反する錯誤を動機の錯誤という。

②動機の錯誤については，その事情が法律行為の基礎とされていることが表示されていたときに限り，表意者はこれを取り消すことができる。

重要ポイント４ 詐欺・強迫

（1）詐欺

①詐欺とは，相手を欺いて錯誤に陥れ，それに基づいて瑕疵ある意思表示をさせることである。

②詐欺による意思表示は取り消すことができる。

③詐欺による意思表示の取消しは，善意・無過失の第三者に対抗できない。善意・無過失の第三者とは，詐欺による意思表示をなんら瑕疵（欠陥）のないものと過失なく信じて新たな法律関係を築いた者をいう。

④詐欺による不動産の譲渡契約において取消前の第三者がある場合，表意者は，その者が善意・無過失であれば，その者が登記を備えていなくても取消しの効果を主張できない。反対に悪意・有過失であれば，登記を備えていても取消しの効果を主張できる。

⑤詐欺による不動産の譲渡契約において取消後の第三者がある場合，表意者と第三者の優劣は，いずれが先に登記を備えたかで決せられる。

（2）強迫（きょうはく）

①強迫とは，恐ろしさにひるんだ（畏怖（いふ））状態で意思表示をさせる目的で，相手に害悪を告知することをいう（刑法の「脅迫」の字と間違えやすいので注意）。

②強迫による意思表示は，善意・無過失の第三者にも対抗できる（詐欺と異なる）。

③第三者の強迫による意思表示は，相手方の善意・悪意，過失の有無を問わず取り消せる（これも詐欺と異なる）。

重要ポイント5 意思表示の到達

①意思表示は，相手方に到達した時点でその効力を生じるのが原則である（到達主義）。ただし，株主総会の通知など多数の者に対する通知に関しては，特別に発信主義（発信時に効力を生じる）がとられている。

②到達前か，少なくとも到達と同時にするのであれば，意思表示を撤回できる。

③発信後に表意者が死亡しても意思表示の効力は失われない。ただし，契約の申込みの場合は，例外的に相手方が死亡の事実を知っていた場合には無効となる（意思表示には，双方向の「契約」，一方通行の「単独行為」，みんなでする「合同行為」がある）。

④意思表示の到達に，相手方の了知は必要でない。相手方の勢力圏内に入れば到達があったとされる。

⑤制限行為能力者のうち，未成年者と成年被後見人には意思表示の受領能力がないので，これらの者に意思表示をしても無効である。

⑥未成年者や成年被後見人に対する意思表示も，そのことを法定代理人が知った場合には，相手方は到達を主張できる。

実戦問題❶ 基本レベル

No.1 * **民法に規定する意思表示に関する記述として，妥当なのはどれか。**

V

【地方上級（特別区）・平成30年度改題】

1 表意者が真意ではないことを知ってした意思表示は，表意者の内心を考慮して無効となるが，相手方が表意者の真意を知り，または知ることができたときは，その意思表示は有効である。

2 相手方と通じてした虚偽の意思表示は，無効であるが，その意思表示の無効は，当該行為が虚偽表示であることを知らない善意の第三者に対抗することができない。

3 詐欺による意思表示は，取り消すことができるが，相手方に対する意思表示について第三者が詐欺を行った場合においては，相手方がその詐欺の事実を知っていたときに限り，取消しができるものとはならず，当然に無効となる。

4 強迫による意思表示は，意思表示の相手方以外の第三者が強迫した場合に取り消すことができるが，強迫を理由とする取消しの効果は善意・無過失の第三者に対抗することができない。

5 隔地者に対する意思表示は，表意者が通知を発した後に死亡したときであってもその効力は妨げられず，契約の申込みの意思表示において，相手方が表意者の死亡を申込通知の到達前に知っていた場合にも，その効力は妨げられない。

No.2 * **法律行為に関するア～オの記述のうち，妥当なもののみをすべて挙げているのはどれか。** 【国税専門官／財務専門官／労働基準監督官・平成27年度改題】

ア：法律行為が公の秩序に反する場合には，当該法律行為は無効であり，当該法律行為をした者以外の第三者であっても，かかる無効を主張することができる。

イ：意思表示の表意者が，表示行為に対応する意思のないことを知りながら単独でした意思表示は，原則として無効である。

ウ：Bは，受胎しているA所有の馬がその来歴上良馬を出産すると考えて，Aとの間で当該馬の売買契約を締結したが，良馬を出産することはなかった。Bが当該馬を買う動機をAに表示していても，その動機の錯誤についてBに重大な過失があれば，Bは当該売買契約を取り消すことはできない。

エ：強迫による意思表示は，取り消すことができるが，当該意思表示の取消しは，善意・無過失の第三者に対抗することができない。

オ：相手方に対する意思表示について第三者が詐欺を行った場合，当該意思表示には瑕疵が存在することから，当該意思表示の相手方が詐欺の事実について知りまたは知ることができたときでなくても，表意者は当該意思表示を取り消すことができる。

1 ア，イ　**2** ア，ウ　**3** イ，オ　**4** ウ，エ　**5** エ，オ

＊
No.3 **Aは，債権者からの追及を免れるために，Bと共謀して，自己所有の不動産をBに売却したと偽って，所有権移転登記手続を済ませた。**

以上の事例に関する次の記述のうち，判例に照らし，妥当なのはどれか。

【国家Ⅱ種・平成９年度】

1 善意のＣがＢから当該不動産を購入したが，移転登記を経ていない場合には，ＡはＣに対して虚偽表示による無効を主張できる。

2 悪意のＣがＢから当該不動産を購入し，さらに，善意のＤがＣからこれを購入した場合には，ＡはＤに対して虚偽表示による無効を主張できない。

3 善意のＣがＢから当該不動産を購入し，さらに，悪意のＤがＣからこれを購入した場合には，ＡはＤに対して虚偽表示による無効を主張できる。

4 善意のＣがＢから当該不動産を購入した場合でも，Ａの債権者ＤはＣに対して虚偽表示による無効を主張できる。

5 善意のＣがＢから当該不動産について抵当権の設定を受け，登記を経た場合でも，ＡはＣに対して虚偽表示による無効を主張できる。

実戦問題❶の解説

No.1 の解説　意思表示

→問題はP.88

意思表示の問題では，まず基本となる「意思表示の欠陥の５類型」を覚えて，それを参照しながら問題を解いていこう。この５類型以外の部分（公示による意思表示など）は量が少ないので個別に覚えるようにする。

◇意思表示に欠陥がある場合の５類型◇

①**心裡留保**…単独での真意でない意思表示。原則有効。ただし，相手方が真意でないことを知っているか知ることができたときは無効。

②**虚偽表示**…共同（通謀）での真意でない意思表示。当事者間では無効。ただし，善意の第三者（過失不要）にはその無効を主張できない。

③**錯誤**…意思と表示の不一致。取消し可。

④**詐欺**…だまされて行った意思表示。取消し可。ただし，善意・無過失の第三者には取消しの効果を主張できない（だまされる者に落ち度あり）。また，第三者の詐欺に関して特別の法的処理あり。

⑤**強迫**…脅されて行った意思表示。取消し可。詐欺と異なるところは，善意・無過失の第三者にも取消しの効果を主張できること。また，第三者の強迫について特別の法的処理なし（強迫による表意者保護を徹底）。

1 ×　心裡留保は原則有効，ただし相手方悪意または有過失の場合は無効。

問題文にある「表意者が真意ではないことを知ってした意思表示」とは，たとえば売るつもりがないのに売るといったような場合のことである。相手がそのことを知らず（善意），また知る余地もなければ（無過失），その意思表示は有効である（93条１項本文）。→必修問題選択肢１

なお，本肢の問題ではないが，肢２との関連で付け加えておくと，第三者がいる場合，その者が保護されるには善意で足り，無過失までは必要でない（93条２項）。表意者は，**本気でない意思表示をあえてしていて帰責性が大きいため，第三者の保護要件としては善意で足りる**とされている。

2 ◎　通謀虚偽表示は無効であるが，その無効は善意の第三者に対抗できない。

相手と示し合わせて（通謀して）ニセの意思表示をしても，それは虚偽であるから当然に無効であるが，**それを信頼して新たな法律関係に入った**（例：ニセの登記を信頼して不動産を購入したなど）**第三者**には，「意思表示は虚偽だから無効だ」とは主張できない（「対抗できない」という）。この場合，**第三者は虚偽であることを知らなければ（善意）それで保護され**，たとえ気付かないことに不注意（過失）があっても構わない。**虚偽の外形を作り出した者の悪質性に照らし，法は善意だけで保護することにしている**（94条２項）。

3 ×　第三者の詐欺では，相手方が悪意か，もしくは有過失なら取り消せる。

第三者の詐欺とは，たとえば日頃Aを恨みに思っているCが，Aに損をさせようとして，ほとんど利用価値のないBの土地を「優良物件だ」と騙して信じ込ませ，Aにその土地を買い取らせたような場合である。

売主は，買主が第三者から騙されて購入を申し出たことを知らなければ，単に買いたいという人に売っただけで何ら非難されるいわれはない。つまり，**相手が事情を知らなければ（善意）保護される**，これが基本である。

ただ，ここからが民法の利益調整であるが，表意者に不利益を被らせてなお保護されるという者（相手方）は，やはり一応は注意を払うこと，つまり無過失まで要求するのがバランスとして妥当である。そのため，法は相手方が保護される要件として善意・無過失を要求している（96条２項）。

いずれにせよ，その効果は「取消しができる」であり，「無効」ではない。

4 × 強迫を理由とする取消しの効果は，善意・無過失の第三者にも対抗できる。

強迫による意思表示とは，相手に脅されあるいは威圧されて無理やり「契約します」といった意思表示をさせられる場合である。意思表示を無理強いされた者（表意者）を保護すべき要請が強いので，取消しができることに加えて，**取消しの効果を善意・無過失の第三者にも対抗**（取消しによって意思表示が無効になったことを主張）**できる**とされている（96条３項の反対解釈）。

5 × 申込者が通知到達前に死亡し，それを相手が知っていれば申込みは無効。

本肢は，前段と後段で分けて説明する。ややこしい部分なので，できるだけ「具体的な事例＋常識判断」のセットで覚えておこう。

まず，結論を表で示しておく。なお，意思表示は相手方がその内容を把握できるようになった時点，すなわち到達の時点で効力を生じる（97条１項）。

●意思表示の発信後到達前の相手方の死亡（意思能力喪失・行為能力喪失も同じ）

原則	影響なし（例：債務免除の意思表示は有効）
契約の申込みの場合	相手方が… ・知った→影響あり（申込みは無効） ・知らなかった→影響なし（申込みは有効）

まず，前段については，隔地者に対する意思表示は，**表意者が通知を発した後に死亡したときであってもその効力を妨げられない**。たとえば，病床にあるAが，長年の友人Bに感謝の気持ちで貸金10万円の債務を免除する通知を郵便で発し，その直後に死亡したとする。この場合，通知が相手に到達する前にAが死亡しても，その意思表示は有効で免除の効力が発生する（97条２項）。このことは，表意者が通知を発した後に行為能力を喪失した場合も同じである。したがって，前段は正しい（97条３項）。

次に後段について，ある契約を郵便等で申し込んだAが，その発送後に死亡したとする。その郵便等が相手Bに届く前にBがそのことを知った場合，契約はどうなるか。

その場合，**すでに契約の相手がいなくなっているし，またBはそのことを**

知っているのであるから，無効にするのが常識的である（526条）。また，そう解してもBに不利益にはならない。一方，もしBが**知らなければ**，Bは申し込みがあったとして，たとえば機械の製作の発注ならば承諾の通知を発するのと並行して，すぐに材料を注文するなど，**損害を生じるおそれがあるので，申込みの効力は維持される**。

本肢では，到達前に知っているというのであるから，申し込みは無効となる（526条）。よって，後半は誤り。

No.2 の解説　法律行為

→問題はP.88

ア○　公の秩序に反する法律行為は絶対的に無効で，第三者も無効主張できる。

妥当である。**公の秩序に反する法律行為**とは，たとえば人身売買や麻薬取引契約のように，その**存在が社会的に認められないようなもの**をいう。そのような法律行為は，そもそも存在自体が否定されるものであるから**絶対的に無効**であり，だれからでもその無効を主張できる。

イ×　表意者が真意でないことを知ってした意思表示は，原則として有効である。

本肢の「表示行為に対応する意思のないことを知りながら…した意思表示」とは**心裡留保**のことであり，原則として有効である（93条1項本文）。

→必修問題選択肢1

なお，本肢には「単独で」という一語が付加されているが，心裡留保は，意思表示を相手との合意に基づいて行うか（契約—相手との共同作業），それとも単独で行うか（債務の免除のような一方的行為）によって効果に影響を受けるものではない。

ウ○　重過失がある場合，その表意者は錯誤を理由に意思表示を取り消せない。

妥当である。本肢は，動機の錯誤や重過失など，問題点の異なるテーマが混在しているので，順を追って説明する。

①動機の錯誤は「取消しが認められる95条の錯誤」に当たるか

本肢でBは，受胎しているA所有の馬を買いたいと思い，Aに申し込んでその馬を買っている。そして，ここには何も思い違い（錯誤）はない。**思い違いがあるのは，その馬が良馬を出産すると考えた動機の点**である。しかし，「その馬を買いたい」「売りましょう」という過程の中に欠陥がないのであれば，取消しを認めるのは不都合である。そのため，このような錯誤（**動機の錯誤**という）は，取消しが認められる本来の錯誤には当たらない。本来の錯誤とは，たとえばドルで表示すべきところを，勘違いしてポンドで表示したような場合をいう（**表示の錯誤**）。この場合，相手も表示を確認すればよいので，取消しを認めても不都合ではない（95条1項1号）。

では，**動機の錯誤**はいっさい取消しの対象にならないか。法は，「表示」の錯誤が取消しの対象となるのであれば，動機が表示されていれば同じように扱ってよいとして，**表示を要件に，これを錯誤に含めることを認めている**

(95条1項2号，2項)。これが動機の錯誤の問題である。

②重要な部分の錯誤でなければ取消しは認められない

次に，表示の錯誤にせよ，動機の錯誤（動機の表示が要件）にせよ，それが重要部分の錯誤でなければ取消しは認められない（95条1項柱書)。些末な部分の錯誤で取消しを認めることは，取引きの安全を脅かすからである。ここで重要部分とは，一般の社会通念に照らして「その間違いがなかったならばそんな取引きはしなかったであろう」と一般人が思うようなものをいう。「良馬を出産する馬だから買う」というのは，重要な部分の錯誤に当たる。

③表意者に重過失があれば，原則として取消しは認められない

錯誤が表意者の重大なミスで生じていれば，その責任を相手に転嫁することは許されないので，取消しは認められない。たとえば，「優秀な競走馬を出産すると思い込んで，誰が見ても農耕馬とわかるような馬（母馬）を買った」などという場合である。

なお，取消しが認められる例外が2つある。ここでついでに覚えておこう。

表意者に重過失あり	原則…取消し不可（95条3項柱書）
	例外（2つ）…取消し可（95条3項1・2号） ・相手に認識可能性があった…相手が表意者の錯誤を知っていた（悪意）or重過失があった ・双方錯誤の場合…相手も共通の錯誤に陥っていた→本肢でいえば，Aもまたその馬が来歴上良馬を出産する馬だと思っていた

エ× **強迫による意思表示の取消しは，善意・無過失の第三者にも対抗できる。**

→No.1選択肢4

オ× **第三者の詐欺では，相手方が悪意または有過失であれば取消しができる。**

→No.1選択肢3

以上から，妥当なものは**ア**と**ウ**であり，正答は**2**である。

No.3 の解説　通謀虚偽表示

→問題はP.89

A所有不動産に関するＡＢ間の売買は，債権者からの追及（具体的には差し押さえて競売にかけられること）を免れるための仮装譲渡行為であって，このような行為を**通謀虚偽表示**（94条１項）という。

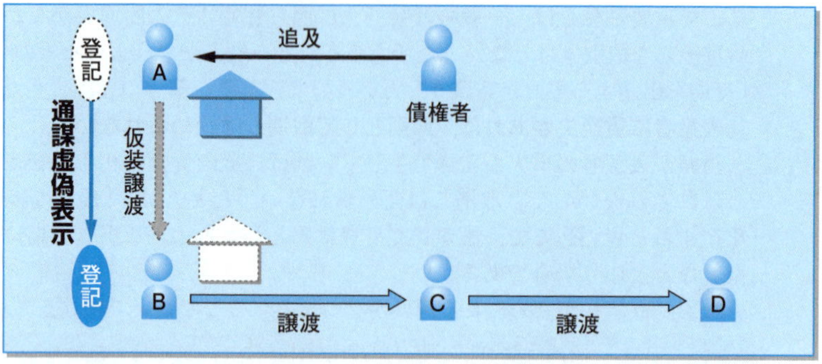

1 ×　通謀虚偽表示の第三者は善意であればよく，移転登記までは必要でない。

すなわち，善意であれば移転登記を行っていなくても，ＡはＣに対して虚偽表示を理由とする無効の主張はできない（最判昭44・５・27）。

→必修問題選択肢２

ここでいう**善意の第三者**とは，「虚偽表示の当事者以外のすべての者」の意味ではなく，当事者が示し合わせて作り出した**虚偽の外形**（例：売買契約書や移転登記など）**を信頼して購入契約を結ぶなど，新たに法的な利害関係を築いた者**をいう。なぜなら，第三者保護規定とは，それが虚偽であることを知らずに信頼して取引をした者を保護するためのものだからである。

2 ◎　虚偽表示では，直接の第三者でなくても，善意であれば保護される。

妥当である。判例はその者が直接の第三者でなくても，通謀虚偽表示において保護される「善意の第三者」（94条２項）に当たるとして，Ｄの権利取得を認めている（最判昭45・７・24）。

これも考え方は**1**の場合と同じである。すなわち，Ａは，**自ら作り出した虚偽の外形**（虚偽の登記）を信頼して新たな法律関係を築く者が現れることを予想して，これを**速やかに取り除いておくべき**である。本肢でいえば，Ｃから登記を取り戻してＡ名義に戻しておくのである（Ｃは悪意なので，これは可能）。

しかし，Ａはそれを怠っており，放置された虚偽の外形（Ｃ名義の登記）を信頼してＤが新たな取引関係に入っている。その場合，Ａの**怠慢の責任を善意のＤに転嫁することは許されない**。したがって，ＡはＤに虚偽表示の無効を主張できない（Ｄは有効に権利を取得する）。

3 ×　善意者が介在していれば，その後の悪意の第三者も権利主張できる。

Ｃが善意の場合，Ｃは通謀虚偽表示において保護される「善意の第三者」

に当たり（94条２項），瑕疵（欠陥）のない完全な権利を取得する。そして，Ｄは Ｃからその**完全な権利を譲り受ける**ことになるので，たとえ悪意であってもＡから無効主張をされることはない（大判大３・７・９，**絶対的構成**）。

このように解しておかないと，ＣはＤから売買契約を解除されることになり（561条，541条・542条），結果として善意であっても保護されないことになって不都合だからである。

つまり，悪意者を保護するのが目的ではなく，善意者を保護するためにはこのように解さざるを得ないのである。

4 × **虚偽表示者だけでなく，その債権者も善意の第三者には無効主張できない。**

Ｃが善意であれば，土地の所有者ＡはＣの所有権取得が無効だとは主張できなくなる。その結果，**法的には「土地の所有権が適法にＡからＣに移転した」ものとして扱われる**。これは適法な所有権の移転である。したがって，Ａの債権者であろうとだれであろうと，それが**無効であるとの主張はできない**（大判明37・12・26）。

なお，ＤはＡが作り出した虚偽の外形を信頼して新たな法律関係を築いた者ではないから，94条２項の第三者には当たらない。

5 × **善意の第三者には，新たに抵当権の設定を受けた者も含まれる。**

94条２項は，虚偽の外形を信頼して新たな法律関係を築いた者（Ｃ）を虚偽の外形を作り出した者（Ａ）よりも保護しようとする規定である。したがって，そこで**保護される第三者には，所有権の取得者だけでなく抵当権設定者なども含まれる**（大判昭６・10・24）。

正答 **No.１＝２　No.２＝２　No.３＝２**

実戦問題❷　応用レベル

No.4 ＊＊ **意思表示に関するア～オの記述のうち，妥当なもののみをすべて挙げているのはどれか。ただし，争いのあるものは判例の見解による。**

【国家一般職・平成29年度改題】

ア：表意者が真意でないことを知りながらした意思表示は，原則として有効であるが，相手方がその真意を知っている場合や知ることができた場合は無効となる。

イ：相手方と通じてした虚偽の意思表示の無効は，善意の第三者に対抗することはできないが，第三者が利害関係を持った時点では善意であっても，その後に虚偽であることを知った場合は，善意の第三者ではなくなるから，意思表示の無効を対抗することができる。

ウ：相手方と通じてした虚偽の意思表示の無効を対抗することができないとされている第三者は，善意であることに加えて，無過失であることが必要である。

エ：錯誤により意思表示をした者に重大な過失があり，その表意者自ら意思表示の取消しを主張することができない場合は，表意者以外の者もその取消しを主張することができない。

オ：詐欺による意思表示は，善意・無過失の第三者に対してもその取消しを対抗することができ，強迫による意思表示も，詐欺と比べて表意者を保護すべき要請が大きいため，当然に善意・無過失の第三者に対してその取消しを対抗することができる。

1　ア，イ
2　ア，エ
3　イ，ウ
4　イ，エ
5　ウ，オ

No.5 ＊＊ **虚偽表示に関するア〜オの記述のうち，判例に照らし，妥当なもののみをすべて挙げているのはどれか。** 【国家Ⅱ種・平成22年度】

ア：建物の所有者ＡがＢと通謀して，当該建物をＢ名義で登記していたところ，Ｂは当該建物をＣに譲渡し，さらにＣはＤに譲渡した。Ｂが無権利者であることにつきＣが善意，Ｄが悪意であるとき，Ｄは当該建物の所有権取得が認められる。

イ：建物を新築したＡが，当該建物の所有権を移転する意思がないのに，Ｂの承諾を得た上，当該建物をＢ名義で保存登記していたところ，Ｂは当該建物をＣに譲渡した。Ｂが無権利者であることにつきＣが善意であるときでも，Ｃは当該建物の所有権取得が認められない。

ウ：Ｂが，建物の所有者Ａに無断で，Ａの実印等を利用して当該建物をＢ名義で登記した。その直後，Ａはその事実を知ったが，長期にわたりＢ名義の登記を放置し黙認していたところ，Ｂは当該建物をＣに譲渡した。Ｂが無権利者であることにつきＣが善意であるときでも，Ｃは当該建物の所有権取得が認められない。

エ：建物の所有者ＡがＢと合意して，当該建物につき売買予約をしたと仮装し，当該建物をＢ名義で仮登記していたところ，Ｂは，真正に成立したものでない委任状によって，当該建物をＢ名義で本登記した。その後，Ｂは当該建物をＣに譲渡した。Ｂが無権利者であることにつきＣが善意・無過失であるとき，Ｃは当該建物の所有権取得が認められる。

オ：Ａは，所有する建物について，所有権を移転する意思がないのに，当該建物の管理をゆだねていたＢに売却する旨の売買契約書に署名押印した。さらに，ＢはＡの面前で登記申請書にＡの実印を押なつしたがＡは漫然と見ているだけであった。そして，Ｂは，当該登記申請書，別の手続のため交付されていたＡの印鑑登録証明書及び数か月前より預けられたままとなっていた登記済証を用いて当該建物の移転登記手続を行った。その後，Ｂは当該建物をＣに譲渡した。Ｂが無権利者であることにつきＣが善意・無過失であるときでも，Ｃは当該建物の所有権取得が認められない。

1 ア，エ　　**2** ア，オ　　**3** エ，オ
4 イ，ウ，エ　　**5** イ，ウ，オ

実戦問題2の解説

No.4 の解説　意思表示

→問題はP.96

ア○　心裡留保は原則有効，ただし相手方悪意または有過失の場合は無効。

妥当である。表意者が真意でないことを知りながらした意思表示とは心裡留保のことである。本気でなく，いわば冗談でした意思表示であるが，「口にした以上は責任を負うべき」であるから，原則有効とされる（93条1項本文）。ただ，相手が冗談であることを知っているか，または知ることができたときは，本気でないという効果を認めて無効とされる（同項但書）。

→No.1選択肢1

イ×　善意か悪意かの区別は，利害関係を持った時点での判断となる。

たとえば，ABが通謀してBに所有権を移した不動産を，そのことを知らずにCが購入したら，Cは保護されるべきである。その後にAから「A→Bの譲渡は虚偽表示だ」と**知らされれば，それで悪意になって**（本肢の「その後に虚偽であることを知った」）**保護されなくなるというのはいかにも不都合**である。

ウ×　通謀虚偽表示で保護される第三者は善意であれば足り，無過失は不要。

虚偽の外形を作り出した者の悪質性に照らし，法は，第三者については善意だけで保護することにしている（94条2項）。

→No.1選択肢2

エ○　重過失により錯誤の取消しができない場合，表意者以外の者も取消し不可。

妥当である。**錯誤**は，「その勘違いはしょうがないな」などという場合に取消しを認めて**表意者を保護しよう**（ミスから救い出してあげよう）**とするもの**である（95条1・2項）。

一方，「そのくらいは確認するのが当たり前だ」など，重過失がある場合には，表意者を保護する必要はない。そして，**表意者に「取り消すことは認められない」というのであれば，相手方や第三者など，表意者以外の者もその取消しを主張することはできない**ことになる（最判昭40・6・4）。

オ×　詐欺による取消しは，その効果を善意・無過失の第三者には対抗できない。

後半は妥当であるが，前半が誤り。詐欺による意思表示は，善意・無過失の第三者に対しては，その取消しを対抗することができない（96条3項）。

→必修問題選択肢4

以上から，妥当なものは**ア**と**エ**であり，正答は**2**である。

なお，**オ**はあくまでも「取消前に第三者が出現した場合」である。不動産については，取消前と取消後で扱いが違うので，その理由を簡単に説明しておこう。

●取消しの前後で取消権者に有利・不利の違いが出るのはなぜ？

すべての取消し（制限行為能力，錯誤，詐欺，強迫）に共通する問題なので，ここで知識をまとめておきたい。

まず，不動産が「A→B→C」と譲渡され，「A→B」間に取消原因があってAが取り消したとする。その場合の取消し前後での有利・不利とは次のようなことをいう。

①**取消前に第三者が出現した場合**…CがAの取消「前」にBから土地を買い受けていた場合は，原則として取消権者の保護が優先される（例外は，錯誤や詐欺でCが善意・無過失の場合はCの保護が優先する。理由は，条文に第三者保護規定が設けられているから）。

②**取消後に第三者が出現した場合**…CがAの取消「後」にBから土地を買い受けていた場合は，いずれか先に登記を備えたほうが優先する。

⬇

そもそも取消しとは，自己の利益を回復する（土地を取り戻す）ために行うものである。そうであれば，取消しは自己に有利な結果をもたらすはずである。それなのに，なぜ①では取消権者に有利（例外は詐欺で第三者が善意の場合）なのに，②では①よりも不利な扱いになるのだろうか。

その答えは簡単である。

取消「後」の第三者の出現を許しているのは，他ならぬ取消権者自身だからである。Aは取消しの意思表示をすれば，その時点から登記名義を取り戻すことができる。そうであれば，取消後すぐに登記所で所有権復帰の登記をすればよかっただけの話である。

登記簿上の記載は，常に真の権利関係が反映されているべきものであり，権利変動があった場合には，関係者にはそれを直ちに登記簿上に反映させるような責務が課されている。したがって，それを怠った者は，それなりの不利益を受けても仕方がない。そして，②のように考えるのは，たとえ面倒でもきちんと登記手続きをした者を優先的に保護しようという趣旨である。

No.5 の解説　通謀虚偽表示

→問題はP.97

ア○　第三者が善意なら，転得者はたとえ悪意でも確定的に所有権を取得する。

妥当である。**善意者が介在していれば，その後の悪意の第三者も権利主張できる**（大判大３・７・９，**絶対的構成**）。これは悪意者を保護するのが目的ではなく，このように法律構成しておかないと善意者を保護できないからである。→No.３選択肢３

イ×　虚偽の表示を作出した者は，善意の第三者に無効主張できない。

まず，どちらを保護すべきかの利益状況であるが，Ａは，意図的に，所有者をＢとする**虚偽の外形（登記）を作出**している。Ｃはそれを**信頼して取引関係に入った第三者**であるから，ＡとＣとの関係ではＣの利益を優先すべきである。

そこで問題になるのは，このような場合を直接規律する条文があるかであるが，民法には直接の規定はない。しかし，本肢のような事実行為ではないが，意思表示（売買や贈与など）に関する条文ならば，94条２項に類似の条文がある。ならばそれを使えばよいということで，判例は類推適用という形で同様の結論（＝善意の第三者には無効主張できない）を導いている（最判昭41・３・18）。

なお，保存登記とは，未登記の不動産について最初に行われる所有権の登記のこと（例：新築建物について，木造○○平米で所有者はだれといったことなどが保存登記で登記簿に記載される）。

●94条２項の類推適用

94条は虚偽表示について規定するが，それは意思表示（法律行為）についての規定である。ところが，ＡはＢとの間で虚偽の所有権譲渡契約を締結したわけではないから，そこには意思表示は存在しない（事実行為）。したがって，同条をそのまま適用することはできない。しかし，虚偽表示において善意の第三者を保護しようとする同条２項の基礎には，「**虚偽の外形を作り出した者よりも，それを信頼して新たな取引関係に入った者のほうを保護すべき**」とする考え方がある。そこで，本肢のように意思表示が存在しない場合にも，判例は同条２項の考え方（趣旨）を類推して，善意の第三者を保護している。

ウ×　虚偽の表示を放置・黙認していた者は，善意の第三者に無効主張できない。

理屈はイと同じである。すなわち，Ａは，虚偽の登記がなされていることを知った時点で，速やかに登記を真実の権利関係と一致するように，登記所に出向いて訂正の手続きを行っておくべきである。それが取引社会の中で暮らす者の責任である。それにもかかわらず，**長期間にわたって虚偽の登記を放置・黙認していたというのは，それはあたかも虚偽の外形を作り出しているのと同じことである。**

そうであれば，放置・黙認された虚偽の登記を真正なものと信頼して（善意）不動産を取得したＣは，その信頼を保護されるべきである。

そこで，判例は，この場合にも94条２項を類推適用して，ＡはＣに所有権取得の無効を主張できない（つまりＣは所有権を取得できる）とする（最判昭45・９・22）。

エ ○ 仮装の虚偽登記の与因者は，善意・無過失の第三者に無効主張できない。

妥当である。本肢も，民法の考え方を捉える素材として解いてみよう。ポイントは，「所有者ＡはＢと仮装合意している」こと，「その仮装合意が原因で，Ｂにいいように利用されてＣに売却されている」こと，「Ｃは善意・無過失である」ことである。やはり優先すべきはＣの保護である。

そこで判例は，**「民法94条２項，同法110条の法意に照らして」Ｃの所有権取得を認めるべき**とする（最判昭47・11・28）。

●94条２項に110条をプラスする意味

本肢で，Ａは第三者Ｃが信頼した虚偽の外形（本登記）を自ら作り出したわけではないが，それに原因を与えている。そこで，判例は，第三者の側の保護要件を少し重くして，ＡとＣの利益の調整を図っている。

すなわち，①自ら積極的に虚偽の外形を作り出した（ないしそれと同等に評価できる）場合には，第三者は単に善意であれば保護される（過失があっても構わないし，登記を備えていることも必要でない）。他方，②自ら積極的に虚偽の外形を作り出してはいないが，それに原因を与えているという場合は，第三者は「善意＋無過失」であれば保護される。

このように，判例が94条２項に加えて110条を根拠にしているのは，110条が類似のケース（無権代理人が正当な代理権を有するような外観を有することについて本人が原因を与えている）を扱う条文であり，かつ，第三者の保護要件が善意・無過失となっていることから，同条の趣旨を借用してきたものである。

判例が110条を根拠条文に加えたのは，同条が「善意・無過失」を要求しているので，それを借用しようというだけである。「法意に照らし」も深く考える必要はない。要するに，**両者の保護のバランスを図ること**，それを**条文の根拠に基づくこと**，という２点を重視した結果にすぎない。

オ × 虚偽の移転登記の与因者は，善意・無過失の第三者に無効主張できない。

本肢でも，判例の知識を詳しく覚えるよりも，むしろ自分の中で民法の判断基準の感覚を身につける素材にしよう。

判例は，「Ｂによって虚偽の外観（不実の登記）が作出されたことについてのＡの帰責性の程度は，自ら外観の作出に積極的に関与した場合やこれを知りながらあえて放置した場合と同視し得るほど重い」として，**民法94条２項，110条を類推適用**して，Ａは，Ｂが本件不動産の所有権を取得していないことをＣに主張できないとする（最判平18・２・23）。

以上より，妥当なのは**ア**と**エ**であり，正答は**1**である。

正答 No.4=2 No.5=1

実戦問題❸　難問レベル

＊＊＊
No.6 **意思表示に関するア～エの記述のうち，判例に照らし，妥当なもののみをすべて挙げているのはどれか。**　【国家一般職・平成25年度改題】

ア：強迫による意思表示における強迫とは，違法に相手方を恐怖させて意思表示をさせることであるが，相手方が意思の自由を完全に奪われる必要はない。しかし，相手方の意思の自由が完全に奪われたときであっても，意思表示は当然無効ではなく，相手方はその意思表示を強迫による意思表示として取り消すことができる。

イ：詐欺による意思表示の取消しは，これをもって取消前の善意・無過失の第三者に対抗することができない。そして，詐欺の被害者を保護する要請から，この第三者は対抗要件を備えた者に限定され，目的物が不動産の場合，その対抗要件とは仮登記ではなく本登記まで必要である。

ウ：隔地者に対する意思表示は，その通知が相手方に到達した時点で効力を生じる。そして，相手方が不在のため，意思表示を記載した内容証明郵便が配達されず，留置期間が満了し差出人に還付された場合であっても，不在配達通知書の記載その他の事情から相手方が郵便内容を十分に推知でき，相手方に受領の意思があれば容易に受領できた事情があるときは，遅くとも留置期間満了時には，相手方に到達したと認められる。

エ：意思表示は，法律行為の重要な部分に錯誤があったときは取消しができる。表意者に重大な過失があるときには，そのような表意者を相手方を犠牲にして保護する必要はないから，表意者は，自ら錯誤による取消しを主張することができないが，相手方は，表意者に重大な過失があるときであっても，錯誤による取消しを主張することはできる。

オ：相手方と通じてした虚偽の意思表示は無効であるが，この無効は虚偽表示の外形が除去されない間に取引関係に入った善意の第三者に対抗することはできず，その理由は外形を信頼して取引をした者の権利を保護し，取引の安全を図ることにある。よって，虚偽の意思表示をした者は，目的物が不動産の場合において，この善意の第三者が登記を備えていないときであっても，登記の欠缺を主張して物権変動の効果を否定することはできない。

1　ア，イ　**2**　イ，ウ　**3**　ウ，エ　**4**　ウ，オ　**5**　エ，オ

***

No.7 **公序良俗違反に関するア～オの記述のうち，判例に照らし，妥当なもののみをすべて挙げているのはどれか。** 【国家総合職・平成30年度】

ア：民法第90条の目的は公序良俗違反の行為の実現を許さないことにあるから，契約が公序良俗に反するものであるとして無効になるかどうかは，当該契約の締結時ではなく履行時における公序良俗に照らして判断すべきである。

イ：著しく不相当な財産的給付を約束させる行為は，行為者が相手方の窮迫，軽率もしくは無経験を利用する意図がなかったとしても，客観的に見て明らかに公序良俗に反するものとして無効である。

ウ：賭博により負担した債務の弁済のために締結した貸金契約は，賭博をするために貸金契約を締結する場合とは異なり，その目的は債務の弁済により賭博を清算するためであるから，公序良俗に反せず有効である。

エ：食品衛生法に違反して有毒物質を含むアラレ菓子を販売しても，それだけで当該アラレ菓子の販売が無効となるものではないが，その販売が食品衛生法違反であることを知りながらあえて製造のうえ，同じ販売業者に継続的に売り渡した場合には，一般大衆の購買のルートに乗せたものといえ，その販売は，公序良俗に反して無効である。

オ：妻子ある男性が半同棲の関係にある女性に対し遺産の３分の１を包括遺贈した場合，当該遺贈が，不倫な関係の維持継続を目的とせず，もっぱら同女の生活を保全するためにされたものであり，当該遺贈により相続人である妻子の生活の基盤が脅かされるものとはいえないときであっても，そのような遺贈を有効にすることは，不倫に対して法が容認したとみられ，不倫を増長しかねないから，公序良俗に反して無効である。

1 ア
2 イ
3 エ
4 ア，オ
5 ウ，エ

実戦問題❸の解説

No.6 の解説　意思表示

→問題はP.102

ア×　意思の自由が完全に奪われた意思表示は，当然に無効である。

強迫による意思表示（96条１項）とは，**相手をおびえさせたり圧迫を与えたりして，やむなく意思表示をさせること**をいう。

これに対して，**完全に意思の自由を失った場合**は，いわば完全に支配されている状態であるから，**それはもはや「意思表示をしている」とはいえない**。そのような意思表示は当然に無効である（最判昭33・７・１）。

イ×　詐欺において，善意・無過失であれば取消前の第三者として保護される。

詐欺で意思表示した者には，「うかつだった」という落ち度がある。これに対して，善意・無過失の第三者には意思表示について何ら責められるべき点はない。両者の保護の必要性を比較した場合には，後者の保護を優先するのが妥当である。したがって，仮登記か本登記かを論じるまでもなく，善意・無過失であれば，登記がなくても保護されることになる（最判昭49・９・26）。

ウ○　受領の意思があれば容易に受領できた場合，意思表示は到達と認められる。

妥当である。まず，隔地者に対する意思表示は，その通知が相手方に到達した時点で効力を生じる（97条１項，**到達主義の原則**）。→No.１選択肢５

そして，**「到達した」とは，相手の支配領域内に入って，了知しようと思えばいつでも了知できる状態になったこと**とされている（最判昭36・４・20）。これは，配達されたのに受け取らないなどで「到達していない」という言い訳を許さないためである。したがって，本肢の場合には到達したと認められる（最判平10・６・11）。

エ×　重過失により錯誤の取消しができない場合，表意者以外の者も取消し不可。

表意者に重過失があれば，表意者のみならず，相手方や第三者など，表意者以外の者もその取消しを主張することはできない（最判昭40・６・４）。

→No.４エ

オ○　通謀虚偽表示において，第三者は善意であれば登記がなくても保護される。

妥当である。これも，虚偽の外形を作り出した者と，それを信頼した者の利益調整で考えてみよう。虚偽の外形を自ら作り出しながら，第三者に「登記を備えていなければ保護されない」などと主張できるのか。自ら虚偽の外形を作り出しておきながら，そんな主張をするのはあまりにも身勝手にすぎる。そのため，第三者は善意であれば足り，登記までは必要でないとされている（最判昭44・５・27）。

以上から，妥当なのは**ウ**と**オ**であり，正答は**4**である。

No.7 の解説　公序良俗違反

→問題はP.103

ア ×　法律行為が公序違反で無効かどうかは，行為時の公序に照らして判断すべき。

たとえば，ある種の賭け事がその当時としては社会的に許されなかったが，後にそれが許されるようになったとする。この場合でも，**その当時のルールとして許されないのであれば，やはりそれを順守すべき**である（最判平15・4・18)。「後に許されるようになったからペナルティを課すのは不当だ」というのは議論のすり替えでしかなく，それではルールを設定した意味がない。

イ ×　不相当な財産的給付も相手の窮迫・軽率等を利用する意図がなければ有効。

判例には，このように判示したものがある（大判昭9・5・1)。ただ，本肢は判断が難しい。他の選択肢で正解を導くのが賢明である。

ウ ×　賭博の借金は社会的に存在が許されない債務であり，その貸金契約は無効。

賭博で借金を背負ったとしても，そもそも**賭博自体が社会的に許されないのであるから，それを貸金債務として支払う必要はない**。そんな契約は存在そのものが許されないので，公序良俗に反するものとして無効である。

もし，この理屈に納得できなければ，その貸金債務が債務不履行になったときに，債権者が裁判所に訴えた場合を想像してみればよい。裁判所は，「賭博の借金はきちんと払いなさい」という判決を出すであろうか。裁判所は，そのような支払いを認めてはいない（大判昭13・3・30)。

エ ○　有毒菓子であることを知って製造販売する行為は公序良俗に反して無効。

これも他の選択肢と考え方は同じである。有毒物質を含むアラレ菓子を，その**違法性を認識しつつ製造・販売することは社会的に見て許されることではない**。そのような菓子の販売契約は，公序良俗に反して無効である（最判昭39・1・23)。

オ ×　不倫関係にある女性の生活保全のための遺贈は公序良俗違反とはいえない。

不倫関係自体は，社会倫理に反する行為ではあるが，本肢のような事情のもとで，遺贈がもっぱら**相手の女性の生活を保全するため**であれば，それ自体は**情愛に基づく行為であって否定することはできない**。したがって，そのような遺贈は公序良俗違反とはいえない（最判昭61・11・20)。

以上から，妥当なものは**エ**のみであり，正答は**3**である。

正答　No.6=4　No.7=3

代 理

必修問題

民法に規定する代理に関する記述として，通説に照らして，妥当なのはどれか。 【地方上級（特別区）・令和元年度】

1 代理は，本人の意思で他人に代理権を授与する場合に限り始まるものであるから，本人から何らの権限も与えられていない者が行った代理行為は，**無権代理行為**となる。

2 代理人が本人のためにすることを示さないでした意思表示は，代理人が本人のためにすることを相手方が知り，または知ることができたとき，代理人に対して直接にその効力を生じる。

3 **権限の定めのない代理人**は，**保存行為**および代理の目的である物または権利の性質を変えない範囲内において，その利用または改良を目的とする行為をする権限を有する。

4 無権代理人と契約を締結した相手方は，本人に対し，相当の期間を定めて，追認をするかどうかを確答すべき旨の**催告**をすることができるが，この場合において，本人がその期間内に確答をしないときは，追認したものとみなす。

5 本人の完成した意思表示を相手に伝えるために，本人の意思表示を書いた手紙を届けたり，本人の口上を伝えたりする行為は代理行為であり，本人のために自ら意思を決定して表示する者は**使者**である。

難易度 ＊＊

必修問題の解説

代理とは，第三者（代理人）が本人のために行った意思表示の効果が直接本人に帰属すること（本人が行ったのと同じような効果）を認める制度である。

なぜこのような制度が設けられているかというと，本人に代わって意思表示を他人にゆだねることが，社会生活の中で必要になったり，あるいは利便性を高められるといった利点があるからである。

前者の例としては，親が子どもに代わって幼稚園の入園契約をする（この契約の主体は子どもであって親ではない），あるいは，成年後見人が高齢の成年被後見人に代わって施設とデイサービスの利用契約をするなどである（これらを私的自治の補充という）。また後者の例としては，独自の販路を持たないベンチャー企業が商社と販売代理契約を締結して取引範囲を広げる，あるいは，プロスポーツ選手が代理人を通じて年俸の交渉をする，などである（これらを私的自治の拡張という）。

以上を予備知識として，本問を考えてみよう。

1 ×　代理は，本人からの代理権授与の場合だけでなく法律によっても発生する。

代理は，本人の意思で他人に代理権を授与する場合（**授権行為**という）だけでなく，たとえば出生した子に対する親の親権（財産管理についての代理権を含む）のように，本人の意思に基づかずに法律によって与えられる場合もある。前者を**任意代理**，後者を**法定代理**という。

後者では，法律によって代理権が与えられているので，本人からの授権行為がなくても，その者が行った代理行為は有権代理行為となる。

2 ×　顕名がなくても，相手が事情を知りまたは知り得れば本人に効果が生じる。

代理行為の際には，**代理人は，「本人のために法律行為をしている」ことを相手に示さなければならない**。これを**顕名**という。この顕名がないと，相手は目の前の代理人が契約の相手方であると誤解してしまうからである。ということは，顕名はそのような誤解を防止するためのものである。したがって，代理人が本人のために代理行為をしていることを相手が知っているか，もしくは知ることができれば，代理人ではなく本人に直接その法律行為の効果が生じる（100条但書）。

3 ◎　権限の定めなき代理人は，保存行為，性質を変えない利用・改良行為が可。

たとえば，兄が弟に「あとのことは宜しく頼む」とだけ伝えて行方知れずになった場合などである。兄と連絡がつかないので，代理人である弟は，兄が自分の財産の管理をどうしたいのか，その意思の確認手段がない。

このような場合には，**本人の意思を推測して，その意思に反しない範囲で代理権を行使すべき**ことになる。そして，**その意思とは，「現状維持，もしくは客観的に価値を増す行為以外はしてほしくない」ということであろう**。財産の性質を変えない範囲内での利用・改良行為はこれに該当する（103条）。

4 ×　追認の催告について相当期間内に確答がなければ追認拒絶とみなされる。

確答のない時点での状態，つまり「本人は追認しない」という状態で法律関係が確定する（114条）。→テーマ１「制限行為能力者」No.11イ

5 ×　本人の口上を伝えたりする行為は代理行為ではなく使者である。

代理とは，契約などの法律行為を代わって行うことをいう。口上を伝えたりするなど法的効果を伴わない行為（事実行為）の代行は**使者**である。

正答 3

FOCUS

代理は論点が多く，またボリュームも多いので，具体的なイメージをつかめるかどうかで理解に差を生じやすい。本問は，代理の重要ポイントをバランスよく配してあるので，ここである程度のイメージをつかんでおくと，実戦問題の理解が容易になる。

POINT

重要ポイント 1 代理権

(1) 意義

①代理とは，代理人が本人のために行った法律行為の効果が直接本人に帰属する制度である。

②代理は，法律行為を本人に代わって行う制度であり，事実行為を代わって行うのは代理ではない。

③婚姻や認知などの身分行為も，一部の例外を除いて代理に親しまない行為とされている。

(2) 代理権の発生原因

①法定代理の場合は，法律の規定によって代理権が発生する。

②任意代理の場合は，本人から代理権を与えられること（授権行為）が必要である。

授権行為は口頭でなされればよく，委任状などの書面は必要でない。

(3) 代理権の範囲

①代理権の範囲は，法定代理の場合は法律によって定められ，任意代理の場合は代理権授与行為（授権行為）によって定められる。

②権限の定めのない代理人は，保存行為と，代理の目的である物または権利の性質を変更しない範囲内での利用・改良行為のみを行うことができる。

③代理人が代理権を濫用し，自己または第三者の利益を図る目的で代理権の範囲内の行為をした場合には，相手方が代理人の目的につき悪意または有過失である（目的を知っていたか，もしくは知ることができた）ときに限って，本人はその行為につき責任を負わない。

重要ポイント2 代理行為

(1) 顕名

①代理行為の効果が本人に帰属するには，代理人が「本人のためにすることを示して」意思表示を行う必要がある。これを顕名という。

②代理人が顕名しなかった場合には，相手方が本人のためにすることを知りまたは知ることができたときは本人に効果が帰属するが，そうでないときは代理人に効果が帰属する。

その場合，代理人は錯誤による取消しを主張できない。

(2) 代理行為の瑕疵

①代理行為の瑕疵は，原則として代理人を基準に判断される。

②特定の法律行為を代理人に委託した場合において，代理人がその行為をしたときは，本人は自ら知っていた事情または過失によって知らなかった事情について代理人の不知を主張することができない。

③相手方の詐欺を本人が知っていた場合には，本人は代理人が詐欺の事実を知らなくても，取消権を行使できない。

(3) 代理人の行為能力

①代理人は行為能力者である必要はない。すなわち，制限行為能力者であっても代理人になれる。

②制限行為能力者が代理人として行った法律行為は，制限行為能力を理由として取り消すことができない。

重要ポイント3 代理の諸態様

(1) 復代理

①復代理とは，代理人が復代理人を選任し，その代理権の範囲内で代理人に代わって本人のために法律行為を行わせる制度である。

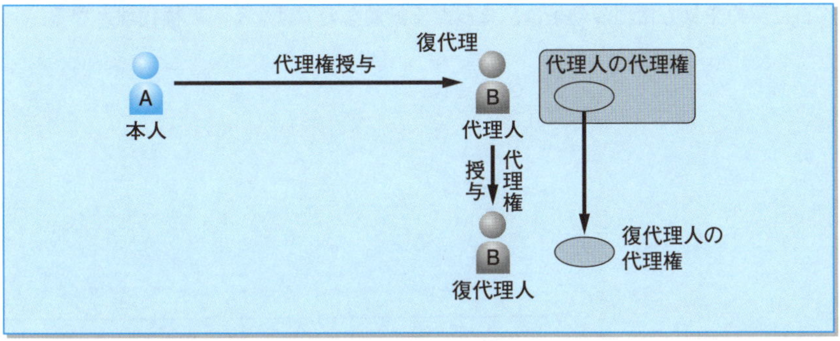

②復代理人は代理人の代理人ではなく，本人の代理人であるから，復代理人の行った代理行為の効果は直接本人に帰属する。

また，本人との関係では，その権利義務は代理人と同一のものとなる。

③復代理人は相手方から受領した物を本人に対して引き渡す義務を負うほか，代理

人に対してもこれを引き渡す義務を負うが，代理人に引き渡した場合は本人に対する引渡義務も消滅する。

④任意代理人は，本人の許諾を得たときとやむをえない事由があるとき以外には，復代理人を選任できない。

⑤復代理人を選任した任意代理人が本人に対して負う責任については，債務不履行の一般原則に従って判断される。すなわち，任意代理人が本人にどのような債務を負っていたかという内部的な問題となり，その債務の懈怠があれば，任意代理人は本人に対して債務不履行責任を負う。必ずしも最初から復代理人の選任・監督のみに責任が限定されているわけではない。

⑥法定代理人は，常に復代理人を選任できる。

⑦法定代理人は，復代理人の行為について全責任を負う。

　ただし，やむをえない事由のために復代理人を選任したときは責任が軽減される（選任・監督について責任を負うにすぎなくなる）。

⑧復代理人を選任しても，代理人の代理権は消滅しない。

　反対に，代理人の代理権が消滅すれば，それを基礎として成立している復代理人の代理権は消滅する。

(2) 自己契約・双方代理（そうほうだいり）

①ＡＢ間の売買についてＢがＡの代理人になる場合のように，当事者の一方が相手方の代理人になることを自己契約という。

②ＡＢ間の売買についてＣがＡＢ双方の代理人になる場合のように，同一人が当事者双方の代理人となることを双方代理という。

③自己契約や双方代理は，本人の利益が損なわれるおそれがあることから禁止されている。

　しかし，債務の履行のように本人の利益を害しない場合や，本人があらかじめ同意した場合，登記申請行為などの場合には，禁止されない。

④自己契約や双方代理の効果は，まったく無効なのではなく，無権代理となる。

重要ポイント4 無権代理

(1) 無権代理の効果

①本人の追認が得られない場合には，無権代理人は相手方の選択に従い，履行または損害賠償の責任を負わなければならない。

この責任は無過失責任と解されている。

ただし，相手方が無権代理人の責任を追及するには，代理権がなかったことについて善意・無過失でなければならない。ただ，相手方に過失がある場合でも，代理人が自分の行為が無権代理であることを知っていれば，例外的に相手方には責任追及が認められる。

②相手方は，相当の期間を定めて，本人に無権代理行為を追認するか否かを催告することができる。

期間内に確答がない場合には，追認を拒絶したものとみなされる。

③善意の相手方は，本人が追認しない間であれば，無権代理人との契約を取り消すことができる。

この契約の取消権は，善意であれば過失があっても認められる。

(2) 無権代理と相続

①本人が無権代理人を相続した場合，本人は本人としての立場で無権代理行為の追認を拒絶できる。

ただし，その場合には無権代理人の責任としての損害賠償義務は免れない。

②無権代理人が本人を単独相続した場合，無権代理人が本人の立場で追認を拒絶することは，信義則に反し許されない。

この場合には，無権代理行為は当然有効になる。

③本人がすでに追認を拒絶している場合，法律関係はその時点で「追認拒絶」に確定するので，その後に無権代理人が本人を単独相続しても，無権代理人は追認拒絶を主張できる。

④無権代理人が他の相続人とともに本人を共同相続した場合，他の共同相続人全員が追認に同意した場合には，無権代理行為は当然有効になる。

これに対して，１人でも追認を拒絶すれば，無権代理行為は追認が拒絶されたことになる。

追認はするかしないかのどちらかであって，無権代理人の相続分についてだけ，あるいは追認に同意した者を加えた相続分の範囲でのみ履行することは許されない（**追認権の不可分性**）。

⑤本人とともに無権代理人を相続した者が，その後さらに本人を相続した場合には，その者は本人の立場で追認を拒絶することはできない。

⑥他人の物を自分の所有物と称して無断で処分した者が，その後他人（真の所有者）を相続した場合には，無権代理と相続の場合と同様に，処分行為は当然有効になる。

⑦父を亡くしたＡのために事実上の後見人として財産管理等に当たっていたＡの叔父Ｂが，Ａの不動産をＹに無権代理行為で譲渡し，その後にＡの後見人に就任し

た。この場合，Ｂは信義則上自己がなした無権代理行為の追認を拒絶することは許されない。

重要ポイント5 表見代理（ひょうけんだいり）

①表見代理とは，代理権がないにもかかわらず，それがあるかのような外形が存在する場合に，相手方が代理権があると信ずべき正当な理由があれば，通常の代理と同様に本人への効果帰属を認めようとする制度である。

②表見代理には，本人が代理権授与表示を相手方に行っていた場合，代理人が基本代理権を超えて代理行為をした場合，代理権消滅後に代理行為が行われた場合の３つがある。

いずれの場合も，本人の帰責事由（正当な代理権があるかのような外形を作出したことに対する与因）が必要。また，相手方は善意・無過失でなければならない。

③表見代理が成立する場合，本人は相手方に無権代理による無効を主張できない（結果として有権代理の効果がもたらされる）。

④相手方が無権代理人の責任を追及してきた場合，無権代理人は，表見代理の成立を主張してその責任を免れることはできない。

相手方は，無権代理人の責任を追及するか，それとも本人に対して表見代理を主張するかを任意に選択できる。

⑤単なる公法上の行為は，110条の表見代理における基本代理権とはならないが，登記申請行為のような公法上の行為であっても，それが私法上の契約による義務の履行のためになされるときは，基本代理権となりうる。

⑥契約の勧誘の委託のような事実行為は，110条の表見代理における基本代理権とはならない。

⑦表見代理は，代理人の代理権に対する信頼を保護する制度であるから，表見代理が成立するのは代理人と直接に取引をした相手方に限られる。

⑧夫が妻の不動産を無断で処分した場合には，相手方がその行為を夫婦の日常家事に関する行為と信じることに正当な理由がある場合に限り，表見代理に関する110条の規定の趣旨を類推して相手方を保護することができる。

⑨109条（代理権授与表示がある場合）の表見代理における相手方の悪意または過失の存在の立証責任は，本人の側が負う。

実戦問題1 基本レベル

* No.1 任意代理に関する次の記述のうち，妥当なものはどれか。

【市役所・平成28年度】

1 本人と代理人との間で委任契約が締結されるのでなければ，代理人に任意代理権は認められない。

2 代理人には，意思能力と行為能力の双方が必要である。

3 代理権の範囲が不明確な場合には，代理人の権限は，保存行為または代理の目的である物や権利の性質を変えない範囲内での利用・改良行為に限られる。

4 代理人は，やむをえない事由があるときでなければ復代理人を選任できない。

5 代理権は，代理人の死亡によって消滅するが，本人の死亡によっては消滅しない。

* No.2 民法に規定する代理に関する記述として，通説に照らして，妥当なのはどれか。

【地方上級（特別区）・平成24年度改題】

1 代理人による自己契約および双方代理は，本人の利益を害するおそれが大きいので禁じられており，本人は，これらの行為をあらかじめ許諾することができない。

2 代理人が本人のためにすることを示さないでした意思表示の効果は，本人にも代理人にも帰属しない。

3 代理人が与えられた代理権の権限外の行為をした場合において，相手方が代理人に権限があると信ずべき正当な理由があるときは，その代理行為の効果は本人に帰属する。

4 無権代理人と契約をした相手方は，本人に対し，相当の期間を定めて，その期間内に追認をするかどうかを確答すべき旨の催告をすることができ，この場合，本人がその期間内に確答をしないときは，追認をしたものとみなされる。

5 法定代理人は，本人の許諾を得たとき，またはやむをえない事由があるときでなければ，復代理人を選任することができない。

No.3 * **復代理人に関する次の記述のうち，妥当なものはどれか。ただし，争いのあるものは判例の見解による。** 【地方上級・平成23年度改題】

1 法定代理人は，本人の許諾を得たとき，またはやむをえない事由があるときでなければ，復代理人を選任することができないが，任意代理人は，自己の責任で復代理人を選任することができる。

2 法定代理人が自己の責任で復代理人を選任した場合において，やむをえない事由があるときは，法定代理人は本人に対して復代理人の選任および監督についての責任のみを負う。

3 復代理人は，代理人の代理人ではなく，本人の代理人であるから，代理人の有する代理権が消滅した場合でも，復代理人は本人の代理人として地位を失わない。

4 復代理人は，代理人の代理人ではなく，本人の代理人であるから，復代理人の代理権が，復代理人を選任した代理人の代理権の範囲を超えることもできる。

5 復代理人が委任事務を処理するに当たり金銭等を受領し，代理人にこれを引き渡したときは，代理人に対する受領物引渡義務は消滅するが，本人に対する受領物引渡義務は消滅しない。

No.4 * **表見代理が成立する余地のないものはどれか。**【地方上級・平成４年度】

1 Ａは，Ａと直接関係のないＢに「Ａ株式会社福利厚生部」という名称の使用を許諾していたところ，Ｂはこの名称を使用してＣから品物を購入したが，代金を支払わない。

2 ＡはＢに対し，自己所有の家屋を賃貸する代理権を与えたところ，ＢはＣにその家屋を売却した。

3 ＡはＢに対し，Ｃの債務につき保証人となることについての代理権を与えていたが，その代理権消滅後，ＢはＡの代理人として再び保証契約を結んだ。

4 ＡはＢに対し，「自分の土地を売りたいので，買い手を探して来てほしい。交渉，契約は自分でやるから」といったところ，ＢはＡの代理人と称してその土地をＣに売却した。

5 ＡはＢに対し，自己所有の土地の管理を依頼し，「一切をＢさんに任せます」と書いた書面と実印を渡したところ，ＢはＡの代理人として，その土地をＣに売却した。

実戦問題1の解説

No.1 の解説　任意代理

→問題はP.113

1 ×　契約という形でなくても，実質的な代理権付与と見うる場合がある。

任意代理とは，法定代理のように法律の規定に基づいて代理権が与えられるのではなく，**本人の依頼に基づいて代理権が与えられる場合**である。

ここで，「本人の依頼に基づいて」とは，必ずしも委任契約というかっちりした形をとる必要はなく，**実印を預けるなど，取引社会の一般通念に照らして代理権が与えられたと判断できる場合には，任意代理の成立を認めてよい**（いわゆる黙示の授権行為）。

2 ×　代理人に行為能力が備わっていることは，代理行為の有効要件ではない。

代理人には，自分が法的にどんなことをしているかを理解している能力，すなわち意思能力は必要である。これを欠く意思表示は無効であるから，本人のために意思表示をする（＝代理行為）には意思能力は不可欠である。

しかし，**代理行為の効果はすべて本人に帰属する**ので，行為能力は代理行為の有効要件ではない（102条）。制限行為能力者の制度は，その者の財産保護を目的としたものであるから，**行為の効果が代理人に帰属しないのであれば，制限行為能力者に代理行為をさせても財産保護に支障はない**。したがって，本人があえて代理権を授与するのであれば，特段これを禁止する必要はない。たとえば，高齢の祖父母が，自分たちの旅行のためのツアー選びと旅行会社への申込みを，未成年者である高校生の孫に委任するような場合である。

3 ◎　権限の定めなき代理人は，保存行為，性質を変えない利用・改良行為が可。

「権限が不明確」とは「権限が定められていない」ことと同義である。この場合，代理人は，保存行為，性質を変えない範囲での利用・改良行為のみをなしうる（103条）。→必修問題選択肢3

4 ×　任意代理では，本人の許諾を得たときにも復代理人を選任できる。

任意代理の場合も，やむをえない事由があるときに加えて，本人の許諾を得たときには復代理人を選任できる（104条）。

5 ×　代理権は，代理人または本人の死亡によって消滅する。

本人が死亡した場合，代理行為の効果を帰属させる相手がいなくなるので，代理行為をしても意味がない。そのため，代理権の消滅原因とされている（111条1項1号）。

No.2 の解説　代理

→問題はP.113

1 ×　自己契約も双方代理も，本人が許諾すれば有効な代理行為となる。

代理人は，与えられた代理権の範囲内で，自ら判断して意思表示を行うが，そこには**「本人の利益になるように行動しなければならない」というルールがある**（重要なルールなので，しっかり認識しておきたい）。

そこで，自らが当事者となっている契約について相手方の代理人となったり（Aが買主でかつ売主Bの代理人を兼務，**自己契約**という），契約で当事者双方の代理人となることは（**双方代理**という），このルールに反するおそれがある。前者の場合はどうしても自分の利益を優先しがちであるし，後者では，当事者の利害が対立する場面で（例：価格交渉など），どちらか一方の利益を優先してしまう可能性がある。そのため，自己契約と双方代理はともに**「本人の利益を害するおそれがある」として禁止**されている（108条1項本文）。これらの趣旨は，一般的に「**利益相反行為の禁止**」と表現される（同条2項に一般的規定が置かれている）。

ただ，禁止の理由がそうであるならば，**本人の利益を害するおそれがないと判断できる場合には，あえて禁止する必要はない**。法は，そのような場合として，債務の履行と本人があらかじめ許諾した行為の2つを挙げている（108条1項但書）。また，これに加えて，登記申請行為も禁止の例外として許容されている（単なる手続行為なので，代理人またはどちらか一方の便宜を図る余地がない）。

●自己契約・双方代理の禁止の例外
①債務の履行
②本人があらかじめ許諾した行為
③登記申請行為

2 ×　顕名なしに行った意思表示は，代理人のための意思表示とみなされる。

代理人が代理行為をするにあたっては，それが本人のためにする行為であること（「自分は○○さんの代理人として行為している」こと）を示さなければならない（これを顕名という）。そのような事情を説明しないと，相手方は法律行為の当事者を代理人であると誤信しかねないからである。

そして，**顕名がなかったために，相手方が「契約の相手は代理人である」と誤信した場合**には，その信頼を保護するために，法は，その**意思表示は代理人が自己のためにしたものとみなす**としている（100条本文）。

3 ◎　有権代理と信ずべき正当な理由があれば，本人に効果が帰属する。

妥当である。一般に，取引社会では，通常要求される注意を払っていれば，それで安心して取引ができるというのが基本的なルールとされる。

本肢の場合も同様で，代理人に権限があると相手方が信ずべき正当な理由（＝善意・無過失のこと）があるときは，相手方はそれを信頼して取引をすれば，本人にその効果が帰属するとしておく必要がある。

ただ，ここでも利益バランスの調整が問題となるが，代理人と称する者が勝手に代理行為をして，それを相手方が善意・無過失で信頼したというだけで，本人に「責任を負うべきだ」とするのは酷である。そこで，法は本人に何がしかの責任があることを要件として，有権代理として扱うことを認めた。これを**表見代理の制度**という。

本肢の場合には，**権限外の行為をするような代理人を選任したという点に本人の責任（帰責性）が認められる**（110条）。したがって，**代理行為の効果は本人に帰属する**ことになる。

4 × **相当期間内に本人からの確答がなければ，追認を拒絶したとみなされる。**

→必修問題選択肢４

5 × **法定代理人は常に復代理人を選任できる。**

→No. 1 選択肢４

No.3 の解説　復代理

→問題はP.114

1 × **法定代理人は常に復代理人を選任できる。**

本肢は，両者が逆である（104条，105条前段）。→No. 1 選択肢４

2 ◎ **やむをえない事由の場合の法定代理人の責任は選任・監督に限定。**

妥当である（105条）。

	復代理人を選任した場合の代理人の責任
任意代理人	・復代理人の行為について適切な監督義務を果たす義務がある →本人としては「復任は認めるが代理人が代理行為した場合と同じレベルは確保してほしい」ということ ⬇ やむをえない事由がある場合でも，代理人の責任は復代理人の選任・監督に限定されるわけではない 本人の指名に従って復代理人を選任した場合も，そのことだけで代理人の責任が限定されるとは限らない ⬇ 復代理人を選任した場合も，代理人は自ら代理行為をするのと同様の注意義務で復代理がなされることを保証すべき
法定代理人	・自由に復代理人を選任できる →その分，責任は重い。 ⬇ ①原則として全責任を負う。 ②やむをえない事由がある場合には選任・監督についてのみ責任を負う。

3 ×　代理人の代理権が消滅すれば，復代理人の代理権もまた消滅する。

復代理は，本来代理人が自分でやるべき行為を，病気などのために，やむを得ず別の者に肩代わりしてもらう制度である。ただ，肢2で説明したように，**本人としては，「代理人がきちんと監督して，代理人が行為するのと同じレベルは保ってほしい」ということ**であるから，代理人の代理権が消滅すれば，その監督の目が届かなくなる。そのため，復代理人の代理権もまた消滅する。

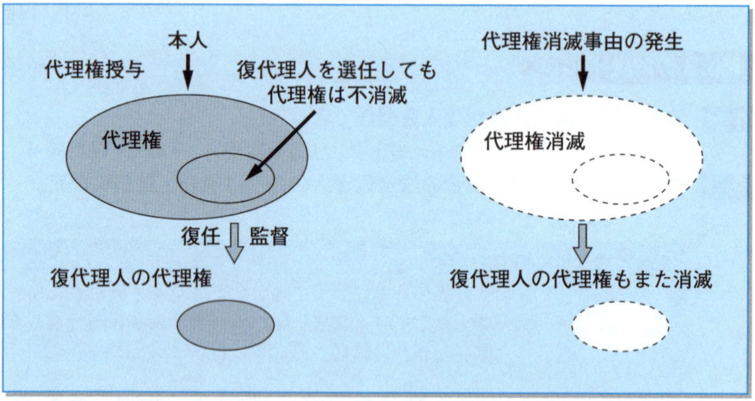

4 ×　復代理人の代理権は，代理人の代理権の範囲を超えることができない。

復代理人が本人の代理人であるとは，復代理人が本人のために行った契約等の法律行為の効果が代理人ではなく本人に帰属するという意味である。**復代理人は代理人によって選任され，「その事務を代理人に代わって担当してもらう」という制度**であるから，**復代理人の代理権は，代理人の代理権の範囲を超えることはできない。**

5 ×　復代理人は，受領物を代理人と本人のいずれかに引き渡せばよい。

これも**4**と同様で，「事務を代理人に代わって担当してもらう」のであれば，受領した物については代理人と本人のいずれかに引き渡せば足りる（最判昭51・4・9）。杓子定規に，必ず本人に引き渡すべきと考える必要はない。

No.4 の解説　表見代理

→問題はP.114

正当な代理権を有しないまま代理行為が行われた場合，その部分については代理権がないので，原則からいけば無権代理となるはずである。しかし，本人が権限外の行為をするような代理人を選任したり，あるいは権限外の行為をしないように予防措置（例：委任状に代理権の範囲を明示しておくなど）を講じておかなかったなど，本人の側になんらかの責められる点がある場合には，この原則をそのまま貫くのは不合理である。その場合には，**代理権があるとなんら落ち度なく信じて（善意・無過失）取引を行った相手方の**

保護を優先すべきである。

そこで民法は，このような場合に「本人が相手方に無権代理である旨を主張できない」とする制度を設けた（109条，110条，112条）。これを**表見代理**という。これには，次の３つの類型がある。

●表見代理の３つの類型

①本人が代理権を与えていないのに，それを与えたと誤信させる表示をした場合（109条）

②代理人が，与えられた代理権（基本代理権）の範囲を超えて代理行為をした場合（110条）

③代理権が解任等により消滅したにもかかわらず，その後に代理行為がなされた場合（112条）

そして，表見代理が成立するには，相手方が外観を信頼したことと（善意），取引上必要とされる通常の注意をもってしても無権代理人であることがわからなかったこと（無過失）が，ともに必要とされている。

1 × **①の表見代理（109条）が成立する余地がある。**

Ａ会社は，Ｂに会社の中の一部門の担当者であると誤信させるような名称の使用を許している。したがって，Ｃは，Ｂが正当な代理権を有するであろうと無過失で信頼する可能性がある。

2 × **②の表見代理（110条）が成立する余地がある。**

代理人Ｂには売却に関する代理権は与えられていないので，売却はＢの代理権の範囲（**基本代理権**という）を超える行為である。しかし，Ｂが賃貸について代理人として行動していた実績から，相手方は売却についても代理権があるであろうと無過失で信頼する可能性がある。

3 × **③の表見代理（112条）が成立する余地がある。**

Ｂの代理権は消滅しているが，「先日までＡの代理人として行動していた」などの事情から，相手方は依然としてＢが代理人であろうと誤信する可能性がある。

4 ◎ **表見代理が成立する余地はない。**

本肢で，ＡはＢに「買い手を探す」という事実行為を依頼しているにすぎず，なんらＢに代理権を与えているわけではない。加えて，代理権が存在することをうかがわせるだけの虚偽の外形も存在しない。したがって，それに対する信頼を保護する制度である表見代理は成立の余地はない。

5 × **②の表見代理（110条）が成立する余地がある。**

「一切をＢさんに任せます」と書いた書面と本人の実印は，正当な代理権を有するであろうという外形に当たる。したがって，これを信頼した相手方に表見代理が成立する可能性がある。

正答 **No.1=3　No.2=3　No.3=2　No.4=4**

実戦問題❷　応用レベル

No.5＊＊ **代理に関するア～エの記述のうち，妥当なもののみをすべて挙げているのはどれか。ただし，争いのあるものは判例の見解による。**

【国税専門官／財務専門官／労働基準監督官・平成29年度】

ア：代理人が保佐開始の審判を受けた場合，法定代理と任意代理のいずれにおいても，代理権は消滅する。

イ：Aが，BにA所有の土地の売却に関する代理権を与えたところ，Bは，売却代金を自己の借金の弁済に充てるつもりで，その土地をCに売却した。この場合，BはAに土地売買の効果を帰属させる意思があることから，Bの代理行為は常に有効となる。

ウ：Aの子Bは，Aに無断でA所有の土地をCに売却した。その後，Aが何らの意思表示もせず亡くなり，Aの子B，DおよびEがAを相続した場合に，Bの無権代理行為につきDおよびEが追認を拒絶したときは，Bの法定相続分についても無権代理行為は有効とはならない。

エ：無権代理行為を本人が追認した場合，別段の意思表示がなければ，その効力は契約の時に遡って生ずる。この本人の追認は，無権代理人と無権代理の相手方のいずれに対して行ってもよいが，無権代理人に対して行った追認は，追認の事実を知らない相手方に対抗することができない。

1　ア，イ
2　ア，ウ
3　イ，エ
4　ウ，エ
5　ア，ウ，エ

√

No.6 ＊＊ **無権代理に関するア～オの記述のうち，判例に照らし，妥当なもののみをすべて挙げているのはどれか。** 【国家Ⅱ種・平成18年度】

ア：本人が無権代理行為の追認を拒絶した場合には，その後に本人が死亡し無権代理人が本人を相続したとしても，無権代理行為は有効とはならない。

イ：本人が無権代理行為について追認も追認拒絶もせずに死亡し，無権代理人が本人を相続した場合には，無権代理人は本人の資格で無権代理行為の追認を拒絶することができる。

ウ：無権代理人が本人を他の相続人とともに相続した場合には，無権代理行為を追認する権利は相続人全員に不可分的に帰属するので，共同相続人全員が共同してこの権利を行使しない限り，無権代理行為は有効とはならない。

エ：本人が無権代理人を相続した場合には，本人は無権代理行為の追認を拒絶しても，なんら信義に反するところはないので，被相続人の無権代理行為は，一般に本人の相続により当然有効とはならない。

オ：無権代理人を本人とともに相続した者が，その後さらに本人を相続した場合には，当該相続人は本人の資格で無権代理行為の追認を拒絶することができる。

1　ア，イ，オ
2　ア，ウ，エ
3　ア，ウ，オ
4　イ，ウ，エ
5　イ，エ，オ

No.7 ＊＊ **代理に関するア～オの記述のうち，妥当なもののみをすべて挙げているのはどれか。ただし，争いのあるものは判例の見解による。**

【国家一般職・平成29年度】

ア：復代理とは，代理人が自らの責任で新たな代理人（復代理人）を選任して本人を代理させることをいい，復代理人の選任は，法定代理では常に行うことができるが，任意代理では本人の許諾を得た場合またはやむを得ない事由がある場合にのみ行うことができる。

イ：自己契約および双方代理は原則として禁止されているが，本人があらかじめ許諾している行為や債務の履行については例外とされており，たとえば，登記申請行為における登記権利者と登記義務者の双方を代理することは，債務の履行に当たり，許される。

ウ：契約の締結時に相手方から代理人に対し詐欺があった場合，代理人の意思表示に瑕疵があったかどうかは，本人ではなく，代理人を基準として判断することになるため，本人の事情について考慮されることはない。

エ：無権代理人である子が本人である親を単独相続した場合においては，本人が死亡前に無権代理行為の追認拒絶をしていたときであっても，無権代理人が本人の追認拒絶の効果を主張することは信義則に反し許されないため，無権代理行為は当然に有効となる。

オ：代理権踰越の表見代理が認められるためには，代理人が本人から何らかの代理権（基本代理権）を与えられている必要があるが，基本代理権は，私法上の行為についての代理権であることが必要であり，公法上の行為についての代理権がこれに含まれることはない。

1　ア，イ
2　ア，エ
3　イ，オ
4　ウ，エ
5　ウ，オ

＊＊
No.8 代理権に関するア～オの記述のうち，妥当なもののみをすべて挙げているのはどれか。ただし，争いのあるものは判例の見解による。

【国家一般職・平成30年度】

ア：任意代理における代理人は，意思能力を有している必要はあるが，行為能力は要しないとされていることから，本人が制限行為能力者を代理人とした場合は，本人は，代理人の行為能力の制限を理由に代理行為を取り消すことはできない。

イ：民法第761条は，夫婦が相互に日常の家事に関する法律行為につき他方を代理する権限を有することをも規定していると解すべきであるから，夫婦の一方が当該代理権の範囲を超えて第三者と法律行為をした場合は，当該代理権を基礎として，一般的に権限外の行為の表見代理が認められる。

ウ：無権代理人が，本人所有の不動産を相手方に売り渡す契約を締結し，その後，本人から当該不動産を譲り受けて所有権を取得した場合において，相手方が，無権代理人に対し，民法第117条による履行を求めたときは，売買契約が無権代理人と相手方との間に成立したと同様の効果を生じる。

エ：無権代理行為の相手方が，本人に対し，相当の期間を定めて，その期間内に追認をするかどうかを確答すべき旨の催告をしたにもかかわらず，本人がその期間内に確答をしなかったときは，本人による追認があったものとみなされる。

オ：民法第117条による無権代理人の責任は，法律が特別に認めた無過失責任であり，同条第１項が無権代理人に重い責任を負わせた一方，同条第２項は相手方が保護に値しないときは無権代理人の免責を認めた趣旨であることに照らすと，無権代理人の免責要件である相手方の過失については，重大な過失に限定されるべきものではない。

1 ア，ウ
2 エ，オ
3 ア，イ，エ
4 ア，ウ，オ
5 イ，ウ，オ

No.9 ＊＊ **代理に関するア～オの記述のうち，妥当なもののみをすべて挙げているのはどれか。ただし，争いのあるものは判例の見解による。**

【国家一般職・令和元年度】

ア：委任による代理人は，本人の許諾またはやむを得ない事由がなくても，自己の責任で復代理人を選任することができるが，やむを得ない事由により復代理人を選任した場合には，その選任および監督についてのみ，本人に対してその責任を負う。

イ：代理人が本人のためにすることを示さないで意思表示をした場合には，その意思表示は，原則として本人のみならず代理人に対してもその効力を生じないが，相手方が，代理人が本人のために意思表示をしたことを知り，または知ることができたときは，その意思表示は，本人に対して直接にその効力を生ずる。

ウ：代理権を有しない者が他人の代理人としてした契約は，本人がその追認をしなければ，本人に対してその効力を生じない。また，追認は，相手方が追認の事実を知ったときを除き，相手方に対してしなければ，その相手方に対抗することができない。

エ：権限の定めのない代理人は，財産の現状を維持・保全する保存行為をすることはできるが，代理の目的である物または権利の性質を変えない範囲内において，その利用または改良を目的とする行為をすることはできない。

オ：委任による代理権は，原則として本人の死亡により消滅する。ただし，当事者間において本人の死亡によって代理権が消滅しない旨の合意があれば，代理権は消滅しない。

1 ア，イ
2 ア，オ
3 イ，エ
4 ウ，エ
5 ウ，オ

実戦問題2の解説

No.5の解説　代理

→問題はP.120

ア×　保佐開始の審判を受けても，代理人の代理権は消滅しない。

保佐開始の審判があっても代理権は消滅しない。この点は，法定代理も任意代理も変わらない。

保佐を含めた制限行為能力者の制度は，制限行為能力者の財産を保護しようとする点にある。しかし，**代理行為では，その効果はことごとく本人に帰属するので，保佐人が代理行為をしても，その財産関係には何の影響もない**。したがって，保佐開始の審判を代理権の消滅事由とする必要はない(111条参照)。

イ×　代理権限の濫用について相手方が悪意もしくは有過失なら無権代理となる。

本肢で，AはBにA所有の土地の売却に関する代理権を与え，Bは代理人としてその土地をCに売却している。つまり，BはAから与えられた代理権の範囲内で行為している。したがって，本来であれば代理行為は有効（有権代理）なはずである。

ただ，**代理では，「本人の利益になるように行動しなければならない」というルールがあり**（→No.２選択肢１），本肢のように代理人が自己の利益を図るために代理行為をすることはこのルールに反している。そこで，法は，**相手方が代理人の意図を知っているか，知ることができた場合**には有効とはせずに，無権代理となるとしている（107条，いわゆる**代理権の濫用**）。

ウ○　共同相続人の一人でも追認を拒絶すれば，無権代理行為は有効にならない。

妥当である。まず，Aの子BがAに無断でA所有の土地をCに売却した行為は無権代理行為であり，本人が追認しなければ有効とはならない（113条１項）。この追認をする権利（追認権）は，それを行使することで財産関係に変動を生じるので財産権の一種とされ，相続の対象となる（896条本文の「一切の権利義務」に当たる）。

本肢では，Aの子B，DおよびEがAを相続しており，追認権はB・D・Eの３名が相続する。ただ，**追認はするかしないかのどちらか一方**なので，D・Eが追認を拒絶していれば意思統一ができず，結局追認はできないことになる。つまり，**結果的に追認拒絶となるので，Bの行為は無権代理行為となる**（最判平５・１・21）。→No.6

エ○　本人の追認を相手方が知らなければ，追認の効果は生じない。

妥当である。前半については，**追認の効果は契約時にさかのぼって生じる**(116条本文)。要するに「最初から有効な契約が成立したことにする」ということである。

後半については，追認とは「有効な代理行為にするので，契約は私（本人）とあなた（相手方）との間できちんと成立しています」と伝えることである。その内容は，**相手方に伝わってはじめて意味のあるものになる**ので，無権代理人に追認しても，**相手が知らなければ追認したことにはならない**

（対抗できない）ことになる（113条２項）。

以上から，妥当なものは**ウ**と**エ**であり，正答は**4**である。

No.6 の解説　無権代理と相続

→問題はP.121

無権代理と相続は複雑なテーマなので，最初に知識の整理をしておこう。

無権代理行為が行われると，本人と無権代理人に，それぞれ次のような権利または義務が発生する。

本　人………追認拒絶権
無権代理人…履行義務（本人に代わって履行が可能な場合。できなければ損害賠償義務）

この両者は，一方は「**履行しない**」という権利であり，他方は「**履行しなければならない**」という義務であって，それぞれ相反する内容のものである。そして，両者が別人に帰属している限り問題はないが，本人と無権代理人の間で相続が生じ，一方が他方の地位を引き継いで同一人に両者が帰属した場合には，そのいずれを優先すべきかが問題となる。

これに関しては，次の定式に従った法律関係の処理がなされている。

(1)　無権代理人

→無権代理行為を行った張本人なので保護する必要はない（信義則－自ら行った行為に矛盾する行動をとることは許されない）。相続によって履行できる状態になれば，「履行しなければならない」のほうを優先させる。

(2)　無権代理行為に関与していない相続人

→何も責められるような行為をしていないので保護する必要がある。したがって，追認するか否かはその者の自由な選択にゆだねられる。

＊なお，追認はするかしないかのどちらかであって部分的な追認というものはない（追認権の不可分性という）。相続人が複数いる場合には，そのうちの１人でも追認を拒否すれば，全体として追認を拒絶したものとして扱われる（相手方は損害賠償を選択する以外にはない）。

●追認権の不可分性

父Aの家屋を子Bが無権代理によってXに売却した後に，父Aが死亡して，無権代理人Bとその弟CがAを共同相続したとする。仮に弟Cが追認を拒否した場合でも無権代理人Bの相続分（2分の1）に関する限りで契約が有効になるとすると，Xは家の半分だけを買わされるはめになる。それは不都合なので，全員の同意がない限り追認拒絶として扱うわけである。

では，家ではなく金銭債務のように分割が可能な場合はどうか。たとえば，無権代理で100万円の保証契約を結んだという場合である。判例は，この場合も分割を認めない。つまり，無権代理人Bの相続分の50万円についてだけ保証が有効となるとはせずに，弟Cが追認しない限り，保証契約は全体として追認拒絶として扱われる。

◆　無権代理人が本人を相続　◆

<table>
<tr><td>1</td><td colspan="2">無権代理人が本人を単独相続
（最判昭40・6・18）</td></tr>
<tr><td>経過</td><td colspan="2">①無権代理行為が行われた
②無権代理人が本人を単独相続した
③無権代理人が本人の地位で追認を拒絶した</td></tr>
<tr><td>結論</td><td colspan="2">無権代理人が本人の地位を主張して追認を拒絶することは許されない</td></tr>
<tr><td>理由</td><td colspan="2">本人自らが法律行為をしたのと同様な法律上の地位を生じたものと解するのが相当だから（この段階では，判例は地位融合説で説明していた）</td></tr>
<tr><td>2</td><td colspan="2">無権代理人が他の相続人とともに本人を共同相続
（最判平５・１・21）</td></tr>
<tr><td>経過</td><td colspan="2">①無権代理行為が行われた
②無権代理人が他の相続人とともに本人を共同相続した
③無権代理人が相続財産のうちの自己の持分部分についての履行を拒否</td></tr>
<tr><td rowspan="2">結論</td><td>他の共同相続人のうち１人でも追認に同意しない場合</td><td>無権代理人の相続分に相当する部分においても当然有効にはならない</td></tr>
<tr><td>他の共同相続人全員が無権代理行為を追認している場合</td><td>無権代理人は追認拒絶不可
→信義則上許されない</td></tr>
<tr><td>理由</td><td colspan="2">無権代理行為の追認は，本人に対して効力を生じていなかった法律行為を本人に対する関係において有効なものにするという効果を生じさせるものであって，全員によって共同行使されるべき性質のものである（追認権の不可分性）</td></tr>
<tr><td>3</td><td colspan="2">本人の追認拒絶後に無権代理人が本人を相続
（最判平10・７・17）</td></tr>
<tr><td>経過</td><td colspan="2">①無権代理行為が行われた
②本人が無権代理行為の追認を拒絶した
　→この時点で無権代理行為は「無効」に確定する
③無権代理人が本人を相続した
④無権代理人が，相続開始前に本人が行った追認拒絶の効果を主張</td></tr>
<tr><td>結論</td><td colspan="2">追認拒絶の主張可（主張は信義則に反しない）</td></tr>
<tr><td>理由</td><td colspan="2">追認拒絶の後は，すでに法律関係が「無効」に確定しているので，たとえ本人であっても，自らが行った追認拒絶を後の追認で覆すようなことはできない。それゆえ，本人の追認拒絶の後に無権代理人が本人を相続したとしても，追認拒絶の効果になんら影響を及ぼさない</td></tr>
</table>

◆ 本人が無権代理人を相続 ◆

4	本人が無権代理人を相続 （最判昭37・4・20）
経過	①無権代理行為が行われた →無権代理人が本人の不動産を売却し，登記も移転した ②本人が無権代理人を相続した ③本人が追認拒絶の意思表示と移転登記の抹消請求を行った
結論	本人は無権代理行為の追認を拒絶することができる
理由	相続人たる本人が被相続人の無権代理行為の追認を拒絶しても，何ら信義に反するところはないから

◆ 無権代理人と本人の双方を相続 ◆

5	無権代理人を相続した者がその後さらに本人を相続 （最判昭63・3・1）
経過	①無権代理行為が行われた →無権代理人である妻が夫の不動産を売却し，登記も移転した ②無権代理人（妻）を子と本人（夫）が相続した →子は無権代理人としての地位を承継する（無権代理人と同視される） ③子が本人を相続した ④子が追認拒絶の意思表示と移転登記の抹消請求を行った
結論	追認拒絶は許されない →相続人は本人の資格で無権代理行為の追認を拒絶する余地はなく，本人が自ら法律行為をしたと同様の法律上の地位ないし効果を生ずる
理由	①無権代理人が本人を相続した場合には，無権代理人は信義則上追認を拒絶できない。 ②無権代理人を相続した者は無権代理人の地位を包括的に承継するので，その者がその後に本人を相続した場合は「無権代理人が本人を相続した」のと同様である。

◆ 権利者が他人の権利の売主を相続 ◆

6	権利者が他人の権利の売主を相続 （最判昭49・9・4）
関連	本ケースは「無権代理と相続」の問題ではないが，類似の法律関係に当たるため，同様の取扱いがなされている。
経過	①貸金債務の担保として他人所有の不動産につき代物弁済予約 ②貸金債務の弁済不履行→所有権移転登記 ③他人の権利の売主が死亡→権利者が他人の権利の売主を相続 ④買主が明渡請求→権利者がこれを拒絶
結論	権利者は売主としての履行義務を拒否できる
理由	権利者は権利の移転につき諾否の自由を保有しており，それが相続による売主の義務の承継という偶然の事由によって左右されるべき理由はない

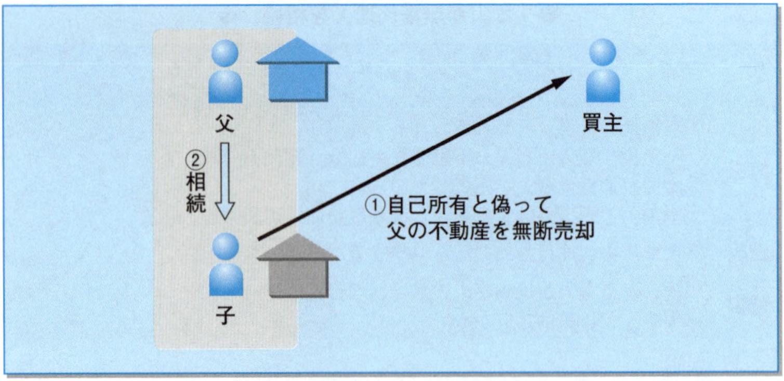

無権代理と相続は，一見複雑なように見えるが，これまでに説明してきたことは次のポイントに集約される。したがって，これを押さえておけば簡単に解ける。前表も，このポイントに添って理解するようにしてほしい。

基本…信義則（自らが行った行為に矛盾する行動をとることは許されない）
付随…①追認はするかしないかのどちらか一方のみ（追認権の不可分性）
②追認または追認拒絶のいずれかにいったん確定したら覆せない

以上を前提に，本問を考えてみよう。

ア○ 本人がいったん追認を拒絶すると，法律関係は追認拒絶ということで確定する。これは，本人が適法に何の瑕疵（欠陥）もなく行っているので，たとえだれであろうとその効果を覆すことはできない。したがって，その後に無権代理人が本人を相続した場合でも，無権代理人はすでに確定した追認拒絶の効果を主張することができる（表の**3**の事例，最判平10・7・17）。

イ× 判例は，無権代理人と本人の地位の融合という理論で説明しているが，「追認拒絶は信義則に反するので許されない」と考えておけばよい（表の**1**の事例，最判昭40・6・18）。

ウ○ 追認権の不可分性から，本肢の結論が導かれる（表の**2**の事例，最判平5・1・21）。

エ○ 定式**（2）**参照。本人は，なんら信義に反する行為を行っていないので，追認をするか，または拒絶するかは自由である（表の**4**の事例，最判昭37・4・20）。

オ× 無権代理人を相続した者は（たとえ本人との共同相続であっても），それによって無権代理人の地位を引き継ぐ。したがって，その後に本人を相続しても，無権代理人が本人を相続したのと同じことになって追認を拒絶することは許されない（表の**5**の事例，最判昭63・3・1）。

以上より，**ア**，**ウ**，**エ**が妥当なので，正答は**2**である。

No.7 の解説　代理

→問題はP.122

ア○ 法定代理人は，任意代理人と異なり常にその判断で復代理人を選任できる。

妥当である。まず，**任意代理人は，能力や人柄などを信頼されて代理人に指名されているので，自分で代理行為をするのが原則**である。それを他の者に代理してもらう（復代理）というのであれば，**本人の了解**を得なければならない。ただ，これがなくても，「病気で代理事務ができない」など，**やむを得ない事由**があれば，復代理人を選任するのも仕方がない（104条）。

一方，法定代理人は本人から信頼されて代理人になっているわけではないので，本人の了解を得る必要はない。また，**法定代理人の事務**は親権者や成年後見人にみられるように**広範に及び，事務量も多いことから，その責任で復代理人を選任できる**とされている（105条前段）。

イ○ 自己契約や双方代理は禁止だが，利益相反のおそれがなければ許容される。

妥当である。**自己契約や双方代理は，利益相反のおそれがあるので無権代理**とされている（108条1項本文）。これを無効ではなく，無権代理とするのは，利益相反の事実がなく，本人の利益になるようなら，追認によって有効（有権代理）にする余地を残しておくべきだからである。

ただ，本人があらかじめ許諾している行為や，登記申請行為の代理のように**利益相反のおそれのない行為は例外**とされる（同項但書）。

→No.2選択肢1

ウ× 意思表示の瑕疵は代理人基準で判断，ただし本人の指図は考慮の対象になる。

代理とは，本人に代わって法律行為を行うことであるから，契約を結ぶべきかとか，内容が妥当かなどは，本人ではなく代理人が判断する。そのため，詐欺にあったかなどの**意思表示の瑕疵についても，代理人を基準に判断**される（101条1項・2項）。

ただ，本人も「代理人に任せていればそれでよい」というわけではなく，代理人が本人の利益を図って代理行為できるように，「やれることはする」というのは当然である。したがって，**特定の法律行為を委託した場合，本人が知っていた，もしくは知り得た事情については，本人は代理人が知らなかったことを主張できない**（同条3項）。

本肢でいえば，代理人が騙されていることを知っていれば，本人はそれを代理人に伝える，あるいは契約をストップさせるなどのアクションを起こすべきであり，それを怠っていて「代理人が詐欺されたので取り消す」とはいえない。

エ× 本人の追認拒絶後に無権代理人が単独相続しても当然に有効とはならない。

無権代理人である子が本人である親を単独相続した場合，本来であれば履行できる状況になったので，無権代理人は履行すべきとも思える。ところが，本肢では，相続前に本人が追認拒絶をしている。つまり，そこでいったん**法律関係が追認拒絶に確定している**。そのため，後に相続によってそれができるようになったからといって，無権代理行為が当然に有効となるとすることはできない（最判平10・7・17）。

いったん適法（最終的）に確定した法律関係
↓
後の事象でくつがえすことはできない

本旨において，「できるようになったら有効にすべきだ」という考えもあるだろう。では，親が長生きして何十年間も相続が起きなかったらどうなるのか。その間はずっと無権代理だから無効で，その後何十年も経ってから有効になるとすると，かえって混乱を招くであろう。そう考えると，「いったん確定したらくつがえさない」ということの意味が理解できるはずである。

オ ×　公法上の行為の委任が，表見代理の基本代理権として認められることがある。

代理権踰越の表見代理とは，たとえば家の賃貸の代理権を与えたところ，その権限を越えて家を売却してしまったなどという場合である（110条）。つまり，越権行為のことをいう。

権限の濫用＝権限の範囲内の行為
　代理権の濫用→原則有効，相手が悪意もしくは有過失なら無権代理
権限の踰越＝権限の範囲外の行為
　代理権の踰越→代理権がないので原則は無権代理，場合によって表見代理

では，この代理権は，売買や賃貸借といった私法上の行為（私的な取引行為）の代理権だけでなく，公的手続の依頼など公法上の行為の代理権（代行権）でもよいのか。

まず，表見代理の成立には，売買等の「取引における正当な代理権」を有するかのような外観を本人が作り出しているといえる状況がなければならない。

そして，一口に公法上の行為といっても種類はさまざまで，たとえば市役所等で印鑑証明書をとってきてもらうこと（法律行為ではないので代理ではなく代行）が基本代理権に当たらないのは自明である（最判昭39・4・2）。

ただ，同じく公法上の行為であっても，それが私法上の取引行為の一環として行われる場合がある。たとえば，土地の売買において，実印を預けて（登記に実印は必須）公法上の行為である所有権移転登記手続きを行わせるような場合である。そして，**実印**は，重要な財産の取引や金融機関からの融資などの際に必ずといってよいほど必要とされるもので，**取引通念上は，それを所持すること自体が「取引における正当な代理権」を推認させるもの**といえる。したがって，本肢後半のような場合には，基本代理権として認めることができる（最判昭46・6・3）。

以上から，妥当なものは**ア**と**イ**であり，正答は**1**である。

No.8 の解説　代理

→問題はP.123

ア○　任意代理人が制限行為能力者でも，本人はそれを理由に取消しはできない。

妥当である（102条）。→No.1選択肢2

イ×　夫婦の日常家事債務の代理権を基礎として表見代理を認めることはできない。

本肢は，理論が複雑なので順を追って説明する。

①夫婦には日常家事について相互に代理権がある

まず，夫婦の日常家事とは，夫婦が日常の共同生活を営むために必要な事項をいう。アパートを借りる，生活に必要な家電製品や日用雑貨を買う，電気や水道の供給契約を締結するなどがその例である。そして，夫婦はこれらについて，互いに他方を代理する権限を有するとされ，761条が「夫婦の一方が日常の家事に関して第三者と法律行為をしたときは，他の一方は，これによって生じた債務について，連帯してその責任を負う。」としているのは，このことを規定している。

②夫婦の一方が日常家事の範囲を超えて代理行為をした－表見代理の成否

では，夫の固有財産である土地や高級車などを妻が売却することはどうか。

まず，土地の売却などは，一般的にいえば，夫婦が日常の共同生活を営むのに必要とされる事項ではない。したがって，761条にそのまま当てはめて夫に連帯責任を負わせることはできない（同条の「日常の家事」には含まれない）。

ただ，家庭によっては，「車を何台も所有していて，日頃から頻繁に買い換えている」などのケースもあろうから，相手方である第三者が「日常の家事」の範囲と誤解することもあろう。したがって，そんな場合は取引の安全についても一定の配慮が必要である。そのため，「761条は使えないとしても，なんとか取引の安全を図る手段はないものか」ということで，表見代理を用いることが考えられた。761条を基本代理権として，代理人に権限踰越の表見代理（110条）の成立を認めようというわけである。

③夫婦の財産的独立（固有財産の保護）と表見代理の制度は相いれるのか？

ただ，「761条を基本代理権とする」とは，夫婦の一方が他方を代理する行為のすべてが表見代理の対象になることを意味する。これでは範囲が広がってしまいすぎる。つまり，本肢にあるように，「当該代理権を基礎として，一般的に権限外の行為の表見代理が認められる」ということになるが，それは妥当でない。夫婦の一方の財産が他方によって安易に処分されることを阻止して，夫婦それぞれの固有財産を保護するという夫婦の財産的独立（762条1項）が損なわれてしまうおそれがあるからである。

④解決策…表見代理規定（110条）の趣旨を類推適用する

そこで判例は，取引の安全と夫婦の財産的独立のバランスということで，「110条の趣旨を類推適用する」という手法をとった（最判昭44・12・18）。わかりにくい表現であるが，要するに，「相手方である第三者においてその行為が当該夫婦の**日常の家事に関する法律行為の範囲内に属すると信ずるに**

つき正当の理由のあるときにかぎり，その第三者の保護をはかる」というもので，「趣旨を類推適用する」という方法で限定をかけたわけである。

この法律構成は難解なので，簡単にまとめておこう。

①夫婦は，婚姻共同生活を営む必要上，日常家事について相互に連帯責任を負う（761条）。そして，ここから，日常家事に関する法律行為について，夫婦は相互に代理権を有するとされる。
②夫婦の一方が日常家事の範囲を超えて代理行為をした場合，日常家事債務の代理権を基本代理権として110条の表見代理が成立しないか。
③夫婦の財産的独立が脅かされるので否定
④ただ，取引の安全にも一定の配慮が必要なので，相手方が，当該夫婦の日常の家事に関する法律行為の範囲内に属すると信ずるにつき正当の理由がある場合には，110条の趣旨を類推適用して他方配偶者は責任を負う。

ウ○ 無権代理人が後に目的物を取得すれば，売買成立と同様の効果を生じる。

妥当である。まず，無権代理人は，本人が追認しなければ履行または損害賠償の責任を負う（117条１項）。両者は，「履行ができない場合に損害賠償」という順になるので，履行できれば履行すべきである。

そして，本肢では，「無権代理人が本人から当該不動産を譲り受けて所有権を取得した」というのであるから，履行できる状態になっている。そうであれば，**相手が履行を求めたときは，売買契約が無権代理人と相手方との間に成立したと同様の効果を認めて差し支えない**（最判昭41・４・26）。

エ× 追認の催告について相当期間内に確答がなければ追認拒絶とみなされる。

確答のない時点での状態，つまり「本人は追認しない」という状態で法律関係が確定する（114条）。→必修問題選択肢４

オ○ 無権代理人の免責要件である相手方の過失は，重大な過失に限定されない。

妥当である。無権代理人の責任が代理制度の信用を維持するためのものなら，相手方が知っていたか（悪意），注意すれば代理権がないとわかった（有過失）場合には，無権代理人の責任は生じない。その場合の過失については，通常の不注意（通常の過失）で足り，重過失の場合に限定する必要はない（最判昭62・７・７）。

なお，たとえ相手方が有過失でも，代理人に代理権があると誤信する（善意）一方で無権代理人が自分に代理権がないことを知って行為していた場合には，代理人に無権代理人としての責任が生じる（117条２項２号但書）。この場合は，無権代理人の側の帰責性のほうが強いので，無権代理人に責任を取らせる趣旨である。

以上から，妥当なものは**ア**と**ウ**と**オ**であり，正答は**4**である。

No.9 の解説 代理

→問題はP.124

ア×　任意代理での復代理人の選任は本人の許諾とやむを得ない事由の場合だけ。

前半については，委任による代理人（任意代理人）は，本人の許諾またはやむを得ない事由がなければ復代理人を選任できない（104条）。→No.７ア

後半については，代理人の責任は復代理人の選任・監督に限定されるわけではない。→No.３選択肢２

イ×　顕名がなければ，代理人が自己のために意思表示したものとみなされる。

本肢は前半が誤り。代理人が本人のためにすることを示さないで意思表示をした場合は，当該意思表示は代理人が自己のためにしたものとみなされる（100条本文）。→No.２選択肢２

ウ○　本人の追認を相手方が知らなければ，追認の効果は生じない。

妥当である。前半については113条１項で，また後半については同２項で正しい。

なお，ここで，関連知識として無権代理の効果について確認しておこう。

●無権代理の効果とは？

法は，無権代理の効果について，「本人がその追認をしなければ，本人に対してその効力を生じない」としている（113条１項）。これを「無権代理は無効だ」と表現することが多いが，「最初からまったく効果を生じない無効」ではなく，「本人への効果不帰属ゆえの無効」という意味である。

前者のようなまったくの無効なら本人が追認しても有効にはならないが，効果不帰属（いわば宙ぶらりんの状態で追認か追認拒絶かの確定をまっている）ならば，本人が追認すれば，最初から有権代理が行われたと同じことになる。

エ×　権限の定めなき代理人は，保存行為，性質を変えない利用・改良行為が可。

性質を変えない範囲内での利用・改良行為はできる（103条）。本人の不利益にはならないからである。→必修問題選択肢３

オ○　本人の死亡は任意代理の終了原因だが，合意で終了しないとすることも可

妥当である。まず前半については，死亡は終了原因とされている（111条１項１号）。→No.１選択肢５

後半については，本人が死亡すれば，依頼者がいなくなるので委任は終了するのが原則である（653条１号）。ただ，たとえば「あなた（代理人）を信頼しているので，私（本人）が死んでもこの代理事務は終了するまで続けてほしい」などと合意することは何ら差し支えない。その場合の代理行為の効果は，相続人に生じることになる（最判昭31・6・1）。

以上から，妥当なものは**ウ**と**オ**であり，正答は**5**である。

正答　No.5=**4**　No.6=**2**　No.7=**1**　No.8=**4**　No.9=**5**

実戦問題❸　難問レベル

V ＊＊＊
No.10 **代理に関するア～オの記述のうち，妥当なもののみをすべて挙げているのはどれか。ただし，争いのあるものは判例の見解による。**

【国家総合職・令和元年度】

ア：Aは，BからCとの間でB所有の土地を売却する契約を締結する代理権を授与され，Bの代理人としてB所有の土地をCに売却する旨の契約を締結するつもりであったが，Bの代理人であることをCに告げないままCとの間で当該契約を締結した。この場合，Cが，AがBのために当該契約を締結することを知り，または知ることができたときを除き，当該契約の効果はAに帰属する。

イ：Aは，BからCとの間でB所有の土地を売却する契約を締結する代理権を授与されたことを利用して，代理権の範囲内ではあるが売却代金を着服する目的で，Bの代理人であることをCに告げた上でCとの間で当該契約を締結した。この場合，CがAのかかる目的を知らなければ，かかる目的を知ることができたときであっても，当該契約の効果はBに帰属する。

ウ：Aは，Bの代理人と称して，Cとの間でB所有の土地を売却する契約を締結したが，AがBから当該契約を締結する代理権を授与されたことはなかった。その後，CがBに対し，相当の期間を定めてその期間内に当該無権代理行為を追認するか否かを確答するよう求めたが，Bがその期間内に回答しなかった場合，Bは，当該無権代理行為を追認したものとみなされる。

エ：成人であるAは，父親Bの代理人と称して，Cとの間でB所有の土地を売却する契約を締結したが，Bは，Aにいかなる代理権も授与したことはなく，Cに対して，Aにいかなる代理権を授与した旨を表示したこともなかった。その後，Bが死亡して，Aがその地位を単独相続した。この場合，AにはBが自ら法律行為をしたのと同様な法律上の地位が生じるので，Aは，当該無権代理行為の追認を拒絶することができない。

オ：Aは，成人である息子Bの代理人と称して，Cとの間でB所有の土地を売却する契約を締結したが，Bは，Aにいかなる代理権も授与したことはなく，Cに対して，Aにいかなる代理権を授与した旨を表示したこともなかった。その後，Aが死亡して，Bがその地位を単独相続した。この場合，Bは，相続により無権代理人の地位を承継するので，当該無権代理行為の追認を拒絶することはできない。

1　ア，ウ　　**2**　ア，エ　　**3**　イ，エ　　**4**　イ，オ　　**5**　ウ，オ

＊＊＊
No.11 表見代理に関するア～オの記述のうち，妥当なもののみをすべて挙げているのはどれか。ただし，争いのあるものは判例の見解による。

【国家総合職・平成25年度】

ア：権限外の行為の表見代理（民法第110条）においては，基本代理権は私法上の代理権でなければならないが，公法上の行為を委託する代理であっても，その行為から私法上の効果が生じる場合は，基本代理権となる。

これに関し，実印の保管の依頼も，実印は私法上の重要な行為に用いられる可能性があるので，基本代理権となる。

イ：代理権授与の表示による表見代理（民法第109条）においては，授権の表示が要件とされており，他人に代理権を与えた旨の表示をしたことが必要である。

これに関し，積極的に本人が自己の名称の使用を認めたのではなく，他人が本人の営業の一部と誤認されかねない表示をして取引をした場合は，本人がそれを知りつつ容認または放置していたときであっても，民法第109条は適用されず，本人は責任を負わない。

ウ：代理権消滅後の表見代理（民法第112条）においては，代理権消滅後，本人がその外観を除去した場合は，かつての代理人が無権代理行為をし，相手方が信頼したとしても，民法第112条は適用されない。

これに関し，社会福祉法人の理事が退任し，その退任の登記がされた場合は，その後その者が当該法人の代表者として第三者と取引を行ったときであっても，特段の事情のない限り，同条は適用されない。

エ：民法第110条の表見代理においては，第三者が代理人の権限があると信ずべき正当な理由があることが要件である。

これに関し，少なくとも第三者の善意・無過失が必要であるが，さらに，本人に責任を負わせるためには，本人側の事情として，実印を長期間にわたり代理人に預けたままにしておくなど，正当な理由が本人の過失によって生じたことが必要である。

オ：表見代理は取引の安全を保護する制度である。

これに関し，民法第110条の表見代理において，代理人と称する者と直接に取引した者が同条の要件を満たさなくとも，その後の当該取引の目的物の転得者は，同条の要件を満たせば，保護される。

1 ア　　**2** ウ　　**3** ア，イ　　**4** イ，エ　　**5** ウ，オ

実戦問題❸の解説

No.10 の解説　代理
→問題はP.136

各選択肢は，一見すると複雑で難しそうであるが，内容は既存の知識で解ける基礎的なものである。表現の難解さに惑わされずに，ポイントをしっかりつかむように解いてみよう。

ア○　顕名がなければ，代理人が自己のために意思表示したものとみなされる。

妥当である。本肢は，顕名がない場合の効果を問うている。したがって，相手方Cが本人Bのために契約を締結することを知り，または知ることができたときを除き，当該契約の効果はAに帰属する（100条）。→No.9イ

イ×　代理権限の濫用について，相手方が悪意または有過失なら無権代理となる。

代理人が売却代金を着服する目的を有しているというのであるから，代理権の濫用であり，相手方が悪意または有過失なら無権代理となる（107条）。

→No.5イ

ウ×　追認の催告について相当期間内に確答がなければ追認拒絶とみなされる。

確答のない時点での状態，つまり「本人は追認しない」という状態で法律関係が確定する（114条）。→必修問題選択肢4

エ○　無権代理人が本人を単独相続した場合，無権代理人は追認拒絶ができない。

妥当である（最判昭40・6・18）。→No.6イ

オ×　本人が無権代理人を単独相続した場合，本人は追認拒絶ができる。

本人は，何ら信義に反する行為を行っていないので，追認をするか，または拒絶するかは自由である（最判昭37・4・20）。→No.6エ

以上から，妥当なものは**ア**と**エ**であり，正答は**2**である。

No.11 の解説　表見代理
→問題はP.137

ア×　取引のための実印交付と異なり，単なる保管依頼では基本代理権とならない。

前半について，判例は，「単なる公法上の行為についての代理権は表見代理の成立の要件たる基本代理権にあたらないが，その行為が特定の私法上の取引行為の一環としてなされるものであるときは，その行為の私法上の作用を看過することはできず，（当該公法上の行為が）私法上の契約による義務の履行のためになされるものであるときは，その権限を基本代理権として，表見代理の成立を認めることを妨げない」とする。

しかし，後半については，**単に実印の保管を依頼するだけの行為は，特定の取引行為に関連して実印を交付する場合とは異なり，単なる事実上の行為にすぎないので基本代理権とはなりえない**（最判昭34・7・24）。

イ×　本人が誤認を招く表示を放置した場合，それを信頼した者に責任を負う。

前半は正しい（109条）。しかし，後半について判例は，「他人に自己の名称等の使用を許し，もしくはその者が自己のために取引する権限ある旨を表

示し，もってその**他人のする取引が自己の取引なるかのごとく見える外形を作り出した者は，この外形を信頼して取引した第三者に対し，自ら責に任ずべき**であって，このことは，民法109条等の法理に照らし，これを是認することができる」としているので誤り（最判昭35・10・21）。

ウ○ 退任登記を済ませた法人は，法人の理事の退任後の取引に責任を負わない。

妥当である。前半については112条。後半については，判例は，「社会福祉事業法上の登記事項は，登記しない限り第三者に対抗できないが，その反面，登記をしたときは善意の第三者にもこれを対抗することができる」として，退任の登記がなされた場合は，特段の事情のない限り112条は適用されないとする（最判平６・４・19）。

エ× 本人に過失があることは，表見代理が成立するための要件ではない。

前半は正しい（110条）。しかし，後半について判例は，「110条による本人の責任は本人に過失あることを要件とするものではない」としているので誤り（最判昭34・２・５）。

表見代理は，正当な代理権の存在についての相手方の信頼を保護する制度であるから，**本人の過失をあえて要件とする必要はない**。また，これを要求すると，その立証責任は，証明によって利益を得る相手方が負担することになる。しかし，本人の過失を証明することは一般に困難な場合が多く，これでは取引の安全を図ることはできなくなる。したがって，過失を要件とするのは妥当ではない。

オ× 表見代理で保護される第三者とは代理人と取引をした直接の相手方のこと。

表見代理は，正当な代理権の存在についての相手方の信頼を保護して取引の安全を図ろうとする制度である。したがって，そこで**保護される相手方**は**「正当な代理権を有すると信頼して取引をした者」すなわち直接の相手方に限られる**（最判昭36・12・12）。

以上から，妥当なのは**ウ**のみで，正答は**2**である。

表見代理の関連知識として，次のことを覚えておこう。

●表見代理が成立する場合，無権代理人は責任を負わなくてよいか

表見代理は，相手方の取引の安全を保護する制度であって，無権代理人を保護する制度ではない。したがって，無権代理人は「表見代理が成立するから自分は無権代理人の責任は負わない」と主張することはできない。すなわち，相手が表見代理を主張せずに無権代理人の責任を追及してきた場合，無権代理人はその責任を果たさなければならない。

正答 No.10＝2　No.11＝2

無効，取消し

必修問題

無効と取消しに関するア～カの記述のうち，妥当なもののみをすべて挙げているのはどれか。 【国家一般職・平成26年度改題】

ア：表意者は，強行法規に反する法律行為を取り消すことができる。

イ：公の秩序または善良の風俗に反する事項を目的とする法律行為は無効とされる。

ウ：強迫による意思表示は無効とされる。

エ：不法な条件を付した法律行為は無効とされる。

オ：成年被後見人の法律行為は無効とされる。

1 ア，イ
2 ア，ウ
3 イ，エ
4 イ，エ，オ
5 ウ，エ，オ

難易度 ＊

必修問題の解説

法律行為になんらかの欠陥があるため，その効果が完全に発生しない場合にどのような法的な取扱いをするかについて，民法は無効と取消しという２つの制度を設けた。前者は最初から効力を生じさせないというものであり，後者は取り消されて初めて最初から無効として扱うというものである。

これらについて，前者の最初から無効というのはわかるが，「取り消されて初めて無効…，ならば取り消されるまでは（ないしは取り消されない限り）有効ということ？　そんな曖昧なことでいいのか」と，奇異に感じられるかもしれない。しかし，そこに無効と取消しを理解する最大のヒントがある。

それは，無効も取消しも，当事者や第三者などを「保護するための道具」にすぎないということである。つまり，概念的に「無効ならばこう考えなければならない（例：無効なら誰でも主張できるはず）」などとカチッと決まっているわけではなく，「こういう場合はこの者を保護すればよい。そうであれば，誰に無効を主張させるのが合理的か」というように，どのように道具を使えば最も妥当な結論が得られるかという観点から両者を判断すべきものだからである。

上記の取消しでいえば，「どうしても不都合ならば取り消せばよい（つまり取消しを認める）。でも，不都合でなければそのまま取引を進めてかまわない」ということである。一見曖昧な「取り消せば最初から無効，取り消さなければ有効」というのも，当事者保護という観点からは，極めて合理的なのである。
そこで，この観点から本項の問題を考えてみよう。
ところで，民法上，無効ないし取消しとされているのは，下表のような場合である。

無効	①意思無能力者の法律行為，②不能な法律行為，③強行法規違反行為，④公序良俗違反行為（90条），⑤心裡留保で相手方が悪意または有過失の場合，⑥虚偽表示，など
取消し	①制限行為能力者の法律行為，②錯誤，詐欺・強迫による法律行為，など

ア× **強行法規に反する法律行為は無効である。**

強行法規（強行規定）とは，当事者の意思にかかわらず適用される規定のこと。たとえば，民法の特別法である利息制限法は強行法規であり，当事者間で同法の制限利息（同法１条）を超える利率を定めても超過部分は無効になる。

なお，強行法規と対をなすのが**任意規定**であり，これは「当事者の意思が優先だが，**当事者がはっきり決めておかなかった場合に解決の基準となる規定**」のこと。たとえば，借家等の賃料の支払い時期について民法は「当月分を月末払い」と定めるが（614条本文），当事者が合意すれば「翌月分を前月末までに支払う」などと定めてもよい。

両者の区別は，公序に反するものが強行法規（強行規定），そうでなければ任意法規（任意規定）とされる。ただ，これではわかりにくい。最終的には，取引社会の一般通念に照らして許容できるかどうかで判断せざるを得ない。利息制限法の制限利率などは，借り手の窮状に乗じて暴利をむさぼるなどは，社会的に許されないので強行法規とされる。

イ○ **公序良俗に違反する法律行為は無効である。**

民法は，「公の秩序又は善良の風俗に反する法律行為は，無効とする」と定める（90条）。これを略して**公序良俗違反**行為という。

この概念も，社会通念で判断するしかない。たとえば，愛煙家には気の毒だが，「施設内で分煙を進める必要はない」などとする商業施設とテナント間の約定の規定があれば時代の流れとともに公序良俗違反とされる余地は十分にある。

典型的には，麻薬取引契約や愛人契約などがよく例に出されており，これらはいずれも契約自体が公序良俗違反で無効である。

ウ× **強迫による意思表示は，表意者がこれを取り消すことができる。**

強迫による意思表示は，無効としてもよい気がしないでもないが，民法は，**脅されたにしても曲りなりに自分の意思が介在している**（つまりまったく自由意思がなかったわけではない）**として，これを取り消しうるものとしている**（96条１項）。

たとえば，息子の借金を親が肩代わりするように金融業者から迫られ，拒めば危害を及ぼすようなことを言われたので，やむを得ず所有する絵画や骨董などを代物弁済（契約）として渡したとする。その場合，取り消さずに「それで息子の借金が帳消しになればよしとする」のか，やはり取り消して絵画や骨董などを取り戻すのか，どちらにするか判断の余地を与えるという意味で，取消しという方法が選択されている。

エ○ 不法な条件を付した法律行為は無効である。

不法条件とは，たとえば「オレオレ詐欺がうまくいったら，報酬としてだまし取った金銭の半分を支払う」など，**不法な行為を条件とする契約**である。この場合，報酬が支払われなかったとして裁判で救済を求めるようなことはできない。すなわち，**不法な条件を付した法律行為は無効**である（132条）。

オ× 成年被後見人の法律行為は，取り消すことができるものとされる。

成年被後見人がたまたま本心に復した状態で行った法律行為が特段本人に不利益とならないという場合には，あえて取り消す必要はない。そのため，最初から無効にするのではなく，取り消すことができる法律行為とされる（9条本文）。

以上から，妥当なのは**イ**と**エ**であり，正答は**3**である。

正答 3

FOCUS

本テーマからは，これまでにやってきたテーマの復習を兼ねた問題が登場し始める。無効も取消しも，それぞれの要件が備わった者を契約上の義務から解放する「救済手段」である。したがって，これまでのテーマと同様に，制度の機能や目的を念頭に置いて問題を考えていく必要がある。

重要ポイント1 無効

①無効な行為を追認した場合には，その時から新たな行為を行ったものとして扱われる。無権代理行為の追認と異なり，無効行為の追認の効果は遡及しない。

②虚偽表示（例：Aが差押えを免れるためにBに不動産を仮装譲渡して登記をBに移した）は当事者間では無効である。これは善意の第三者Cが現れた場合も変わらない。無効としておかないと，Aは不動産の所有権を失ったことについて，無断で処分したBに損害賠償を請求できなくなるからである。

重要ポイント2 取消し

(1) 取消し

①法律行為は，制限行為能力または意思表示の瑕疵（錯誤，詐欺・強迫）を理由に取り消すことができる。

②成年被後見人のように，無効（意思無能力）と取消し（制限行為能力）の両者を主張できる場合には，証明しやすいほうを任意に選択して主張することができる（二重効の承認）。

③取消しの意思表示は，法律行為の直接の相手方にしなければならない。

④取消しがなされると，法律行為はそもそも行われなかったものとして扱われる。すなわち，当初から無効であったとされる（遡及的無効）。

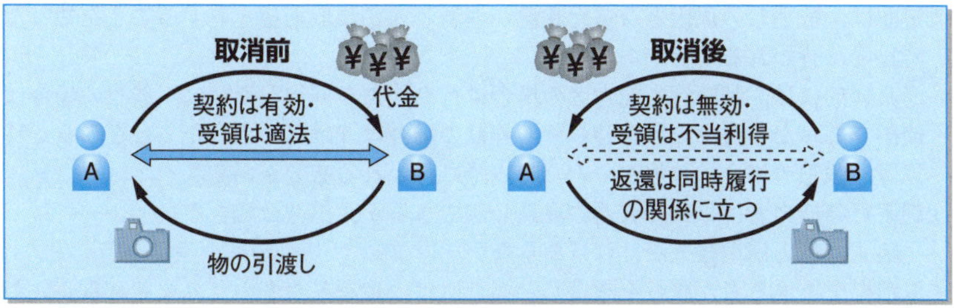

⑤契約の履行として受領していた物など，法律行為によって得た利益がある場合には返還しなければならない。返還の範囲は，次のとおり。

有償行為 （売買等）	現状回復…受け取ったものをすべて返還して原状回復しなければならない。現物返還が困難な場合には価額を償還
無償行為 （贈与等）	善意者（無効・取り消すことができる行為であることを知らなかった者）は現存利益，悪意者は全利益を返還
意思無能力者 制限行為能力者	現存利益

⑥浪費した場合には現存利益は存在しないが，生活費や借金の返済など必要な費用に充てた場合には現存利益ありと認定され，その分については返還義務が生じる（次図参照）。

<返還義務の範囲>

<table>
<tr><td rowspan="2"></td><td colspan="2">受け取ったすべての利益</td><td rowspan="2">利息</td></tr>
<tr><td>現存利益</td><td>浪費</td></tr>
<tr><td>善意者</td><td>錯誤，詐欺・強迫された者
制限行為能力者の善意の相手方</td><td></td><td></td></tr>
<tr><td rowspan="2">悪意者</td><td colspan="3">錯誤，詐欺・強迫を行った者</td></tr>
<tr><td>制限行為能力者</td><td colspan="2">← 縮減</td></tr>
</table>

⑦当事者双方に法律行為によって得た利益がある場合には，当事者は返還について双方の同時履行を主張できる（533条類推適用）。

(2) 追認（ついにん）

①取消権を有する者によって有効に追認がなされると，取消権が消滅する。追認は取消権の放棄である。

たとえば，新技術の開発に成功した旨の会社経営者の話を信じて融資契約を締結したが，その話は架空のものであったという場合でも，経営を立て直すために懸命の努力をしている姿を見て融資契約を追認した場合には，詐欺を理由とする契約の取消権は消滅する。

②追認は，取消しの原因となった状況が消滅し，かつ取消権を有することを知った時以降に行われる必要がある。

具体的には，制限行為能力者の場合は行為能力を回復した後に，錯誤の場合は錯誤であったことを知った時以降，詐欺の場合は詐欺にかかったことを知った時以降，強迫の場合は強迫がやんだ時以降に行われる必要がある。

③制限行為能力者は単独で有効に取消しができるが，追認はできない。

追認は能力回復後でなければならない。

④取消権を有する者が履行を請求した場合には，追認したものとみなされる。いわゆる法定追認である。

⑤法定追認も，取消しの原因となった状況が消滅した時以降に行われる必要がある。

実戦問題

No.1 ＊＊ **民法に規定する無効または取消しに関する記述として，通説に照らして，妥当なのはどれか。** 【地方上級（特別区）・平成18年度】

1 法律行為の内容の一部が無効とされる場合においては，その無効の効果は全体に及ぶため，法律行為の全部が常に無効となる。

2 無効な法律行為は，追認によってもその効力を生じることはないが，当事者がその法律行為が無効であることを知って追認をしたときは，新たな法律行為をしたものとみなされる。

3 行為能力の制限によって取り消すことができる法律行為について，制限行為能力者がこれを取り消す場合には，必ず法定代理人または保佐人の同意が必要である。

4 取り消すことができる法律行為について，相手方が確定している場合には，その法律行為の取消しは，相手方に対する書面による通知によって行わなければならない。

5 法律行為の取消しの効果は，将来に向かってのみ生ずるものであるから，取り消された法律行為が初めから無効であったとみなすことはできない。

No.2 ＊＊ **民法に規定する取消しに関する記述として，通説に照らして，妥当なのはどれか。** 【地方上級（特別区）・平成24年度】

1 取り消すことができる法律行為について，相手方が確定している場合には，当該法律行為の取消しは，必ず相手方に対する書面による通知によらなければならない。

2 取り消すことができる法律行為について，未成年者は，法定代理人の同意があれば当該法律行為を取り消すことはできるが，法定代理人の同意があっても追認することはできない。

3 取消しにより法律行為が遡及的に無効となり，不当利得による返還義務が生じた場合，制限行為能力者については，その行為によって現に利益を受けている限度において返還すれば足りる。

4 詐欺によって取り消すことができる法律行為を取り消した場合，その法律行為は遡及的に無効となり，取消し前の善意・無過失の第三者にも対抗することができる。

5 取り消すことができる法律行為について，取消しの原因となっていた状況が消滅する前に全部または一部の履行があったときは，法律関係の安定を図るため追認をしたものとみなされる。

**
No.3 **法律行為の無効または取消しに関するア～オの記述のうち，妥当なもののみをすべて挙げているのはどれか。ただし，争いのある場合は判例の見解による。**

【国家Ⅱ種・平成23年度】

ア：未成年者が親権者の同意を得ないでした売買契約が同意の不存在を理由に取り消された場合には，当該取消しは未成年者の利益を保護するためのものであるから，未成年者側からの取消しによる原状回復請求に対して，相手方は同時履行の抗弁を主張することができない。

イ：取り消すことができる行為が追認されると，当該行為は有効と確定する。しかし，追認によって有効と確定するまでは当該行為は無効なものとして取り扱われるから，民法は追認によって第三者の権利を害することはできないとしている。

ウ：無効な行為は，追認によっても，その効力を生じないが，当事者がその行為の無効であることを知って追認をしたときは，新たな行為をしたものとみなされる。

エ：取消しは表意者を保護するためのものであるから，取消権を行使しうる者は表意者本人およびその利害関係人に限定されている。制限行為能力者に対して同意権を有する者も取り消すことができるが，これは同意権者自らの取消権の行使ではなく，本人の取消権の代理行為である。

オ：嫡出でない子を嫡出子とする出生届がされた場合，嫡出子ではない以上，届出どおりの効力は生じないが，当該届出は認知届としての効力を有する。

1 ア，イ
2 ア，エ
3 イ，ウ
4 ウ，オ
5 エ，オ

＊＊
No.4　民法に規定する無効または取消しに関する記述として，通説に照らして，妥当なのはどれか。　【地方上級（特別区）・平成28年度】

1　無効な法律行為は，追認によっても，その効力を生じないため，当事者がその法律行為の無効であることを知って追認をしたときにおいても，新たな法律行為をしたものとみなすことが一切できない。

2　行為能力の制限によって取り消すことができる法律行為は，制限行為能力者の承継人が取り消すことができるが，この承継人には相続人は含まれるが，契約上の地位を承継した者は含まれない。

3　行為能力の制限によって取り消された法律行為は，初めから無効であったものとみなすので，取消しによる不当利得が生じても，制限行為能力者は現存利益の返還義務を負うことはない。

4　取り消すことができる法律行為の追認について，法定代理人が追認をする場合には，取消しの原因となっていた状況が消滅した後にしなければ，効力を生じない。

5　取り消すことができる法律行為について，取消しの原因となっていた状況が消滅した後に，取消権者が履行の請求をした場合には，異議をとどめたときを除き，追認をしたものとみなす。

＊＊

No.5 **取消しに関するア～オの記述のうち，妥当なもののみをすべて挙げているのはどれか。ただし，争いのあるものは判例の見解による。**

【国家総合職・平成30年度】

ア：未成年者Ａは，法定代理人Ｂの同意を得ずに，自ら所有する土地をＣに売却する契約を締結した。この場合において，Ａは，成年に達するまでの間は，自ら単独で当該売買契約を取り消すことができない。

イ：未成年者Ａは，法定代理人Ｂの同意を得ずに，Ｃとの間で消費貸借契約を締結し，金銭を受け取った。この場合において，その後，Ｂが当該契約を取り消したときは，Ａが取消前に当該金銭をすでに生活費として費消していたとしても，ＡはＣに対して当該金銭の返還義務を負う。

ウ：Ａは，Ｂの詐欺により，自ら所有する土地をＢに売却し，Ｂは当該土地をさらにＣに売却した。この場合において，詐欺に気づいたＡが当該土地を取り戻そうとするときは，Ｃに対して取消しの意思表示をする必要がある。

エ：未成年者Ａは，法定代理人Ｂの同意を得ずに，自ら所有する土地をＣに売却した。この場合において，Ａが成年に達した後に，異議をとどめることなくＣからその代金を受領したときは，Ａは当該売買行為を追認したものとみなされる。

オ：Ａは，Ｂの詐欺により，当該詐欺の事実を知っていたＣとの間で，ＢのＣに対する債務を保証する契約を締結した。この場合において，Ａが詐欺に気づいた後に，ＣがＡに対して１か月以上の期間を定めて，その期間内に当該保証契約を追認するかどうかを確答すべき旨の催告をしたときは，Ａは，期間内に確答を発しなければ，当該保証契約を追認したものとみなされる。

1 ア，ウ
2 ア，オ
3 イ，ウ
4 イ，エ
5 エ，オ

実戦問題の解説

No.1 の解説　無効，取消し

→問題はP.145

1 ×　一部無効の効果が全体に及ぶかどうかは，法律行為の内容次第で決まる。

たとえば，不動産業者Aが，整地して販売する目的でB所有土地の売買契約をBと締結したが，土地の一部に無効原因があったとする。その場合，残部でも十分に宅地として販売できるようなら，契約全部を無効とする必要はない。要は，**無効の部分が契約全体の価値を失わせるかどうかという，契約ごとの個別的判断**である。

2 ◎　無効な行為の追認があると，新たな行為がなされたものとみなされる。

妥当である。**無効な行為は，最初からなんらの効力も生じない**ものとして扱われるので，これをさかのぼって有効にすると，第三者に無用の混乱や損害が生じかねない。したがって，**無効な行為を追認で有効にすることはできない。**

ただ，「追認する」という行為の意図は，その法律行為を有効にしたいという意味であるから，法はその意思を尊重して，**追認の時点から新たな行為を行ったものとみなしている**（119条但書）。→No.4 選択肢1参照

3 ×　制限行為能力者は，保護機関の同意なしに有効に取り消すことができる。

取消しは，保護機関の同意のない未熟な判断に基づく行為を，「当初から行われなかったもの」にするだけである。したがって，制限行為能力者にとって不利になるものではない。そのため，**同意がなくても有効な取消しになる**とされている。

反対に，取消しにも同意が必要とすると，同意を得ていない場合には，その取消しをさらに取り消すことができることになり，法律関係をいたずらに複雑なものにして，無用な混乱を招いてしまう。

4 ×　取消しを，相手方に対する書面による通知によって行う必要はない。

民法上**書面の作成が必要**とされているのは，**抵当不動産の第三取得者による抵当権消滅請求手続**（383条）や，**保証契約**（446条2項），**遺言**（967条）など，一部のものに限られる。

契約などでしばしば書面が作成されるのは，意思の確認やその明確化，紛争防止あるいは裁判の証拠として使うためなどである。法的には，上記のような一部のもの以外は，書面性は要件とされていない。

※公務員試験では，たとえば「～では書面に記載することが必要である」など，書面性の問題がしばしば出題されている。ただ，対策としては下記の4つを覚えておけば十分であり，書面性に関する選択肢はこれで簡単に正誤判断ができる。

●民法上書面が要求されているもの
①協議を行う旨の合意による時効の完成猶予（151条）
②抵当不動産の第三取得者による抵当権消滅請求手続（383条）
③保証契約（446条2項）
④遺言（967条）

5 ×　取り消されると，最初から法律行為は無効なものとして扱われる。

取消しの効果は遡及し，当初からそのような法律行為は行われなかったという扱いがなされる（121条）。

No.2 の解説　法律行為の取消し

→問題はP.145

1 ×　取消しを，相手方に対する書面による通知によって行う必要はない。

書面で通知する必要はなく，口頭で行ってもよい。→No. 1 選択肢４

2 ×　未成年者は，法定代理人の同意なしに有効に取り消すことができる。

前半については，No. 1 選択肢３参照。

後半については，法定代理人の同意を得れば，未成年者の行為は完全に有効なものとなるので，同様に，法定代理人の同意を得て有効に追認することができる（通説）。

3 ◎　制限行為能力者の返還義務の範囲は「利益を受けている限度」に限られる。

妥当である（121条の２第３項後段）。

4 ×　詐欺の場合，取消前の善意の第三者には取消しの効果を対抗できない。

詐欺では，騙されたほうにもうかつだったという落ち度がある。そのため，取引の安全を考慮する観点から，取消前の善意・無過失の第三者には取消しの効果を対抗できないとされる（96条３項）。

5 ×　取消しの原因となっていた状況が続いている状態では法定追認はできない。

追認は，取消しの原因たる状況が止んだ後に行うのでなければ，有効にはならない（124条１項）。取消しの原因である状況が依然として残っている状態で追認（法律行為を有効にする意思表示）をしても，瑕疵（欠陥）が修復されたとはいえないからである。したがって**制限行為能力者**自身が追認をするためには**行為能力者となってから**，また**意思表示の瑕疵（錯誤，詐欺・強迫）**の場合は，**表意者が錯誤を知った後，ないしは詐欺の事実を知った後または強迫が止んだ後**に行うことが必要である。

ところで，取り消すことができる行為について，取消権を有する者が全部または一部を履行すると，追認したものとみなされて取消権は消滅する（125条１号）。たとえば未成年者が車を購入して，代金の一部を支払ったような場合がそれである。明確に追認しているわけではないが，**追認とみなされるような行為をしているため，追認と同様に扱う**わけである。これを**法定追認**という。

そして，この法定追認も，通常の追認の場合と同様に，それが「取消権者が追認できる状態になった後に生じたものであること」が必要とされる（125条柱書本文）。前述の例でいえば，未成年者が成年に達して完全な行為能力を有するに至った後に，代金の全部または一部を支払えば法定追認とみなされることになる。

No.3 の解説 法律行為の取消し

→問題はP.146

ア× 制限行為能力を理由とする取消しの場合も同時履行の抗弁権は行使できる。

制限行為能力者の保護としては，財産を取り戻す手段としての取消権を認めれば十分である。それによって，未熟な判断に基づく不利な契約等から，制限行為能力者の財産の回復を図ることができるからである。

仮に，それ以上の特典を与えてしまうと，かえって当事者の公平を害してしまうおそれがある。

本肢にいう原状回復の際の**同時履行の抗弁**とは，契約の履行として引き渡した物と支払った代金を，取消しの際にどちらか一方が先に戻すのではなく，**お互い同時に返還することを主張**できるというものである。このような主張を認めても，**制限行為能力者になんら不利になるわけではない**。そうであれば，公平の見地からこのような主張を認めるべきである（最判昭47・9・7）。

イ× 取り消すことができる行為は取り消されるまでは有効である。

取消しとは，いったん有効に成立した法律行為の効果を，その成立後に否定する行為である。ということは，その法律行為は取り消されるまでは有効ということになる。

ウ○ 無効な行為の追認があると，新たな行為がなされたものとみなされる。

妥当である（119条但書）。→No.１選択肢２

エ× 制限行為能力における同意権者には，その固有の権利として取消権がある。

制限行為能力における取消権者は，制限行為能力者本人，法定代理人，同意権者（保佐人・補助人）などである。すなわち**同意権者も固有の取消権**が認められている（120条１項）。

なぜかといえば，**これを認めないと同意権を付与した意味がなくなる**からである。たとえば，被保佐人が，保佐人の同意を要する行為について同意を得ずに契約をしてしまったような場合，保佐人に取消権を認めないと被保佐人の財産保護は図れない。**同意権と取消権は，いわば表裏一体の権利**なのである。

オ○ 嫡出でない子の嫡出子出生届には，認知の効力が認められる。

妥当である。嫡出でない子を嫡出子とする出生届がなされても，実質的な要件を満たしていないので嫡出子出生届としての効力は認められない。しかし，このような届出をしたということ自体，**自分の子であることは認めているのであるから，認知届としての効力は認めてよい**（最判昭53・２・24，認知届には様式が定められていないので，認知の意思が認められれば有効なものとして扱ってよい）。

以上から，妥当なのは**ウ**と**オ**であり，正答は**4**である。

No.4 の解説　無効または取消し

→問題はP.147

1 ×　無効行為の追認により新たな法律行為が成立したとみなされる場合がある。

一口に無効といってもさまざまな無効がある。**必修問題の解説の冒頭**で説明したように，無効も一律ではなく，関係者をどう保護するのが（あるいは保護しないのが）妥当かという観点からさまざまな態様がありうる。

この観点から，**麻薬取引契約などは，いくら後から追認しても無効**である。

では通謀虚偽表示ならどうか。たとえば，Ａが差し押さえ逃れのために不動産をＢに売ったことにした場合（仮装譲渡），AB間の譲渡は通謀虚偽表示で無効である（94条１項）。しかし，後に，Ｂから「適正な価格で買い取るから，その代価で債権者に弁済したらどうか」と提案がなされ，Ａが**無効行為である仮装譲渡を追認した場合には，その時点から新たな売買契約が成立したと認めてよい**。

2 ×　取消権が認められる承継人には，契約上の地位の承継人も含まれる。

「**契約上の地位**」とは，契約を締結することによって契約当事者に発生する**権利義務等の契約当事者としての包括的な地位**のことをいう。

たとえば，賃貸マンションの所有者ＡがＢに部屋を貸したとする。その場合，Ａには部屋を使用に適した状態にしておく義務や（漏水が発生した場合の修繕義務など，606条１項），家賃を請求できる権利，家賃の滞納が生じている場合に契約を解除する権利など，契約から生じる様々な権利義務が生じる。これらをまとめて契約上の地位という。

そしてこの**契約上の地位は，合意に基づいて第三者に移転することができる**（539条の２）。上例でいえば，Ａが賃貸マンションの所有権をＣに譲渡すると，賃貸人という契約上の地位もＣに移転する（605条の２）。そのため，Ａが未成年者で思慮が浅く，保護機関の同意なしに不利な条件でＢに部屋を貸したなどという場合には，賃貸人としての地位を承継したＣは，Ａから承継した「行為能力の制限を理由とする解除権」に基づいて賃貸契約を取り消すことができる。

3 ×　取消しで不当利得が生じれば，制限行為能力者は現存利益の返還義務を負う。

取消しとは，法律行為に欠陥がある場合に，それによって不利益を被る当事者を保護するために認められたものである。そして，不利益を是正するには，欠陥のある法律行為の効力を無効という形で否定すればそれで済む。

つまり，取消しによって法律行為の効力をなかったことにすれば，それで十分に保護が図られるのであるから，それ以上になんらかの利益を与える必要はない。したがって，不当利得が生じていれば，それを返還すべき（**制限行為能力者の場合は現存利益**）は当然である（121条の２）。

4 ×　取り消しうべき法律行為で，法定代理人はいつでも追認することができる。

取り消すことができる法律行為について，法が「追認は，取消しの原因となっていた状況が消滅し…た後にしなければ，その効力を生じない」としているのは（124条1項），たとえば，**未成年者が未成年のままでいくら追認を行っても，「十分な判断能力がないままでの法律行為」という欠陥は是正されない**からである。

一方，法定代理人には「十分な判断能力がない」という欠陥は当初から存在しない。そうであれば，**法定代理人はいつでも有効に追認することができる**（124条2項1号）。

5◎ 異議をとどめた場合には，法定追認とはならない。

取消しの原因となっていた状況が消滅した後に取消権者が行った履行の請求は，法定追認事由に該当する（125条2号）。ただし，**異議をとどめたときは，法定追認は生じない**（同条柱書但書）。

この但書の規定は，次のような事態に備えるためのものである。すなわち，未成年者Aが高額な学習教材の購入契約をCとの間で結ばされ，法定代理人である親権者Bに相談していたところ，突然Cが「代金を支払わなければ強制執行の申立てを行う」と通告してきた。そこで，強制執行を回避するためにいったん代金を支払い，その際に「これは追認ではない」ということを表示し，その後に未成年を理由に契約を取り消して，支払った代金を取り戻す，などという場合である。

No.5 の解説　法律行為の取消し

→問題はP.148

ア×　未成年者は，法定代理人の同意なしに単独で有効に取消しができる。

成年に達する前であっても取消しは可能であり（120条１項），法定代理人の同意を得なかったとしても，取り消すことのできる取消しとなるのではない。→No.１選択肢３

イ○　制限行為能力者の返還義務の範囲は「利益を受けている限度」に限られる。

妥当である。本肢の**消費貸借**とは，「借りたものを消費して，同じものを返す」という契約で（587条），お金の貸し借りはその典型例である。

本肢で，未成年者Ａは法定代理人Ｂの同意を得ずに，Ｃからお金を借りて実際に受け取っており，Ｂがこれを取り消した場合には，Ａに返還義務が生じる。ただ，**判断能力が十分でない制限行為能力者保護**の観点から，法は，**返還の範囲は現存利益でよい**としている（121条の２第３項）。たとえば，「お金が必要ならいつでも貸すよ。利息は法定利息の５％でいいから」などと誘われて，遊ぶ金欲しさに安易に借りてしまうような場合の制限行為能力者の保護を考慮して，このような制限を設けている。

そこで，返還の範囲であるが，**生活費はもともと本人が支出すべき金銭**であって，それを自分のサイフから出すか，借りたお金から払うかは別にして，いずれにせよ家計として支出が必要なものである。ということは，**制限行為能力者を保護して「無用な散逸を防止すべき財産」に含まれるものではない**。そうであれば，**生活費に費消した金銭は「現に利益を受けている」（現存利益）部分であるから，返還義務の対象とされる**（大判昭７・10・26）。

ウ×　取消しの意思表示は，直接の相手方に対して行うことを要する。

本肢は，「Ｃに対して何を取り消すのか」を考えれば，おのずと答えは出てくる。第三者Ｃとしては，ある時，見知らぬＡが突然現れて「取り消す」と言われても，何のことかわからず戸惑うであろう。**取消しとは，「自らの意思表示をなかったことにする」というもの**であるから，それを伝える相手はＣのような第三者ではなく，**意思表示の直接の相手方であるＢでなければならない**（123条）。

エ○　取消し可能になった後に異議をとどめず代金を受領すれば法定追認となる。

妥当である。本肢で，Ａは成年に達しているので，売買の有利・不利を判断できる状況になっている。その中で，異議をとどめることなく代金を受領すれば，それは**自らの売買を追認したものとみることができる**。Ａからの明確な追認はなくても，追認があったとみてよいことから，法は追認とみなすことにしている。これを**法定追認**という。

なお，異議をとどめることの意味については，No.４選択肢５参照。

オ × **詐欺については，取り消すかどうかの確答を求める催告権の制度はない。**

催告の制度は，本人が取消権を有している場合に，その行使の有無がはっきりしないときに，「どうするかはっきりさせてほしい」という催告を通じて権利関係を確定させ，それによって**「特段落ち度のない相手方」の救済**を図ろうとするものである（権利関係が明確になれば，相手もそれを前提に行動できる。つまり，どっちつかずという状態が一番困る）。

しかし，詐欺を行った者やその事実を知っている者にこのような保護を与える必要はない（また，相手方が善意・無過失なら最初から有効を主張できるので，この場合も催告による救済を図る必要はない）。

したがって，詐欺の場合は，契約の相手方Cに催告権は認められていない。

以上から，妥当なものは**イ**と**エ**であり，正答は**4**である。

正答 **No.1＝2　No.2＝3　No.3＝4　No.4＝5　No.5＝4**

条件，期限

必修問題

AがBとの間で，Bがある試験に合格したら，A所有の別荘を贈与する旨の贈与契約を結んだ。これに関する次の記述のうち，妥当なものはどれか。

【地方上級（全国型）・平成30年度】

1　Bが年齢制限により，受験資格がないことが判明した場合，贈与契約は無条件となり，Bは別荘の所有権を取得する。

2　Bが試験に合格した場合，Bは贈与契約締結時にさかのぼって，別荘の所有権を取得する。

3　Bが試験を受ける前に，Aが過失により別荘の一部を壊してしまった。Bが試験に合格した場合，BはAに対し損害賠償を請求できる。

4　Bが試験を受ける前に，AはCとの間で別荘の売買契約を締結した。Bは試験に合格していないので，当然Cが別荘の所有権を取得する。

5　Aが別荘の贈与をするのが惜しくなり，Bの受験を妨害してBを不合格にさせた場合，Bは試験に合格していないので，Bは別荘の所有権を取得できない。

難易度　＊

必修問題の解説

条件とは，法律行為の効力の発生または消滅を将来の不確定な事実の成否にかからせる付款（＝法律行為に付加する制限）のことをいう。つまりなんらかの条件を付けて，その事実が発生すれば，その時点から法律行為の効力が生じたり，あるいは停止したりする。そんな効果を有するのが条件である。

そして，このうち，効力発生についての付款を停止条件，効力消滅についての付款を解除条件と呼ぶ。

なお，期限は「将来到来することが確実なもの」であり，この「確実」という点で将来の「不確定」な事実の成否にかからせる条件と異なる。期限の例としては，「支払日は来月末とする」などがある。

1×　条件が最初から達成不可能な場合，その法律行為は無効となる。

ＡＢ間で結ばれた贈与契約は，「Bがある試験に合格したら贈与する」というものである。このように，条件が成就するか否か未定の間は契約の効力がストップした状態にあるものを**停止条件付法律行為**という。

ただ，本問の場合は，Bには受験資格がなく，そもそも試験に合格する可能性が当初から存在していなかったというのである。つまり，この契約は，

最初から「効果が生じない」に確定していることになる。このような条件を**不能の停止条件**という。そして，こんな条件が付された場合，契約を結ぶ意味はないので，**不能の停止条件を付した契約は無効**とされる（133条１項）。

2 ×　停止条件付法律行為は，停止条件が成就した時からその効力を生ずる。

ＡＢ間の契約は，「試験に合格したら贈与する」というのであるから，合格するまでは贈与の効力は生じないことになる。この**契約の効力が生じるのは，条件が成就したとき**，つまり合格の時点である（127条１項）。

3 ◎　条件が成就した時に受けられる利益を侵害した者は，その責任を負う。

妥当である。Ｂは，試験に合格すればＡの別荘の所有権を取得できる。そのような期待は法的保護に値するものであり，これを**期待権**という。

一方，Ａはそんな契約を結んだ以上，いずれＢのものになるかもしれない別荘を誠実に管理すべきで，**条件が成就した場合にその法律行為から生じるはずの相手方の利益を害することができない**（128条）。これを故意・過失によって侵害した場合には，損害賠償の責任を負う（709条）。

4 ×　条件成就未定の間に第三者に譲渡した後，条件が成就すれば二重譲渡になる。

ＡはＢの期待権を侵害しないように別荘を管理すべきであるが，それにもかかわらず別荘を第三者Ｃに譲渡している。この行為は，「約束を破った」ことになるが，それはあくまで約束（債権契約）にすぎないので，Ａ→Ｃの譲渡が無効になるわけではない。

その後に条件が成就すると，Ｂも別荘の所有権を取得できるので，いわばＡからＢとＣに別荘が二重に譲渡されたのと同じ関係になる。この場合の**優劣について，法は登記（所有権移転登記）をどちらが先に備えたかで判断する**としている（177条）。つまり，当然にＣが別荘の所有権を取得するわけではなく，先に登記を備えたほうが勝ちとなる。仮に，Ｃが先に登記したとすると，Ｂは契約不履行でＡに損害賠償を請求する以外にはない（415条）。

5 ×　条件成就で不利益を受ける者が故意に成就を妨げれば成就とみなしうる。

贈与を約束したＡが，自ら条件成就を妨害しておいて，「条件が成就しなかったので贈与はナシだ」と主張するのはいかにも不当である。そこで，法は，「条件が成就することによって不利益を受ける当事者が**故意にその条件の成就を妨げたときは，相手方は，その条件が成就したものとみなすことができる**」としている（130条１項）。つまり，Ｂは別荘の所有権を取得できる。

正答 3

FOCUS

出題数は少ないが，類似の概念が多く，知識の混乱を来たしやすい厄介な部分である。このような部分では，丸暗記によらず，制度趣旨などとリンクさせて，知識の確実さを高めることが重要である。

▶▶▶ POINT

重要ポイント 1 条件

(1) 条件

①法律行為の発生や消滅を将来の不確実な事実にかからせる意思表示を，条件という。

②条件の成就によって契約の効力が生じるものを**停止条件**といい，その反対に効力が消滅するものを**解除条件**という。

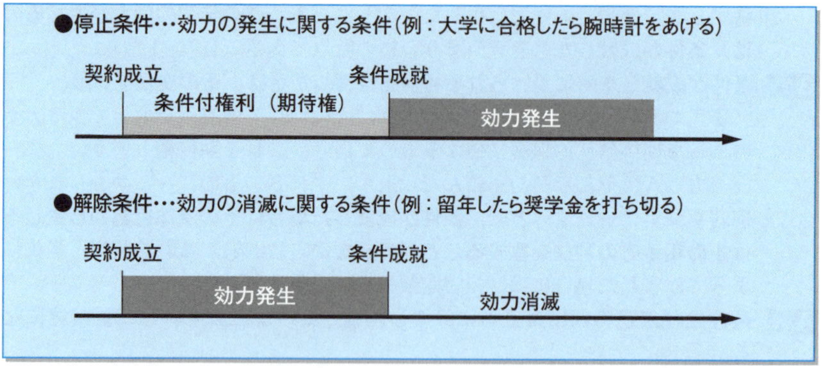

③身分行為に条件を付けることは，身分秩序を不安定にするので許されない（例：２年以内に跡継ぎの男児が生まれなければ婚姻を解消するなど）。

④相殺（そうさい）・解除・追認（ついにん）などの単独行為に条件を付けることは，相手方の法的地位を不安定にするので原則として許されない。銀行が企業に融資をするに際して，「金融政策が金融引締めに転じた場合には，銀行は直ちに融資契約を解除できる」などの条件が付される場合がその例である。

⑤停止条件が成就すれば，その時点から法律行為の効力が生じ，解除条件が成就すれば，その時点から法律行為の効力が消滅する。すなわち，条件成就の効果は原則として法律行為が行われた時点にさかのぼらない。

　ただし，当事者が条件成就の効果をさかのぼらせる意思を表示したときは，その意思に従う。

⑥条件は，将来発生するかどうかが不確実なものでなければならない。人の死は，その時期は不確定であるものの，将来発生することが確実であるから，条件ではなく期限（不確定期限）である。

(2) 条件付権利の保護

①条件が付けられた権利において，条件成就によって利益を受ける者は，それまでの間，期待権を有する。これは法的な権利であるから相続の対象となり，また期待権の侵害は不法行為を構成して損害賠償請求権を発生させる。

②期待権の侵害を理由とする損害賠償請求ができるようになるのは，条件が成就した後である。

③条件の成就によって不利益を受ける当事者が故意に条件の成就を妨げたときは，相手方は条件が成就したものとみなすことができる。

④条件の成就により利益を受ける者が故意に条件を成就させた場合には，相手方は条件不成就とみなすことができる。

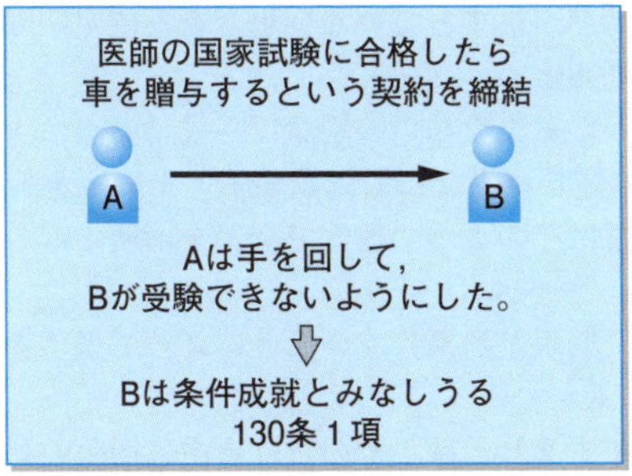

医師の国家試験に合格したら
車を贈与するという契約を締結
A
B
Aは手を回して，
Bが受験できないようにした。
Bは条件成就とみなしうる
130条１項

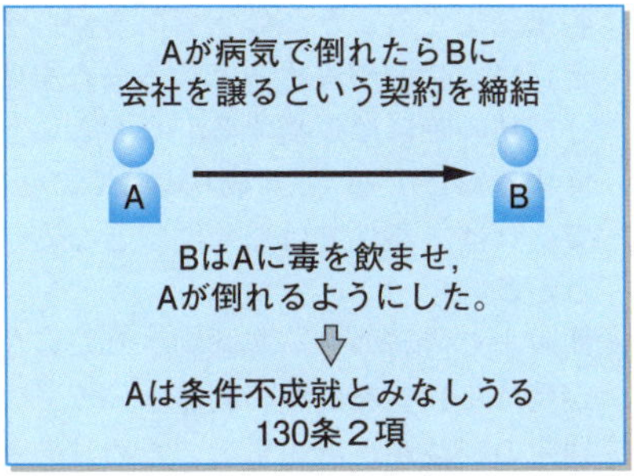

Aが病気で倒れたらBに
会社を譲るという契約を締結
A
B
BはAに毒を飲ませ，
Aが倒れるようにした。
Aは条件不成就とみなしうる
130条２項

⑤条件付きの権利義務は，条件成就未定の間であっても財産権として法的な保護を受けるので，通常の財産権と同様に，一般の規定に従い（＝条件成就により取得する権利と同一の方法で），処分・相続・保存またはそのために担保を供することができる。

（3）特殊な条件

①不法の条件を付けたり不法行為を行わないことを条件とした場合，その法律行為は無効となる。

②債務者の意思だけにかかる条件を**純粋随意条件**という。これが停止条件であるときは，法律行為は無効となる。

③「買主が品質良好と認めたときは代金を支払う」という条件は，「品質良好」という客観的な基準があるので純粋随意条件ではない。

④法律行為の当時，条件の成否がすでに確定している場合を既成条件という。法は既成条件について，次のように定めている（なお，条件は将来発生するかどうかが不確実なものでなければならないので，既成条件は真正の条件ではないとするのが通説である）。

条件がすでに成就	•停止条件…法律行為は無条件となる ∵条件成就により最初から法律行為は有効に確定 •解除条件…法律行為は無効となる ∵条件成就により最初から法律行為の効力不発生
条件不成就が確定	•停止条件…法律行為は無効となる ∵条件成就により最初から法律行為の効力不発生が確定 •解除条件…法律行為は無条件となる ∵条件成就により最初から法律行為は確定的に有効

重要ポイント2 期限

①法律行為の発生や消滅を，将来の確実な事実にかからせる意思表示を期限という。
②将来発生することが確実であるが，その時期が決まっていない場合を不確定期限といい，時期が決まっている場合を確定期限という。
③「成功の暁には返済する」などというわゆる出世払いの約款は，成功の際に返済するだけでなく，「成功しないことが確定した場合にも返済する」という趣旨であれば，条件ではなく期限となる（通常はそのような趣旨で契約を締結することが多い）。
④期限まで債務の弁済を強制されないなど，期限が到来しないことによって当事者が受ける利益を期限の利益という。
⑤期限の利益が一方当事者のためにのみ存在するときは，その者は自由に期限の利益を放棄できる。これに対して，当事者双方のために存在するときは，相手方の損害を賠償してこれを放棄できる。
⑥期限の利益は，債務者が破産手続開始の決定を受けたときや，債務者が担保を滅失・損傷・減少させたとき，また，債務者が担保を供する義務を負う場合においてこれを供しないときのように，債務者に信用を失わせる事由が生じたときには失われる。この場合には，直ちに期限が到来する。
　なお，期限の利益喪失事由には差押えが含まれない点に注意。
⑦差押えがあった場合には期限の利益を喪失する旨の特約を当事者が締結した場合，その特約は有効である。

重要ポイント3 期間

①ある時点から別のある時点まで継続した時の区分を期間という。
②日，週，月または年によって期間を定めたときは，期間の初日は，算入しない。その日は，もう24時間はないので，期間いっぱい利益を得られるという期待に反するからである。
　たとえば，ある月の初日（１日）に「100万円を10日間借り受ける」として契約した場合には，返済日はその月の11日である。
　同様の理由で，午前零時に期間が始まる場合には初日を算入する。
③年齢計算の場合には，初日を算入する（②の初日不算入は年齢計算には適用がない）。この場合には，生まれたその日を生きて過ごした事実は否定できないからである。
④期間の末日が，祝日，日曜日その他の休日に当たり，かつ，その日に取引しない習慣がある場合には，その翌日をもって期間が満了する。この場合も，期間いっぱいは利益を得られるはずという期待を保護するためである。
⑤平年の１月30日から１か月という場合には，２月28日が期間の末日となり，うるう年の１月30日から１か月という場合には，２月29日が期間の末日となる。

実戦問題

No.1 * **条件に関するア～オの記述のうち，妥当なもののみをすべて挙げているのはどれか。ただし，争いのあるものは判例の見解による。**

【国家一般職・平成28年度】

ア：停止条件付法律行為は，停止条件が成就した時からその効力を停止する。

イ：条件の成否が未定である間における当事者の権利義務は，相続することができない。

ウ：条件の成就によって利益を受ける当事者が故意に条件を成就させたときは，相手方は，その条件が成就していないものとみなすことができる。

エ：不法な条件を付した法律行為は無効であるが，不法な行為をしないことを条件とする法律行為は有効である。

オ：停止条件付法律行為は，その条件が単に債務者の意思のみに係るときは無効である。

1 ア，エ　**2** イ，ウ　**3** イ，エ　**4** ウ，オ　**5** エ，オ

No.2 * **民法に規定する条件に関する記述として，妥当なのはどれか。**

【地方上級（特別区）・平成21年度】

1 解除条件付法律行為は，条件が成就した時からその効力を生ずるが，当事者が条件が成就した場合の効果をその成就した時以前にさかのぼらせる意思を表示したときは，その意思に従う。

2 条件付法律行為の各当事者は，条件の成否が未定である間は，条件が成就した場合にその法律行為から生ずべき相手方の利益を害することができない。

3 条件の成否が未定である間における当事者の権利義務は，一般の規定に従い，相続し，保存し，またはそのために担保を供することができるが，処分することはできない。

4 条件が法律行為の時に既に成就していた場合において，その条件が停止条件であるときはその法律行為は無効とし，その条件が解除条件であるときはその法律行為は取り消すことができる。

5 停止条件付法律行為は，その条件が単に債務者の意思のみに係るときであっても，有効である。

*
No.3 **民法に規定する条件または期限に関する記述として，妥当なのはどれか。**

【地方上級（特別区）・平成25年度】

1 条件の成否が未定である間における当事者の権利義務は，この条件の成就によって取得される権利義務に関する規定に従って，保存し，相続し，またはそのために担保を供することができるが，処分することはできない。

2 条件が成就しないことが法律行為の時にすでに確定していた場合において，その条件が停止条件であるときはその法律行為は無効となり，その条件が解除条件であるときはその法律行為は無条件となる。

3 不能の停止条件を付した法律行為は無効であり，不能の解除条件を付した法律行為も同様に無効である。

4 民法は，期限は債務者の利益のために定めたものと推定しているので，期限の利益は債務者のみが有し，債権者が有することはない。

5 民法は，期限の利益喪失事由を掲げており，列挙された事由のほかに，当事者が期限の利益を失うべき事由を特約することはできない。

No.4 * **民法に規定する条件または期限に関する記述として，妥当なのはどれか。**

【地方上級（特別区）・平成29年度】

1 条件が成就することによって不利益を受ける当事者が，故意にその条件の成就を妨げたときであっても，相手方は，その条件が成就したものとみなすことができない。

2 解除条件付法律行為は，条件が成就した時からその効力を生ずるが，当事者が，条件が成就した場合の効果をその成就した時以前にさかのぼらせる意思を表示したときは，その意思に従う。

3 条件が成就しないことが法律行為の時にすでに確定していた場合において，その条件が停止条件であるときはその法律行為は無条件とし，その条件が解除条件であるときはその法律行為は無効とする。

4 法律行為に始期を付したときは，その法律行為の履行は，期限が到来するまで，これを請求することができず，法律行為に終期を付したときは，その法律行為の効力は，期限が到来した時に消滅する。

5 期限は，債務者の利益のために定めたものと推定されるので，債務者が担保を供する義務を負う場合において，これを供しないときであっても，債務者は期限の利益を主張することができる。

実戦問題の解説

No.1 の解説　条件と期限

→問題はP.161

ア×　停止条件付法律行為は，停止条件が成就した時からその効力を生じる。

まず，停止条件と解除条件は次のようになっている。

> **●停止条件と解除条件**
> ①停止条件…条件の成就時から契約の効力を生ずるもの。
> 　→条件が成就するまでは契約の効果は停止している。
> ②解除条件…条件の成就によって契約の効力が消滅するもの。
> 　→「留年すれば奨学金を打ち切る」などがその例

すなわち，**停止条件**とは，**法律行為の効力の発生を，その条件が成就するまで停止させる付款**である。

本肢では，「停止条件が成就した時からその効力を停止する」となっていて，一体どっちなのかと混乱しやすいが，次のように考えればよい。

本肢のように条件が成就すれば効力を停止するとすれば，「じゃあ，停止したらどうなるんだ。停止したままなのか？」「そんな中途半端なままで放置したら法律関係は不安定になる，ならばこれは間違いだ！」

これでだいたい覚えられる。

なお，**解除条件**は，**「条件が成就すれば解除されてしまう」と覚えればよい**。解除条件の場合は，条件成就のときから将来的に契約が失効する点で，さかのぼって失効する通常の解除とまったく同じではないが，このように考えておけば覚えやすい。

イ×　条件の成否が未定である間の当事者の権利義務は，相続の対象となる。

たとえば，「大学に合格したら入学金相当額を贈与する」という契約が締結されたとする。その場合，この契約は当事者を法的に拘束する効力を有する。あとは，合格という条件が成就するのを待って履行されるだけである。

このような「条件が成就すれば利益が得られるという期待」を**期待権**といい，**法的な保護に値する権利**とされている。したがって，その権利義務は**相続の対象となる**（129条）。

ウ○　故意に条件を成就させた場合，相手方は条件不成就とみなすことができる。

条件成就で利益を得られる者が**不正の手段で条件を成就させた**場合（例：合格したら別荘をもらえる者が不正の手段で裏口入学したなど），**相手方は条件不成就とみなすことができる**（130条２項）。

エ×　不法な行為をしないことを条件とする法律行為は無効である。

不法な内容の条件（例：来月にうまく麻薬が入手できれば渡す）**を付けた法律行為**に法的な効力を認めると，相手が履行しなければ裁判所に訴えて強制執行ができることになる（麻薬を引き渡すという強制執行）。それは，国家が不法な行為を助けることになるので，そのような行為には法的な効力は認められない。つまり**無効**である。

また，不法行為をしないことを条件とする法律行為（例：会社法違反行為をしないことを条件に総会屋に金銭を贈与する）を認めると，**不法行為をしないという当然のことで相手に利益を与え，結果として不当な利益の追求を許すことになってしまう**。そのため，いずれも**無効**とされている。

オ○ 停止条件が債務者の意思のみに係るときは，法律行為は無効である。

「気が向いたら払う」など，**条件成就が債務者の意思のみにかかる停止条件を純粋随意条件という**。このような条件が付けられた法律行為には，当事者に法的な拘束力を生じさせようとする意思が認められないので無効とされる（134条）。

以上から，妥当なものは**ウ**と**オ**であり，正答は**4**である。

No.2 の解説　条件と期限

→問題はP.161

1× 解除条件付法律行為は，条件が成就した時からその効力が失われる。

条件が成就した時から効力を生ずる（つまり，**それまでは法律行為の効力が停止している**）のは，解除条件ではなく**停止条件**である。

解除条件は，「条件が成就すれば解除したのと同じことになる」と覚えておけばよい。

なお，後半は正しい（127条3項）。たとえば，「大学に入学した時点から奨学金の支給を始める」という契約で，当事者が「大学に合格すれば，予備校に通い始めた時にさかのぼって奨学金を支給する」とすることはなんら差支えない。

2◎ 期待権は法的保護に値する権利であり，これを害することは許されない。

妥当である（128条）。本肢の「条件が成就した場合にその法律行為から生ずべき相手方の利益」を**期待権**といい，法的保護の対象とされている。たとえば，奨学金を与えるという契約に「留年したら奨学金を打ち切る」という解除条件が付されている場合，奨学金を打ち切りたいために，策を講じて留年させるようなことをしてはならないということである。

3× 条件付権利は，相続，保存，担保に供するだけでなく，処分もできる。

一口に条件付権利の処分といってもわかりにくいであろうから，次の例で考えてみよう。

●条件付権利（期待権）の処分の事例

農地はこれを勝手に宅地に転用することはできず，そのためには都道府県知事の許可が必要とされている（農地法５条）。マンション業者Bは，かねてから，市街地に一区画だけ残っていた農地（甲土地）について，所有者Aに売却を要請していた。Aは高齢になり，耕作をやめてから売却を決意し，知事に農地の宅地転用の許可を申請して，Bとの間で知事の許可があることを停止条件とする甲土地の売買契約を締結した。

上例の場合，「知事の許可はほぼ確実」ということになると，買主Bは銀行から融資を受けやすくなる。その場合，銀行は融資の条件として抵当権の設定を求めるのが一般である（**条件付抵当権設定仮登記**，条件付権利を「担保に供する」の例）。また，Bは自分で開発せず，他の開発業者Cに買主の地位を譲渡することもできる（**条件付権利の処分**）。

つまり，**条件付権利**は，本肢にあるように，**保存**（財産の現状を維持することをいう。消滅時効の中断措置などがその例），**相続，担保に供する，処分のいずれも可能**である。

なお，これらのことは，**法的にそれが可能であることを前提とする**。たとえば，奨学金を受ける権利は特定の個人を対象としているはずであるから，譲渡（処分）は認められない。しかし，支給義務者に対して，支給継続を確実なものにするために，奨学金を受ける権利を被担保債権として，その財産に担保権を設定することは可能である。

4 × **停止条件ならば無条件とされ，解除条件ならば無効とされる。**

法律行為時にすでに成就している条件を既成条件という。この場合は，「条件が成就した」ということを，停止条件と解除条件のそれぞれの場合で実際に当てはめてみればよい。以下のようになる（131条1項）。

・**停止条件**→条件の成就時から契約が効力を生じる。しかし，すでに条件は成就している。つまり，契約は当初から効力を生じている。→無条件

・**解除条件**→条件が成就すれば契約は失効する。しかし，すでに条件は成就している。つまり，契約は当初から失効している。→無効

5 × **停止条件が債務者の意思のみに係るときは，法律行為は無効である。**

→No. 1 オ

No.3 の解説　条件と期限

→問題はP.162

1 ×　条件付権利は，相続，保存，担保に供するだけでなく，処分もできる。

→No. 2 選択肢 3

2 ◎　条件不成就が確定の場合，停止条件なら無効，解除条件なら無条件となる。

妥当である（131条2項）。もう一度，停止条件と解除条件を確認しておこう。

> **●停止条件と解除条件**
> ①停止条件…条件の成就時から契約の効力を生ずるもの。
> 　→条件が成就するまでは契約の効果は停止している。
> ②解除条件…条件の成就によって契約の効力が消滅するもの。
> 　→「留年すれば奨学金を打ち切る」などがその例

そして，上表に照らして考えてみると，本肢は次のようになる。

・**停止条件**→条件の成就時から契約が効力を生じる。しかし，本肢では条件は成就しない。つまり，契約は永久に効力を生じない。→無効

・**解除条件**→条件が成就すれば契約は失効する。しかし，本肢では条件は成就しない。つまり，契約は永久に失効しない。→無条件

3 ×　不能の解除条件を付した法律行為は無条件とされる（133条2項）。

前半は正しいが（133条1項），後半が誤り（同条2項）。**2**と同様に考えてみよう。

・**停止条件**→条件の成就時から契約が効力を生じる。しかし，本肢では条件成就は将来的に不能である。つまり，契約は永久に効力を生じない。→無効

・**解除条件**→条件が成就すれば契約は失効する。しかし，本肢では条件成就は将来的に不能である。つまり，契約は永久に失効しない。→無条件

4 ×　期限の利益は，債務者だけでなく，債権者もこれを有する場合がある。

期限の利益とは，法律行為に付された期限がいまだ到来しないことによって当事者が受ける利益をいう。たとえば製造業者Aが銀行から融資を受けて原料を購入し，それを製品化して得られた代金で融資金を返却するという場合，返却期限が定められているとAは安心して製造計画を立てられる。なぜなら，期限までは融資された金銭の取り立てを受けることはないからである。このような利益が期限の利益である。

この期限の利益は，一般には債務者だけが利益を受ける場合が多いので，民法は，期限は債務者の利益のために存在するものと推定した（136条1項）。しかし，**当事者のいずれが期限の利益を有するかは場合によって異なる**。上例でいえば，銀行にも**期限一杯貸し付けることで期限までの利息を得られるという利益**がある。これは，**債権者側の期限の利益の例**である。

5 ×　当事者が期限の利益を失うべき事由を特約することもできる。

判例は，「他の債権者から差押えを受けた場合」など，債務者の信用を悪化させる事由が生じた場合に期限の利益を喪失する旨の特約は，「契約自由の原則上有効であることは論をまたない」とする（最判昭45・6・24）。これは，**債権の回収に不安要素が生じた場合に，すぐに支払ってもらうことを法的に可能にするためのもの**であるが，債権者としてこのような対策を講じることは至極当然であるから，**無効にしなければならないような性質のものではない**。

No.4 の解説　条件と期限

→問題はP.163

1 ×　故意に条件の成就を妨げた場合，相手方は条件成就とみなすことができる。

故意に条件を成就させなかった者を保護する必要はないからである（130条1項）。→必修問題選択肢5

2 ×　解除条件付法律行為は，解除条件が成就した時からその効力を失う。

「留年すれば奨学金を打ち切る」という解除条件付きの法律行為で留年したような場合がその例である。

条件が成就した時からその効力を生ずるのは停止条件付法律行為である。

なお，条件は成就した時からその効力を生ずるのが原則であるが（127条1項・2項），**意思表示で，契約の効力を条件成就時以前にさかのぼらせることもできる**（127条3項）。停止条件の例としては，譲渡の効力を契約締結時にさかのぼらせ，契約締結から条件成就時までに発生した固定資産税を受贈者が支払うことにするなどである。また，解除条件の例としては，留年した場合の奨学金の打ち切り時期を，留年が確定した時点ではなく，「留年した年度の年度当初にさかのぼらせる」などである。

3 ×　条件不成就が確定の場合，停止条件なら無効，解除条件なら無条件となる。

本肢は両者が逆である（131条2項）。→No.3選択肢2

4 ◎　始期を付したら期限到来まで請求できず，終期では期限到来時に消滅する。

妥当である。**始期**とは，債務の履行や法律行為の効力発生を，将来到来することが確実な事実にかからせることをいう。その典型は債権の履行期で，期限が付された場合，債権者は履行期限までは請求することができない（135条1項）。なお，始期には，他に，たとえば賃貸借契約で「来月15日から入居できます」などと，期限まで効力が停止しているものもある（**停止期限**）。

一方，**終期**とは，始期とは逆に効力の消滅を将来到来することが確実な事実にかからせることをいう。「来月末までは使えます」などという場合がそれである（135条2項）。

5 ×　担保提供義務を負う債務者が担保を提供しなければ，期限の利益を失う。

期限までに当事者が受ける利益を**期限の利益**という。たとえば，期間1年の契約でお金を借りている場合に1年間は返済を催促されないという利益がそれである。この例のように，期限は，一般に債務者の利益になることから，**債務者の利益のために定めたものと推定**されている（136条1項，なお，お金を貸している場合，期限までの利息を払ってもらえるという意味で，債権者にも期限の利益はある）。

ただし，この期限の利益は，期間途中でも信用を失わせる事由が生じたときは失われる。

民法が定めるその事由は，①**債務者が破産手続開始の決定を受けた**こと，②債務者が**担保を滅失・損傷・減少させた**こと，③債務者が**担保を供する義務がある場合においてこれを供しなかった**ことである（137条）。

本肢の場合は，③に当たるので，債務者は期限の利益を主張できない。

正答 No.1=**4**　No.2=**2**　No.3=**2**　No.4=**4**

時 効

必修問題

時効に関するア～オの記述のうち，妥当なもののみをすべて挙げているのはどれか。ただし，争いのあるものは判例の見解による。

【国税専門官／財務専門官／労働基準監督官・平成30年度改題】

ア：**取得時効**が成立するためには，時効期間中，目的物の占有が継続していることが必要であるが，他人に占有を奪われた場合には，**占有回収の訴え**を提起し，それに勝訴して現実に占有を回復すれば，占有を失っていた期間も占有が継続していたものとみなされる。

イ：金銭債権を担保するために，第三者所有の不動産に**抵当権**が設定された場合において，その抵当権に基づいて実行された担保不動産の**競売手続きが終了**したときは，当該金銭債権の消滅時効は更新される。

ウ：**確定判決**によって確定した**弁済期の到来していない債権**の時効期間は，10年より短い時効期間の定めがあるものであっても，10年となる。

エ：債務者から提起された債務不存在確認訴訟に対する債権者の訴え棄却を求める**応訴**は，訴えの提起そのものではないため，たとえ勝訴したとしても，当該応訴は裁判上の請求には該当せず，当該債権の消滅時効は更新されない。

オ：民法は，所有権の取得時効の対象物を他人の物としており，これは自己の物について取得時効の援用を許さない趣旨であるから，所有権に基づいて不動産を占有する者が当該不動産につき取得時効を援用することはできない。

1 ア，イ　**2** ア，ウ　**3** イ，エ　**4** ウ，オ　**5** エ，オ

難易度 ＊＊

必修問題の解説

時効とは，ある事実状態が一定期間継続した場合に，それが真実の権利関係と一致していなくても，法的に正当な権利関係として承認しようとする制度である。

たとえば債権の不行使状態が一定期間継続すれば，債権が行使されない状態を法的な関係として認めて，債権の消滅の主張が認められたり（消滅時効），他人の土地を一定期間所有の意思で継続して占有して，その土地の所有権が占有者に移るという主張が認められる（取得時効），などである。

なぜこんなことを認めるかというと，権利を「長期間不行使」という中途半端な状態で放置したくないからである。経済社会において，財産は常に取引の対象とな

るので，取引の安全を確保するには，権利関係が外部から常に安定した状態で明確になっていることが望ましい。権利の不行使というどっちつかずの状態が長く続くことは，この点から決して好ましいことではない。また，他人の土地を10年や20年といった長期間にわたって占有していると，周囲はその状態こそが真実の権利関係であると誤信してしまう。そんな不確実な権利関係を放置しておくことは，取引社会に誤解を与えるだけなので，できるだけそれを避けようというわけである。

ただ，この時効の制度は，それによって利益を得る者が「時効の利益を享受する」という意思を表示して（援用）はじめて権利の得喪という効果が生じるとされる。つまり，単に権利の不行使状態が続いただけで権利の得喪が生じるわけではなく，時効の利益を受ける者の意思の尊重という，主観と客観が交差するやや複雑な構造になっている。

そこで，実際に問題を解きながら，法がどのように利益調整を図っているかを考えてみよう。

ア○ 占有回収の訴えで勝訴して占有を回復すれば，占有継続とみなされる。

妥当である。**時効**とは，継続する事実状態を「多分それが真の権利関係だろう」と信頼して，たとえそれが真実と違っていても，**一定期間継続すればそれを法的な権利関係として認めようというもの**である。

そして，取得時効において「占有を奪われた者が訴訟で占有を取り戻した」というのであれば，「そこまでする以上は，占有者＝所有者で間違いなかろう」と見うるはずである。そのため，**訴訟で取り戻すまでの期間は所有者であるとの信頼が継続している**とみられるので，占有の継続を認めて差し支えない。

イ○ 抵当権の実行手続きが終了した時点から，時効は新たに進行を開始する。

妥当である。本肢の前半は，身近な例でいえば，「銀行が住宅ローンの融資をして，担保として購入した住宅に抵当権を設定した」ということである。そして後半は，住宅ローンの支払いが滞ったので，銀行が抵当権を実行して住宅を競売にかけ，その手続きが終了すれば，「たとえローン債権が時効にかかりそうでも，その時効はリセットされる」という意味である（148条１項２号，同２項）。ここで**時効の更新**とは，**それまでの時効期間がいったん無に帰してリセットされ，そこから再度の時効期間がスタートする**という意味である。

本肢は**ア**の逆を考えればよい。

債権が行使されない状態が一定期間続くと，それは「債権を行使しない→債権は存在しない」と判断されてしまう。そこで，それをくつがえすために「債権を行使する意思がある」ことを実際に証明して，債権が存在することを明らかにするわけである。それが本肢では，担保権の実行ということである。

ウ× 最初に定められた時効期間は，確定判決を経ても最初の定めどおりである。

債権では，その種類ごとに時効期間が定められていることがある。ただ，債権によって時効期間が異なると，それを管理する方は大変である。そこで，

時効制度をできるだけわかりやすいものにするために，**いったん裁判で確定した権利については，法は時効期間を一律に10年としている**（169条１項）。

ただ，これは，「**最初に定められた時効期間の次に来る時効期間は，わかりやすいように統一基準でやる**」ということであって，最初に定められた時効期間をむやみに変更しようということではない。最初に定められた時効期間については，それなりの理由があって期間が定められているのであるから，当該期間中に**確定判決があっても，最初の期間中はその時効期間が適用される**（同２項）。

エ× **応訴して権利主張し勝訴すれば，裁判上の請求として時効の更新が生ずる。**

本肢は表現が難しいが，次のような意味である。

債権者Ａが債務者Ｂに支払いを請求したところ，Ｂが「そんな債務は存在しない」として，その確認を求めて裁判所に訴えを提起した。そして，民事訴訟の特質として，Ａが「受けて立とう」として応訴しなければ（いわば欠席裁判），裁判所は債務があるかないかを調べないまま，Ｂの言い分がそのまま通ってしまう。つまり，債務は不存在という判決がなされる。これは真実の徹底追及をモットーとする刑事裁判にはない民事訴訟の大きな特徴である。

ただ，「そんな判決が出されてはたまらない」として債権者Ａが**応訴**して裁判で争い，債権の存在を証明してＡ側の**勝訴判決**がなされたとする。その場合には，それまで進行していた時効期間はリセットされ，**当該債権の消滅時効は更新される**ということである（大判昭14・３・22）。

ただ，そこで問題となるのは，法は「裁判上の請求」（裁判所に訴えて請求すること）を時効の更新事由（それまでの時効期間のリセット事由）としているので（147条１項１号），応訴して勝訴することがこれに該当するかである。

これは感覚的にわかりやすいであろう。自ら訴えるかどうかが問題ではなく，「債権の存在を裁判所が認めた」ということが重要である。つまり，債権は存在するとの信頼が継続しているので，債権者側の勝訴に時効の更新を認めて差し支えない。

オ× **自己所有物の所有権を，時効取得の方法で証明しても構わない。**

民法が所有権の取得時効の対象物を他人の物としているのは，一般に自己の物について取得時効を主張することは意味がないというだけであって，主張自体を禁止しているわけではない。たとえば，「所有権の証明手段がないが，ずっと自分のものとして使っているので（占有継続），**時効取得で証明したい**」というのであれば，それで証明させても構わない（最判昭42・７・21）。

以上から，妥当なものは**ア**と**イ**であり，正答は**1**である。

正答 1

FOCUS

時効を考える際に大きなポイントとなるのが，時効によって権利を失う者と得る者との間の利益調整である。時効は単に期間が経過すればよいわけではない。その間に，権利者が権利を行使して時効の完成猶予・更新措置をとることが可能でなければならない。期間の経過と完成猶予・更新の機会の確保は，大きな２つの要素とされるものであるから，必ず意識しておくようにしよう。

▸▸▸ POINT

重要ポイント1 時効制度

時効とは，事実状態が一定期間継続することによって権利の得喪の効果を生じる制度である。

それは，権利の存続期間である**除斥期間**や，信義に反する権利不行使状態があれば，消滅時効や除斥期間を待つことなく権利行使を阻止するという**権利失効の原則**とは異なる。

重要ポイント2 時効の援用・放棄

(1) 時効の援用（えんよう）

①時効の効果が生じるには，時効期間の経過（時効の完成）に加えて，当事者による時効の援用が必要である。

②主な時効の援用権者は次のようになっている。

	時効主張者	対　象	援用の肯否
取得時効	賃借権者	賃借権	○
		賃借土地の所有権	×
消滅時効	保証人・連帯保証人	主債務者に対する債権（被担保債権）	○
	物上保証人		○
	抵当不動産の第三取得者		○
	後順位抵当権者	先順位抵当権の被担保債権	×
	詐害行為の受益者	詐害行為取消権者の被保全債権	○

③援用の効果は相対的であり，援用権を認められた者が個別に援用するかどうかを判断する。すなわち，主債務者が時効の利益を放棄しても，保証人や連帯保証人，物上保証人などは時効を援用することができ，その逆に，主債務者が時効を援用しても，保証人や連帯保証人，物上保証人などはなお時効の利益を放棄できる。

(2) 時効の利益の放棄

①時効完成前には時効の利益の放棄はできない。これに対して，時効完成後の時効利益の放棄は自由である。

②時効完成の事実を知らずに時効の利益を放棄した場合であっても，信義則上，もはや時効の援用は許されない。

③時効完成後の債務の承認は，時効利益の放棄に当たる。

④時効利益の放棄は明示的になされる必要はなく，黙示的なものであってもよい。

⑤いったん時効の利益が放棄されても，その時点から新たに消滅時効が進行を開始する。

重要ポイント3 取得時効・消滅時効

(1) 取得時効

①所有権や地上権・地役権などの用益物権は取得時効の対象となる。

②所有権の取得時効の期間は，悪意または有過失者の場合は20年，善意・無過失者の場合は10年である。この場合の善意・無過失は占有の開始時点の要件であり，その後に悪意になってもかまわない。

③所有権の取得時効の起算点は占有開始時であり，これを任意の時点に設定することは認められない。

④占有者は，自己の占有だけでなく，前主の占有をあわせて主張してもよい。その場合，前主の占有の瑕疵もそのまま承継する。たとえば，悪意で占有を始めたAが15年占有し，善意・無過失で承継したBが5年占有している場合，Bは「A＋B＝悪意占有者についての20年の時効完成」を主張できる。

　また，善意・無過失で占有を始めたAが6年占有し，悪意もしくは有過失で承継したBが4年占有している場合，Bは「A＋B＝善意占有者についての10年の時効完成」を主張できる。

⑤自分の所有物についても，所有権取得の立証の困難性を補うという意味で，時効を援用することができる。

(2) 消滅時効

①所有権は時効によっては消滅しない。また所有権に基づく物権的請求権も時効によっては消滅しない。

②債権・所有権以外の財産権は，20年間行使しなければ時効によって消滅する。

③地役権は，これを行使しないでいると，時効によって消滅する。

④抵当権は，これを行使しないでいると，被担保債権が時効消滅しなくても，抵当権だけが時効によって消滅する。ただし，債務者および抵当権設定者との関係においては，抵当権は時効消滅しない。

⑤確定判決またそれと同一の効力を有するものによって確定した権利については，10年より短い時効期間の定めがあっても，確定時に弁済期の到来していない債権を除いてその時効期間は10年となる。

重要ポイント4 時効の効果

①時効の効果はその起算日にさかのぼる。

②時効の効果がいつ生じるかについては学説に争いがある。時効完成の時点で完全に生じるとする説を確定効果説，時効完成の時点ではいまだ効果は不確定で援用によって確定的に生じるとする説を不確定効果説という。確定効果説は，援用を裁判上の争いが生じたときの防御手段であるとする。

③時効によって消滅した債権が消滅以前に相殺適状にあった場合には，債権者はその債権で相殺することができる。

実戦問題❶　基本レベル

*** No.1　時効の完成と時効の利益の放棄に関する次の記述のうち，妥当なのはどれか。ただし，争いがある場合は判例による。**

【地方上級（全国型）・平成21年度改題】

1　民法は時効期間および時効の完成猶予・更新事由を定めているが，当事者は合意によりこれらを変更することができ，時効の完成を困難にも容易にもすることができる。

2　時効完成後に債務者が債務を承認した場合，その債務につき債務者が時効を援用することは信義則上許されない。

3　債務者が時効の利益を放棄するには，行為能力を要せず，意思能力があれば足りる。

4　債務者が時効の利益を放棄した場合，その効果は保証人や物上保証人にも及ぶ。

5　債務者が時効の利益を放棄すると，その効果は将来に向けて生じるため，新たな時効は進行しない。

*** No.2　時効の援用権に関するア～オの記述のうち，判例に照らし，妥当なもののみをすべて挙げているのはどれか。**　【国家一般職・平成26年度】

ア：時効は，当事者が援用しなければ裁判所がこれによって裁判をすることができないが，この当事者には時効によって直接に利益を受ける者だけではなく，抵当不動産の第三取得者のような間接的に利益を受ける者も含まれる。

イ：物上保証人は被担保債権の消滅時効を援用することができない。

ウ：債権者は，債務者が他の債権者に対して負っている債務の消滅時効を援用することはできないが，その債務者が援用権を行使しないときは，債務者が無資力であれば，自己の債権を保全するに必要な限度で，債権者代位権に基づいて債務者の援用権を代位行使することができる。

エ：詐害行為の受益者は，詐害行為取消権を行使する債権者の有する債権の消滅時効を援用することができる。

オ：後順位抵当権者は，先順位抵当権の被担保債権の消滅時効を援用することができる。

1　ア，イ
2　ア，ウ
3　ウ，エ
4　ウ，オ
5　エ，オ

＊＊
No.3 時効に関するア～オの記述のうち，妥当なもののみをすべて挙げているのはどれか。ただし，争いのあるものは判例の見解による。

【国家Ⅱ種・平成21年度改題】

ア：消滅時効を援用し得る者は，権利の消滅により直接利益を受ける者に限定されるところ，詐害行為の受益者は，詐害行為取消権を行使する債権者の債権の消滅によって直接利益を受ける者に当たり，当該債権について消滅時効を援用することができる。

イ：所有権の取得時効完成の時期を定めるに当たっては，必ず時効の基礎となる事実が開始した時を起算点として定めなければならず，取得時効を援用する者が任意にその起算点を選択することはできない。

ウ：時効の利益の放棄があったとするためには，債務者において時効完成の事実を知っていたことを要し，債務者が消滅時効の完成後に当該債務の承認をした場合には，時効完成の事実を知って承認したものと推定される。

エ：債権の消滅時効の完成後に債務者が当該債務を承認した場合には，承認以後再び消滅時効が完成しても，当該債務者は再度完成した消滅時効を援用することができない。

1 ア，イ　**2** ア，ウ　**3** イ，ウ　**4** イ，エ　**5** ウ，エ

＊
No.4 時効の効果に関する次の記述のうち，妥当なものはどれか。

【国家Ⅱ種・平成８年度】

1 取得時効においては，時効完成前に生じた果実については原権利者が収取権限を有し，時効完成以後に生じた果実についてのみ時効による権利取得者が収取権限を得る。

2 時効による権利取得者が時効期間中に行った目的物の売却等の法律上の処分は時効完成時になされたものとみなされ，時効完成時から効力を発生する。

3 取得時効においては，時効期間中に権利の侵害により発生した損害賠償請求権は時効が完成しても，時効による権利取得者に移転することはない。

4 時効により元本の債務が消滅しても，時効期間中の各期に発生した個々の利息債務についての時効が完成するまでは，利息を支払う義務は存続する。

5 時効により消滅した債権が，その消滅以前に相殺に適する状態にあった場合には，その債権者は相殺をすることができる。

実戦問題1の解説

No.1 の解説　時効の完成と時効の利益の放棄

→問題はP.176

1 ×　時効に関する規定は強行規定で，当事者の合意による変更はできない。

時効とは，一定の継続した事実状態を法的に承認する制度である。そこには次のような考慮が働いている。

> 一定の事実状態がある期間継続されると，周囲はそれを正当な権利関係と信頼して，そこに新たな法律関係を築き始める。それを一挙に覆すことは，法律関係を著しく混乱させ，法的安定を害する。

ここで，事実関係がどの程度継続されている場合に法的な承認を与えるか，あるいは何をもって完成猶予や更新の事由とするかといったことは，**多数の利害関係人に影響を及ぼす事項**である。それを**当事者のみで定めることは，それら利害関係人の権利を無断で処分することになりかねない**。そのため，時効に関する規定は当事者の合意によって変更できない規定すなわち**強行規定**とされている。

2 ◎　いったん債務を承認した以上，それに反する行為は信義則上許されない。

妥当である。たとえ時効完成を知らずに債務を承認した場合でも，もはや債務者は，「時効完成を知らなかった」という理由で援用することは信義則に反するので許されない（最判昭41・4・20）。

いったん**債務の承認**がなされると，債権者は債務者がもはや時効の援用をしない趣旨であろうと考えて行動するので，**その後に援用を認めることは債権者に不測の損害を与え，関係者に無用の混乱を引き起こしてしまう**からである。

> **●時効完成後の債務の承認と信義則**
> 「何人も自分が先に行った行為に矛盾した態度をとることは許されない」という意味での信義則違反である。信義則というと「倫理的に非難されるべき背信行為」といった強いイメージを連想しがちであるが，必ずしもそのような場合に限られるわけではなく，単に「前に行った言動と矛盾する行為」といった程度でも信義則違反と評価される。

3 ×　時効の利益を放棄するには，行為能力が必要である。

時効の利益の放棄は，権利を取得し（取得時効）または義務を免れる（消滅時効）地位を失うことを意味するので，これを行うには処分行為についての判断能力が必要とされる。そのため，**制限行為能力者である未成年者・成年被後見人・被保佐人は単独でこれを行うことができず，親権者など保護機関の同意が必要**である（大判大8・5・12）。

4 ×　債務者が時効の利益を放棄しても，その効果は保証人等には及ばない。

時効が完成すれば，それによって利益を受ける当事者はいつでも時効の主張が可能になる。そして，本肢のように**当事者が複数存在する場合，時効の利益を享受するかどうかは，各当事者それぞれの判断にゆだねられる**（最判昭42・10・27）。すでに時効が完成している以上，その利益を受けるかどうかは，当事者が自由に決定してよい事項だからである。

5 ×　いったん時効利益が放棄された場合でも，時効は再び進行を開始する。

時効完成後の債務の承認は，その実質において新たな債務の負担行為に比すべきものであるから，これについて再度時効が進行を開始することはなんら不合理ではない。**債務の承認がなされた以上，債権者は速やかに債権の回収を図るべきで，それを長期間放置していれば，再度の時効が完成する**ことになる（最判昭45・5・21）。

むしろ，いったん債務の承認がなされれば，その後は債権者が権利行使をどれだけ怠っても時効が成立しないとすることのほうが不合理である。

No.2 の解説　時効の援用権

→問題はP.176

時効は，一定期間継続した事実状態を，そのまま正当な権利関係として認めようとする制度である。そこには，権利行使を怠っていたために権利を失う者がいる一方で，義務を免れ，あるいは権利を得られる者がいる。

この「義務を免れ，あるいは権利を得られる者」は何も直接の当事者に限る必要はない。たとえば貸金の消滅時効なら，借主だけでなく，保証人や連帯保証人なども時効によって義務を免れるという関係に立つ。貸主が債権の請求を怠っているという状態をそのまま正当な権利関係として認めようというのであれば，保証人等にも時効主張を認めてよいはずだからである。

そうなると，時効主張が認められる者すなわち**時効の援用権者**とは，「**時効によって直接に権利を得られ，ないしは直接に義務を免れる者**」ということになる。判例はこれを「時効により直接利益を受ける者」と表現している（大判明43・1・25，145条カッコ書きの「正当な利益を有する者」も同じ意味とされる）。

ア ×　抵当不動産の第三取得者は，間接的ではなく直接に利益を受ける者である。

抵当不動産の第三取得者とは，抵当不動産を譲り受けた者をいう。たとえば，AがBから融資を受けるに際してA所有の不動産に抵当権を設定したとする。この場合，抵当権が設定されていてもこの不動産を譲渡できないわけではなく，抵当権付きの不動産として譲渡することは可能である（抵当権の負担付なので当然価格は安くなるが…）。そうやって，不動産を譲り受けた者（C）を抵当不動産の第三取得者という。

この場合，抵当権が担保しているのはB→Aの貸金債権であり，Bがこれを行使しないまま消滅時効期間が経過した場合，Cは**貸金債権の時効消滅により抵当不動産を競売にかけられる可能性がなくなる**。これは**時効完成によって，直接に抵当権という負担を免れることになる**ので，抵当不動産の第三取得者は時効の援用権者とされる（最判昭48・12・14，145条カッコ書き）。

イ× **物上保証人は，被担保債権の消滅時効を援用することができる。**

物上保証人とは，通常の保証人のように自分の一般財産（所有する総財産のこと）で他人の債務を保証するのではなく，自己所有の不動産など**特定の財産を他人の債務のために担保として提供する者**をいう。たとえば，Ｂから融資の条件として担保の提供を求められたＡが，親Ｃに頼み込んでＣの不動産に抵当権を設定させてもらうような場合である。

物上保証人は，被担保債権が消滅時効にかかると，抵当不動産を競売にかけられる可能性がなくなる。これは**時効完成によって，直接に抵当権という負担を免れることになる**ので，物上保証人は時効の援用権者とされる（最判昭42・10・27，145条カッコ書き）。

ウ○ **債権者は，債務者が有する他の債権者への時効の援用権を代位行使できる。**

まず，ＡがＢとＣから金銭を借り入れているとしよう。この場合，Ｃ→Ａの債権について消滅時効が完成しても，Ｂは時効の援用権者ではない。なぜなら，Ｃ→Ａの債権が時効消滅しても，Ｂ→Ａの債権は残ったままなので，「Ｃ→Ａの債権の時効消滅によって直接権利を得られる，ないしは義務を免れる」という関係には全く立たないからである。

ただ，Ｃ→Ａの債権が時効消滅すれば，ＢがＡの財産に強制執行をかけたときに，Ｃから「自分にも配当をよこせ！」などといわれずに済む。このメリットは大きい。そこで，**債権者代位権の要件を満たす場合には**（詳しくは民法Ⅱテーマ２参照），**Ａが債務者として有する時効の援用権をＢが代位行使できる**とされる（最判昭43・９・26）。

ただ，そうなると，「援用するか否かは援用権者の意思に委ねられる」という点と反することにならないかという疑問が出てくる。しかし，**債務者は支払いの義務を負っている債務については誠実に支払いを行うべき**であり，そのために必要があれば，**消滅時効を援用して支払いの義務を消滅させ，そこで浮いた資金をいまだ支払いが残っているＢへの債務の弁済に充てるべき**である。

つまり，Ａは自分の履行すべき義務をさしおいて意思を優先させることはできない。そのため，判例は上記のような代位行使を認めている。

エ○ **詐害行為の受益者は取消債権者の債権の消滅時効を援用できる（判例）。**

詐害行為の受益者とは，ＡがＢに対する貸金の回収のために家屋の差押手続きを進めているのを知りながら，その妨げになることを承知でＢから家屋の贈与を受けたような者（Ｃ）をいう。この**贈与が詐害行為（債権者を害する行為）に当たれば，Ａにはこれを取り消す権利が認められている**（424条）。問題は，詐害行為の受益者が，詐害行為取消権を行使する債権者の債権の消滅時効の援用権者として認められるかであるが，詐害行為の受益者は，詐害行為取消権行使の直接の相手方とされている上，これが行使されると債権者との間で詐害行為が取り消され，その行為によって得ていた利益を失う関係にあり，その反面，詐害行為取消権を行使する債権者の債権が消滅すれば当該利益喪失を免れることができる地位にある。そのため，当該債権者の債権の消滅によって直接利益を受ける者に当たることから，「直接に利益を受ける」に当たるとして，判例は，詐害行為の受益者を，詐害行為取消権を行使する債権者の債権の消滅時効の援用権者として認めている（最判平10・6・22）。

オ × **後順位抵当権者は，先順位抵当権の被担保債権の消滅時効を援用できない。**

抵当権には，その設定順に優先権を示す順位が付けられる。たとえば，Aが時価1,000万円の不動産を抵当に入れてBから400万円の融資を受けたとしよう。その場合，まだ担保としての価値が600万円残っているので，さらにCから600万円を借り入れるために二番抵当権を設定して融資を受けるといった具合である。

では，B→Aの債権が消滅時効にかかった場合，Cは時効を援用できるか。上例では，計算上は問題がないように見えるが，不動産の価格が下落してCの600万円の全額弁済が危うくなったような場合に特に問題となる。**抵当権は，一番抵当権が弁済等で消滅すれば，二番が一番に繰り上がる**。したがって，Cにとっては繰り上がりができるかどうかは切実な問題になってくる。

そこで本肢であるが，一番抵当権の被担保債権が消滅時効にかかった場合，二番抵当権者は自己のAに対する600万円の債権が消滅したり増額になったりするかというと，そんなことはない。600万円は600万円のままである。つまり，**時効完成によって債権額になんらかの影響を受けるかというと，何の影響も受けない**。そうであれば，**「時効によって直接に権利を得られ，ないしは直接に義務を免れる者」には該当しない**。すなわち，後順位抵当権者は，先順位抵当権の被担保債権の消滅時効の援用権者ではない。

以上から，妥当なものは**ウ**と**エ**であり，正答は**3**である。

No.3 の解説　時効

→問題はP.177

ア ○ **詐害行為の受益者は，詐害行為取消権の消滅時効を援用できる。**

妥当である（最判平10・6・22）。→No.２エ

イ ○ **所有権の時効の起算点は占有開始時に限られ，任意の選択は許されない。**

時効が完成した場合，その利益を享受しようとする者は，取得時効を原因として速やかに自己への所有権移転登記を済ませておくべきである。それを怠っている間に，旧来の登記記載を信頼して不動産を取得した者がある場合には，その者の取引の安全を保護する必要がある。

それにもかかわらず，**任意に起算点の選択**を認めるとすれば，第三者の出現後の時点から時効期間を逆算した時点に起算点を設定して，「その時点で取得時効が成立しているので第三者は権利取得ができない」という主張を許

すことになる。

これは，**登記を怠る者を保護し，取引の安全を著しく損なう**結果になる。そのため，判例は，任意の選択を許さず，時効期間は，必ず占有開始時を起算点として計算すべきとする（最判昭35・7・27）。

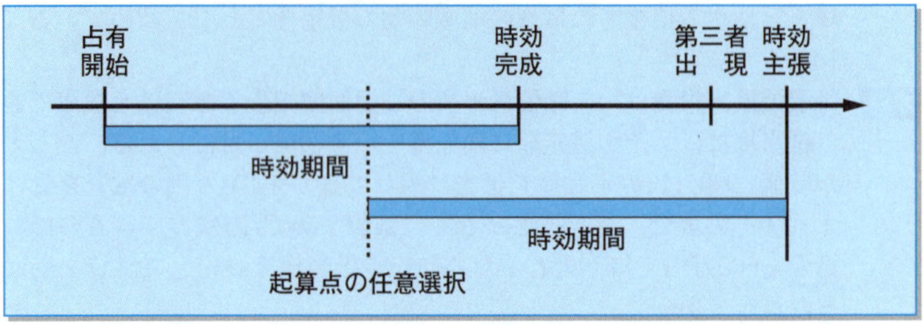

ウ× **時効利益の放棄は，時効完成の事実を知らずにした場合も有効である。**

時効完成の事実を知らずに債務を承認しても，時効利益の放棄があったものとして扱われる（最判昭41・4・20）。→No.1選択肢2

エ× **時効の利益の放棄がなされた場合でも，時効は再び進行を開始する。**

したがって，承認以後再び消滅時効が完成すれば，当該債務者は再度完成した消滅時効を援用することができる（最判昭45・5・21）。

→No.1選択肢5

以上から，妥当なものは**ア**と**イ**であり，正答は**1**である。

No.4 の解説　時効の効果

→問題はP.177

時効の効果はその起算日にさかのぼる（144条）。時効は，それまで続いてきた事実状態をそのまま正当な権利関係として承認しようとする制度だからである。本問は，この時効の遡及効を主要なテーマとするものである。

1× **時効完成前に生じた果実も，時効取得者がこれを収取する権限を有する。**

時効は，それまで続いてきた事実状態をそのまま正当な権利関係として承認しようとする制度である。すなわち，いったん時効の効力が生じると，それまでに続けてきた権利関係は当初から適法な権利に基づくものであったと認められることになる。したがって，たとえば，AがB所有のみかん畑を20年間占有して収穫を続けていた場合には，**Aは20年前からその畑の所有者であったことになる**。そうであれば，収穫したみかんは所有者による適法な収取となるので，これをBに返還する必要はない。

2× **時効取得者が時効期間中に行った処分は，その時点で有効な処分となる。**

法律上の処分とは，**売却や賃貸などの行為**をいう。そして，いったん時効の効力が生じると，**占有者は時効の起算時（占有を始めた時点）にさかのぼって処分権を有していたものとして扱われる**ことになる。したがって，処分は正当な権利者によってなされたものとなり，処分が行われた時点で法的な効力を生じることになる。

3 × 時効期間中に生じた損害賠償請求権は，時効取得者がこれを行使する。

時効の効力は起算日にさかのぼるので，時効期間中に生じた権利侵害は，もとの権利者に対する権利侵害ではなく，**時効による権利取得者に対する権利侵害となる**。したがって，損害賠償請求権（709条）は時効取得者がこれを取得・行使する。

4 × 元本が時効消滅すると，利息も発生しなかったものとして扱われる。

時効によって元本の債務が消滅すると，その**遡及効によって元本債権はもともと存在しなかったものとして扱われる**。そして，元本がなければ利息も発生しないのであるから，利息債権もまた時効の遡及効によって消滅する（大判大９・５・25）。

5 ◎ 債権者は，時効消滅した債権をもって相殺することができる。

妥当である（508条）。対立する債権につき相殺（そうさい）ができるための要件を満たした場合において（**相殺適状**（そうさいてきじょう）という），同額で債権を消滅させるには，いずれか一方からの相殺の意思表示が必要とされている（506条１項本文）。

ところが，**相殺適状が生じても，当事者は「それによって当然に簡易の決済が行われた」と思い込んで相殺の意思表示を行わないことが多い**とされる。そこで，**「簡易の決済が行われた」という当事者の信頼を保護**するため，民法は一方の債権について時効が完成した場合でも，なお相殺の意思表示を行うことを当事者に認めている。

●相殺適状

対立する同種の債権についてともに弁済期が到来するなど，対当額で債権を相殺するのに適した要件をすべて具備するに至った状態をいう。

正答 No.1=**2** No.2=**3** No.3=**1** No.4=**5**

実戦問題❷ 応用レベル

No.5 ＊＊ **民法に定める時効に関する記述として，妥当なのはどれか。**

【地方上級・平成18年度改題】

1 主たる債務者が消滅時効を援用せず，保証人がその主たる債務の時効を援用した場合，時効の援用の効果は相対的であるため，債権者は，主たる債務者に対し，その債務の履行を請求できる。

2 時効の利益は，時効完成前に放棄することができるが，長期にわたる事実状態を尊重し，過去の権利関係の証明の困難を救済して法律関係の安定を図る時効制度の趣旨から，時効完成後は放棄することはできない。

3 時効の更新事由のうち承認は，単に相手の権利の存在を認める行為にすぎず，承認を行うには管理の能力を要しないため，未成年者が法定代理人の同意を得ずに行った承認については取り消すことはできない。

4 土地の所有権を時効取得すべき者から，その者が当該土地上に所有する建物を賃借している者は，当該土地の取得時効を援用できる。

5 債権者と債務者が書面により，債権の消滅時効の期間を延長して30年とする特約をした場合，時効制度には私的自治の原則が適用されるため，その特約は有効である。

No.6 ＊＊ **民法に規定する時効に関する記述として，通説に照らして，妥当なのはどれか。**

【地方上級（特別区）・平成29年度改題】

1 確定判決による権利の確定や調停の成立などは時効の更新事由となるが，承認は観念の通知であって，それ自体は法律行為ではないため，時効の更新事由とはならない。

2 更新された時効は，その更新の事由が終了した時から，新たにその進行を始めるが，確定判決によって更新された時効については，その訴えの提起の時から，新たにその進行を始める。

3 時効期間の満了の時に当たり，天災その他避けることのできない事変のため時効の完成猶予の措置をとることができないときは，その障害が消滅した時から３か月を経過するまでの間は，時効は完成しない。

4 他人の物を所有の意思をもって平穏かつ公然と，占有開始の時から善意無過失で10年間占有した者はその所有権を取得するが，占有開始後に悪意となった場合は，占有開始の時から20年間占有しなければその所有権を取得できない。

5 確定判決によって確定した権利については，判決確定時に弁済期の到来していない債権であっても，短期の消滅時効にかかる債権と同様に，その時効期間は10年とする。

No.7 ＊＊ **時効に関するア～オの記述のうち，判例に照らし，妥当なもののみをすべて挙げているのはどれか。**

【国税専門官／財務専門官／労働基準監督官・平成25年度】

ア：不動産の時効取得者は，時効完成前に原所有者から当該不動産の所有権を譲り受けその旨の登記を経た第三者に対し，登記なくして時効による所有権の取得を対抗することができる。

イ：不動産の時効取得者は，時効完成後に原所有者から当該不動産の所有権を譲り受けその旨の登記を経た悪意の第三者に対し，登記なくして時効による所有権の取得を対抗することができる。

ウ：時効援用者は，任意に時効の起算点を選択することができる。

エ：不動産の取得時効の完成後，所有権移転登記がされることのないまま，第三者が原所有者から抵当権の設定を受けて抵当権設定登記を了した場合において，不動産の時効取得者である占有者が，その後引き続き時効取得に必要な期間占有を継続し，その期間の経過後に取得時効を援用したときは，占有者が抵当権の存在を容認していたなど抵当権の消滅を妨げる特段の事情がない限り，占有者は不動産を時効取得し，その結果抵当権は消滅する。

オ：不動産の取得時効が完成しても，その登記がなければ，その後に所有権移転登記を経由した第三者に対しては時効による権利の取得を対抗しえないが，第三者の当該登記後に占有者がなお引き続き時効取得に必要な期間占有を継続した場合には，その第三者に対し，登記を経由しなくとも時効による権利の取得を対抗することができる。

1　ア，イ　　**2**　イ，ウ　　**3**　イ，オ
4　ア，ウ，エ　　**5**　ア，エ，オ

No.8 ＊＊ **A所有の甲土地の所有権についてBの取得時効が完成した場合に関するア～オの記述のうち，妥当なもののみをすべて挙げているのはどれか。ただし，争いのあるものは判例の見解による。**

【国家総合職・平成27年度】

ア：Bは，時効完成前から甲土地をCに貸し，地代を収受していた。取得時効を援用して甲土地の所有権を取得したBが時効完成前にCから収受した地代は不当利得になるから，Aは，Bに対し，不当利得に基づく返還請求としてその地代相当額の返還を求めることができる。

イ：当該取得時効が完成した後，CがAから甲土地を買い受け，その旨の所有権移転登記がされた場合，Bは，時効完成を自己に有利に主張するために，時効の起算点を任意に選択することはできない。

ウ：当該取得時効が完成した後，CがAから甲土地を買い受け，その旨の所有権

移転登記がされた場合，Bは，甲土地につき，当該登記後に引き続き取得時効の完成に必要な期間，占有を継続したとしても，Cに対し，時効による甲土地の所有権取得を主張することができない。

エ：当該取得時効が完成した後，CがAから甲土地を買い受け，その旨の所有権移転登記がされた場合，Cが，甲土地の買受け時に，甲土地を長年Bが占有している事実を認識しており，かつ，CがBの登記の欠缺を主張することが信義に反すると認められる事情があっても，Bは，Cに対し，時効による甲土地の所有権取得を主張することができない。

オ：当該取得時効が完成したが，Bはこれを援用することなく死亡した。Bの共同相続人の一人であるCは，自己の相続分の限度においてのみ，当該取得時効を援用することができる。

1 ア，イ　**2** イ，ウ　**3** イ，オ
4 ウ，エ　**5** ウ，オ

＊＊
No.9 **時効に関するア～オの記述のうち，判例に照らし，妥当なもののみをすべて挙げているのはどれか。** 【国家Ⅱ種・平成23年度改題】

ア：消滅時効を援用しうる者は，権利の消滅により直接利益を受ける者に限定されると解すべきところ，後順位抵当権者は，先順位抵当権者の被担保債権の消滅により直接利益を受ける者に当たるため，当該債権について消滅時効を援用することができる。

イ：債務者が，消滅時効が完成した後に債務の承認をする場合には，その時効完成の事実を知っているのは異例で，知らないのが通常であるため，消滅時効完成後に当該債務の承認をした事実から，当該承認は時効が完成したことを知ってなされたものであると推定することは許されない。

ウ：占有者は所有の意思で占有するものと推定されるため，当該占有が自主占有に当たらないことを理由に取得時効の成立を争う者は，当該占有が所有の意思のない占有に当たることについての立証責任を負う。

エ：一個の債権の数量的な一部についてのみ判決を求める旨明示して訴訟が提起された場合であっても，当該債権全体の存否がその訴訟において判断されることになるため，訴え提起による消滅時効更新の効力は，その一部の範囲においてのみ生ずるものではなく，当該債権全体に及ぶ。

オ：時効による債権消滅の効果は，時効期間の経過とともに，確定的に生ずるものであるため，時効期間の経過が明らかに認められるときは，当事者による時効の援用がなくとも，裁判所は，これを判決の基礎とすることができる。

1 ア，エ　**2** ア，オ　**3** イ，ウ　**4** イ，エ　**5** ウ，オ

＊＊
No.10 消滅時効に関するア～オの記述のうち，妥当なもののみをすべて挙げているのはどれか。ただし，争いのあるものは判例の見解による。

【国家総合職・平成26年度改題】

ア：時効の援用権者は，時効によって直接に権利を取得しまたは義務を免れる者に限られるから，保証人や物上保証人は主たる債務の消滅時効を援用することができるが，抵当不動産の第三取得者は被担保債権の消滅時効を援用することができない。

イ：時効の更新は，更新の事由が生じた当事者およびその承継人の間においてのみその効力を有するが，債務者の承認によって被担保債権について生じた消滅時効の更新の効力を物上保証人が否定することは許されない。

ウ：割賦金弁済契約において，債務者が１回でも支払を怠れば債務者は債権者の請求により直ちに残債務全額を弁済しなければならない旨の約定がされた場合には，債務者が１回支払を怠れば，債権者が特に残債務全額の弁済を求める旨の意思表示をしなくても，その１回の不払の時から残債務全額について消滅時効が進行する。

エ：債務者が，自己の負担する債務について時効が完成した後に，債権者に対し債務の承認をした場合には，たとえ債務者が時効完成の事実を知らなかったときであっても，以後，その債務について，その完成した消滅時効の援用をすることは許されない。

1 ア，イ　**2** イ，エ　**3** ウ，エ
4 ア，ウ，エ　**5** イ，ウ，エ

実戦問題2の解説

No.5 の解説　時効

→問題はP.184

1 ◎ 保証人が時効を援用しても債務者が援用しなければ債務者には請求できる。

妥当である。債権の消滅時効が完成（時効期間が経過）すると，主債務者と保証人はともに時効を援用して債務を免れることが可能な状態になる。その場合，**時効を援用するかどうかは，両者がそれぞれ独自の判断で決めてよい**（大判大8・6・24，これを**援用の相対効**という）。人によって「資力が回復した今は自己の信条として支払いたい」という場合もあろうから，時効の利益を享受するかどうかについて，それぞれの意思を尊重するためである。

●時効の更新と完成における取扱いの違い

①**時効の更新**…時効進行中に主たる債務者が「債務の承認」をすれば，時効は更新し，その効果は保証人にも及ぶ。
→主たる債務は依然存続しており，保証人はその債務の履行を保証する立場にある。したがって，更新の効果が保証人に及ぶのはやむをえない。

②**時効の完成**…時効完成後に主たる債務者が時効を援用あるいは放棄しても，その効果は相対的であり，保証人は主債務者の行為に影響されず，独自に援用するか放棄するかを判断できる（→No.1選択肢4）。
→①の場合と異なり，時効の完成で債務は消滅状態に入っている。その効果が最終的に確定するのは「援用」の時点であるが，この援用が要件とされているのは，時効が完成してもなお支払いたいという心情を尊重する趣旨である。それは個人的な事情であるから，他者の行為に影響されず，当事者がそれぞれ独自に判断すればよい。

2 × 時効完成前の時効利益の放棄は不可，完成後の放棄は可。

本肢は両者が逆である。時効が完成した暁には時効のメリット（時効の利益）を享受するかどうかは，完成後であれば放棄ができるが，完成前には放棄ができない（146条）。これは，「金融業者が融資する際に，万が一の請求漏れに備えてあらかじめ時効の援用権を放棄させる」などのことを防止するためである。融資してもらう側は弱い立場にあるので，貸し手から融資の条件として援用権の放棄を求められると，これを飲まざるを得ない。そのような事態を防止するための弱者保護の規定である。

3 × 未成年者が法定代理人の同意を得ずに行った承認は取り消すことができる。

承認は，新たな債務の負担行為ではないので，財産の処分能力までは必要でない。しかし，それは時効によって債務を免れる機会を逃す行為であるから，これを行うには財産の管理能力が必要とされる（大判昭13・2・4）。そして，制限行為能力者のうち**未成年者と成年被後見人**には**管理能力は認められておらず，未成年者が承認をするには法定代理人の同意が必要**である。

4 × 土地の賃借人には，土地占有者の取得時効の援用権は認められない。

本肢については，No.2の「時効の援用権者とは，時効によって直接に権利を得られ，ないしは直接に義務を免れる者をいう」という定式に当てはめて考えてみよう。

土地の所有権を時効取得すべき者から，その者が当該土地上に所有する建物を賃借している者は，**土地について取得時効が完成**したことにより，自己の賃借権について新たに権利を得られたり，賃料などの義務を免れるという関係にあるかというと，**特に何の影響もない**。ということは，判例のいう**「時効により直接利益を受ける者」には当たらず，時効の援用権は認められない**（最判昭44・7・15）。

5 × **時効の規定は強行規定であり，当事者の合意で変更することは許されない。**
→No. 1 選択肢 1

No.6 の解説 時効

→問題はP.184

1 × **承認は債務の存在を明らかにすることであるから，時効の更新事由となる。**

時効は，一定期間継続している事実状態を，そのまま法的な権利関係として認めようとする制度である。ただ，それは，「継続した事実状態は真実だろう」という取引社会での評価がベースになっている。つまり「権利を行使しない→権利はない」，「占有（支配）している→占有者が権利者だろう」という評価である。ただ，権利者が「権利をちゃんと行使します」ということを示せば，その事実状態は真実に反することが明らかになるので，「なんで時効を進行させるんだ！」として，時効期間が消滅してしまう。

この場合の手続きとして，まず権利を行使する意思が明らかになった段階で時効を暫定的にストップさせ，次にその権利が確かに存在すると明らかにされれば，それまでの期間がリセットされるという二段階のステップが用意されている。前者を**時効の完成猶予**，後者を**時効の更新**と呼ぶ。

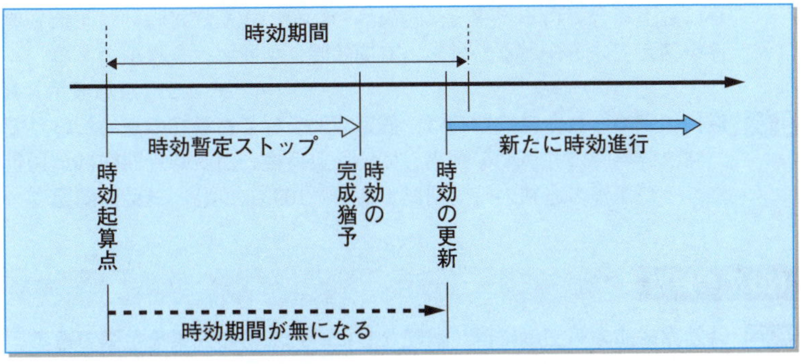

本肢で，確定判決による権利の確定と調停の成立の場合は，「権利の存在が確かだ」ということが公的に明らかにされるので，「権利は存在している→それを行使する気だ」となるので，事実状態の裏づけになっていた時効期間がすべて消滅して時効はリセット（更新）される（147条1項1・3号，

２項)。

次に承認であるが，承認は「確かに私はあなたに債務を負っています」ということを，相手に伝えることである（観念の通知とは事実の通知のこと)。そして，**取引社会で「自分にとって不利なことを伝える」ことは，それが真実でなければそんなことは伝えない**。したがって，「経験則上債務が存在することは間違いない」とされるので，これも時効の更新事由とされている(152条)。問題文にあるような事実（観念）の通知か法律行為かは関係がない。

2 ×　確定判決によって更新された時効は，判決確定時から新たに進行を始める。

まず，そもそも判決が確定しなければ，強制執行等の権利行使はできない。そして，判決が確定した権利の時効は10年である（169条１項)。では，裁判に９年11か月を要した場合はどうなるか。問題文のように「訴え提起の時から，新たにその進行を始める」とすると，判決確定から１か月後には時効消滅してしまう（消滅時効の場合)。強制執行の書類をそろえるのに手間取っていたら時効期間が経過したというのでは，今までの苦労が水の泡である。

そう考えると，本肢が誤りであることは明らかであろう。

3 ◎　天災等で完成猶予措置をとれないときは障害消滅から３か月間時効未完成。

「訴訟提起の準備をしていたら，水害にまきこまれて必要書類が流されてしまった」などという場合には，再度準備するためにそれなりの期間が必要であろうから，法はこれを３か月として，その間は，時効は完成しないとしている（161条)。

4 ×　善意無過失等の判断基準時は占有開始の時である。

真の権利者が，任意の時点で「あれは私のものだ」と告げれば，占有者はそれで悪意になって時効期間が20年に延びる（162条１項）というのは，いかにも不都合である。善意無過失等の10年の短期取得時効（同条２項）の要件を備えているかどうかは，占有開始時に判断すべき事項である。

→テーマ５「意思表示」No.４イ

5 ×　最初に定められた時効期間は，確定判決を経ても最初の定めどおりである。

判決確定時に弁済期の到来していない債権の消滅時効期間は，10年ではなく，その債権の当初の時効期間である（169条２項)。→必修問題ウ

No.7 の解説　時効

→問題はP.185

ア ○　時効完成前の第三者には，登記なしに時効取得の効果を主張できる。

妥当である（最判昭41・11・22)。本肢は，たとえば次のような事案である。すなわち，原所有者Ｂが所有する甲土地を，Ａが法定の時効期間（＝占有開始時に善意・無過失の場合は10年，それ以外は20年，162条）占有を継続して時効が完成した。ところが，時効完成前に第三者ＣがＢから甲土地を購入し，自己名義（Ｃ名義）に所有権移転登記を済ませていた。この場合，

AはCに「時効取得が成立し，自分が新所有者なので甲土地を明け渡してもらいたい」と主張できるかということである。

この場合の考え方は，以下のとおり。

①時効完成前の第三者

時効が完成すれば，Aは甲土地の所有権を取得する（時効取得）。

この場合，Aは登記がなくてもCに所有権を主張できる。そうでなければ，法が「一定の要件を満たせば時効取得できる」とした意味がなくなる。

②時効完成後の第三者（本問の**イ**）

第三者の出現を許しているのは時効取得者本人にほかならない。なぜなら，時効取得者は，時効完成と同時に登記ができるようになるので，やるべきことを済ませていれば第三者が出現する余地はない。それを怠っているうちに第三者が現れた場合，それは時効取得者の怠慢が招いた結果である。したがって，この場合はどちらが先にするべきことをしたか（登記を備えたか）で優劣を決する。

本肢では，上記①が問題になっている。したがって，**時効取得者が時効完成前の第三者に時効取得の効果を主張（対抗）するには登記は不要**である。

ところで，Cの保護はどう図るか。CはAの時効が完成すると，登記を済ませていてもAに所有権を持って行かれる。それが嫌なら，現地をきちんと見てAが占有していることを確認し，時効中断措置（具体的には，自分が所有者なので甲土地を明け渡せとAに要求する）を取ればよい。そうすれば，Aが時効取得することはないし，Cは自己の権利を確保することができる。

イ× **時効完成後の第三者には，登記がなければ時効取得の効果を主張できない。**

上記②である。第三者の善意・悪意は関係がない。どちらが先にやるべきこと（登記）をやったかで優劣が決せられる（最判昭33・8・28）。

ウ× **時効の起算点は占有開始時に限られ，任意の選択は許されない。**

判例は，時効の起算点は実際の占有開始時にすべきであり，任意の選択は許されないとする（最判昭35・7・27）。→No.3イ

エ○ **取得時効が完成すれば，目的物の担保権は特段の事情がない限り消滅する。**

妥当である（最判平24・3・16）。本肢の事案を時系列で示すと次のようになる。

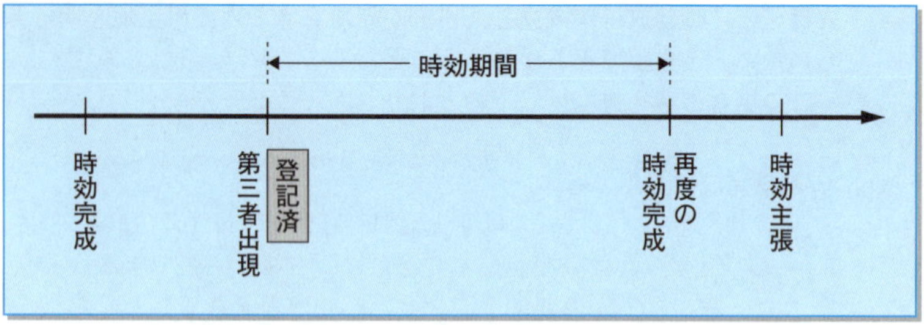

まず，時効完成後に出現した第三者が先に登記を済ませれば，時効取得者は第三者に対抗できない（つまり，第三者が登記した権利内容を認めざるを得ない）。本問の**イ**では第三者が所有権取得の登記をしているので，時効取得者は確定的に所有権を失うが，本肢では登記は抵当権なので，時効取得者はその抵当権の負担を認めざるを得ない。

では，その状態でさらに時効期間が経過した場合はどうか。判例は，**時効が完成すると，特段の事情のない限り抵当権は消滅する**とする。そもそも**時効とは，一定期間継続した事実状態を法的な権利関係として承認しようとするもの**である。本肢では，継続した事実状態とは，「所有の意思で占有が継続されているが，抵当権は行使されていない」である。そして，これを法的に承認するとは，**抵当権が付いていない所有権を取得する**ということである。

オ○ 第三者の登記後にさらに時効期間を経過すれば第三者に時効主張ができる。

妥当である（最判昭36・7・20）。本肢の前半はイのことである。後半は，上図で見てわかるとおり，再度の時効が完成した場合，第三者は「時効完成前の第三者」になるので，登記なしに対抗できることになる。

以上から，妥当なのは**ア**，**エ**，**オ**の3つであり，正答は**5**である。

No.8 の解説　取得時効

→問題はP.185

ア× 時効取得者が時効完成前に収受した地代は，不当利得にはならない。

時効の効力は，その起算日にさかのぼる（144条）。すなわち，時効取得者Bは，**時効の起算日である占有開始の時点から正当な所有者であったものとして扱われる**。なぜなら，時効は，**ずっと続いた事実状態を，**その**起算点から真の権利者による法的な権利関係として認めよう**というものである。とすれば，Bが占有している土地を貸して受け取った地代は，所有者が正当に貸して受け取った地代ということになる。したがって，不当利得にはならない。

イ○ 時効の起算点は占有開始時に限られ，任意の選択は許されない。

妥当である（最判昭35・7・27）。→No.７ウ

ウ× **時効完成後の第三者の登記後さらに占有を継続すれば再度時効が完成する。**

本肢は，時効完成後に第三者Cが元の所有者Aから土地を譲り受け，登記も済ませたが，その後さらに時効期間が経過するまでBが占有を継続し，再度の時効期間が経過したというものである。その場合，再度の時効完成は認められるか。

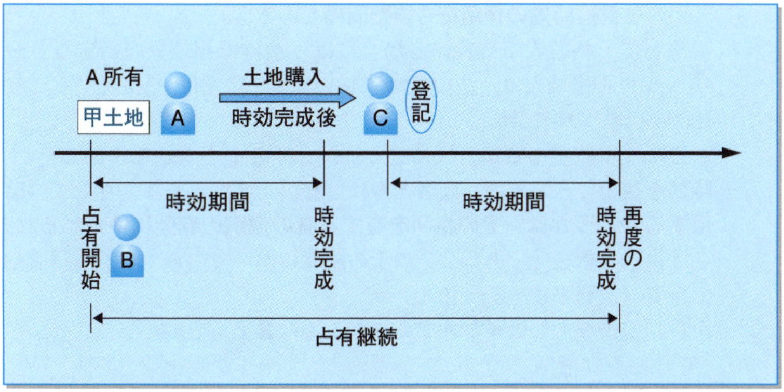

Cは甲土地が自分の物となったのに，Bの占有を排除せずにほったらかしにしていたわけである。その結果，Bが占有する状態が時効完成に必要な期間継続されてしまった。つまり，その間ずっとBが「権利者として占有している」ような事実状態が続いていた。そうであれば，その**事実状態を正当な権利関係に高めて，時効取得を認めるべき**である。判例もそのように考えている（最判昭36・7・20）。

理屈は，債務の承認後の再度の時効完成（→No.３エ）と同じことである（取得時効と消滅時効という違いはあるが…）。

エ× **背信的悪意者に対しては，登記がなくても時効取得を主張できる。**

取引社会においては，基本的な原則として，「**権利の行使や義務の履行は，信義に従い誠実に行わなければならない**」というルールがある（１条２項，これを**信義誠実の原則**または信義則という）。

本肢の「CがBの登記の欠缺（＝取得時効の登記を済ませてないこと）を主張することが信義に反すると認められる事情がある」とは，Cは信義に反する権利主張を行っており，**信義則に違反している**ことを意味する（例：Cが高値でBに売りつける目的で甲土地を購入する，など）。

このような者については，**法が認めている権利の主張は許されない**。つまり，Cは，「Bは登記を備えておらず，自分が先に登記を備えているので，自分が確定的に甲土地の権利を取得する」とはいえないということである。このような者を，**背信的悪意者**と呼ぶ。

そして，背信的悪意者は，「Bは登記がないから自分が優先する」とはいえない。つまり権利主張が認められないというのであるから，その結果，BはCに対し，時効による甲土地の所有権取得を主張できることになる。

オ○ 時効取得者が死亡した場合，各共同相続人は相続分の限度で援用できる。

妥当である。まず**相続とは，被相続人（死亡者）の財産法上の地位を，相続人がそっくりそのまま受け継ぐことをいう**。ここで財産法上の地位とは，資産だけでなく，負債や保証人の地位など，財産関係にかかわるすべてのことが含まれ，**時効の援用権もまた同様**である。

そして，相続人が複数いる場合には，遺言で相続分の指定などがない限り，各共同相続人は，法の定めに従い分割した割合で相続することになる（900条，法定相続分）。

そこで本肢であるが，仮にCとDが２分の１ずつBを相続したとすると，時効を援用できる範囲も両者ともに２分の１ずつとなる。そして，**時効を援用するかどうかは，その権利を有する者の個別の判断にゆだねられる**ので，Cは自己の相続分である２分の１の限度においてのみ，当該取得時効を援用できる（最判平13・７・10）。

以上から，妥当なものは**イ**と**オ**であり，正答は**3**である。

No.9 の解説　時効

→問題はP.186

ア× 後順位抵当権者は，先順位抵当権の被担保債権の消滅時効を援用できない。

後順位抵当権者について，判例は時効の援用権を認めない（最判平11・10・21）。→No.２オ

イ○ 債務の承認は，時効完成を知ってなされたと推定することはできない。

妥当である（最判昭41・４・20）。消滅時効の完成を知っている場合，債務者は自己に有利な「援用」を選ぶのが通常のはずである。したがって，債務を承認した事実から時効の完成を知って承認したと推定するのは経験則に反する。

ただ，時効の完成を知らずに承認しても，「**自己の行動に反することは許されない**」とする信義則に照らし，**知らなかったことを理由に改めて時効を援用するようなことは許されない**。→No.１選択肢２

ウ○ 取得時効の要件たる自主占有でないことの立証責任は，争う側が負う。

妥当である（最判昭54・７・31）。取得時効は，所有の意思をもって一定期間占有を継続することで成立する。この**「所有の意思での占有」を自主占有という**。これが要件とされるのは，**「所有の意思で占有している状態」の継続でないと，所有権の時効取得には結びつかない**からである。たとえば，20年間借家を借りて占有していても時効取得しないのはそのためである。

そして，法が「占有者は，所有の意思をもって，善意で，平穏に，かつ，公然と占有をするものと推定する」と規定して法律上の推定が働いているので（186条１項），**立証責任はその推定を覆したい者の側に課される**ことにな

る。

エ × **債権の一部であると明示された訴訟では，他の部分の時効更新効はない。**

訴えが債権の一部に限定されると，他の部分が存在すること（すでに弁済されて消滅していないかなど）について，裁判所の判断が示されないことになる。したがって，**一部の訴え**では**他の部分について権利不行使という事実状態が真実の権利関係と一致していないという明確な証拠を示したことにはならず**，他の部分について時効更新効は生じないとするのが判例である（最判昭34・2・20）。

●債務の一部の弁済における時効更新の範囲

「債権の一部について支払いを求める訴え」と混同しやすいのが「債務の一部の弁済」なので，ここで取り上げておこう。

債務の一部を弁済するとは，「一度に全部は弁済できないので，一部だがとりあえずこの金額を支払う」などとして，債権全額が残っていることを債務者が承認した上で弁済することをいう。承認は，「不利益を受ける者があえて認めるのであるから，債務が存在することはほぼ間違いない」という経験則に基づいて時効の更新事由とされているものである。その債務者が「とりあえず一部を支払う」としている以上，残部の存在は確かである。したがって，その残額についても時効更新の効力を生じるとするのが判例である（大判大8·12·26）。

オ × **時効による債権消滅の効果は，援用を待って確定的に生じる。**

判例は，**時効による債権消滅の効果**は，時効期間の経過とともに，確定的に生ずるものではなく，**援用がなされることを条件（停止条件）に不確定的に生じ，援用があれば確定的にその効果が生じる**とする（不確定効果説，最判昭61・3・17）。

そのため，当事者による時効の援用がなければ，裁判所は，これを判決の基礎とすることはできない。

以上から，妥当なのは**イ**と**ウ**であり，正答は**3**である。

No.10 の解説　消滅時効

→問題はP.187

ア×　抵当不動産の第三取得者は，抵当権の被担保債権の消滅時効を援用できる。

→No.２ア

イ○　債務者の承認による時効の更新の効力を，物上保証人は否定しえない。

妥当である。債務が存続している限り，これを保証した者は，自ら保証したことについて責任を負う。これは，主たる債務の時効の進行中に，債務者が債務を承認して時効が更新した場合も同様である。

要するに，債務が存続している限り，保証の義務もまた存続するということである（最判平７・３・10）。

ただし，いったん**時効が完成すれば，援用するかどうかは各自の判断にゆだねられる**ので，主たる債務者が時効の利益を放棄しても，物上保証人はなお時効を援用できるが，これはあくまで時効が完成して債務が消滅した場合の話である。

ウ×　１回の不履行があっても，各割賦金はその弁済期到来ごとに時効が進行する。

判例は，１回の不履行があっても，各割賦金の弁済期到来ごとに時効が進行し，債権者が特に残債務全額の弁済を請求した場合に限り，その時から残債務全額について消滅時効が進行するとする（最判昭42・６・23）。

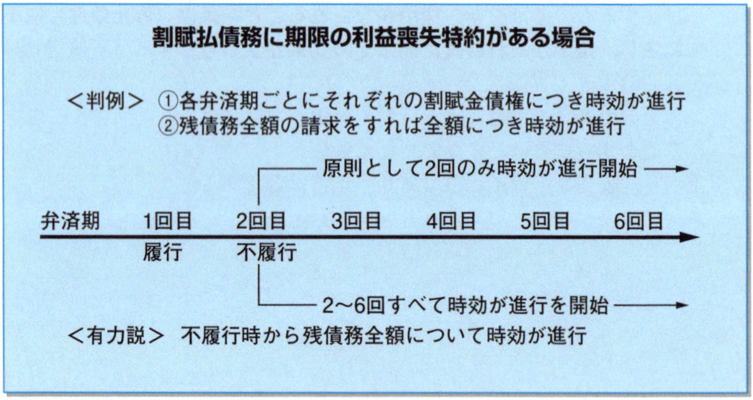

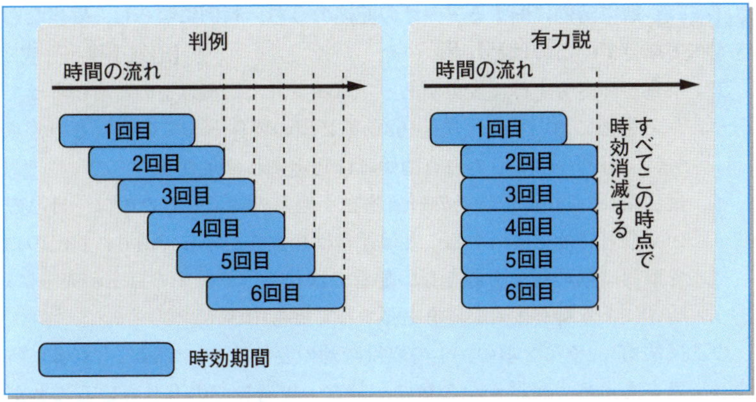

割賦払契約（例：電気店からエアコンを月賦で購入。代金債権の消滅時効期間は２年）において，「１回でも支払いを怠れば，債権者は直ちに残代金全額の支払いを求めることができる」という特約が付けられた場合，債務者が１回でも支払いを怠れば，その時点から残債務全額についての消滅時効が進行し始めることになる。

ただそうなると，残額はすべて２年で時効消滅してしまい，特約を付けなかった場合（残額についてはそれぞれの支払い月から個別に進行を始める）に比べて債権者には不利である。それは，**支払いを怠る悪質な債務者をかえって有利にしてしまう**。

そこで判例は，１回の不履行があっても，各割賦金の弁済期到来ごとに時効が進行し，債権者が特に残債務全額の弁済を請求した場合に限り，その時から残債務全額について消滅時効が進行するとしている。

割賦払い：分割払いのこと。毎月払う場合を月賦，年単位で払う場合を年賦という。割賦払いの中では月賦がもっとも一般的である。

エ○　時効完成の知・不知にかかわらず，債務を承認した場合は援用はできない。

妥当である。たとえ時効完成を知らずに債務を承認した場合でも，もはや債務者は，「時効完成を知らなかった」という理由で援用することは信義則に反するので許されない（最判昭41・４・20）。→No.９イ

以上から，妥当なのは**イ**と**エ**であり，正答は**2**である。

正答　No.5＝**1**　No.6＝**3**　No.7＝**5**　No.8＝**3**　No.9＝**3**　No.10＝**2**

実戦問題❸　難問レベル

***
No.11 取得時効に関するア～オの記述のうち，判例に照らし，妥当なもののみをすべて挙げているのはどれか。　【国家Ⅰ種・平成21年度】

ア：不動産の占有主体に変更があって承継された二個以上の占有が併せて主張される場合において，民法第162条第２項の要件としての占有者の善意・無過失は，最初の占有者の占有開始時に判定すれば足りる。

イ：民法第162条が取得時効の対象物を「他人の物」としたのは，自己の物について取得時効を援用することは通常は無意味だからであり，自己の物について取得時効の援用を許さない趣旨ではなく，不動産の買主が売主に対して，時効による所有権の取得を主張することもできる。

ウ：民法第162条第２項の10年の取得時効の要件については，占有者が所有の意思をもって，平穏かつ公然に，善意・無過失で占有していることが推定され，取得時効の成立を否定する者がその推定を覆す事実を立証する必要がある。

エ：民法第162条の取得時効は，長期間継続した事実状態を尊重するものであるから，善意・無過失でＡ所有の不動産の占有を開始し15年間占有を継続したＢは，占有開始から12年経過後にＡから当該不動産を譲り受けたＣに対して，登記なくして時効による所有権取得を対抗することができる。

オ：民法第162条の「所有の意思」は，占有者の内心の意思によってではなく，占有取得の原因である権原または占有に関する事情により外形的客観的に定められるべきものであるから，不動産の取得時効を主張する者は，自己への所有権移転登記を求めない限り，およそ所有の意思が認められることはない。

1 ア，イ　　**2** ア，エ　　**3** イ，ウ　　**4** ウ，オ　　**5** エ，オ

（参考）民法

（所有権の取得時効）

第162条　20年間，所有の意思をもって，平穏に，かつ，公然と他人の物を占有した者は，その所有権を取得する。

２　10年間，所有の意思をもって，平穏に，かつ，公然と他人の物を占有した者は，その占有の開始の時に，善意であり，かつ，過失がなかったときは，その所有権を取得する。

実戦問題3の解説

No.11 の解説 取得時効

→問題はP.198

ア○ 妥当である（最判昭53・3・6）。

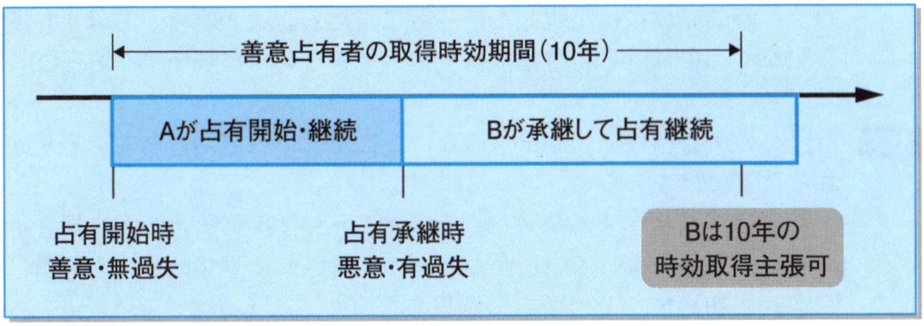

取得時効期間は次のようになっている。

●所有権の取得時効期間
①占有開始時に善意・無過失…10年（162条2項）
②占有開始時に悪意または善意・有過失…20年（162条1項）

占有は人が代わっても承継することができる。たとえば，親が自己の所有物として土地を占有していて，子が相続によって親の占有を引き継ぐような場合である。時効が「継続した事実状態を法的な権利関係として認める」ものであるならば，相続によってその親子が正当に占有を継続しているとみうるからである。

この場合，所有の意思による占有が続いているので，時効期間の要件については，親と子の占有期間を合算することができる。

判例は，取得時効期間は，「時効期間を通じて占有主体に変更がなく同一人により継続された占有が主張される場合について適用されるだけではなく，占有主体に変更があって承継された2個以上の占有が併せて主張される場合についても適用され…後の場合にはその主張にかかる最初の占有者につきその占有開始の時点においてこれを判定すれば足りる」とする。

イ○ 妥当である。判例は，自己所有物についての取得時効の主張を認めている（最判昭42・7・21）。

売買によって不動産を取得したが，所有権の移転登記手続をしていなかったために所有権が確定的になっていないという場合に，**その者が不動産を長く占有するという状態を，時効によってそのまま法的に承認する**ことは，なんら時効制度の趣旨に反するものではない。

ウ× 判例は，「民法第162条第2項の10年の取得時効を主張するものは，その不動産を自己の所有と信じたことにつき無過失であったことの立証責任を負う」とする（最判昭43・12・19）。

この場合，**時効主張で利益を受けるのは不動産を取得する側**であり，その者が無過失についての**立証責任を負う**。

エ × Bは占有開始時に善意・無過失であるから，その時点から10年で時効が完成する（162条２項）。CはBの占有開始から12年後に不動産を譲り受けているので，時効完成後に出現した第三者に当たる。この場合，Bは土地所有権の登記なくしては，Cに時効取得を主張できない（最判昭33・８・28）。

→No.３イ

オ × 自己への所有権移転登記を求めないことだけで，直ちに所有の意思が否定されることにはならない。

判例は，前半のように述べたうえで，「占有者が他人の所有権を排斥して占有する意思を有していなかったものと解される事情（他主占有事情）が証明されて初めて，その所有の意思を否定することができる」としながらも，登記簿上の所有名義人であった者に対し長期間にわたって移転登記手続を求めなかったことは，「他主占有事情の存否の判断において占有に関する外形的客観的な事実の一つとして意味のある場合もあるが，常に決定的な事実であるわけではない」とする（最判平７・12・15）。

以上より，妥当なのは**ア**と**イ**なので，正答は**1**である。

正答 No.11=1

第２章
物　権

テーマ10　物権の性質・効力
テーマ11　不動産物権変動
テーマ12　即時取得
テーマ13　占有
テーマ14　所有権
テーマ15　共有
テーマ16　用益物権

第2章 物　権

試験別出題傾向と対策

頻出度	試験名	国家総合職（国家Ⅰ種）					国家一般職（国家Ⅱ種）					国家専門職（国税専門官）				
	年度	18-20	21-23	24-26	27-29	30-2	18-20	21-23	24-26	27-29	30-2	18-20	21-23	24-26	27-29	30-2
	テーマ／出題数	6	3	5	5	6	5	7	3	3	3	3	2	2	3	3
C	10 物権の性質・効力				1			1								1
A	11 不動産物権変動	2	1	3	3	2	2	4	1	1		1		2	1	1
B	12 即時取得	1	1	1		1		1	1	1	1	1	1			1
A	13 占有	2	1	1		1	1	1	1	1	1		1		2	
C	14 所有権					1					1					
B	15 共有	1			1		2					1				
C	16 用益物権					1										

物権は，総則や債権総論などと比較すると論点の少ない分野である。そのため，出題は類似の問題が繰り返される傾向にある。ただ，形式面での変化，すなわち五肢択一から「妥当なものの組合せ」問題への移行は物権法でも顕著であるが，要求される知識の範囲は従来と大きな変化はない。また，「妥当なものの組合せ」は，五肢択一の場合よりも知識の正確性が強く要求されるので，物権法でも曖昧な知識では正答できない問題が増えてきている。出題される知識の範囲に目立った変化がないということは，過去問の範囲で知識を正確にしておけば得点源にできることを意味する。その意味では，物権は出題範囲が予測できて得点源にできる分野といえるので，過去問練習の反復で，できるだけ知識の正確性を確保する対策を心がけたい。

●国家総合職（法律）

物権からは例年１～２問出題される。所有権と用益物権を除く物権全体から満遍なく出題されるが，なかでも不動産物権変動からの出題が多い。物権は他の分野と比較して論点が少ないものの，国家総合職の素材とできるような（やや細かな）論点は不動産物権変動や即時取得を中心に豊富にそろっており，これらを素材とした空欄補充や会話形式の問題も出題されている。

●国家一般職

平成18年度から民法が二分割され，その影響もあって，従来は出題数が少なかった物権の問題が増加した。また，従来は，不動産物権変動と即時取得に出題が集中していたが，次第に占有など物権の他の分野に広がる傾向が現れている。形式は，国家一般職全般の傾向として，「妥当なものの組合せ」が大半を占めているが，判例を素材とした空欄補充の問題も出題されている。

地方上級（全国型）					地方上級（特別区）					市役所（C日程）					
18-20	21-23	24-26	27-29	30-2	18-20	21-23	24-26	27-29	30-2	18-20	21-23	24-26	27-29	30-元	
1	3	3	2	2		6	6	5	6	2	1	3	1	1	
		1				1	1			1		1	1	1	テーマ10
	1	1				1		1	1		1	1			テーマ11
		1		1			1	2	1						テーマ12
1						1			1	1					テーマ13
			1	1		1	2		1						テーマ14
	2		1				1	1				1			テーマ15
						2	1	1	2						テーマ16

●国家専門職（国税専門官）

物権・担保物権分野から毎年１～２問が出題される。物権と担保物権の配分比率はほぼ均等で，物権と担保物権を一つのパートと見て，その中で問題を分散させているようである。問題は基礎的なものがほとんどなので，対策としては浅く広く知識を整理しておくことが必要であろう。

●地方上級（全国型）

テーマ別では，不動産物権変動，即時取得，所有権，共有からの出題が中心である。前２者では，判例が素材の中心であり，後２者では条文の知識問題が多い。出題は，これまでのところ，旧来型の五肢択一形式で，かつ基礎的な知識問題が大半を占めている。また，範囲も過去問の知識の範囲にとどまっているので，過去問で知識を固めたうえで，近時の重要判例をチェックしておけば十分であろう。

● 地方上級（特別区）

平成21年度から民法の出題数が４問から10問に増え，従来は出題数が少なかった物権の問題が増加した。出題は特定のテーマに集中することはなく，物権の全体から満遍なく出題されている。なかでも用益物権は特別区のみで出題されるテーマであり，近年は隔年で出題されているのが注目される。

● 市役所

物権からの出題は３年で２問程度のペースである。出題範囲の特定は困難で，ほぼ全般から「忘れた頃に思い出したように」出題される傾向にある。浅く広く，基礎的な知識を固めておく必要がある。

物権の性質・効力

必修問題

物権に関するア～オの記述のうち，妥当なもののみをすべて挙げているのはどれか。 【国家Ⅱ種・平成23年度】

ア：物権は債権に対して**優先的効力**を有しており，同一の物について物権と債権が競合する場合は，その成立の前後にかかわりなく物権が債権に優先するのが原則である。

イ：強力な権利である物権については，その変動を登記または引渡しによって示すという**公示の原則**が採用されている。さらに，不動産については，権利の外形である登記を信頼して取引した者を保護するという**公信の原則**が採用されている。

ウ：物権は，物に対する絶対的・排他的な支配権であるから，その円満な支配状態が侵害された場合は，その侵害を除去するために**物権的請求権**を行使することができるが，その行使の要件として，侵害者の故意・過失が必要である。

エ：民法は，物の**事実的支配**たる占有に一定の法的保護を与えており，占有者は，他人に占有を妨害された場合は，その占有が正当な権利に基づくものか否かにかかわらず，妨害の除去を請求することができる。

オ：売買や贈与のように，直接的には債権・債務を生じさせる法律行為であるが，終局的には物権の移転を目的とする法律行為を行う場合は，物権の移転を生じさせる法律行為の成立には，当事者の意思表示のみでは足りず，不動産については登記，動産については引渡しが必要である。

1 ア，ウ
2 ア，エ
3 イ，ウ
4 イ，オ
5 エ，オ

難易度 ＊＊

必修問題の解説

ア○ 同一物について物権と債権が競合するときは，原則として物権が優先する。

妥当である。まず物権と債権について説明すると，物権とは物を直接支配する権利であり（支配権），債権とは他人に一定の行為をしてもらう権利である（請求権）。

この両者が競合する事案として，たとえばAがノートパソコンを賃借料1万円でBに1か月間貸したが，期間中にAがこれをCに譲渡したという例を考える。この場合は，Cの物権（所有権）とBの債権（賃借権）が同一物に競合することになる。そして，両者の関係ではCの物権が優先するとされ，Cからの引渡請求があれば，Bはこれに応じなければならない。

そして，Bが契約期間の途中で使用できなくなった損失は，債務不履行として賃貸人であるAに責任を追及すべきことになる。

イ × 不動産登記を信頼して取引しても，確実に権利を取得できるとは限らない。

本肢にある公示の原則・公信の原則とは以下のようなものである。

●公示の原則・公信の原則
- 公示の原則…物権変動（発生，変更，消滅）には外界から認識しうるなんらかの公示手段を伴うことを必要とするという原則。
- 公信の原則…公示を信頼して取引をした者は，公示通りの権利を取得できるとする原則。

↓

- 公示の原則は，動産・不動産の両者について採用されている。
- 公信の原則が採用されているのは動産のみ。

これを前提に，順を追って説明する。

①**公示とは**：物権は，物を排他的に直接支配しうる権利であるから，個々の物権について権利者や権利内容が明確になっていなければならない。そして，これを明確にするのが公示方法であり，**不動産の場合は登記，動産の場合は占有**（社会通念に照らして物を支配していると認められる状態）がこれに該当する。

②**公示の原則**：物権の取引は公示を伴うことを要するという原則。簡単に言えば，不動産を購入した場合には移転登記を，また動産を購入した場合には占有の移転を済ませておかなければならないということである。

③**公信の原則**：では，公示を伴えば確実に物権を取得できるか，それともそれだけでは不十分でなんらかのプラスアルファが必要か。

前者，つまり公示を伴えば足りるとするのが公信の原則である。そして，民法は動産についてこの原則を採用しているが，不動産については採用していない。

その結果，動産取引では前主の占有を信頼して取引すれば確実に物権を取得できるが，不動産取引では公示（登記簿）の調査だけでは足りず，これに加えて「現地調査で記載内容の真正性を確認する」などのプラスアルファの作業が必要とされる。

④**民法が両者を区別したのはなぜか**：日々取引される量や，財産としての重

要性などが影響している。たとえば，スーパーで食料品を購入する，電器店で家電製品を購入するなどはすべて動産取引である。日々大量に行われるこれら動産取引について，消費者に「店頭に並んでいる商品は本当に店に販売権があるのか，盗品ではないのか」といった調査を要求するのは現実的でない。店頭に並んでいるものを信頼して買ったら確実に所有権を取得できるとしておく必要がある。公信の原則は，これを可能にするための手段である。

これに対して，不動産の場合はその価値の高さから取引はより慎重になる。マイホームの購入はその典型であるが，当然に現地を調査して，仮に住んでいる人がいれば，どういう権限で住んでいるのかなどの聞き取りを行うであろう。場合によってはさらなる調査が必要になるし，不動産取引にはそういった慎重さが求められる。単に登記を信頼すれば保護される（公信の原則）とするのは，関係者の利益を不当に損なう可能性がある。

ウ× **物権的請求権の行使には，侵害者の故意・過失は必要でない。**

物権的請求権とは，物権の本来の支配状態を回復するための権利で，物の直接支配という物権の本質から導かれるものである。行使の要件としては，物権の支配が侵害されていればよく，侵害者の故意・過失は必要でない。

たとえば，地震のために隣の木が倒れて敷地を占拠している場合，木の所有者に過失がなくても，敷地の所有者は木の撤去を求めることができる。

エ○ **占有の妨害排除請求は，占有が正当な権利に基づくことを要しない。**

妥当である。正当な権利に基づいて占有されているかどうかの証明は困難な場合もあるので，とりあえず妨害される前の状態に戻して，争いがあれば裁判で決着をつけるほうが財産秩序を守れる。そのため，正当な権利に基づくかどうかを問わず，妨害排除請求が認められている（198条）。

オ× **物権の設定・移転は当事者の意思表示のみでその効力を生ずる（176条）。**

我が民法上，公示は意思表示が有効になるための要件（効力要件）ではなく，第三者に権利取得を主張するための要件（対抗要件）とされている（各国の法制によって異なる）。すなわち，当事者間では意思表示だけで物権が移転するが，それを第三者に対抗するには公示が必要という意味である。

以上から，妥当なのは**ア**と**エ**であり，正答は**2**である。

正答 2

FOCUS

物権論は抽象的な印象を受ける部分であるが，物権法の出発点となるので，できるだけここでイメージをつかんでおきたい。無理をする必要はないので，先に進んでフィードバックしながら理解を深めていけば十分である。

POINT

重要ポイント1 物権の性質

①物権は物に対する直接的な支配権である。
②物権の客体は，原則として固体・液体・気体といういわゆる有体物である。
　ただし，例外的に質権における権利質や，抵当権における地上権・永小作権への設定のように，有体物以外のものである「権利」を客体とする物権も存する。
③物権は，民法その他の法律に定めるもののほか，これを創設することができない。これを**物権法定主義**という。ただし，通説は**慣習上の物権**を認めている。
④物権は，原則として債権に優先する効力を有する。
⑤物権は，原則として登記しなければ第三者対抗力を有しない。
⑥債権である不動産の賃貸借は事実上物権化しており，登記すれば，その後に当該不動産に物権を取得した者に対しても，その権利を主張できる。

重要ポイント2 物権の種類

①物権の基本は，物を使用・収益・処分する権能である所有権である。
　使用・収益権能を内容とする用益物権，処分権能を内容とする担保物権がある。これらは，所有権の一部が制限されたという意味で，制限物権と呼ばれる。
②用益物権には，地上権，永小作権，地役権，入会権の４つがある。
③担保物権には，留置権，先取特権，質権，抵当権の４つがある。これ以外に，実務上の必要に基づいて生み出されてきたものに譲渡担保がある。判例は，その有効性を認めている（民法に規定されていないという意味で非典型担保と呼ぶ）。
④所有権など，物の所持（占有）を正当化ならしめる権利を**本権**という。
　本権を有していることの証明は難しい場合があることから，法的手続きを経ない取戻しなどの私人間の紛争を防止して財産秩序を維持するために，現在の支配状態を本権の有無とは関係なく仮に保護しようとするのが占有権である。

重要ポイント3 公示の原則・公信の原則

①公示の原則とは，物権の変動（発生，変更，消滅）には外界から認識しうるなんらかの公示手段を伴うことを必要とするという原則である。
②公信の原則とは，公示を信頼して取引をした者は，公示どおりの権利を取得できるとする原則である。公信の原則は，動産取引のみに認められている。

重要ポイント4 物権的請求権

①第三者による物権の侵害によって，その自由な支配が妨害されている場合に，本来の状態に戻すことを侵害者に求めることができる権利である。
　自由な支配が妨害されていれば足り，侵害者の故意・過失を必要としない。
②物権的請求権は，返還請求，妨害排除請求，妨害予防請求の３種に分けられる。

実戦問題

No.1 * 民法に規定する物権に関する記述として，通説に照らして，妥当なのはどれか。

【地方上級（特別区）・平成21年度】

1　契約自由の原則から，物権は民法その他の法律に定めるもののほか，契約によって自由に創設することができるが，物権法定主義により，物権の内容を民法その他の法律に定められているものとは違ったものとすることはできない。

2　物権の客体は物であることを要し，民法において物とは有体物をいうものとされているので，物権には，有体物以外のものを客体とするものはない。

3　民法上の物権を分類すると，自分の物に対する物権である所有権と他人の物に対する物権である制限物権に分けられるが，制限物権のうち他人の物を利用する用益物権には，占有権，永小作権及び地役権が含まれる。

4　物権は絶対的・排他的な支配権であるが，物権と債権が衝突するときに，債権が物権に優先する場合がある。

5　土地に生立する樹木は，取引上の必要がある場合には，土地とは別個独立の不動産として所有権譲渡の目的とすることができ，この場合，立木登記または明認方法と呼ばれる公示方法を備えた場合に限り，有効な取引とされる。

No.2 * 物権の性質に関する次の記述のうち，判例に照らし，妥当なのはどれか。

【国家Ⅱ種・平成16年度改題】

1　動産の物権変動における対抗要件は引渡しであるが，外観上変更を伴わない意思表示のみによる簡易な引渡方法である占有改定は，取引の安全を害するおそれがあり，公示上問題があるため，対抗要件としての引渡しには当たらない。

2　不動産賃借権は債権であるため，物権的請求権を主張することができないから，不動産賃借人は，賃借権の登記がなされていても，これを妨害する第三者に対して，妨害排除請求権を有しない。

3　共有不動産の持分の価格が過半数を超える者は，共有物を単独で占有する他の共有者に対し，当然には，その占有する共有物の明渡しを請求することができない。

4　立木については明認方法も対抗力を有するが，登記の対抗力には劣るから，たとえば二重譲渡の場合には，先に明認方法を施しても後から登記をした権利者には対抗できない。

5　抵当権は，抵当不動産の交換価値から優先的に弁済を受けることを目的とする物権であるから，抵当権者はその抵当不動産を不法に占有する第三者に対して，明渡しを請求する余地はない。

実戦問題の解説

No.1 の解説　物権

→問題はP.208

1 ×　物権は，契約によって自由にこれを創設することはできない。

物権は物を直接に支配する権利であるから，他者との利害調整や取引の安全のために，それを公示する手段が整備されていなければならない。そのためには，「**物権は，民法その他の法律に定めるもののほか，創設することができない**」としておくことが必要になる。これを**物権法定主義**という（175条）。当事者間で物権の内容を自由に設定できるならば，公示は困難だからである。

2 ×　有体物以外のものである「権利」を客体とする物権も例外的に存する。

たとえば，**質権における権利質**や（362条），**抵当権における地上権・永小作権への設定**（369条２項）などがその例である。

物権とは，物を直接に支配する権利であるから，その客体は原則として物（有体物）でなければならない。しかし，物権は，客体を直接支配することに意味があるのではなく，**直接支配によって，そこから利益を受けることに意味を有している**。そのため，担保物権においては，優先弁済権を確保するという特有の性質から，権利を客体とする物権も認められている。

3 ×　占有権は物の支配状態をそのまま保護するもので，用益物権ではない。

用益物権は，地上権（265条），永小作権（270条），地役権（280条），入会権（294条）の４つであり，占有権はこれに含まれない。

占有権は，所有権その他の本権の証明が困難な場合に備えて，それを仮に保護する権利であり，用益物権などの「占有を正当化する実質的な権利」である本権とはその性格を異にする。

4 ◎　債権のうち事実上物権化したものが，他の物権に優位することがある。

妥当である。債権である不動産の賃貸借は事実上物権化しており，登記すれば，その後に当該不動産に物権を取得した者に対しても対抗できるとされる（605条）。

5 ×　土地に成立する樹木も，取引自体は公示方法がなくても行うことができる。

立木登記または**明認方法**（→テーマ４「物」No.１選択肢４）と呼ばれる公示方法は，いずれも不動産登記と同様に対抗要件であり，取引の有効要件ではない。したがって，当事者間では立木登記または明認方法を備えなくても契約の効力を主張できる（大判大５・３・11）。

No.2 の解説　物権の性質

→問題はP.208

1 ×　占有改定も，動産物権変動の対抗要件としての引渡しに該当する。

占有改定も占有権取得の公示方法として認められており（183条），動産物権変動の対抗要件となるとするのが判例である（最判昭30・6・2）。

占有改定とは，たとえば，AがBにノートパソコンを売却したが，買主Bの承諾の下にそのまま使わせてもらうような場合をいう。「A→Bへの売却と目的物の引渡し，B→Aへの賃貸借と目的物の引渡し」という二重の手間を省く手段として用いられている。しかし，外形的には「Aが所持しているパソコンをそのままAが使っている」というにすぎず，譲渡の事実を外部から推知することができない。そのため，物権変動の公示手段として弱すぎるという指摘がある。

ただ，**実際に「A→BとB→A」という二度の占有移転を求めるのは煩雑**で現実的でない。そのため，判例はこれを対抗要件として認めている。

2 ×　賃借権の登記がなされれば，妨害排除請求権を行使できるようになる。

605条は，「不動産の賃貸借は，これを登記したときは，その不動産について物権を取得した者その他の第三者に対抗することができる」と規定しており，判例は，これに基づいて**賃借権の登記が行われた場合**には，その賃借権はいわゆる**物権的効力**を有し，**賃借人はこれを妨害する第三者に対して妨害排除請求権を行使できる**とする（最判昭28・12・18）。

3 ◎　過半数の共有持分があっても，当然には他の共有者の占有を排除できない。

妥当である。**共有**とは，一つの物を共同で所有することであるが，その**本質は所有権すなわち物を自由に使用・収益・処分できる権利**である。ただそれが，共同の所有ということで**他の共有者の共有持分によって制約されている状態**をいう。

ただし，制約されているといっても，共有持分を有している限り，共有物を全面的に使用する権利を持っている。通常，全面的に使用できる日を割り振るといった調整は共有者間の協議によって行われるが，協議が整わない場合でも，共有持分がある以上各共有者の使用権を否定することはできない。

そこで本肢であるが，**明渡請求を認めると，単独で占有している共有者の共有持分を否定する結果になる**。その共有者も，共有持分に基づいて共有物に対する使用・収益権を有しているので，たとえ**過半数持分権者であっても，当然にその明渡しを請求できるものではない**（最判昭41・5・19）。

4 ×　先に施された明認方法が存続していれば，後になされた登記に優先する。

明認方法は慣習上，対抗要件性を認められているものであるが，対抗要件として登記に劣後する効力しか認められていないというものではなく，登記に優先して明認方法が施され，それが存続しているかぎり，登記に優先して対抗力を認められる。

立木を取得しようとする者は，実際に現地で立木の状態を確認するのが常となっている。そのため，**明認方法が存在すれば，それで立木の権利を確認できる**ので，このように解しても取引の安全を損なうことにはならない。

5 × 抵当権者は抵当不動産の不法占拠者に，明渡しを請求できる場合がある。

抵当権とは，担保する債権の支払いが滞った場合に，抵当権を設定している不動産を競売にかけて，その競売代金（これが本肢にいう抵当不動産の交換価値）から優先的に弁済を受けることを目的とする物権である。

そして，物権である以上，それを**侵害する者に対しては，妨害排除請求権を行使できる**。物権とは，物を直接に支配できる権利だからである。そして判例は，「第三者が抵当不動産を**不法占有**することにより，抵当不動産の交換価値の実現が妨げられ，**抵当権者の優先弁済請求権の行使が困難となるような状態があるとき**は，抵当権者は，占有者に対し，抵当権に基づく妨害排除請求として，その状態の**排除を求めることができる**」とする（最判平11・11・24）。

抵当権の物権としての機能は債権の担保の点にあるので，その機能が侵害される状態があれば，それは抵当権の侵害にほかならない。そして，抵当権は物権であるから，物権の侵害に対しては妨害排除請求が可能なはずである。競売価格の大幅下落など，担保としての機能を全うできない状況があれば，抵当権者自ら妨害排除としての明渡しを請求できるのは，物権の性質から導かれる自然な結論といえる。

なお，判例は，「抵当不動産の所有者において抵当権に対する侵害が生じないように**抵当不動産を適切に維持管理することが期待できない場合**には，抵当権者は，占有者に対し，**直接自己への抵当不動産の明渡しを求めることができる**」としている（最判平17・3・10）。

正答 No.1=4 No.2=3

不動産物権変動

必修問題

民法第177条に関するア～エの記述のうち，妥当なもののみをすべて挙げているのはどれか。

【国税専門官／財務専門官／労働基準監督官・平成30年度】

ア：時効期間経過中の登記名義の変更は，取得時効とは無関係であり，取得時効の主張者は，**時効完成時の登記名義人**に対し，登記なくして時効による所有権の取得を対抗することができるとするのが判例である。

イ：Aが死亡し，その子BおよびCが共同相続人となったが，Bが**相続放棄**をした場合において，Cは，相続財産たる不動産がBの相続放棄により自己の単独所有となったことにつき登記を経なければ，当該相続放棄後に当該不動産につきBに代位してBおよびCの共有の相続登記をしたうえでBの持分を差し押さえたBの債権者Dに対して，当該相続放棄の効力を対抗することはできないとするのが判例である。

ウ：A名義の不動産を，Bが**文書を偽造**して自分の名義に移転し，Cに譲渡して所有権移転登記を経た場合であっても，Cは民法第177条にいう「第三者」に当たり，Aから当該不動産を有効に譲り受けたDは，登記なくしてその所有権取得をCに対抗することができない。

エ：売主から不動産を買い受けた買主が所有権移転登記を経ていない場合において，売主の債権者が当該不動産を差し押さえたときは，買主は当該不動産の所有権取得を登記なくして当該債権者に対抗することができず，また，売主の一般債権者に対しても同様であるとするのが判例である。

1 ア
2 イ
3 ア，イ
4 ウ，エ
5 イ，ウ，エ

難易度 ＊＊

必修問題の解説

不動産（土地・建物）を譲渡（売却，贈与などの所有権移転のこと）したり，不動産に担保を設定する，あるいは不動産について相続が生じたり売買契約が解除されるなど，不動産に関する権利変動が生じることを不動産物権変動という。

不動産は高価な財産であり，また生活の基盤をなす財産であるから，その取引の安全をどのように図るかは民法の重要なテーマの一つとなっている。そして，法がそのための手段として重視しているのは以下の諸点である。

①登記簿が現在の権利関係を正確に表示していること。

→なぜなら，不動産の取引で新たな権利関係を設定しようとする者は，登記簿（これは各地域の法務局に行けば誰でも見ることができる）で現在の権利関係を確認することが通例となっている。そして，現実には，登記簿と現地調査以外に権利関係を調べる有効な手段がない。そうであれば，登記簿が現在の権利関係を正確に表示していることは，取引の安全にとって極めて重要な要素となる。

②①の状態を確保するために，不動産物権変動が生じた場合には，新権利者は速やかにその旨の登記を済ませておかなければならない。この登記を怠れば，不利益な扱いを受けることがある。これは，登記の信頼性を確保するためである。

→「不利益な扱い」とは，正当な利益を有する第三者が出現した場合には，その者に物権変動の事実を（例：自分が購入者すなわち正当な所有者であるなどと）主張できないことを意味する。

→ただし，登記が法的または現実的に（取引社会の実情に照らして）困難であれば，登記がなくても保護される（登記を期待できない以上やむを得ない）。

この場合は，新たに出現する第三者の取引の安全は，現地調査で権利の存在が確認できるかどうかで判断する。

不動産物権変動では，上記のことを中心に考えていけば大半の問題に対処できる。

本問は，一見すると難解な用語が並んでいて難しそうに見えるが，理屈は単純である。それがわかれば，意外に簡単に解けてしまう。

なお，問題文にある177条とは，不動産物権変動は登記をしなければ第三者（物権変動の当事者以外で，不動産について正当な利害を有する者）に対抗（権利主張）できないという趣旨の条文である。

ア○ 時効取得すれば，他者が途中で登記していてもその効果に影響しない。

下の図で説明しよう。Bが占有を継続して取得時効が完成した。その間に，所有者AがCに不動産を譲渡してA→Cの移転登記がなされた。その場合でも，BはCに対して「時効取得によって不動産は自分のものになった」と主張できるということである。

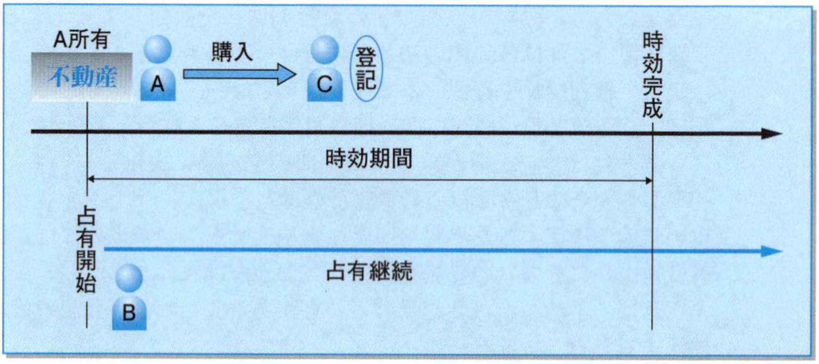

時効とは，一定期間継続した事実状態を法的な権利関係として承認しようとするものである。つまり，Bが**占有（事実的支配）を続けていれば，それだけで取得時効が完成してしまう**。ということは，途中で第三者Cが登記しても時効取得を阻止することはできない。CがBの時効完成を阻止してその不動産を支配したければ，訴えを提起して土地を取り戻すべきである（最判昭41・11・22，**取得時効と登記－時効完成前に権利取得者が現れた場合**）。

イ× 相続の放棄の効果は絶対的で，何人にも登記なくして効力を生ずる。

被相続人Aが借金まみれで死亡したなどという場合，相続人は相続を放棄すれば，Aの借金の支払いを逃れることができる。そして，**相続の放棄は家庭裁判所に申述して行うので**（938条），その効果は絶対的であり，**放棄した者は初めから相続人とならなかったものとみなされる**（939条）。

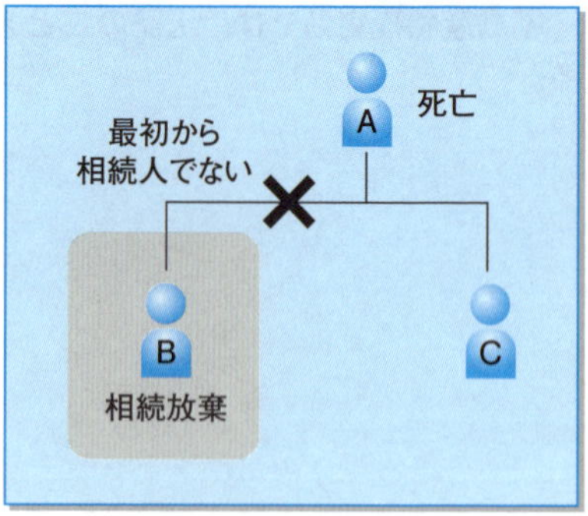

本肢で，Bは**相続を放棄した時点で相続関係からは一切離脱する**。したがって，Bは相続人ではなく，相続持分もないので，Bの債権者Dがそれを差し押さえてもムダであり，Dは差押えの効果を主張することは

できない（最判昭42・1・20, **相続の放棄と登記**）。

ウ× **偽造登記で所有者とされている者から不動産を譲り受けても権利取得は不可**

不動産については，公信の原則は採用されていない（→テーマ10「物権の性質・効力」必修問題イ）。したがって，**虚偽の登記を信頼して取得しても権利取得はできない**。つまり，Cは177条にいう第三者には当たらない。

エ× **売主の差押債権者と異なり，一般債権者は177条の第三者には当たらない。**

177条の第三者とは，わかりやすくいえば，**不動産上の権利**（典型は所有権）**を互いに争い合う（それも正当に）関係にあるような者**をいう。そして，177条は，その決着は「どちらが先に登記を備えたか」によって判断するというものである。

本肢の差押債権者は，不動産を競売にかけようというのであるから，正当に争い合う関係にあるといえるので177条の第三者に当たる（大判明38・5・10）。しかし，**一般債権者**（売主にお金を貸しているなどの者）は**物権の支配を争っているわけではないので，第三者には当たらない**（大判大4・7・12）。

以上から，妥当なものは**ア**のみであり，正答は**1**である。

正答 1

FOCUS

登記制度が取引の安全を目的としたものであることから，「権利主張に登記を必要とする物権変動」では，①登記ができる状態であったかどうか，また，②できる状態であったとすればそれをしていたか（つまり，きちんとなすべきことをしていたか）どうかで保護の是非が判断されており（判例），この点を理解しておけばたいていの問題は正答できる。

▸▸▸ POINT

重要ポイント 1　物権変動と登記の要否

(1) 登記―取引の安全を図る手段

登記は，不動産に関する権利関係を正確に公示して，取引の安全を図るためのものである。したがって，登記しなければならない物権変動は，売買等による所有権の移転に限られず，相続や解除，取消しなどによる物権変動も含まれる。

(2) 入会権―登記できない権利

入会権は権利の内容が土地の慣習によって定まるため，登記できない権利とされている。ただ，入会権は現地調査によって容易に確認できることから，登記がなくても第三者に対抗できるとされている。登記は，権利関係を公示して取引の安全を図るためのものであるが，他の手段で権利関係を認識できれば，登記なしに権利（入会権）の主張を認めてよい。

(3) 通行地役権―登記は可能だが現実的にそれを期待できない権利

通行地役権については登記が認められているので，登記しなければ第三者に対抗できない。ただ，単なる通行権を高額の登記費用を支払ってまで登記することは，現実には期待できない。そこで，通行地役権の存在が客観的に認識できる場合には，それを登記に代わる公示手段とみて，第三者が登記の欠缺を理由として通行地役権を否定することは，信義に反して許されないとされる。

(4) 賃借権―他の方法で賃借権の登記に代替することが認められている権利

賃借権も，登記しなければ第三者に対抗できないが，土地の賃借権については，建物の所有権の登記で代替することが認められている。そしてこの登記には，表示の登記も含まれる。

重要ポイント 2　不動産物権変動と登記

(1) 法律行為の取消し・解除と登記

①取消しの意思表示をした者が，取消前に出現した第三者に対して取消しの効果を主張するには，登記は不要である。ただし，善意・無過失の第三者保護規定がある場合（錯誤による意思表示の取消し，95条４項，詐欺による意思表示の取消し，96条３項）には，善意・無過失の第三者には取消しの効果自体を主張できない。

②法律行為の取消後に出現した第三者との優劣は，登記の先後で決せられる。

③法律行為の解除前に出現した第三者との優劣は，登記の先後で決せられる（第三者と何ら落ち度のない解除者との利益調整を登記で図る趣旨）。

④法律行為の解除後に出現した第三者との優劣は，登記の先後で決せられる。

(2) 相続と登記

①共同相続において，自己の持分を第三者に対抗するには登記は不要である。

②遺産分割によって法定相続分と異なる持分を取得した場合，その効果を第三者に対抗するには登記が必要である。

③相続放棄の効果は絶対的で，それを第三者に対抗するには登記は不要である。

④Ａがその所有する不動産を配偶者Ｂに「相続させる」趣旨の遺言を作成した後死

亡した場合，Bがその相続分を超える部分の権利取得を主張するには登記が必要である（2018年の相続法改正による）。

(3) 取得時効と登記

①時効完成前の権利取得者に時効取得の効果を対抗するには，登記は不要である。
②時効完成後の第三者との優劣は，登記の先後で決せられる。
③時効期間の起算点を任意に選択することは許されない。すなわち，時効期間の起算点は，現実に占有を開始した時点に限られる。

重要ポイント3 不動産物権変動における第三者

①不動産物権変動における第三者とは，「登記の欠缺を主張する正当な利益を有する第三者」をいう。
②単純悪意者は第三者に含まれる。
③背信的悪意者は第三者に含まれない。したがって，背信的悪意者に権利を主張するには，登記は不要である。背信的悪意者とは，信義則に照らして保護する必要のない第三者のことである。
④物権変動の当事者間では，登記がなくても物権変動の効果を主張できる。
⑤相続人は包括承継人であって第三者ではない。したがって，被相続人が生前に不動産を第三者に譲渡している場合，それを相続した者は，相続による権利移転の登記を備えていても，第三者に対抗できない。
⑥第三者に賃貸中（賃借権の対抗要件具備）の不動産を購入した新所有者は，登記を備えなければ賃借人に賃料請求ができない。

重要ポイント4 登記請求権

①不動産が「A→B→C」と譲渡された場合において，BはCに不動産の所有権を譲渡した後であっても，Aに対して自己へ登記を移転するよう請求できる。
②不動産が「A→B→C」と譲渡された場合において，登記が依然としてAに残っており，BがAに対する登記請求権を行使しないときは，CはBに代位して，Aに対してBへの移転登記を請求できる。

実戦問題❶　基本レベル

No.1（＊＊） **不動産物権変動に関するア～オの記述のうち，妥当なもののみをすべて挙げているのはどれか。** 【国家Ⅱ種・平成18年度】

ア：AがBに土地を売却したが，さらにAは，Bへの売却の事実を知っているCにも当該土地を売却した。Cは民法第177条の第三者に当たるので，BがCに土地所有権を主張するには登記が必要である。

イ：Aの土地をBとCが相続したが，Bは土地の登記を自己の単独名義にしてDに当該土地を売却した。Dは民法第177条の第三者に当たるので，CがDに自己の持分権を主張するには登記が必要である。

ウ：Aの土地について，Bが自己に所有権がないことを知りながら20年間占有を続けた。その間の14年が経過した時点でAはCに当該土地を売却していた。Cは民法第177条の第三者に当たるので，BがCに当該土地の時効取得を主張するには登記が必要である。

エ：AがBに土地を売却したが，Aは未成年者であったことを理由に契約を取り消した。その後，BがCに当該土地を売却した場合，Cは民法第177条の第三者に当たるので，AがCに土地所有権を主張するには登記が必要である。

オ：AがBに土地を売却したが，Bの債務不履行を理由にAは契約を解除した。その後，BがCに当該土地を売却した場合，Cは民法第545条第１項によって保護されるので，CがAに土地所有権を主張するには登記は不要である。

1　ア，エ　　**2**　ア，オ　　**3**　ウ，エ
4　ア，イ，エ　　**5**　イ，ウ，オ

No.2（＊＊） **不動産の物権変動に関するア～オの記述のうち，妥当なもののみをすべて挙げているのはどれか。ただし，争いのあるものは判例の見解による。**

【国税専門官／財務専門官／労働基準監督官・平成26年度】

ア：AがBに，Cが賃借している不動産を売却した場合，Bの所有権とCの賃借権は両立するため，Cは民法第177条の「第三者」に当たらず，Bは登記なくしてCに賃料を請求することができる。

イ：AがBに不動産を売却し，その登記が未了の間に，Cが当該不動産をAから二重に買い受け，さらにCからDが買い受けて登記を完了した。この場合に，Cが背信的悪意者に当たるとしても，Dは，Bに対する関係でD自身が背信的悪意者と評価されるのでない限り，当該不動産の所有権取得をBに対抗することができる。

ウ：AがBに不動産を売却し，その登記が未了の間に，Bが当該不動産をCに転売して所有権を喪失した場合には，Bは，Aに対する登記請求権を失う。

エ：AがBに不動産を売却し，その登記を完了したが，Aは，Bの債務不履行を

理由に，Ｂとの売買契約を解除した。その後，まだ登記名義がＢである間に，ＢがＣに当該不動産を売却した場合には，Ｃは，民法第545条第１項により保護されるため，登記なくして，当該不動産の所有権取得をＡに対抗することができる。

オ：Ａ所有の不動産をＢが占有し続けた結果，取得時効が完成したが，Ｂの時効完成前に，ＡはＣに当該不動産を売却していた。この場合に，Ｂの時効完成後にＣが登記を完了したときは，Ｂは時効完成による所有権取得をＣに対抗することができない。

1 イ　**2** オ　**3** ア，イ　**4** ウ，エ　**5** エ，オ

（参考）民法

（解除の効果）

第545条　当事者の一方がその解除権を行使したときは，各当事者は，その相手方を原状に復させる義務を負う。ただし，第三者の権利を害することはできない。（第２項以下略）

＊＊ No.3 相続と登記に関する次の記述のうち，判例に照らし，妥当なのはどれか。

【国家Ⅱ種・平成16年度改題】

1 Ａが死亡し，Ａが所有していた不動産をＢ，Ｃが共同相続したが，Ｃが単独相続による所有権移転登記をしてＤに当該不動産を譲り渡した場合，Ｂは自己の持分を登記なくしてＤに対抗できる。

2 Ｂは，死亡したＡからＡが所有していた不動産の遺贈を受けたが，遺贈による所有権移転登記をしないうちに相続人Ｃの債権者Ｄが当該不動産を差し押さえた場合，Ｂは遺贈による所有権を登記なくしてＤに対抗できる。

3 Ａが死亡し，共同相続人ＢＣ間でＡが所有していた不動産の遺産分割協議が調ったが，分割結果とは異なる持分割合の登記がなされ，Ｃの債権者Ｄが本来Ｂの持分であるが登記上Ｃの持分となっている部分を差し押さえた場合，Ｂは自己の持分を登記なくしてＤに対抗できる。

4 Ａが死亡し，Ａが所有していた不動産をＢ，Ｃが共同相続したが，Ｃが相続放棄した後に，Ｃの持分に対して債権者Ｄが差し押さえた場合，Ｂは自己の所有権を登記なくしてＤに対抗できない。

5 夫Ａが，所有する不動産を妻Ｂに「相続させる」趣旨の遺言を作成した後死亡し，その後，Ａ・Ｂの子Ｃの債権者Ｄが当該不動産を差し押さえた場合，Ｂは自己の所有権を登記なくしてＤに対抗できる。

＊＊
No.4 **不動産の物権変動に関するア～オの記述のうち，判例に照らし，妥当なもののみをすべて挙げているのはどれか。** 【国家一般職・平成29年度】

ア：ＡがＢの強迫によりＡ所有の不動産をＢに売却した後，Ｂが当該不動産をさらに善意のＣへ売却した場合において，Ａが強迫を理由としてＡＢ間の売買を取り消したのがＢＣ間の売買の前であったときは，ＡはＣに対し登記なくして自己の権利を対抗することができ，ＡＢ間の売買を取り消したのがＢＣ間の売買の後であったときも，同様である。

イ：Ａが，Ｂに自己の所有する不動産を売却したところ，Ｂが代金を支払わないため売買契約を解除した場合において，ＡＢ間の契約解除前にＢがＣに当該不動産を売却していたときには，ＣはＡに対し登記なくして自己の権利を対抗することができないが，ＡＢ間の契約解除後にＢがＣに当該不動産を売却していたときには，ＣはＡに対し登記なくして自己の権利を対抗することができる。

ウ：Ａが死亡し，その相続人であるＢが，共同相続人であるＣに無断で相続財産である不動産について自己名義の単独登記をし，Ｄに当該不動産を売却した場合，ＣはＤに対し登記なくして自己の共有持分を対抗することができない。

エ：Ａが死亡し，その相続人であるＢが，共同相続人であるＣとの遺産分割協議の結果，その相続財産である不動産を単独で相続した後に，Ｃが当該不動産に係る遺産分割前の自己の共有持分をＤに譲渡した場合，ＢはＤに対し登記なくして遺産分割による法定相続分を超える権利取得を対抗することができない。

オ：ＡがＢに自己の所有する不動産を売却し，その後当該不動産についてＣの取得時効が完成した場合には，ＣはＢに対し登記なくして自己の権利取得を対抗することができるが，Ｃの時効完成後にＡがＢに当該不動産を売却した場合には，ＣはＢに対し登記なくして自己の権利取得を対抗することができない。

1 ア，イ　　**2** ア，ウ　　**3** イ，オ　　**4** ウ，エ　　**5** エ，オ

＊＊
No.5 Aの所有する甲土地をBが時効取得する場合に関する次の記述のうち，判例に照らし，妥当なのはどれか。 【国家Ⅱ種・平成15年度】

1 取得時効は占有を尊重する制度であるから，Bが現時点からさかのぼって10年間または20年間甲土地の占有を継続していれば取得時効が成立し，Bは甲土地の所有権を取得することができる。

2 不動産売買の当事者間においては，買主は売主に対して登記なくして所有権を主張することができるが，売買のような承継取得と異なり，取得時効は原始取得を認めるものであるから，Bは，Aに対して，登記なくして時効による甲土地の所有権の取得を主張することはできない。

3 Bの取得時効が完成する２年前に，Aから甲土地をCが譲り受けた場合には，Aから甲土地がBとCとに二重に譲渡されたときと同じく，民法第177条が適用され，Cが先に登記をすれば，Bは，新たに取得時効が完成しない限り，Cに対して，時効による甲土地の所有権の取得を主張することはできない。

4 Bの取得時効が完成した２年後に，Aから甲土地をCが譲り受けた場合には，Aから甲土地がBとCとに二重に譲渡されたときと同じく，民法第177条が適用され，Cが先に登記をすれば，Bは，新たに取得時効が完成しない限り，Cに対して，時効による甲土地の所有権の取得を主張することはできない。

5 BがAから甲土地を買い受け，所有権移転登記をせずに甲土地の占有を始めてから２年後に，AからCが甲土地を譲り受け，Cも所有権移転登記を経由しない間は，CはBに対して甲土地の所有権を主張できず，甲土地を占有するBは自己の物を占有するものであって，取得時効の問題を生じる余地はないから，Bが時効取得による甲土地の所有権を主張する場合の時効の起算点は，Cが甲土地の所有権移転登記をした時と解すべきである。

（参考） 民法

第177条 不動産に関する物権の得喪及び変更は，不動産登記法（平成16年法律第123号）その他の登記に関する法律の定めるところに従いその登記をしなければ，第三者に対抗することができない。

No.6 ＊＊ **民法に規定する不動産物権変動に関するA～Dの記述のうち，最高裁判所の判例に照らして，妥当なものを選んだ組合せはどれか。**

【地方上級（特別区）・平成28年度】

A：土地の元所有者亡甲が当該土地を乙に贈与しても，その旨の登記手続をしない間は完全に排他性ある権利変動を生ぜず，被上告人丁が甲の相続人丙から当該土地を買い受けその旨の登記を得た場合，乙からさらに当該土地の贈与を受けた上告人戊はその登記がない以上，所有権取得を被上告人丁に対抗することはできないとした。

B：不動産を目的とする売買契約に基づき買主のため所有権移転登記があった後，当該売買契約が解除せられ，不動産の所有権が売主に復帰した場合でも，売主は，その所有権取得の登記を経由しなければ，当該契約解除後において買主から不動産を取得した第三者に対し，所有権の復帰をもって対抗し得ないとした。

C：甲乙両名が共同相続した不動産につき乙が勝手に単独所有権取得の登記をし，さらに第三取得者丙が乙から移転登記をうけた場合，甲は丙に対し，自己の持分を登記なくして対抗することはできないとした。

D：不動産の取得時効が完成しても，その登記がなければ，その後に所有権取得登記を経由した第三者に対しては時効による権利の取得を対抗し得ず，第三者の当該登記後に占有者がなお引続き時効取得に要する期間占有を継続した場合にも，その第三者に対し，登記を経由しなければ時効取得をもって対抗し得ないとした。

1　A，B
2　A，C
3　A，D
4　B，C
5　B，D

実戦問題1の解説

No.1 の解説 不動産物権変動

→問題はP.218

ア○ 不動産の二重譲渡においては，いずれが先に登記を備えたかで優劣が決まる。

①**不動産の二重譲渡は可能である**…理論的には，譲渡人は物権を譲渡すれば所有権を失って無権利者となるので二重譲渡はできないようにも思われるが，先に第一の譲渡があったかどうかは容易にわからないため，二重譲渡を認めないと，不動産取引は著しくリスクの高いものになり，経済社会は大きな混乱に陥る。そこで，**法は現実面に着目して二重譲渡を認めている**（177条参照）。

②**二重譲渡では，先に登記を備えたほうが優先する**…登記簿には不動産をめぐる権利関係が詳しく表示されており，不動産取引はこれを確認してから行われる。そこで，第一の譲受人も所有権移転登記と引換えに代金を支払うようにして売買時に登記を得ておけば，第二の譲受人の出現を防止できる。**それを怠っているうちに第二の譲受人が現れた場合には，「どちらが先にやるべきこと（登記）をやったか」によって両者の優劣が決まる。**

第二の譲受人も，売買代金の支払いと同時に登記を移転できるはずであり，それを怠っていると，Aの登記を信頼した第三の譲受人が出現する可能性がある。したがって，保護のレベルとしてはBもCも同じであり，登記の先後によってその優劣が決せられる。

③**「第三者」は悪意であってもかまわない**…不動産は，その性質上，「商売にはどうしても駅前のその土地が欲しい」など，個性が強く代替性が低いことから，第一の譲渡があったことを知っている（悪意）だけでは獲得競争から排除しないという扱いがなされている（大判明45・6・1）。

イ× 共同相続人は，遺産分割未了の間は登記なくして自己の持分を主張できる。

不動産物権変動において，「登記で優劣を決する」としておくためには，①**登記が可能**なことと，②**登記を要求しても酷ではない**こと（登記にはかなりの費用がかかるため）の２つが前提となる。

本肢の場合，取引通念に照らしてCに共同相続の登記を期待することが困難なため，登記がなくても自己の権利を主張できるとされている（最判昭38・２・22，**共同相続と登記**）。

●相続後の登記の状況

相続が生じると，まずそれによって被相続人から相続人へ所有権などの物権が移転する（**第一の物権変動**）。次いで，相続人間で遺産分割が行われ，相続財産に属する預貯金や株券，不動産などの最終的な分配が決定される（**第二の物権変動**）。

このように，相続では２回の物権変動が続けざまに生じることになる。この場合，第一の物権変動について，相続人に登記を要求するのは現実には困難とされている。たとえば，AとBが共同相続人である場合，Aは遺産分割では預貯金を選んで不動産はとらないかもしれない。それなのに，Aに不動産について共同相続のための高額の登記費用を負担せよとするのは酷である。一方，B

は不動産をとることを予定していたとしても，遺産分割を早く済ませてそこで登記をすれば，登記は１回だけで済む。その場合，第一の物権変動の登記費用を節約できる。そのため，相続が生じても，遺産分割によって最終的な不動産所有権の帰属が決まるまでは，登記は行われていないのが現状である。

ウ × **時効完成前の第三者には，登記がなくても時効取得を主張できる。**

時効完成前は，Ｂはいまだ権利を取得していない状態であるから，権利取得の登記などできるはずがない。そのため，時効完成前に出現したＣに対して登記がなければ権利取得を対抗できないとすると，時効取得者に不可能を強いることになる。したがって，**時効完成前の権利取得者Ｃに対しては，Ｂは登記がなくても所有権の取得を対抗できる**とされている（最判昭42・7・21，**取得時効と登記－時効完成前に権利取得者が現れた場合**）。

エ ○ **取消者と取消後に出現した第三者の優劣は，登記の先後で決せられる。**

妥当である（大判昭17・9・30，**取消しと登記－取消後に第三者が現れた場合**）。

取消しがなされると，契約の履行によっていったん相手方に移った所有権は元の所有者に復帰する。この復帰もまた権利の移動（物権変動）であるから，登記簿上に所有権の復帰があったことを公示（記載）しておく必要がある。また，取消後はいつでも所有権復帰の登記ができる。したがって，取引安全の見地から，権利者は取消後速やかに登記を済ませておくべきで，それを怠っているうちに第三者が現れた場合には，その第三者との優劣は登記の先後によって決せられる。

オ × **解除者と解除後に出現した第三者の優劣は，登記の先後で決せられる。**

本肢は，次の２点で誤り（大判昭14・7・7，**解除と登記－解除後に第三者が現れた場合**）。

①545条１項は，解除の効果として，「当事者の一方がその解除権を行使したときは，各当事者は，その相手方を原状に復させる義務を負う。ただし，第三者の権利を害することはできない」と規定している。

このうち，但書は，解除の効果から第三者を保護しようとする規定である。すなわち，同規定は解除後に出現した第三者には適用されない。そのため，**解除後の第三者との関係**は，本但書のような特別規定がないので**一般原則によって判断すべき**ことになる。

②**一般原則**…解除者Ａと解除後に出現した第三者Ｃの**優劣は登記の先後で決せられる**。したがって，ＣがＡに土地所有権を主張するには登記が必要である。

これも，考え方は上記**エ**と同じである。すなわち，契約でいったん相手方に移った所有権は，解除により元の所有者に復帰する。この復帰もまた権利の移動（物権変動）であるから，登記簿上に所有権の復帰があったことを公示（記載）しておく必要がある。それを怠っているうちに第三者が現れた場合には，その第三者との優劣は登記の先後によって決せられる。

以上より，妥当なのは**ア**と**エ**であり，正答は**1**である。

No.2 の解説　不動産物権変動

→問題はP.218

ア×　不動産の譲受人が，賃貸人の地位を賃借人に主張するには登記が必要である。

不動産の譲受人は，賃借人に対して「自分が不動産を譲り受けたので，自分が新たな賃貸人である。したがって，以後は自分に賃料を支払え」といえるか。この点について，判例は**賃貸人たる地位を主張するには土地の移転登記が必要**であるとする（最判昭49・3・19）。

その理由は，賃借人の保護の点にある。すなわち，仮に土地がBとDに二重に譲渡され，そのことを知らない借地人がBの求めに応じて賃料を支払ったとする。ところが，移転登記を済ませて確定的に土地所有者となったDが後に賃料請求してきた場合，賃借人はこれに応じざるを得ない。つまり，賃借人は二重に賃料相当額の資金を用意せざるを得ず，最初に払ったBから賃料を取り戻すのも大変である（すんなり戻してくれればよいが，そうでなければ裁判で取り戻さざるを得ない）。

このような**二重払いの危険を借地人に負わせるのは酷**である。そのため，判例は，賃貸人の地位の主張を，「登記を備えて確定的に所有者となった者に限定」している（これを**権利保護要件としての登記**と呼ぶ）。

イ○　背信的悪意者からの転得者は自身が背信的悪意者でなければ物権取得が可能。

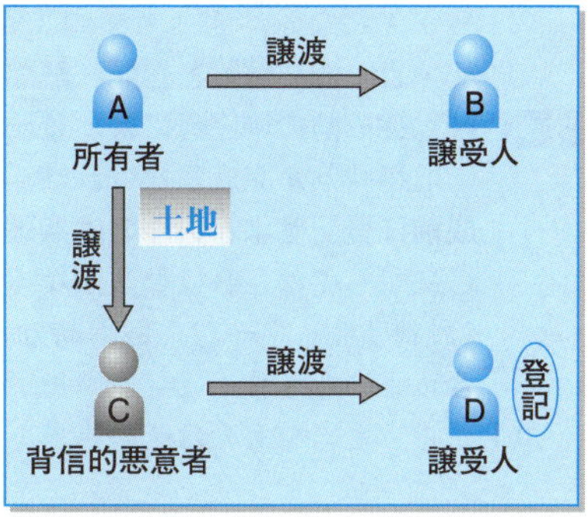

①**単純悪意者は排除しない**：不動産の二重譲渡があった場合，**第二の譲受人は，単に第一の譲渡があったことを知っていた（悪意）だけでは権利取得を阻まれることはない**。不動産は，たとえば「店舗を構えるには駅前のその土地がどうしても必要」など，個性が強く代替性に乏しいので，第一の譲渡を知っているだけでは，なお**自由競争の範囲内**として排除しないという扱いがなされている。

②**背信的悪意者は排除される**：第一の譲渡について単に知っているにとどまらず，第一の買主の登記未了につけ込んで，その者に高値で売りつけるために同じ不動産を購入するなど，信義に反する態様の者については保護に値しない。このような者は，登記によって優劣を決する「第三者」には該当しないとされ，これを**背信的悪意者**と呼ぶ。

本肢で，Cは背信的悪意者とされているので，BはCに登記がなくても権利取得を主張できる。

③**背信的悪意者からの転得者**：では，Bは**背信的悪意者からの転得者**Dに対しても登記なくして権利取得を主張できるか。

背信的悪意者が権利主張を拒まれるのは，その者の取得の態様に照らして保護に値しないとされるからである。つまり，**背信的悪意者性はその者のみの属性であって転得者には承継されない**とするのが判例である（最判平8・10・29）。なぜなら，このように解しなければ，背信的悪意者を起点とする譲渡の登記はすべて信頼できないものとなり（例：背信的悪意者→E→F→G…），著しく取引の安全を損ねる。また，Bは第一の譲渡の時点で登記を備えていればDの出現を防げるので，このように解してもBに不当な不利益を与えるわけではない。

ウ× **不動産を転売した場合にも，転売者は，最初の売主に登記移転請求できる。**

A→B→Cの順で不動産が売却された場合，Bはすでに所有者ではなくなっている（問題文の「Cに転売して所有権を喪失した」の部分）。ただ，BC間の**売買契約上，Cへ登記を移転しなければならないという義務は残っている**。これを履行するには，Aから登記を移転してもらわなければならない。そして，AもまたAB間の売買契約に基づき，Bに登記を移転すべき義務を負っている。したがって，**Bは「所有権を喪失した」か否かにかかわらず，AにBへの登記移転を請求できる**（大判大5・4・1）。

エ× **解除者と解除後に出現した第三者の優劣は，登記の先後で決せられる。**

本肢で第三者は解除後に現れている。Aは解除後速やかに登記を取り戻せたのであるから，それを怠っているうちに第三者が現れた場合，両者はどちらが先になすべきこと，つまり登記をしたかで優劣が決せられる（最判昭35・11・29，**解除と登記－解除後に第三者が現れた場合**）。→No. 1 オ

オ× **時効完成前の第三者には，登記がなくても時効取得を主張できる。**

取得時効が完成しなければ，Bは時効取得できないのであるから，**時効完成前に登記せよというのは無理**である。そのため，時効完成前の権利取得者Cに対しては，Bは登記がなくても所有権の取得を対抗できるとされている（最判昭42・7・21，**取得時効と登記－時効完成前に権利取得者が現れた場合**）。→No. 1 ウ

以上から，妥当なものは**イ**のみであり，正答は**1**である。

No.3 の解説　相続と登記

→問題はP.219

1 ◎　共同相続人は，遺産分割未了の間は登記なくして自己の持分を主張できる。

妥当である。判例は，相続人Ｂは登記がなくても自己の相続持分を第三者Ｄに対抗できるとする（最判昭38・２・22，**共同相続と登記**）。→No.１イ

2 ×　遺贈による所有権取得も，これを登記しなければ第三者に対抗できない。

遺贈とは，遺言によって行われる贈与のことである。

ところで，相続は被相続人の財産法上の地位（資産だけでなく，負債や保証人の地位など，財産関係にかかわるすべてのこと。贈与すべき義務もこれに含まれる）をそのまま承継することであるから，ここでは「Ａ＝Ｃ」と考えてよい。そして，差押えとは，競売（所有権の移転を伴う）を目的とする行為であるから，本肢では，**いわば，「Ａ＝Ｃ」という同一人からＢとＤに二重譲渡されたのと同じ法律関係になる**。

そして，Ｂは遺言が効力を生じた時点（遺言者の死亡時，985条１項）で自分への移転登記が可能となるので，Ｂは速やかに登記をしておくべきであった。それを怠っているうちにＤが差押えを行った場合，BD間の優劣は登記の先後によって決せられる（最判昭39・３・６，**遺贈と登記**）。

3 ×　遺産分割による物権変動の効果を第三者に対抗するには登記が必要である。

遺産分割がなされると，最終的な不動産所有権の帰属（財産の配分）が決まる。この段階では，**不動産を取得した相続人に所有権の登記を要求しても酷ではない**。そこで判例は，法定相続分と異なる遺産分割がなされた場合には，その旨の登記をしなければ，相続人は分割後に権利を取得した第三者に自己の権利取得を対抗（主張）できないとしている（最判昭46・１・26，**遺産分割と登記**）。したがって，Ｂが**分割による物権変動の効果を第三者Ｄに対抗するには登記が必要**である。

●法定相続分と異なる遺産分割

たとえば，死亡した父を２人の子Ａ，Ｂが相続した場合，それぞれの法定相続分は２分の１ずつと定められている（900条１項４号本文）。ただし，これはＡ，Ｂがともに「２分の１までは権利主張ができる」ということであって，遺産は必ず法定相続分のとおりに分けなければならないというものではない。遺産分割協議によって，法定相続分とは異なる分け方，たとえばＡが４分の３，Ｂが４分の１などとすることは自由である。

4 ×　相続の放棄の効果は絶対的で，何人にも登記なくして効力を生ずる。

したがって，Ｂは登記なくして不動産の所有権をＤに対抗できる（最判昭42・１・20，**相続の放棄と登記**）。→必修問題イ

5 ×　登記がなければ，法定相続分を超える分の所有権取得の主張はできない。

「不動産を共同相続人の中の特定の者に相続させる」という内容の遺言（**特定財産承継遺言**）がなされても，関係者以外の外部の者がそれを把握することは困難である。したがって，その遺言にそのままの効力を認めると，

「**不動産物権変動については，それを登記簿に表示して取引の安全を図る**」という177条の趣旨に反することになる。

ところが，判例は，この遺言の効果を認めて登記しなくても不動産の所有権を第三者に対抗できるとしていた（最判平14・6・10）。しかし，この結論には，取引の安全を害するとして学説からの批判が強く，そのため，平成30年（2018年）の法改正によって，**承継した相続財産のうち法定相続分を超える部分については，登記しなければ第三者に対抗できない**こととされた（899条の２第１項）。

したがって，妻Bは自己の法定相続分（900条１号）を超える部分については，登記しなければ，その取得を第三者Dに対抗（主張）できない。

No.4 の解説　不動産の物権変動

→問題はP.220

ア×　取消後に現れた第三者と取消者とは，登記を先に備えたほうが優先する。

まず，強迫によって土地を譲渡したAは，強迫を理由に譲渡を取り消すことができる（96条１項）。

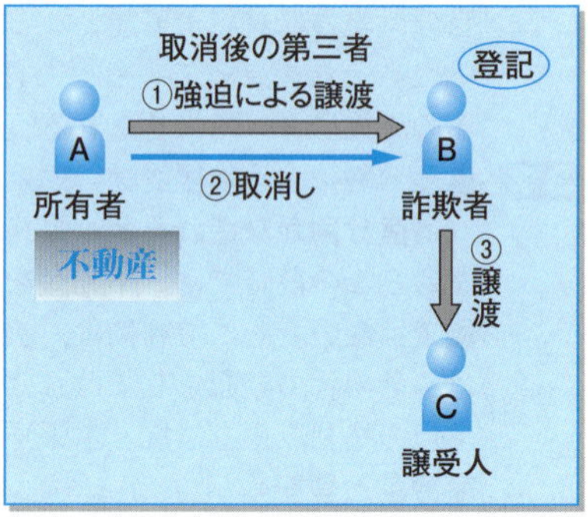

そして，**第三者Cへの譲渡が取消前**であれば，Aは登記がなくても**取消しの効果を主張してCから土地を取り戻すことができる**。そうでないと，被強迫者を守ろうとした法の趣旨が損なわれるし，また，**登記の取戻しは取り消して初めて可能になる**ので，権利主張に登記を要求するのは不合理だからである（大判昭４・２・20，**取消しと登記－取消前の第三者**）。

一方，**取消後**であれば，Aは，所有者がBとなっている登記簿を見て誤解する者が現れないように，速やかに，「A→Bの登記の抹消またはB→Aの移転登記」（どちらでも可）を済ませておかなければならない。それを怠っているうちに，B名義の登記を信頼して取引した第三者Cが現れた場合，どちらが**先に登記を済ませるか**（つまり為すべきことを行ったか）**で優劣が決まる**（大判昭17・９・30，**取消しと登記－取消後の第三者**）。

イ×　解除者と解除前に出現した第三者の優劣は，登記の先後で決せられる。

解除前に第三者Cが不動産を購入していた場合，法は，解除の効果として「第三者の権利を害することはできない」と規定し（545条１項但書），第三者が優先的に保護されるような表現をしている。ただ，ここはバランス調整の問題であって，相手の債務不履行を理由に解除した者には特段責められるべき点はない。したがって，判例は，両者の利益調整という観点から，どちらが**先に登記を済ませるか**（つまり為すべきことを行ったか）**で優劣が決まる**としている（大判大10・５・17，**解除と登記－解除前の第三者**）。

また，解除後の第三者に対抗するにも登記が必要である。→No.１オ

ウ×　共同相続人は，遺産分割未了の間は登記なくして自己の持分を主張できる。

取引通念に照らしてCに共同相続の登記を期待することが困難なため，登記がなくても自己の権利を主張できるとされている（最判昭38・２・22，**共同相続と登記**）。→No.１イ

エ○　遺産分割による物権変動の効果を第三者に対抗するには登記が必要である。

妥当である（最判昭46・１・26，**遺産分割と登記**）。→No.３選択肢３

オ○　時効完成後の第三者には，登記がなければ時効取得を主張できない。

妥当である。時効取得者は，時効完成前の第三者には登記がなくても時効取得を主張できる（最判昭42・７・21，**取得時効と登記－時効完成前に第三者が現れた場合**）。→No.１ウ

しかし，時効の完成後はいつでも権利取得の登記が可能になっているので，時効完成後に出現した第三者Cとの優劣は登記によって決せられる（最判昭33・８・28，取得時効と登記－**時効完成後に第三者が現れた場合**）。

→No.５選択肢４

以上から，妥当なものは**エ**と**オ**であり，正答は**5**である。

No.5 の解説　取得時効と登記

→問題はP.221

1×　取得時効の起算点は占有開始時のみで，任意の時点を起算点とはできない。

時効取得した者は，その時点から速やかにその旨の登記を行っておくべきである。それにもかかわらず，**任意に起算点の選択を認めるとすれば**，第三者の出現後の時点から時効期間を逆算した時点に起算点を設定して，「その時点で取得時効が成立しているので第三者は権利取得ができない」という主張を許すことになる。

これは，**登記を怠る者を保護し，取引の安全を著しく損なう結果になる。**そのため，判例は，任意の選択を許さず，**時効期間は，必ず占有開始時を起算点として計算すべき**とする（最判昭35・７・27）。→テーマ９「時効」No.３イ

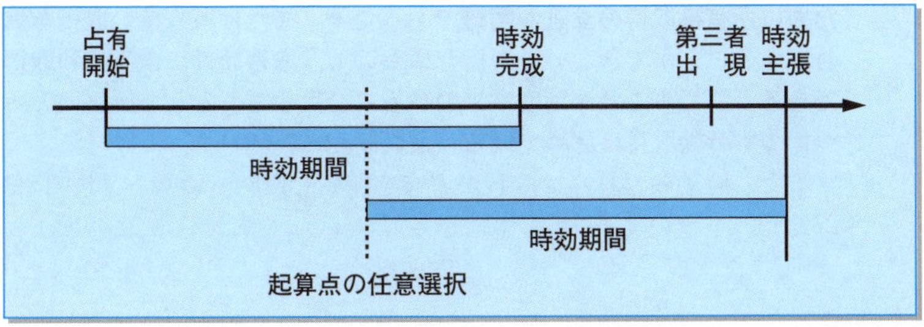

2 ×　時効取得者は，原権利者に対して登記なくして時効取得を主張できる。

時効取得が原始取得（前の所有者の権利に基づかない所有権の取得）とされるのは，原所有者（時効によって所有権を失った者）が所有していた当時の負担（例：抵当権や地上権が設定されているなど）を時効取得者に承継させないための法技術にすぎない（時効取得者は，何の負担も付いていないまっさらの所有権を取得できる）。

一方，登記をどちらが先に備えたかによって優劣を判断するのは，取引の安全を考えるからである。したがって，取引の安全を考える必要がない場合には，登記がなくても権利取得を対抗（主張）させてよい。そして，ＡとＢは**時効によって権利を取得する者と奪われる者という当事者の地位**に立ち，**「登記を信頼して取引をし，新たな法律関係を築いた」という第三者の地位**には立たない。権利主張のために**登記が必要とされるのは，第三者**であって当事者ではない（大判大７・３・２）。

3 ×　時効完成前の第三者には，登記がなくても時効取得を主張できる。

ＢはＣに対して，登記がなくても自己の所有権取得を主張できる（最判昭42・7・21，**取得時効と登記－時効完成前に権利取得者が現れた場合**）。

Ｂは時効完成前には時効取得の登記ができないので，対抗要件としての登記を要求するのはＢに酷だからである。→No. 1 ウ

4 ◎　時効完成後の第三者には，登記がなければ時効取得を主張できない。

妥当である。Ｂは，時効の完成後はいつでも権利取得の登記が可能になっている。したがって，時効完成後に出現した第三者Ｃとの優劣は登記によって決せられる（最判昭33・8・28，**取得時効と登記－時効完成後に第三者が現れた場合**）。

なお，Ｃが先に登記した場合でも，Ｂがその後に所定の期間占有して再度時効が完成すれば，改めてＣに時効取得を主張することは可能である。

5 ×　判例は，自己の所有物についても時効取得は認められるとする。

判例は，「取得時効は，当該物件を永続して占有するという事実状態を，一定の場合に，権利関係にまで高めようとする制度であるから，所有権に基づいて不動産を永く占有する者であっても，その**登記を経由していない等のために所有権取得の立証が困難**であったり，または所有権の取得を第三者に対抗することができない等の場合において，**取得時効による権利取得を主張できる**と解することが制度本来の趣旨に合致する」として，自己の所有物についても時効取得は認めている（最判昭42・7・21）。

また，時効の起算点は，Ｂが占有を開始した時点である（最判昭35・7・27）。

No.6 の解説　不動産物権変動

→問題はP.222

A ○ 不動産物権変動で権利取得を主張するには，登記の具備が必要である。

妥当である。本肢は文面だけを見ると難しそうであるが，一つ一つ順を追って考えていけば特に難しいものではない。

まず，贈与も売買も，ともに不動産についての権利変動であるから，登記がなければ物権の支配を相争う第三者に自己の権利取得を主張できない。

次に，丙は甲の相続人として，甲の財産法上の地位をそのまま承継するので，「甲＝丙」と考えてよい。ということは，本肢では**「甲＝丙」から乙と丁に土地が二重に譲渡されたことになる**。

その場合，**先に登記を備えたほうが確定的に権利を取得する**ので，本肢では，登記を先に備えている丁が所有者となる。したがって，乙は無権利者であり，その乙から戊が土地を贈与されても，戊は土地の所有権を取得できない（最判昭33・10・14）。

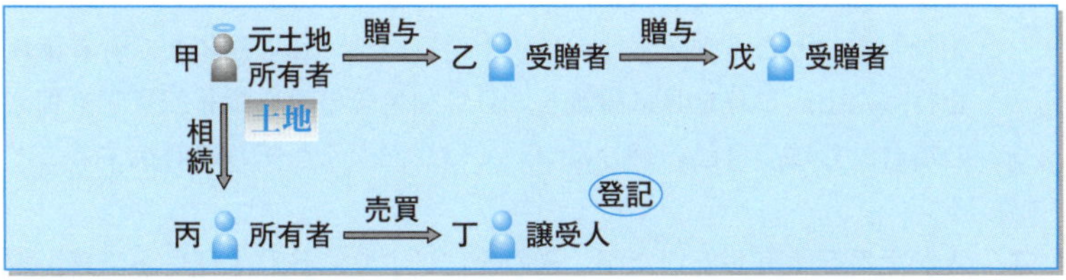

B ○ 解除者と解除後に出現した第三者の優劣は，登記の先後で決せられる。

妥当である（最判昭35・11・29，**解除と登記－解除後に第三者が現れた場合**）。→No.１オ

C × 共同相続人は，遺産分割未了の間は登記なくして自己の持分を主張できる。

したがって，甲は丙に対し，登記がなくても自己の持分権を主張することができる（最判昭38・２・22，**共同相続と登記**）→No.１イ

D × 第三者の登記後さらに法定の期間占有を継続すれば時効取得できる。

本肢では，時効完成後に第三者が所有権を取得して登記を済ませているので，当該第三者は確定的に所有者となる。ただ，第三者が所有者となった後も，第三者は占有者がそのまま占有を続けているのを放置して，不動産の明渡しを要求するようなこともなく，占有者の占有状態が取得時効に必要な期間さらに続いたというのである。

そもそも，**時効は一定期間継続した事実状態をそのまま真の権利関係として認めようとする制度**であるから，第三者が確定的に所有者となった後に，占有者が時効取得に必要な期間占有を継続すれば，占有者について時効取得が完成する。この場合，占有者は登記がなくても不動産の時効取得を第三者に主張できる（最判昭45・５・21）。

以上から，妥当なものは**A**と**B**であり，正答は**1**である。

正答　**No.1＝1　No.2＝1　No.3＝1　No.4＝5　No.5＝4　No.6＝1**

実戦問題❷　難問レベル

No.7 ＊＊ **不動産物権変動に関するア～オの記述のうち，判例に照らし，妥当なもののみをすべて挙げているのはどれか。**　【国家総合職・平成28年度】

ア：AがBから土地を買い受けたが，その登記を備えていないうちに，Cが当該土地をBから二重に買い受け，さらに，DがCから当該土地を買い受けて登記を備えた。この場合，Cが背信的悪意者に当たるときでも，Dは，Aに対する関係でD自身が背信的悪意者と評価されない限り，当該土地の所有権取得をAに対抗することができる。

イ：AがB所有の土地を時効取得したが，その取得時効完成後に，BがCに当該土地を譲渡し，Cが所有権移転登記を備えた。この場合，Bから当該土地の譲渡を受けた時点で，Aが多年にわたって当該土地を占有している事実をCが認識していたことが認められさえすれば，Cは背信的悪意者に該当するから，Aは当該土地の所有権取得をCに対抗することができる。

ウ：Aが土地を所有していたが，Aの死亡により，BおよびCが当該土地を共同相続した。ところが，Bは，当該土地につき，B単独名義で所有権移転登記を行った上，これをDに譲渡し，D単独名義の所有権移転登記も備えた。この場合，Cは，自己の持分については登記なくしてDに対抗することができる。

エ：Aが土地を所有していたが，Aの死亡により，BおよびCが当該土地を共同相続した。遺産分割協議の結果，当該土地をBが単独で取得することになった。その後，Cは，Bが遺産分割により取得することとなったCの持分を，自己のものとしてDに譲渡したが，Dは所有権移転登記を備えていなかった。この場合，Bは，Cの持分を取得したことを，登記なくしてDに対抗することができる。

オ：Aが所有していた土地をBに譲渡した。当該土地には，譲渡前からCのために通行地役権が設定されていたが，地役権設定登記を備えていなかった。Bは，当該土地に通行地役権が設定されていることを知らなかった。この場合，当該土地の譲渡の時点で，当該土地がCによって継続的に通路として使用されていることが位置，形状，構造等の物理的状況から客観的に明らかであり，かつ，Bがそのことを認識することが可能であったときは，Cは，特段の事情がない限り，登記なくして通行地役権をBに対抗することができる。

1　ア，ウ
2　イ，エ
3　ア，ウ，オ
4　イ，ウ，オ
5　ウ，エ，オ

＊＊
No.8 **不動産物権変動に関するア～オの記述のうち，判例に照らし，妥当なもののみをすべて挙げているのはどれか。** 【国家総合職・令和２年度】

ア：Aは，自己が所有する甲土地をBに譲渡し，AからBへの所有権移転登記が行われた後，Aは，Bの代金不払を理由に甲土地の売買契約を解除したが，登記名義はBのままであった。その後，BがCに甲土地を譲渡し，BからCへの所有権移転登記が行われた場合において，Cが背信的悪意者に当たらないときは，Aは，甲土地の所有権をCに対抗することができない。

イ：Aは，自己が所有する甲土地をBに譲渡したが，その後，AがCに甲土地を譲渡し，さらに，CがDに甲土地を譲渡し，AC間およびCD間の所有権移転登記が行われた。この場合において，CがBとの関係で背信的悪意者に当たるときは，D自身がBとの関係で背信的悪意者と評価されなくとも，Dは，甲土地の所有権の取得をBに対抗することができない。

ウ：Aが，Bの所有する甲土地上に，建物所有目的の賃借権の設定を受け，自己名義の所有権移転登記がなされた建物を所有している場合において，Bが，賃貸人たる地位を留保することなく，Cに甲土地を譲渡したときは，BからCへの所有権移転登記をしていなくとも，Cは，Aに対し，賃料の支払を請求することができる。

エ：甲土地を所有するAが死亡し，Aの配偶者Bおよび子Cが甲土地を相続した。その後，Bは，勝手に甲土地について単独相続した旨の登記を行ったうえで，Dに甲土地を譲渡し，BからDへの所有権移転登記を行った。この場合において，Cは，甲土地の登記を有していない以上，甲土地について有する法定相続分に応じた自己の持分をDに対抗することができない。

オ：Aは，Bが所有する甲土地上に存在するC所有の建物を相続により取得し，その旨の登記を経由した後，当該建物をDに譲渡したが，当該建物の登記名義はAのままであった。この場合において，AがBから建物収去土地明渡しの請求を受けたときは，Aは，引き続き当該建物の登記を有している以上，Bに対し，建物所有権の喪失を主張して建物収去土地明渡しの義務を免れることができない。

1 ア，エ
2 ア，オ
3 イ，ウ
4 イ，オ
5 ウ，エ

実戦問題❷の解説

No.7 の解説　不動産物権変動

→問題はP.232

ア○　背信的悪意者からの転得者は自身が背信的悪意者でなければ物権取得が可能。

妥当である（最判平８・10・29）。→No.２イ

イ×　背信的悪意者は，信義に反し保護に値しないと認められることが必要。

背信的悪意者は，不動産取引において「登記で優劣を争うことのできる第三者」に含まれない者である。そのような評価を受けるには，信義に反する態様など，**取引通念に照らして保護に値しないと判断されることが必要**である。たとえば，第一の譲受人Ａがいまだ登記を備えていないのに乗じて，Ａに高く売りつける目的で不動産を買い受けて登記を備える場合のように，自由競争を逸脱したと判断される場合でなければならない。

では，取得時効が完成した（もしくは完成しているのではないかと思われる）土地であることを知って買い受けた場合はどうか。このような場合でも，「どうしてもその土地が店舗を構えるのに必要だった」など，取引通念から見て信義に反するとはいえない場合には，自由競争を逸脱したとはいえない。すなわち，**単に長期にわたって占有している事実を知っているというだけでは，背信的悪意者と評価することはできない**（最判平18・１・17）。

ウ○　共同相続人は，遺産分割未了の間は登記なくして自己の持分を主張できる。

妥当である（最判昭38・２・22，**共同相続と登記**）。→No.１イ

エ×　遺産分割による物権変動の効果を第三者に対抗するには登記が必要である。

したがって，Ｂは，登記がなければＣの持分の取得をＤに対抗できない（最判昭46・１・26，**遺産分割と登記**）。

オ○　地役権を客観的に認識できれば，地役権者は登記なしに土地譲受人に対抗可

妥当である。まず，地役権は他人の土地を自分の土地の便益のために利用する権利であり（280条），登記をすれば第三者に対しても地役権を主張できる（177条，不登法３条４号）。

> たとえば，Ｃが駐車場への近道にあたるＡ所有の乙地について，Ａとの契約で乙地を通行する権利を認めてもらった場合，このような権利を通行地役権という。そして，他人の土地の通行を必要とするＣ所有の甲地を要役地といい，通行を承諾した方のＡ所有の乙地を承役地という。

では，承役地（乙地）の所有権がＡから第三者Ｂに譲渡された場合，第三者Ｂは，「Ｃの地役権については登記がなされていないので，Ｃは地役権を自分（Ｂ）に対抗できない」といえるであろうか。これが本肢の問題である。

判例は，Ｃが通行地役権を行使していることが客観的に明らかであり，第三者Ｂがそのことを認識していたかまたは認識することが可能であったときは，たとえＢが通行地役権の存在を知らなかったとしても，Ｃに登記が欠けていることを理由に通行地役権がＢに対抗できないと主張することは，信義に反して許されないとする（最判平10・２・13）。

単に通行するだけの権利の場合，所有権や地上権（これは土地を全面的に利用できる権利である）のような重要な権利とは異なり，登記が可能であるとはいっても，**高額の登記費用を払ってまで登記することはほとんど期待できない。**そこで判例は，通行地役権が客観的に認識できれば，それによって取引の安全が害されるおそれは少ないとして，登記がない場合にも権利主張を認めている。

以上から，妥当なものは**ア**と**ウ**と**オ**であり，正答は**3**である。

No.8 の解説　不動産物権変動

→問題はP.233

ア○　解除者と解除後に出現した第三者の優劣は，登記の先後で決せられる。

妥当である。本肢は解除後に第三者が現れた場合で，かつ，その第三者は背信的悪意者ではないというのであるから，通常の**解除と登記の解除後に第三者が現れた場合**のパターンで考えればよい（最判昭35・11・29）。したがって，本肢ではB→Cの譲渡とB→Aの復帰（解除）という2つの物権変動があるので，その場合は先に登記を備えたCが確定的に所有権を取得することになる。→No.1 オ

イ×　背信的悪意者からの転得者は自身が背信的悪意者でなければ物権取得が可能。

本肢は，No.2 イと同じ事例である。そして，判例は，**背信的悪意者性はその者のみの属性であって転得者には承継されない**とする（最判平8・10・29）。したがって，すでに登記を備えているDは，自身が背信的悪意者でなければ，甲土地の所有権取得をBに対抗することができる。

ウ×　不動産の譲受人が，賃貸人の地位を賃借人に主張するには登記が必要である。

判例は，二重払いの危険を借地人に負わせないようにするために，賃貸人の地位の主張に，明確な基準である登記を要求している（最判昭49・3・19，605条の2第3項）。→No.2 イ

エ×　共同相続人は，遺産分割未了の間は登記なくして自己の持分を主張できる。

子Cは，登記がなくても自己の相続持分を第三者Dに対抗できる（最判昭38・2・22，**共同相続と登記**）。→No.1 イ

オ○　物権的請求権は，現在の登記名義人を相手に行使すべきである。

妥当である。判例は，「建物所有者が真実その所有権を他に譲渡したのであれば，その旨の登記を行うことは通常はさほど困難なこととはいえず，不動産取引に関する社会の慣行にも合致する」ことや，**外部者が実質的所有者を特定するのは困難である**ことなどを理由に，建物の登記名義人は建物収去土地明渡しの義務を免れることができないとする（最判平6・2・8）。

→テーマ14「所有権」No.6 エ

以上から，妥当なものは**ア**と**オ**であり，正答は**2**である。

正答　No.7=3　No.8=2

即時取得

必修問題

動産の取引に関するア～オの記述のうち，妥当なもののみをすべて挙げているのはどれか。ただし，争いのあるものは判例の見解による。

【国家一般職・平成27年度】

ア：道路運送車両法（昭和44年法律第68号による改正前のもの）による登録をいまだ受けていない自動車については，即時取得が認められるが，一度登録を受けた自動車については，その後，当該自動車が**抹消登録**を受けたとしても，即時取得は認められない。

イ：即時取得が認められるためには，占有の取得が平穏・公然・善意・無過失に行われる必要があるが，即時取得を主張する占有取得者は，自己に過失のないことの立証を要する。

ウ：即時取得が認められるためには，一般外観上従来の占有状態に変更を生ずるような占有を取得することが必要であり，占有取得の方法が一般外観上従来の占有状態に変更を来さないいわゆる**占有改定**の方法による取得では，即時取得は認められない。

エ：即時取得が認められるためには，取引行為の存在が必要であるが，競売により執行債務者の所有に属しない動産を買い受けた場合は，取引行為が存在したとはいえず，即時取得は認められない。

オ：Aが自己の意思に基づき，自己の所有する動産甲をBに預けたところ，Bが甲を横領してCに売り渡した場合，甲はAの意思に反してCに処分されているため，甲の即時取得の成立が猶予され，Aは，甲を横領された時から２年間，Cに対して甲の回復を請求することができる。

1 ウ　**2** エ　**3** ア，ウ　**4** イ，エ　**5** イ，オ

難易度 ＊＊

必修問題の解説

即時取得とは，動産の取引（売買や贈与，担保設定など）において，取引通念に照らして相手方が所有者らしいという外観を呈している場合には，いちいちその所有権の有無を確かめなくても，それを信頼して取引すれば，動産上の権利（所有権や質権等の権利）の取得を認めようとする制度である。

たとえば，Aが小売店Bから商品を買ったところ，その商品が小売店Bが横領したもので，Bに売却の権限（所有権）はなかったという場合でも，Aが善意・無過

失であれば，Aに所有権の取得が認められる。また，Cが友人Dに頼まれてノートパソコンを担保にお金を貸したところ，そのノートパソコンはDが同級生のEから借りていたもので，質入れについてEの承諾を得ていなかったとしても，お金を貸したCに質権の取得が認められる。

これらのことは，不動産にはない動産特有の制度であるが，それは，動産が日常的にかつ大量に取引が行われるので，このような取引の安全のための制度を設けておかないと，安心して物を買えないなど日々の生活に支障を来すからである。

ア×　登録が抹消された自動車は，即時取得の対象となる。

即時取得は，占有を権利の公示手段として動産取引の安全を図る制度である。**占有が基準とされるのは，動産では他に適当な権利関係の公示手段がないからである。**しかし，不動産や車，船舶などには**登記・登録制度**があり，これは国家が管理するものであるから，**権利の証明力は占有よりもはるかに高い**。したがって，動産も**既登録**であれば，それによって取引の安全が図られるので，その場合には**即時取得の対象にはならない**（最判昭62・4・24）。一方，**登録が抹消されたもの**については，占有以外に権利の公示手段がないので，**即時取得の対象となる**（最判昭45・12・4）。

イ×　即時取得を主張する者は，自己が無過失であることを証明する必要はない。

本肢の前半にあるように，即時取得が認められるには，占有の取得が平穏・公然・善意・無過失に行われる必要がある（192条）。ただ，これらのどれ一つをとっても，それを証明するのは至難の業である。たとえば，ホームセンターが誤って盗品を仕入れてしまったとして，客はそれが盗品かどうか知るすべもない。棚に陳列されている商品を客が買ったという場合，無過失を証明する手段は，店内の防犯カメラの映像くらいであろう。それをいちいち，占有取得者の側が無過失まで証明しなければ安心して店から購入できないというのでは，動産取引はリスクの高いものになり，経済は大きな混乱を招きかねない。

そのため，判例は，「占有者が占有物について行使する権利は，適法に有するものと推定する。」との規定（188条）に基づき，**占有取得者は過失がないものと推定される**ので，**自己に過失のないことを立証する必要はない**としている（最判昭41・6・9）。

ウ○　判例は，占有改定の方法による取得では即時取得は認められないとする。

妥当である。**即時取得は動産取引の安全を図る制度**であるが，そこで「取引」というためには，目的物が引き渡されること，すなわち**占有の移転が必要**である。次図の４種は，いずれも民法が認める占有移転の方法で，●印は目的物の現在の所在を示している。

①**簡易の引渡し**は，たとえばAがBに貸していたゲーム機をBがそのまま買い取るような場合（購入時にはすでに買主Bが物を所持しているため，改めてAからBへ物を引き渡す必要がない）

②**指図による占有移転**は，Aの占有代理人CがAB間の物の譲渡を受けて，Aの指図により，以後Bの占有代理人として物を占有する場合
③**占有改定**は，AがBに物を売却した後も，AがBから借りてそのまま使っているような場合

	譲渡人A	譲受人B	占有代理人C
現実の引渡し	○ ⟹	●	
簡易の引渡し		●	
指図による占有移転			●
占有改定	●		

この4種のうち，占有改定だけは，譲渡人が相変わらず物を所持したままで，たとえ取引が行われても外部からはまったくわからない。すなわち，**占有改定は，他の３つと比べて権利変動を公示する力が格段に弱い**。そのため，**このような方法で即時取得を認めると，真の権利者の保護をあまりにもおろそかにする**という理由から，判例は**占有改定による即時取得を認めない**（大判大５・５・16，最判昭32・12・27，最判昭35・２・11）。

エ ×　執行債務者の所有に属しない動産を買い受けた場合も，即時取得は成立する。

差押えを受けた債務者Aの財産の中に他人Bの動産が含まれていて，そのまま競売にかけられ，Cが競落したとする。この場合，Cに本当にAのものかを調査しなければ安心して競売に参加できないというのでは，競売はリスクの高いものになり，参加をためらう者も大幅に増えるであろう。それでは，強制執行を行った債権者は，競売代金から速やかに債権回収を図ることは難しくなる。そこで，判例は，執行債務者の所有に属さない動産が競売にかけられた場合でも，**競落人はその動産を即時取得できる**とする（最判昭42・５・30）。

オ ×　真の所有者による回復請求が認められるのは，盗品と遺失物に限られる。

民法は，即時取得によって権利を失う真の所有者との利益調整を図る観点から，**盗品と遺失物については２年間に限って回復請求を認めている**（193条）。横領された物はこれに該当しないので，回復請求は認められない。

以上から，妥当なものは**ウ**のみであり，正答は**1**である。

正答 1

FOCUS

即時取得は動産取引のみに認められた制度である。これは，動産取引が日常的に大量に行われるので，取引の安全を強化する必要があるからである。即時取得はこの点から考えると理解しやすい。キーワードは，「街の小売店で安心して商品を買える」である。

POINT

重要ポイント1 意義

①前の占有者の占有が正当な権原に基づくものと信頼して動産を取得した者を保護しようとするもので（公信の原則），動産取引の安全を図る制度である。

②不動産には即時取得の制度はない。すなわち，前の占有者が権利者であるとの登記簿の記載（公示）を信頼して取引しても，権利を取得することはできない。

③登記または登録された船舶・自動車・飛行機については即時取得の適用はない。

④登録が抹消された自動車については，即時取得の適用がある。

重要ポイント2 要件

（1）取引行為が存在すること

①取引は，売買だけに限られない。贈与や質権設定，代物弁済，消費貸借の目的物の給付，強制競売による買受けなども含まれる。

②山林を自己所有と誤信して立木を伐採しても，取引行為がないので，伐採者は立木を即時取得できない。

③無権原者によって伐採された立木をその者から取得した場合には，即時取得の対象となる。

（2）前者（前の占有者）が無権利者であること

①即時取得は，前の占有者の無権利の瑕疵を帳消しにする制度である。これ以外の制限行為能力，無権代理などの無権利以外の瑕疵は帳消しにはならない。

②制限行為能力者から動産を取得した者からさらに動産を取得した場合には，即時取得が適用される。

制限行為能力者制度によって保護されるのは，「取消しによってその物を取り戻せる」というところまでである。したがって，制限行為能力を理由に取り消した場合，制限行為能力者は直ちにその物を取り戻しておかなければならない。これを怠っているうちに，取り消された者（制限行為能力者から動産を取得した者）が善意・無過失の第三者にその物を譲渡した場合には，その時点で即時取得が成立するので，もはや取戻しはできなくなる。

（3）取引が平穏・公然，善意・無過失に行われること

①平穏・公然，善意については，民法に推定規定がある（186条1項）。

②無過失についても，判例・通説は，占有者が適法に占有物上の権利を有するものと推定する規定（188条）により推定されるとしている。

③平穏・公然，善意・無過失は，取得者の側でこれを立証する必要はない。

④元の所有者が，動産の返還を求めるために即時取得が成立していない旨を主張する場合には，元の所有者の側が，取得者が「平穏・公然，善意・無過失」のうちのいずれかの要件を欠くことを立証しなければならない。

（4）占有を取得したこと

①取引によって取得したといえるためには，占有の取得が必要である。

②占有の取得には，現実の引渡し，簡易の引渡し，指図による占有移転の3つは含まれるが，占有改定は含まれず，占有改定の方法で即時取得することはできな

い。

重要ポイント3 効果

①取得者は，売買や贈与など，所有権の移転を目的とする取引の場合には所有権を取得し，質権や譲渡担保権などの動産に対する担保権の設定の場合には，質権や譲渡担保権などの担保権を取得する。

②即時取得は原始取得であって，前の占有者のもとで動産に付着していた制限は消滅する。原始取得と承継取得の違いを表にまとめると次のようになる。

	特　質	例
承継取得	担保権などの負担や地上権による目的物の利用制限などは，そのまま取得者に引き継がれる。	贈与，売買，相続など
原始取得	権利に付着する負担や制限は，すべて消滅する。	時効取得（162条），即時取得（192条），無主物先占（239条1項），遺失物拾得（240条），添付（242〜246条）など

重要ポイント4 盗品・遺失物の例外

①即時取得された物が盗品・遺失物の場合には，被害者・遺失主は即時取得者に対して２年間は回復請求ができる。

②取得者が，一般の商店や行商人（条文の表現は，公の市場，同種の物を販売する商人），あるいは競売を通じて有償で購入していた場合には，権利者は取得者が払った代金を弁償しなければ盗品の返還を請求できない（194条）。

実戦問題

No.1 ＊ **次のうち，Cが善意・無過失である場合に，Cに即時取得が成立するものをすべて挙げているのはどれか。** 【地方上級（全国型）・平成17年度】

ア：Aの所有地上にあるAの立木を無権利者BがCに譲渡し，Cが自らこれを伐採して持ち去った。

イ：Bが，Aから預かっていた1万円をCに商品の代金として支払った。

ウ：Bが持っていたダイヤを息子のCがBのものだと信じて相続したが，そのダイヤは実際はAのものであった。

エ：Bは，Aから借りていたカメラをAに無断でCに贈与した。

オ：Aが所有していた未登録の自動車を，無権利者BがCに売却し，Cはその引渡しを受けて，この自動車について登録を行った。

1 ア，オ
2 イ，エ
3 イ，オ
4 ウ，エ
5 エ，オ

No.2 ＊＊ **民法に規定する即時取得に関する記述として，最高裁判所の判例に照らして，妥当なのはどれか。** 【地方上級（特別区）・令和元年度】

1 金銭の占有者は，特段の事情のない限り，その占有を正当づける権利を有するか否かにかかわりなく，金銭の所有者とみるべきではないから，金銭については即時取得の適用があるとした。

2 執行債務者の所有に属さない動産が強制競売に付された場合であっても，競落人は，即時取得の要件を具備するときは，当該動産の所有権を取得することができるとした。

3 寄託者が倉庫業者に対して発行した荷渡指図書に基づき倉庫業者が寄託者台帳上の寄託者名義を変更して，その寄託の目的物の譲受人が指図による占有移転を受けた場合には，即時取得の適用がないとした。

4 道路運送車両法により抹消登録を受けた自動車については，登録が所有権の得喪ならびに抵当権の得喪および変更の公示方法とされているから，即時取得の適用がないとした。

5 物の譲渡人である占有者が，占有物の上に行使する権利はこれを適法に有するものと推定されない以上，譲受人たる占有取得者自身において過失のないことを立証することを要するとした。

第2章 物権

No.3（＊＊） **即時取得に関する次のア～オの記述のうち，妥当なものをすべて選び出しているのはどれか。** 【国税専門官・平成13年度改題】

ア：未成年者Aは，所有する動産を法定代理人の同意を得ずに善意・無過失のBに売却し引き渡した。その後法定代理人がこの売買契約を取り消した場合であっても，Bは，当該動産の所有権を即時取得する。

イ：Aは，B所有の動産を占有していたが，処分権限がないにもかかわらず，Bの代理人と称して善意・無過失のCに当該動産を売却し引き渡した。この場合，Cは，当該動産の所有権を即時取得する。

ウ：未成年者Aは，所有する動産を法定代理人の同意を得ずにBに売却し引き渡したが，法定代理人はこの売買契約を取り消した。その後，当該動産がB所有であると信じることにつき善意・無過失のCは，Bから当該動産を買い受け，引渡しを受けた。この場合，Cは，当該動産の所有権を即時取得する。

エ：Aは，所有する動産をBに売却し引き渡したが，Bの債務不履行によりその売買契約を解除した。その後，当該動産がB所有であると信じることにつき善意・無過失のCは，Bから当該動産を買い受け，引渡しを受けた。この場合，Cは，当該動産の所有権を即時取得する。

1 ア，イ
2 ア，エ
3 イ，ウ
4 イ，エ
5 ウ，エ

No.4（＊＊） **民法に規定する即時取得に関する記述として，判例，通説に照らして，妥当なのはどれか。** 【地方上級（特別区）・平成29年度】

1 即時取得は，動産取引の安全を図る制度であるため，その適用は有効な取引行為による動産取得の場合に限られ，当該取引行為には売買，贈与，質権設定のほか，代物弁済も含まれる。

2 即時取得は，前主の占有を信頼した者を保護する制度であるため，前主が制限行為能力者である場合に，これと取引する者が行為能力者であると信じていれば，即時取得の適用を受けることができる。

3 即時取得者は，即時取得の効果として，所有権または留置権を取得するが，これらの権利は原始取得されるため，前主についていた権利の制限，負担は消滅する。

4 最高裁判所の判例では，占有者は，所有の意思をもって，善意で，平穏に，公然と占有をするものと推定されるが，無過失については推定されないため，即時取得を主張する占有者は，無過失を立証する責任を負うとした。

5 最高裁判所の判例では，寄託者が倉庫業者に対して発行した荷渡指図書に基づき倉庫業者が寄託台帳上の寄託者名義を変更して，寄託の目的物の譲受人が指図による占有移転を受けた場合は，即時取得の適用はないとした。

No.5 ＊＊ **動産の物権変動に関するア～オの記述のうち，妥当なもののみをすべて挙げているのはどれか。ただし，争いのある場合は判例の見解による。**

【国家一般職・平成24年度】

ア：即時取得制度は，取引の安全のため，処分権限のない占有者を処分権限のある者と信じて取引をした者を保護する制度であり，包括承継である相続により動産を取得した場合には適用されない。

イ：即時取得制度は，取引の安全のため，処分権限のない占有者を処分権限のある者と信じて取引をした者を保護する制度であり，無権代理人を権限のある代理人であると信じた場合には適用されない。

ウ：ＢはＡとの間でＡ所有のピアノを買い受ける旨の契約を締結してＡに対し代金を支払ったが，Ａがピアノを１か月間使いたいというのでＡに預けておいたところ，ＡはＣに対しピアノを売却し，Ｃがピアノを自宅に持ち帰った。この場合は，Ｃが購入時に，Ａをピアノの所有者であると信じ，信じたことに過失がないときであっても，ＣはＢに対してピアノの所有権の取得を対抗することができない。

エ：ＡはＢにＡ所有のピアノを預けていたが，Ｂは処分権限を有しないにもかかわらずＣとの間でピアノを売却する旨の契約を締結した。この場合は，ＢＣ間で売買契約が締結された以上，ＣがピアノをＢに預けておいたままであっても，ＣはＡに対してピアノの所有権の取得を対抗することができる。

オ：ＡはＢとの間でＡ所有のピアノを売却する旨の契約を締結した。その後，ＡからＢへのピアノの引渡しが未了のうちに，ＡがＣに対しピアノを売却して現実に引き渡した場合において，ＣがＡＢ間の売買契約の存在を知っていたときは，ＣはＢに対してピアノの所有権の取得を対抗することができない。

1 ア，イ
2 ア，ウ
3 イ，オ
4 ウ，エ
5 エ，オ

No.6 ＊＊＊ **即時取得等に関するア～オの記述のうち，妥当なもののみをすべて挙げているのはどれか。ただし，争いのあるものは判例の見解による。**

【国家総合職・令和元年度】

ア：未成年者Ａは，法定代理人Ｂの同意を得ずに，Ａが所有する高級腕時計をＣに売却した。この場合において，ＢがAC間の売買契約を取り消しても，Ａが未成年者であることについてＣが善意無過失であれば，Ｃは，即時取得により，当該腕時計の所有権を取得することができる。

イ：Ａから道路運送車両法により登録を受けていない自動車をＢが購入したが，その際，Ａは，当該自動車を占有するＣに対し，AB間の売買契約の事実を伝え，今後はＢのために当該自動車を占有するように指示し，Ｂもその旨を承諾した。この場合において，Ａが当該自動車について無権利者であり，かつ，Ａが無権利であることについてＢが善意無過失であっても，Ｂは即時取得により当該自動車の所有権を取得することができない。

ウ：Ａからパソコンを購入したＢは，当該パソコンを持ち帰ることができなかったため，Ａに一時的に保管を依頼し，Ａは以後Ｂのために当該パソコンを占有する意思を表明した。この場合において，Ａが当該パソコンについて無権利者であったとしても，Ａが無権利であることについてＢが善意無過失であれば，Ｂは即時取得により当該パソコンの所有権を取得する。

エ：Ａが所有するパソコンをＢが盗み，自分の物だと称してＣに売却したが，Ｃは，当該パソコンの引渡しを受けた際，Ｂが無権利であることについて善意無過失であった。この場合において，当該パソコンの所有権は，盗難の時から２年以内であれば，Ａに帰属する。

オ：Ａが所有するパソコンをＢが盗み，その後，Ｃが当該パソコンを競売により取得した。Ｃは，当該パソコンが盗品であることについて善意無過失であった。この場合において，ＣがＡから当該パソコンの返還請求を受けたときは，Ｃは，Ａから競売代金相当額の支払を受けるまでは当該パソコンの引渡しを拒否することができるとともに，支払を受けるまでの間，当該パソコンを使用収益することができる。

1　ア，ウ
2　ア，オ
3　イ，ウ
4　イ，エ
5　エ，オ

＊＊＊
No.7 **A所有の動産をBが購入したが，Bはその動産をそのままAに預けておいた。ところが，Aは，これを自分の所有であるかのように装って事情を知らないCに売却し，Cもその動産をそのままAに預けておくこととした。なお，A，BおよびCはすべて個人であり，また，CはAが無権利者であることについて善意・無過失である。**

以上のような場合に，Cに占有改定による即時取得が認められるかどうかについて，次の各説があるとする。

（Ⅰ説）　占有改定による即時取得は認められる。

（Ⅱ説）　占有改定による即時取得は成立するが，まだ確定的ではなく，その後の現実の引渡しによってその取得が確定的になる。

（Ⅲ説）　占有改定による即時取得は認められず，現実の引渡しを必要とする。

以上の事例および各説に関するア～エの記述のうち，妥当なもののみをすべて挙げているのはどれか。　【国家Ⅱ種・平成21年度】

ア：Ⅰ説を採用し，Cに占有改定による即時取得を認めるとするのが判例の立場である。

イ：Ⅲ説に対しては，取引の安全を重視するため，後から占有改定を受けた者が常に所有権を取得することとなるとの批判が成り立つ。

ウ：Cに即時取得が認められるためには，Ⅱ説によれば，占有改定の時点でCが善意・無過失であればよいが，Ⅲ説によれば，現実の引渡しの時点でCが善意・無過失であることが必要である。

エ：Aが動産を預かったままの状態で，CがBを相手に所有権の確認訴訟を提起した場合，Ⅱ説によれば，Cが勝訴することとなる。

1　ア
2　イ
3　ウ
4　ア，ウ
5　イ，エ

実戦問題の解説

No.1 の解説　即時取得

→問題はP.241

ア×　伐採した木を持ち帰っても，取引行為がないので即時取得は成立しない。

即時取得は，動産取引の安全を図る制度である。**立木**は，Cに譲渡された時点では**土地の一部（土地の定着物）であって，伐採されて初めて動産になる**。したがって，土地に定着した状態で取引しても即時取得は成立しない。

土地に定着している立木は，立木登記や明認方法で，またそのいずれもない場合は土地所有権の一部として土地登記で権利関係が公示されており，これらによって取引の安全が図られる。

イ×　金銭は純粋な価値を表すもので，即時取得の対象にはならない。

本肢の場合には，「Cが一万円札を即時取得するか」が問題になるのではなく，単にBが別の一万円札（もしくは千円札10枚など）をAに返せば済むだけである。

ウ×　相続によって承継しても，取引行為がないので即時取得は成立しない。

即時取得は，動産取引の安全を図る制度である。すなわち，相手方が真の権利者であると過失なく信じて取引した者を保護しようとする制度である。ところが，**相続による財産の承継は「取引による承継」ではない**。それゆえ，相続による承継では即時取得は生じない。

エ○　贈与も，無権利者からの動産の取得であれば即時取得が成立する。

妥当である。贈与は，所有権を無償で移転する行為であり，本肢では，カメラの所有権を有しない無権利者BがCにカメラを贈与している。そして，贈与は動産に関する権利の取得を目的として行われるもので取引に当たる。したがって，即時取得が成立する。

●贈与は即時取得にいう「取引」に当たる

贈与のような無償取得に即時取得を認めるのは行き過ぎた保護のように感じるかもしれない。しかし，贈与といっても一方的な利益供与であることは少なく，通常は別の機会にほぼ同等の対価を得ている場合が多い。したがって，贈与に即時取得を認めても過度の保護に当たるというわけではない。

オ○　登録されていない自動車は，即時取得の対象となる。

妥当である。自動車も登録されている場合には，即時取得の対象にはならない（最判昭62・4・24)。一方，未登録の自動車は，占有以外に権利の公示手段がないので，即時取得の対象となる（最判昭45・12・4)。→必修問題ア

本肢では，Aが所有していた未登録の自動車を，無権利者BがCに売却し，Cはその引渡しを受けたというのであるから，その時点でCの即時取得が成立する。

以上から，Cに即時取得が成立するのは**エ**，**オ**であり，正答は**5**である。

No.2 の解説　即時取得

→問題はP.241

1 ×　金銭は純粋な価値を表すもので，即時取得の対象にはならない。

判例は，「**金銭**は，（古銭などの）特別の場合を除いては，物としての個性を有せず，**単なる価値そのもの**」にすぎないとして，即時取得の対象とはならないとする（最判昭39・1・24）。→No.1イ

2 ◎　強制競売で競落した動産についても，競落人は即時取得ができる。

妥当である。本肢は表現が難しいが，要するに，「強制執行で差し押えた財産の中に他人Xの物が混じっていた。それが競売にかけられYが落札した場合，Yは所有権を取得できるか」ということである。

これが認められないとすると，競売参加者は，「競売にかけられた動産が本当に差押えを受けた債務者の物か」をいちいち調査しなければならなくなる。それでは競売はリスキーなものとなり，参加をためらう者が増えれば制度自体が成り立たなくなる。したがって，この場合も，**前主の占有を信頼して競落すれば，有効に所有権を取得する**としておく必要がある。判例もそう考えている（最判昭42・5・30）。

3 ×　指図による占有移転の方法による取得での即時取得は認められる。

本肢も表現が難しいので，キーフレーズで考えよう。それは「指図による占有移転を受けた場合には，即時取得の適用がない」という部分である。

判例は，占有改定による即時取得は認めないが，**指図による占有移転の方法での即時取得は認める**（最判昭57・9・7）。→必修問題ウ

本肢は，このフレーズで誤りと判断すればよい。

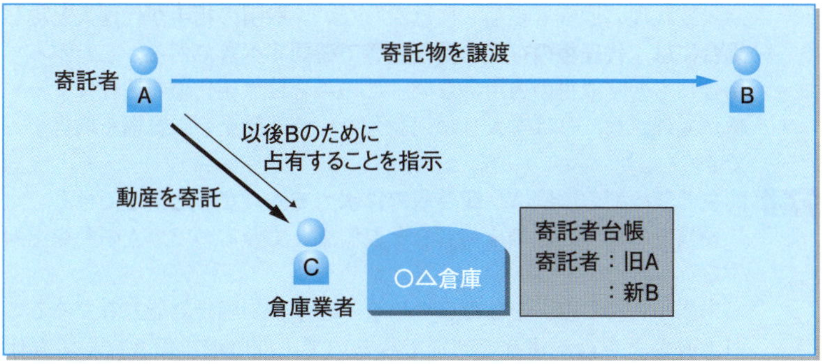

4 ×　登録が抹消された自動車は，即時取得の対象となる。

登録が抹消された自動車については，占有以外に権利の公示手段がないので，即時取得の対象となる（最判昭45・12・4）。→必修問題ア

5 ×　即時取得を主張する者は，自己が無過失であることを証明する必要はない。

判例は，「占有者が占有物について行使する権利は，適法に有するものと推定する。」との規定（188条）に基づき，占有取得者は過失がないものと推定されるので，**自己に過失のないことを立証する必要はない**としている（最

判昭41・6・9）。→**必修問題イ**

No.3 の解説　即時取得

→問題はP.242

即時取得は，取引の相手方（前主）が無権利者であるという瑕疵（無権利者から権利を取得しても無効であるという欠陥）を帳消しにする制度である。それ以外の瑕疵（欠陥）を帳消しにするものではない。

即時取得は，商店から安心して物を買ったりできるようにするための制度である。**相手方が未成年者であるとか，代理権を有すると主張しているなどの場合には，取引においてそれなりの注意を払うことが要求されている。**したがって，無権利以外の瑕疵は，それぞれ別途設けられた規制規定がそのまま適用される。

解法のポイント　民法上の各制度は，それぞれがカバーする領域が限られている。そのカバーする領域を超えて制度を適用しないのが原則。

ア×　即時取得は，制限行為能力という瑕疵を修復する制度ではない。

即時取得によって，制限行為能力の瑕疵を帳消しにすることはできない。取引の相手が制限行為能力者かどうかは，通常の注意で判別できるので，**取引する場合には法定代理人や保佐人等の同意の有無を確認すべき**である。これを怠れば，契約を取り消されてもやむを得ない。取り消されれば，Bは動産の所有権を失う。

イ×　即時取得は，無権代理の瑕疵を修復する制度ではない。

無権代理の瑕疵も帳消しにはならない。**取引の相手が代理人と称している場合には，代理権の存在を委任状等で確認すべき**である。したがって，この場合にも即時取得の適用はない。この場合は無権代理の法理によって法律関係が処理され，Cは本人Bが追認しない限り動産の所有権を取得することはできない。

ウ○　前主の無権利の瑕疵は，即時取得によって修復することができる。

妥当である。Cは無権利者Bと取引をしているので，Aの動産を即時取得する。

未成年者Aと取引をしたBの場合，相手が制限行為能力者であることは取引上必要とされる注意で判別できるので，即時取得できなくても仕方がない。一方，Bは制限行為能力者でも無権代理人でもなく，単なる無権利者である。そのBの占有を信頼して取引をしたCは即時取得によって保護される。すなわち，善意・無過失のCは当該動産の所有権を即時取得する。

エ○　前主の無権利の瑕疵は，即時取得によって修復することができる。

妥当である。Aは契約を解除しているので，Bは動産について無権利者になっている。その無権利者から，当該動産がB所有であると善意・無過失で信じて購入し，引渡しを受けたCは，当該動産を即時取得する。

以上から，妥当なものは**ウ**，**エ**であり，正答は**5**である。

No.4 の解説　即時取得

→問題はP.242

1 ◎ 売買，贈与，質権設定のほか，代物弁済も即時取得の対象となる。

妥当である。即時取得は，前主の占有を信頼して動産の取引をした者を保護しようとする制度である。すなわち，**前主の占有を信頼して動産の取引をすればよい**ので，売買のほか，贈与や質権設定，代物弁済なども即時取得の対象となる。

2 × 即時取得は，制限行為能力という瑕疵を修復する制度ではない。

したがって，前主が制限行為能力者である場合に，これと取引する者が行為能力者であると信じていても，即時取得制度の保護を受けることはできない。→No.３ア

3 × 留置権は同じ担保権でも，質権とは異なり即時取得の対象とはならない。

留置権は，一定の要件が備われば，法律上当然にその成立が認められる担保権であり（295条１項本文），**取引によって成立する権利ではない**。したがって，動産取引の安全を図るための制度である即時取得は，留置権には適用されない。

4 × 即時取得を主張する者は，自己が無過失であることを証明する必要はない。

判例は，占有取得者は過失がないものと推定されるので，自己に過失のないことを立証する必要はないとする（最判昭41・６・９）。→必修問題イ

5 × 指図による占有移転の方法でも即時取得は可能である。

判例は，寄託目的物の譲受人は「指図による占有移転を受けることによって民法192条にいう占有を取得したものである」として，即時取得の成立を認める（最判昭57・９・７）。→No.２選択肢３

No.5 の解説　即時取得

→問題はP.243

ア ○ 相続によって承継しても，取引行為がないので即時取得は成立しない。

妥当である。即時取得は，動産取引の安全を図るための制度である。相続は，被相続人の死亡によって，その財産上の地位を「自動的に」相続人に承継させるものであるから，そこには取引行為はない（882条，896条）。したがって，即時取得制度の適応はない。→No.１ウ

イ ○ 即時取得は，無権代理の瑕疵を修復する制度ではない。

妥当である。即時取得は，前主が正当な権利者であると信頼して取引した者を保護しようとするものであり，本肢のような無権代理の瑕疵まで帳消しにする制度ではない。→No.３イ

ウ × 無権利者から現実の引渡しを受けて動産を取得すれば即時取得が成立する。

ＡはＢにピアノを譲渡して無権利者になっているが，その後もピアノが手

元にあることを利用して，これをCに売却している。そして，このA→Cの売却では**現実の引渡し**がなされている。また，Cは善意・無過失で譲渡を受けているのでピアノについて即時取得の要件を満たす。したがって，ピアノの所有権はCがこれを取得する。

エ× **占有改定によって動産を即時取得することはできない。**

本肢の，「CがピアノをBに預けておいたまま」とは，B→Cの譲渡が占有改定によって行われたという意味である。そして判例は，**占有改定**で即時取得を認めることは真の権利者の保護を疎かにするとして，**このような引渡方法での即時取得を認めない**（大判大5・5・16）。したがって，CはAにピアノの所有権取得を対抗することができない。→必修問題ウ

オ× **動産の二重譲渡で，先に現実の引渡しを受ければ所有権を取得する。**

本肢は**即時取得の問題ではなく，動産の二重譲渡の問題である**。したがって，不動産の二重譲渡の場合と同じように考えればよい。

動産が二重譲渡された場合には，不動産の二重譲渡の場合と同じく，どちらが先に公示を備えたか（動産の場合は引渡しを受けたか）で優劣が決まる。本肢では，第一の譲受人であるBは引渡しを受けておらず，第二の譲受人が先に現実の引渡しを受けたというのであるから，先に占有を取得したCが確定的に動産の所有権を取得する。この場合，不動産の二重譲渡におけるのと同様，Cの善意・悪意は問題にはならない。

以上から，妥当なのは**ア**と**イ**であり，正答は**1**である。

No.6 の解説　即時取得

→問題はP.244

ア× **即時取得は，制限行為能力という瑕疵を修復する制度ではない。**

仮に，本肢で法定代理人が未成年者の売却行為を取り消してもCが即時取得できるとすると，未成年者（制限行為能力者）の財産保護はほとんど無意味になる。未成年者が不動産取引をするのはまれで，通常は動産取引であろうから，制限行為能力者制度の適用場面は限りなくゼロに近くなる。それは不合理であろう。

このことからわかるように，**即時取得のカバー領域**（即時取得で救済される範囲）**は，「前主（前の占有者）が無権利者であっても有効に権利取得できる」という点に限られる**。つまり，無権利以外の瑕疵である制限行為能力や意思表示の瑕疵などを帳消しにする制度ではない。

結局，本肢では，Cは腕時計の所有権を即時取得できない。

イ× **未登録自動車を指図による占有移転の方法で即時取得することができる。**

未登録自動車は即時取得の対象になる（最判昭45・12・4）。そして，即時取得は**指図による占有移転**の方法によってすることができる（最判昭57・9・7）。

したがって，善意無過失のBは，即時取得により当該自動車の所有権を取

得することができる。

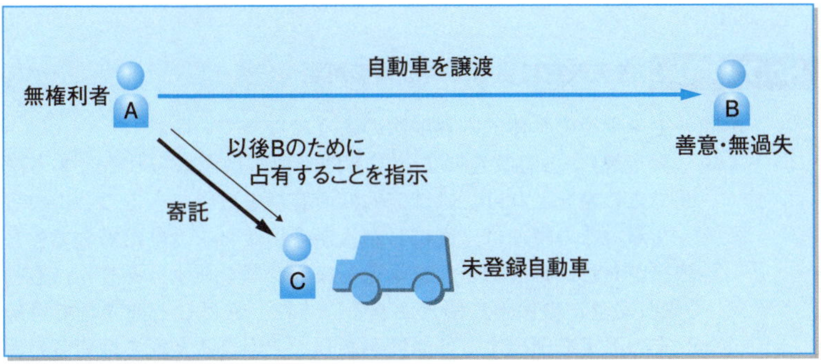

ウ× **占有改定の方法による取得では即時取得は認められない。**

本肢で，パソコンを実際に所持しているのは譲渡人Aである。これを必修問題ウの表に照らして考えてみよう。本肢は**占有改定の方法による譲渡**である。そして判例は，この方法による**即時取得を認めない**（大判大5・5・16）。→必修問題ウ

エ○ **占有物が盗品のときは，2年間は，所有権は被害者の側にある。**

妥当である。本肢の点に関して，法は，「占有物が盗品又は遺失物であるときは，被害者又は遺失者は，盗難又は遺失の時から2年間，占有者に対してその物の回復を請求することができる」（193条）と規定するが，この間の所有権が被害者または遺失者にあるのか，それとも占有者にあるのかについては明言していない。

この点について，判例は，**動産の所有権は，2年間は被害者または遺失者にある**とする（大判大10・7・8）。つまり，その間は即時取得の成立が猶予されることになる。

これは，「即時取得で所有権が占有者に移転→回復請求で所有権が復帰」という複雑な法律構成を避けようという趣旨である。

オ○ **盗品の占有者は，返還請求を受けても支払いがあるまでは使用収益できる。**

妥当である。判例は，その理由として，「占有者は，被害者等が盗品等の回復をあきらめた場合には盗品等の所有者として占有取得後の使用利益を享受し得ると解されるのに，被害者等が代価の弁償を選択した場合には代価弁償以前の使用利益を喪失するというのでは，**占有者の地位が不安定になる**」こと，また，「弁償される代価には利息は含まれないと解されるところ，それとの均衡上占有者の使用収益を認めることが両者の**公平に適う**」ことを挙げている（最判平12・6・27）。

以上から，妥当なのは**エ**と**オ**であり，正答は**5**である。

なお，**エ**と**オ**は国家総合職特有の問題ともいえるが，本問は**ア**と**イ**が誤りとわかれば，それで正解が出る。**エ**は知識として知っておくのがベターといえるが，**オ**の

知識までは必要ではない。

No.7 の解説　占有改定による即時取得の可否

→問題はP.245

本問のⅠ～Ⅲ説の具体的内容は次のようになっている。

Ⅰ説（肯定説）：占有改定によっても即時取得は認められるとする説で，本問でこの説をとればCは確定的に所有権を取得できることになる。

なお，この説では，後にBがAから引渡しを受けた場合でもBはCの請求があれば目的物をCに返還しなければならず，あまりにも動的安全（取引安全）の保護に傾きすぎる。また，AはCと通謀して容易に占有改定の事実を創出する可能性があり，そうなると真の権利者の保護はおろそかになる。それゆえ，現在この説には支持がない。

Ⅱ説（折衷説）：占有改定によって一応即時取得は成立するが，それはいまだ確定的なものではなく，後に現実の引渡しを受けたときに確定的になるとする。有力説の立場である。

「真の権利者Bの権利保護」と「取得者Cの取引安全の保護」という両者の利益の調整を図るという観点から，B・Cの両者に権利を認めた上で，その優劣を「どちらが先に現実の引渡しを受けたか」によって決しようとするものである。

この考え方は，不動産の二重譲渡の場合の処理（登記を備えないうちは所有権取得は確定的ではなく，登記を備えて初めて確定的に権利を取得できる）に近い。

Ⅲ説（否定説）：占有改定による即時取得を否定する説であり，判例の立場である（最判昭35・2・11）。これは，占有改定のような不完全な公示手段で真の権利者からの権利剥奪という強い法的効果を承認することはできないとするものである。

ア×　判例はⅢ説の立場である（最判昭35・2・11）。→必修問題ウ

イ×　これは，Ⅲ説ではなくⅠ説に対する批判である。

ウ○　妥当である。

①Ⅱ説…占有改定によって一応即時取得は成立するとする。そのため，占有改定時に即時取得の要件（平穏・公然・善意・無過失など）を満たしておくことが必要となる。そして，これを満たしておけば，あとは現実の引渡しさえあれば，確定的に所有権を取得できる。その時点では，「現実の引渡し」のみが要件とされ，それ以外の要件（善意・無過失など）は必要でない。

②Ⅲ説…占有改定では即時取得は成立しないので，CがA所有の動産を購入した時点では，Cはいまだ動産の所有権を取得できていない。そのため，即時取得の成立には占有改定以外の占有移転がなされる必要があり，また，その時点で即時取得に関する他の要件（善意・無過失など）もすべて

満たしておくことが必要とされる。

エ × Ⅱ説によれば，Aが動産を預かったままの状態では，BもCもともに「確定的に所有権を取得した」とはいえない。そのため，Cが所有権の確認を求めて訴訟を提起しても，裁判所としては「Cが所有者である」という判決（Cの勝訴判決）を出すことはできない。

以上から，妥当なものは**ウ**のみであり，正答は**3**である。

正答				
	No.1=**5**	No.2=**2**	No.3=**5**	No.4=**1**
	No.5=**1**	No.6=**5**	No.7=**3**	

占 有

必修問題

民法に規定する占有権の取得に関する記述として，妥当なのはどれか。

【地方上級（特別区）・平成27年度】

1 占有権は，自己のためにする意思をもって物を所持することによって取得するので，代理人によって占有権を取得することはできない。

2 占有権の譲渡は，占有物の引渡しによってするが，譲受人またはその代理人が現に占有物を所持する場合には，当事者の意思表示のみによってすることができる。

3 代理人によって占有をする場合において，本人がその代理人に対して以後第三者のためにその物を占有することを命じたときは，当該代理人の承諾があれば当該第三者の承諾がなくとも，当該第三者は占有権を取得することができる。

4 占有者は，善意で，平穏に，かつ，公然と占有をするものと推定するが，所有の意思は推定されないので，所有の意思を表示する必要がある。

5 占有者の承継人は，その選択に従い，自己の占有のみを主張し，または自己の占有に前の占有者の占有を併せて主張することができ，前の占有者の占有を併せて主張する場合であっても，その瑕疵まで承継する義務はない。

難易度 ＊

必修問題の解説

占有権とは，いわば「仮の権利保護」を認める制度である。その意味で，占有権以外の物権（所有権，用益物権，担保物権，これらは仮の権利ではなく本当の権利であるから本権と呼ばれる）と基本的な性質を異にしている。

では，なぜ本権とは別の仮の権利保護（占有権）が必要かというと，本権の証明が容易ではないため，仮の権利保護を認めておかないと，無用な財産秩序の混乱を生じかねないからである。

たとえば，Aが傘を持っていたところ，Bが「それは自分のだから返せ」と言ってその傘を奪おうとしたとする。この場合に，Aが自分の傘の所有権を証明するのは容易ではない。仮に傘を購入した時のレシートが財布の中に残っていても，その傘と現在所持している傘が同一のものであるとは限らない。

そこで，物の奪い合いのような混乱状態を招かないように，「事実上その物を所持している者の支配」を暫定的に認めて（これが占有権），Bが傘を返してほしければ，自力救済ではなく法的な手続（裁判手続と強制執行など）を踏むことを要求することで，安定した財産秩序を守ろうとしたものである。

1 × **占有権は，代理人によって取得することができる。**

占有権の目的が安定した財産秩序の維持にあるとすれば，「どのような者に占有権を認めるか」も，この観点から判断されることになる。たとえば借家の家主は，賃借人という代理人を介して借家を間接的に占有しており，不法占拠者がいれば，自ら立退き（占有排除）を求めることができる。

すなわち，**占有代理人を介してなす占有もまた自己のためにする意思をもってする占有である**（181条）。

2 ◎ **譲受人や代理人が物を所持していれば，意思表示のみで占有を譲渡できる。**

妥当である。本肢は，事例で考えるとわかりやすい。たとえばＡがＢに貸していた本を，ＢがＡに売ってくれるように頼み，Ａが承諾した場合には，本をＡにいったん返してもらって改めてＢに渡すという面倒な方法をとる必要はない。意思表示だけで，「今後はあなたのものだから！」と言えば済む。これを**簡易の引渡し**という（182条２項）。

3 × **指図による占有移転では，占有代理人の承諾は必要でない。**

本肢のような占有移転の方法を**指図による占有移転**というが（184条），**占有代理人は本人のために占有する使命があるだけで，占有の移転を承諾するか否かの自由はない**。なお，第三者の承諾は必要であるが，特別なものであることを要せず，たとえば借家の売買契約の中には建物の指図による占有移転の承諾の意思が含まれているとされる。

4 × **占有者は，所有の意思で善意，平穏，公然と占有するものと推定される。**

証明の手間を省き，これによって財産秩序を安定させようとする趣旨である（186条）。

5 × **前の占有者の占有を併せて主張する場合には，その瑕疵をも承継する。**

前主の地位をそのまま承継したうえで，併せて主張するのであるから，その瑕疵を承継するのは，いわば当然のことである（187条２項）。

正答 2

FOCUS

占有権には，果実収取権や占有の妨害者に対して妨害を止めるように求める権利など，さまざまな法的保護が認められている。そこで，占有においては，これらの法的保護を与えるにふさわしい者であるかどうかを中心に占有権の成否が判断されている。単に物を所持していれば，それだけで占有権が認められるわけではなく，また物を所持していなくても占有権が認められる場合もある。いかなる場合に占有権が認められるかは，このような占有の法的保護を与えるのにふさわしいかどうかによって判断する必要がある。

POINT

重要ポイント 1 占有の成立要件

①占有は，自己のためにする意思をもって物を所持することによって成立する。

占有の目的は，物を所持することでその物から利益を享受する点にあり，所持自体に意味があるわけではない。したがって，そのような利益を享受しようとする意思である「自己のためにする意思」が，所持に加えて必要とされている。

②所持とは，物を現実に握り持っている（把持）必要はなく，社会通念に照らして物を支配内に置いている状況があればよい。

たとえば，猟師がタヌキを岩穴に追い込み，その入口をふさいだ場合には，猟師にタヌキの占有が認められる。

③会社の代表者として物を占有している者には，個人としての占有権は認められない。

重要ポイント 2 占有の種類

（1）占有の分類

占有は，次のような観点からさまざまに分類されている。

種　類	相　違　点	ポイント
自主占有 他主占有	所有の意思をもってする占有であるかどうかの区別	自主占有でないと時効取得できない
直接占有 間接占有	自ら直接占有するか，代理人を通じて間接的に占有するかの区別	間接占有者にも占有訴権が認められる
善意占有 悪意占有	本権を有しないことを知りまたは本権の存在について疑いを有する占有か否か	善意占有者でないと果実収取権がない

（2）占有の態様

①制限行為能力者であっても，所有の意思で物を支配すれば自主占有が認められる。

②盗人であっても，所有の意思で物を支配すれば，盗品に対して自主占有が認められる。

③悪意占有とは，単に本権がないことを知っているだけでなく，本権の存在について疑いを有しながら占有する場合も含む。

④悪意の占有者は，果実を返還し，かつすでに消費し，過失によって毀損しまたは収取を怠った果実の代価を償還する義務を負う。

⑤悪意の占有者であっても，占有物の保存や管理に要した費用（必要費）のみならず，占有物の改良のために要した費用（有益費）の償還も請求できる。

⑥悪意の占有者にも占有訴権が認められる。

⑦占有訴権は，占有に対する侵害がある場合に，侵害のない状態を回復させるための権利であるから，所有の意思をもたない占有者（他主占有者）であっても，また本権を有しないことを知っている占有者（悪意占有者）であっても，これを行使できる。

重要ポイント3 占有権の移転・承継

（1）占有権の移転

①本人Ａが占有代理人Ｂに占有させている物をＣに譲渡する場合，ＡからＣへの占有の移転は，占有代理人Ｂに対して，「以後はＣのために占有するように」と指図すればよい。これによって占有がＣに移転する（**指図による占有移転**）。

この場合，占有代理人Ｂに諾否の自由はない。

②占有権は，外形的な支配の移転を伴わずに意思表示のみにより譲渡することもできる。

ＡがＢに物を売却すると同時にＢからＡがその物を賃借して，そのまま使用を続ける**占有改定**がその例である。

（2）占有権の承継

①占有は前の占有者から承継できる。前の占有者の占有を引き継ぐ場合，事実的支配状態になんら変わりはないからである。

②取得時効において，占有者は，自己の占有のみを主張してもよいが，前の占有者の占有を併せて主張することもできる。ただし，その場合は前の占有者の占有の瑕疵も承継する。

たとえば，Ａが悪意で11年間占有し，Ｂが善意でこれを承継して８年間占有を継続し，Ｃがさらにこれを善意で承継して２年間占有を継続したという場合には，ＣはＡから続く悪意占有をトータルして（11＋８＋２＝21）20年の時効を主張してもよいが，Ｂから続く善意占有をトータルして（８＋２＝10）10年の時効を主張してもよい。

重要ポイント4 占有権の効力

（1）占有訴権

①占有訴権には，占有保持の訴え（198条），占有保全の訴え（199条），占有回収の訴え（200条）の３種がある。

②**占有保持の訴え**とは，妨害の停止と損害の賠償を請求できる権利である。

占有保全の訴えとは，妨害の予防か，または損害の賠償の担保を請求できる権利である。

占有回収の訴えとは，物の返還と損害の賠償を請求できる権利である。このうち，後者は不法行為に基づくものが占有訴権の部分に併せて規定されているだけであるから，不法行為の要件（故意・過失等）を備えることを要する。

③占有訴権の行使には１年という期間制限が設けられている。

④占有訴権の行使には，占有を侵害されているという状況があれば足り，侵害について相手方の故意・過失を必要としない。

（2）その他の効力

①占有権は，物を事実上支配しているという状態をそのまま保護しようとするものであり，真の権利者といえども，法的手続を踏まず，実力で占有物を取り戻すことはできないとする自力救済の禁止をその中に含んでいる。

②自力救済は原則として禁止されるが，緊急やむをえない特別の事情が存する場合には，厳格な要件のもとに例外的に自力救済が認められることがある。
　たとえば，ブルドーザーによって家屋が不法に取り壊されようとしている場合に，家屋の占有者がブルドーザーのかぎを奪ってこれを動けなくするような場合である。
③占有権は，物を事実上支配しているという状態をそのまま保護しようとするものである。したがって，占有しているだけで本権者と推定されるわけではない。
　特に不動産の場合には，占有よりも登記の推定力が上であり，登記簿上の名義人が占有者に立退きを求めた場合には，占有者は賃借権などの正当な権原を有することを証明しなければ，立退きを拒否できない。
④逃走した家畜外の動物の飼養主は，動物が占有を離れた時から１か月以内であれば，善意の占有者に対しても引渡請求ができる。

重要ポイント5　占有権の消滅

①占有権は，占有者が物を支配している状態をそのまま保護しようとするものであるから，物に対する事実的支配を失えば消滅するが，それ以外の事由，たとえば混同（２つの権利が同一人に帰属したときに，残しておく必要のない権利の消滅を認めるもの）や時効によっては消滅しない。
②占有が奪われた場合でも，占有回収の訴えによってその物を取り戻せば，占有権は消滅しない。
③賃借人によって代理占有をする場合，賃貸借関係が消滅しても代理占有は当然には消滅しない。
④占有権の消滅事由は次のようになっている。

占有権の消滅事由

一般的消滅事由	物の消滅
直接占有（自己占有）の消滅事由	占有意思の放棄
	所持の喪失
間接占有（代理占有）の消滅事由	本人が占有代理人に占有させる意思を放棄した場合
	占有代理人が本人に対し，以後自己または第三者のために占有物を所持する意思を表示した場合
	占有代理人が占有物の所持を失った場合

実戦問題 1　基本レベル

No.1* **占有権に関する次の記述のうち，妥当なものはどれか。**

【市役所・平成28年度】

1 占有権が認められるためには，物に対する支配である「所持」が認められれば足り，その者の物に対する所持の「意思」は要求されない。

2 賃貸住宅において，賃借人はその住宅を所持しており，賃貸人もまたその賃借人を介してその住宅を所持しているため，両者に占有権が認められる。

3 住み込みで働いている使用人は，当該の家を所持しているため，占有権が認められる。

4 物に対する支配は正当な権限に基づいて行われることが必要であるから，他人の物を盗んできた者には，盗品に対する占有権は認められない。

5 売買において，いったん目的物を売却した後で，それを買主に引き渡さずに買主からそのまま借りている場合，買主はその物を所持していないため占有権は認められない。

No.2* **AはBから車を借り，夜間はAの駐車場に車を置いていたところ，この車をCに盗まれた。この場合の法律関係に関する次の記述のうち，妥当なものはどれか。**

【市役所・平成18年度】

1 BがCの家にこの車が停めてあるのを見つけた場合，BはCの家からこの車を持ち去って自力で取り戻すことができる。

2 Aは所有者ではないから，Cに対して占有回収の訴えを提起することはできない。

3 Aが自己の財産と同一の注意をもって車を管理していた場合，Bに対して責任を負うことはない。

4 善意のDが，平穏かつ公然にCからこの車を買い受けた場合，車の所有権は確定的にDに移るので，AはDに対して占有回収の訴えを提起できない。

5 Eはこの車をCから購入し，その際，ひょっとしたら盗品かもしれないと疑っていたが，確定的に盗品であるとは思っていなかったとしても，Eは使用利益を返還しなければならない。

No.3 * 民法に定める占有権に関する記述として，妥当なのはどれか。

【地方上級・平成17年度】

1 代理占有とは，占有代理人が所持をなし，本人がこれに基づいて占有権を取得する関係をいい，例として，賃借人が，賃貸人のために賃貸人の物を所持している場合があげられる。

2 占有は，占有者に所有の意思があるか否かにより，自主占有と他主占有とに区別されるが，買主は自主占有者であり，盗人は他主占有者である。

3 善意占有とは，占有者が所有権などの本権がないのにあると誤信して行う占有をいい，本権の有無に疑いをもちながら占有している場合も，これに当たると解されている。

4 占有改定が成立するためには，当事者間の占有移転の合意だけでなく，占有物の現実の引渡しが必要である。

5 占有訴権は，占有の侵害がある場合にその侵害の排除を請求しうる権利であり，占有訴権の訴えと所有権などの本権に基づく訴えを二重に提起することはできない。

No.4 ** 占有権に関するア～オの記述のうち，妥当なもののみをすべて挙げているのはどれか。

【国税専門官／財務専門官／労働基準監督官・平成27年度】

ア：不動産の所有者が当該不動産を第三者に賃貸した場合，賃借人は当該不動産の占有権を取得するが，賃貸人の占有権も失われるわけではなく，代理占有により占有権を有することとなる。

イ：権原の性質上，占有者に所有の意思がある場合を自主占有といい，所有の意思がない場合を他主占有という。権原の性質によって所有の意思の有無は決定されるから，たとえば，売買契約の買主が取得する占有は，当該売買契約が無効なものであったとしても自主占有となる。

ウ：占有権とは，物に対する現実の支配に基づいて認められる権利であり，前の占有者における占有期間は，現在の占有者自身が当該物を現実に支配していたとはいえないから，現在の占有者が取得時効の成立を主張する場合において，前の占有者の占有期間を併せて主張することは認められない。

エ：占有者は，第三者にその占有を奪われた場合には，占有回収の訴えにより，その物の返還を請求することができるが，当該第三者が訴訟において自身に所有権があることを主張・立証した場合には，裁判所は，占有者が所有権を有しないことを根拠として，当該占有回収の訴えを棄却することになる。

オ：占有者は，所有の意思をもって，善意・無過失で，平穏かつ公然と占有をするものと法律上推定される。

1 ア，イ
2 ア，オ
3 イ，ウ
4 ウ，エ
5 エ，オ

*
No.5 占有権に関する次の記述のうち，妥当なものはどれか。ただし，争いのあるものは判例の見解による。 【地方上級（全国型）・平成19年度】

1 占有権は，物の事実的支配に基づいて認められる権利であるから，被相続人の支配の中にあった物であっても，相続人が実際に物を支配していないため，占有権は相続の対象とはならない。

2 占有者がその占有を妨害されたときは，占有保持の訴えにより，その妨害の停止を請求することはできるが，損害の賠償を請求することはできない。

3 占有者がその占有を妨害されるおそれがあるときは，占有保全の訴えにより，その妨害の予防または損害の賠償を請求することができる。

4 占有者がその占有を奪われたときは，占有回収の訴えにより，損害の賠償を請求することができるが，悪意の占有者はこの占有回収の訴えを提起することはできない。

5 相手から占有の訴えを提起された場合，被告が本権を理由とする防御方法を主張することは許されないが，被告が本権に基づいて反訴を提起することは許される。

実戦問題 1 の解説

No.1 の解説　占有権

→問題はP.259

1 ×　占有は，自己のためにする意思で物を所持することによって成立する。

たとえば，道に落ちていた物を「これは何かなと思って拾い上げた」というだけでは，物理的にその物を所持してはいるが，法による占有の保護を与えられる状態とはいえない。すなわち，占有権が認められるには，自己のためにする意思（所有する，利用するなど）で物を所持する（物を支配する）ことが必要である（180条）。

2 ◎　賃貸住宅の賃貸人は賃借人の占有を介して間接的に賃貸住宅を占有している。

妥当である。賃貸人には間接占有が，また賃借人には直接占有が認められる。→必修問題選択肢１

3 ×　住み込みで働いている使用人には，独立の占有は認められない。

占有権が認められると，果実の収集権や占有訴権など，さまざまな法的保護が与えられる。

では，住み込みで働いているアパートの管理人は，アパートから生じる果実である家賃を自分のものにすることができるか。それはムリであろう。すなわち，住み込みで働いている使用人は，その家を所持している雇い主の事実的支配を単に補助する者であって，**独立の占有は認められない**。このような者を**占有補助者**という。

4 ×　盗人であっても盗品を事実上支配していれば占有権が認められる。

したがって，権利者といえども盗品を自力で取り戻すことはできず，その取戻しには法に従った手続を経ることが要求される。

これは，盗人を保護する趣旨ではなく，あくまで安定した財産秩序を維持するためである。すなわち，**法に基づく取戻手続を権利者に求める**ためには，**盗人の事実的支配を一応そのままの状態で保護しておく必要がある**のである。

5 ×　占有改定において，所有者にも占有権は認められる。

本肢は，たとえばAがBにパソコンを売却したが，Aがそのまま使わせてもらっているような場合である。これを占有改定という（183条）。

占有改定においても，Bは借主Aの占有を介して間接的にパソコンを占有しており，占有権が認められる。

No.2 の解説　占有

→問題はP.259

1 ×　自力で物を取り戻す自力救済は，原則として許されない。

本問では，いったん車の侵害状態は終了して，「Cの家に盗まれた車がある」という**新たな占有状態**が作り出されている。このような場合は，Aは**法的手続きを踏んで車を取り戻さなければならず，自力で取り戻すことはできない**。自力での取戻しは，Cがこれを実力で阻止するような可能性もあり，財産秩序に大きな混乱を招きかねないからである。

2 × **所有者から物を借りている者には，占有権が認められる。**

占有権は，**物を現実に支配している状態を保護しようとするもの**であるから，その**主体は所有者に限られず**，Ａのように**所有者から借りている者にも認められる**。

ＡはＢから車を借りて使用しており，実際に車に対する支配を及ぼしている。したがって，本肢のような場合には，Ａに車を取り戻させて（**占有回収の訴え**），侵害された財産秩序を回復させる必要がある。

3 × **他人の物を借りている場合には，善良なる管理者の注意義務が認められる。**

他人の物の扱いは，自己の物と同等であってはならない。およそ他人の物である以上，**借りる側の責任として十分な注意を払って物を管理**しなければならない。すなわち，Ａには契約上の責任として**善良なる管理者の注意義務**（善管義務ないし善管注意義務と略する）が課されている（400条）。したがって，これを怠ればＢに債務不履行責任を負うことになる。

4 × **自動車が既登録であれば，善意取得は成立しない。**

その結果，車の所有権はＤに移らない。→テーマ12「即時取得」必修問題ア

次に，占有回収の訴えであるが，**物の支配が善意の特定承継人**（売買や贈与等でその物の権利を受け継ぐ者）**に移った場合**には，侵奪によって引き起こされた財産秩序の混乱状態が善意者（Ｄ）の下で平穏に帰した（Ｄの占有が社会通念に照らして一応正当なものとみられるので，その支配状態を保護する必要がある）と解されることから，**占有回収の訴えは提起できない**とされている（200条２項）。

この場合には，善意取得が成立していなければ，**占有に関する訴えではなく，本権に関する訴え（所有権に基づく返還請求権）を提起すべき**ことになる。一方，車が未登録で善意取得の対象となる場合には，193条の盗品等の回復請求権を行使して車を取り戻すことが可能である。

→テーマ12「即時取得」No.６エ

5 ◎ **疑いをもっている場合は悪意占有者となり，使用利益の返還義務を負う。**

妥当である。「ひょっとしたら盗品かもしれない」と疑っていた場合には，悪意占有者となる（大判大８・10・13）。そして，悪意占有者は善意占有者と異なり，占有物の使用利益を返還しなければならない（190条１項）。

通常，民法では善意・悪意とは単なる事実の知・不知をいい，疑いをもつだけの場合は善意に含めている。しかし，**占有においては疑いをもっている場合は悪意に含めて解している**。

これは，善意占有においては，即時取得や果実の収取など「真の権利者の犠牲」において占有者に有利なさまざまの権利が認められていることから，そのような権利行使を許容するだけの適格性，すなわち**それだけの法的な保護に値する資格を備えている者（＝本権を有すると信頼する者）だけを保護**

しようとする**趣旨**である。

No.3の解説　占有権

→問題はP.260

1 ◎ 代理占有は，代理人の占有を介して間接的に物を所持するという占有である。

妥当である。目的物には賃借人の占有を介して賃貸人の支配が及んでおり，賃貸人は賃借人を占有代理人として目的物を占有しているといえる。

2 × 盗人も，所有の意思をもってする占有すなわち自主占有者である。

自主占有と他主占有は，問題文にもあるように占有者が**所有の意思を有しているか否かで区別**される。

他主占有の典型例は，賃借人や質権者であるが，これらの者はいずれ所有者（賃貸人や質権設定者）に返還するという意思で物を占有している。これに対して，**盗人は，できれば一生自分のものにしておきたいという意思で占有**しており，所有者への返還の意図など毛頭持っていない。それは，所有の意思をもってする占有だからであり，そのために**盗人は自主占有者**とされている。

3 × 本権の有無に疑いをもちながら占有している場合は悪意占有となる。

善意占有では占有者に有利なさまざまの権利が認められていることから，占有の場合は，本権を有すると信頼する者だけを保護する趣旨で，疑っていた場合は悪意占有者とされる（大判大８・10・13）。→No.２選択肢５

4 × 外形的な支配の移転なしに意思表示だけで占有を譲渡することもできる。

これを**占有改定**という（183条）。

たとえば，Ａがその所有する自転車について，「所有権はＢに譲渡するが，当分そのまま使用させてもらうことにした」とする。この場合，自転車を使わせてもらうには，いったんそれをＢに引き渡して，改めてＢから占有の移転を受ける（現実の引渡し）必要はない。Ａが「そのまま使うからね」と伝えれば，それでＢからＡへの占有の移転が生じたことになる（占有改定）。

5 × 占有の訴えが提起されても，本権の訴えを提起することは可能である。

占有の訴えは，占有が侵害された場合に，速やかに安定した財産秩序を回復するための訴えである。したがって，そこでは「どちらに所有権（本権）があるのか」といった点は審理されない。訴えの目的は，できるだけ早く，侵害がなかった元の状態を回復させる点にあるからである。

一方，**本権の訴えは，誰に物を所持する権利があるのかを最終的に確定するための訴えである**から，占有の訴えが提起されていても，本権の訴えで最終的な物の帰属を争うことは差し支えない。つまり，とりあえずいったん侵奪がなかった元の状態に戻したうえで（**占有の訴え**），改めてどちらが本当の権利者かを確定する（**本権の訴え**，その結果相手が権利者と認められれば占有者は相手に引き渡すべきことになる）わけである。したがって，両者をともに提起することは可能である（202条１項）。

No.4 の解説　占有権

→問題はP.260

ア○　不動産の賃貸人は，賃借人の占有を介して間接的に目的物を占有する。

妥当である（181条）。→No.３選択肢１

イ○　売買が無効でも，所有の意思で物を所持していれば自主占有となる。

所有の意思で物を所持していれば，たとえ所有権がなくても自主占有となる。そして，その状態が一定期間続けばその物を時効取得できる。一方，借家にいくら長く住んでいても借家を時効取得できないのは，所有の意思で住んでいる（占有している）わけではないからである。

つまり**所有の意思とは，自分の所有物として扱おうという意思**のことであって，権原（占有を正当化できる原因）があるかどうかとは次元が異なる。売買契約の買主が取得する占有は，「買った」すなわち自分の物になったという占有であるから，たとえ**契約は無効であっても，それ自体は自主占有であって，「借りている」場合のような他主占有ではない**。

ウ×　現在の占有者は，前の占有者の占有期間を取得時効で併せて主張できる。

イで説明したことと重なるが，占有は承継の対象となる。すなわち，親が他人の土地を自分の土地と誤信して占有し続け，その死亡後に子が相続してさらにその土地を占有した場合，客観的には「その家族がずっと占有を続けている」ことになる。これが**占有の承継**である。

そうなると，取引社会は，その土地を「子が親から受け継いだ土地だ。所有者は子だ」と判断してしまう。したがって，**前の占有者から受け継いだ期間を合算して時効期間の要件を満たせば**，子の占有期間だけではそれに満たなくても，**土地の時効取得を主張できる**（187条１項）。

エ×　占有の訴えでは，本権に関する理由に基づいて裁判をすることができない。

占有の訴えは，占有の侵害がある場合に，速やかに元の占有状態を回復することに目的がある。そのため，占有の訴えではどちらに所有権があるかは審理されない（202条２項）。訴訟の目的を外れるからである。

したがって，裁判所は，占有者が所有権を有しないことを根拠として，当該占有回収の訴えを棄却することはできない。**裁判所が審理するのは，あくまで占有侵害があったかどうか**であり，侵害があれば「元の状態に戻せ」という判決が行われることになる。

オ×　占有者は，法律上，所有の意思で，善意で・平穏・公然に占有すると推定される。

すなわち，法律は，無過失までは推定していない（186条１項）。本肢は，この点が誤り。ただし，判例は「占有者が占有物について行使する権利は，適法に有するものと推定する」との民法の規定（188条）を根拠に，無過失も推定されるとしている（最判昭41・６・９）。

以上から，妥当なものは**ア**と**イ**であり，正答は**1**である。

No.5 の解説　占有権

→問題はP.261

1 ×　占有権は相続の対象となり，相続人の知・不知を問わず相続人に承継される。

判例は，**被相続人の支配の中にあった物は，特別の事情のない限り，相続開始と同時に当然に相続人の占有に移る**とする（最判昭44・10・30）。

これも「財産秩序の維持」の観点から考えるとわかりやすい。たとえば，ある家の所有者が死亡し，相続人が遠隔地にいて現実に支配していないという場合に，それをよいことにだれでも侵入し放題というのでは財産秩序は維持できない。これを維持するには，**相続人への占有権の当然承継**を認めて，侵入者に対する**侵害排除の権利（占有訴権）を確保しておく必要**がある。

2 ×　占有保持の訴えでは，損害賠償の請求も認められる。

占有権が侵害された場合，通常は被侵害者に損害が生じることから，法は占有権の侵害に基づく損害賠償請求権についても占有訴権の内容として規定している（198条）。なお，損害が生じなければ賠償請求はできない。

3 ×　占有保全の訴えで認められるのは，損害賠償の担保請求である。

「妨害されるおそれがある」段階ではまだ損害は発生していないことから，認められるのは賠償請求ではなく，賠償の担保請求（仮に損害が発生したら賠償してもらうので，それが確実になされるように担保を取っておく）にとどまる（199条）。

4 ×　占有訴権は占有者の善意・悪意を問わず認められる。

占有訴権は，**物を事実上支配している状態をそのまま保護しよう**とする占有権の特質から導かれる。そのため，占有を正当化する権利がないとわかっている**盗人**のような悪意者による占有であっても，**物を現実に支配していれば占有訴権を行使しうる**（大判大13・5・22）。

真の権利者がこれを取り戻すには法的手続を踏むべきで，実力で奪い返すことを認めるべきではないからである（**自力救済の禁止**）。

5 ◎　占有の訴えに対して本権に基づく反訴を提起することは認められる。

妥当である（最判昭40・3・4）。占有の訴えでは，審理の対象とされるのは「占有侵害があったかどうか」であるから，これと関係がない「本権があるから返さない」という理由を防御方法とすることは許されない。

一方，反訴とは「訴えられた機会に，自分も原告に対して訴え（所有権に基づく返還請求）を提起しよう」として訴訟を提起するもので，もともとは本訴である**占有の訴えとは別の訴訟**である。ただ，審理の重複や判断の不統一を回避するために本訴の手続内で提起が認められているというだけであるから，それを提起することになんら問題はない（202条1項）。

正答　No.1＝2　No.2＝5　No.3＝1　No.4＝1　No.5＝5

実戦問題2 応用レベル

＊＊ No.6 占有権に関するア～オの記述のうち，妥当なもののみをすべて挙げているのはどれか。ただし，争いのあるものは判例の見解による。

【国家Ⅱ種・平成19年度】

ア：代理占有が成立するためには，本人と占有代理人との間に賃貸借等の占有代理関係が存在することが必要であるから，賃貸借関係が終了した場合は，賃借人が引き続き占有している場合であっても，賃貸人の代理占有は当然に消滅する。

イ：被相続人の事実的支配の中にあった物は，原則として，当然に相続人の支配の中に承継されるとみるべきであるから，被相続人が死亡して相続が開始するときは，相続人が相続の開始を知っていたか否かにかかわらず，特別の事情のない限り，相続人は，被相続人の占有権を承継する。

ウ：占有者は，所有の意思で占有するものと推定されるから，占有者の占有が自主占有に当たらないことを理由として取得時効の成立を争う者は，当該占有が他主占有に当たることについての立証責任を負う。

エ：民法第187条第１項の規定は，相続のような包括承継の場合にも適用されるから，相続人は，その選択に従い，自己の占有のみを主張し，または被相続人の占有に自己の占有を併せて主張することができる。

オ：善意の占有者は，占有物から生ずる果実を取得するが，本権の訴えにおいて敗訴したときは，その判決が確定した時から悪意の占有者とみなされるから，その時以後の果実を取得することはできない。

1 ア，イ，オ　**2** ア，ウ，エ　**3** ア，ウ，オ
4 イ，ウ，エ　**5** イ，エ，オ

（参考）民法　第187条第１項（条文省略）

＊＊ No.7 占有の承継による土地の時効取得に関する次の記述のうち，妥当なのはどれか。ただし，争いのあるものは判例の見解による。 【国家Ⅱ種・平成22年度】

1　Aは，Cの土地を善意・無過失で８年間継続して占有した後，当該土地の登記記録を見て名義人がCであることを知っていたBに当該土地を譲渡した。Bは，その後３年間継続して占有しても，当該土地の所有権を時効取得することはできない。

2　Aは，Cの土地をC所有と知りながら無断で７年間継続して占有した後，当該土地の登記記録を見て名義人がCであることを知っていたBに当該土地を譲渡した。Bは，その後14年間継続して占有しても，当該土地の所有権を時効取得することはできない。

3　AがCの土地をC所有と知りながら無断で15年間継続して占有した後，Aが死

亡してBが相続した。Bは相続の開始を知らなかったが，現実の占有状態に変化がなく，さらに７年間経過した後にBが相続の事実に気づいても，Bは当該土地の所有権を時効取得することはできない。

4　AがCの土地を借りて７年間継続して占有した後，Aが死亡してBが相続した。Bは，当該土地が始めからA所有だと過失なく信じて当該土地の現実の占有を開始し，所有の意思をもって占有を10年間継続しても，当該土地の所有権を時効取得することはできない。

5　AがCの土地を借りて14年間継続して占有した後，登記記録を見て当該土地の名義人がCであることを知っていたBに譲渡した。Bは，その後７年間継続して占有しても，当該土地の所有権を時効取得することはできない。

No.8（＊＊）　**民法に規定する占有権に関する記述として，妥当なのはどれか。**

【地方上級（特別区）・平成30年度】

1　善意の占有者は，占有物から生ずる果実を取得することができるが，善意の占有者が本権の訴えにおいて敗訴したときは，その敗訴した時から悪意の占有者とみなされ，すでに消費した果実の代価を償還する義務を負う。

2　占有物が占有者の責めに帰すべき事由によって滅失し，または損傷したときは，その回復者に対し，占有者はその善意，悪意を問わず，いかなる場合であっても，その損害の全部の賠償をする義務を負う。

3　占有者が占有物を返還する場合には，その物の保存のために支出した金額その他の必要費を回復者から償還させることができるが，占有者が果実を取得したときは，通常の必要費は，占有者の負担に帰する。

4　占有者がその占有を妨害されるおそれがあるときは，占有保全の訴えにより，その妨害の予防を請求することはできるが，損害賠償の担保を請求することはできない。

5　善意の占有者は，その占有を奪われたときは，占有侵奪者に対し，占有回収の訴えにより，その物の返還および損害の賠償を請求することができるが，悪意の占有者は，その物の返還および損害の賠償を請求することができない。

No.9 ＊＊ **占有権に関するア～オの記述のうち，妥当なもののみをすべて挙げているのはどれか。ただし，争いのあるものは判例の見解による。**

【国家一般職・令和元年度】

ア：賃貸借契約に基づき，Aが自己の所有物をBに賃貸した場合，BがAの代理人として占有することにより，Aは本人として占有権を取得するが，当該賃貸借契約が無効となったときには，Bの代理権の消滅により，Aの占有権は消滅する。

イ：善意の占有者は，占有物から生ずる果実を取得することができるが，本権の訴えにおいて敗訴した場合は占有開始時から悪意の占有者とみなされるため，占有開始時から収取した果実を返還しなければならない。

ウ：相続人が，被相続人の死亡により相続財産の占有を承継したばかりでなく，新たに相続財産を事実上支配することによって占有を開始し，その占有に所有の意思があるとみられる場合においては，被相続人の占有が所有の意思のないものであったときでも，相続人は，民法第185条にいう新たな権原により当該相続財産の自主占有をするに至ったものと解される。

エ：占有権に基づく訴えに対し，所有権者が防御方法として自己の所有権の主張をすることは認められないが，所有権者が所有権に基づく返還請求の反訴を提起することは認められる。

オ：占有権は占有者が占有物の所持を失うことにより消滅するが，占有者は，占有回収の訴えを提起して勝訴すれば，現実にその物の占有を回復しなくても，現実に占有していなかった間も占有を失わず占有が継続していたものと擬制される。

1 ア，イ　**2** ア，ウ　**3** ウ，エ　**4** ウ，オ　**5** エ，オ

（参考）民法

（占有の性質の変更）

第185条　権原の性質上占有者に所有の意思がないものとされる場合には，その占有者が，自己に占有をさせた者に対して所有の意思があることを表示し，又は新たな権原により更に所有の意思をもって占有を始めるのでなければ，占有の性質は，変わらない。

No.10 ＊＊ **占有権に関するア～オの記述のうち，妥当なもののみをすべて挙げているのはどれか。ただし，争いのあるものは判例の見解による。**

【国家総合職・令和２年度】

ア：Aが，Bの所有する土地を自己の所有する土地であると誤信して占有している場合，Aは，その土地から生じる果実を取得することができるが，Bから土地返還請求の訴えを提起され，敗訴したときは，その訴えの提起時以降の果実について，現に存する果実を返還したうえ，すでに消費した果実や過失によって損傷しまたは収取を怠った果実の代価を償還しなければならない。

イ：占有権の承継取得の方式のうち，占有権取得後に占有権者が占有物を直接占有（自己占有）するのは，現実の引渡しと占有改定であり，占有権取得後に占有権者が占有物を間接占有（代理占有）するのは，簡易の引渡しと指図による占有移転である。

ウ：占有訴権は，占有回収の訴え，占有保持の訴えおよび占有保全の訴えの三種類が規定されており，それぞれ目的物の返還，占有の妨害の停止および占有の妨害の予防を請求することができるが，目的物の真の所有者を相手方として，これらの訴えを提起することはできない。

エ：Aが，善意・無過失で不動産の占有を開始し，７年間占有した後，悪意のBが，当該不動産の占有を承継し，８年間占有した。その後，CがBから善意・無過失で当該不動産の占有を承継した場合，Cは，最初の占有者であるAが善意・無過失であることから，AとBの占有を併せて10年の取得時効を援用することができる。

オ：被相続人Aが他主占有していた不動産について，相続人Bが，Aの死亡により同人の占有を相続により承継しただけでなく，新たに当該不動産を事実上支配することによって占有を開始した場合，その占有が外形的客観的に見て独自の所有の意思に基づくものであるときは，Bは，独自の占有に基づく取得時効の成立を主張することができる。この場合，民法第186条第１項により，占有者は所有の意思をもって占有するものと推定されるから，Bの取得時効の成立を争う相手方が，Bの占有が他主占有であることの主張立証責任を負う。

1　ア，イ
2　ア，エ
3　イ，ウ
4　ウ，オ
5　エ，オ

実戦問題2の解説

No.6 の解説　占有権

→問題はP.267

ア× 賃貸借が終了しても，賃貸人の代理占有は当然には消滅しない。

賃貸借契約が終了しても，法が規定する代理占有の消滅事由（204条１項，**重要ポイント**⑤の表参照）が発生しない限り，代理占有関係は消滅しない。

賃借人の占有権	消滅しない →物を現実的に支配している状態は変わらないので，占有権は消滅しない。ただ権原（占有を正当化する原因）のない占有として悪意の占有に変わるだけである。
賃貸人の占有権	消滅しない →賃借権が消滅しても，借主が引き続きその物を占有している場合には，借主を通じて本人がその物を間接的に支配している状態は変わらない。 →契約終了後も賃借人が居座って明け渡さない場合には，所有権に基づく返還請求によって賃借物を取り戻すことにより，賃貸人は賃借人（占有代理人）による間接占有を脱して，自己の直接占有を回復できる。

イ○ 占有権は相続の対象となり，相続人の知・不知を問わず相続人に承継される。

妥当である（最判昭44・10・30）。→No.５選択肢１

ウ○ 時効不成立を主張する者は，占有が他主占有であることの立証責任を負う。

妥当である（最判昭58・３・24）。時効取得のためには，所有の意思で占有すること（自主占有）が要件とされているが（162条），法は，「占有者は，所有の意思で占有する」と推定している（186条１項）。したがって，取得時効の成立が争われている場合には，**法の推定を覆そうとする側に，当該占有が他主占有に当たることについて立証責任がある**。

●所有の意思がない占有には，時効取得は認められない。
時効は継続した事実状態をそのまま保護する制度である。そうすると，所有権の取得時効では，所有者と同じようにその物を扱っているからこそ，時効によってそのまま所有権者として認められるという関係がある。したがって，時効取得のためには占有者に所有の意思が必要である。また，所有の意思のない占有に時効取得を認めると，長期間土地や家屋を賃借している者は，ことごとく賃借物を時効取得することになってしまい，不都合である。

エ○ 相続の場合でも「自己のみまたは前主と併せて」のいずれかを選択できる。

妥当である。判例は，187条１項は「相続の如き包括承継の場合にも適用せられ，**相続人**は必ずしも被相続人の占有についての善意悪意の地位をそのまま承継するものではなく，**その選択に従い自己の占有のみを主張しまたは被相続人の占有に自己の占有を併せて主張することができる**」として，相続人が善意・無過失の場合に10年間の取得時効を認めている（最判昭37・5・18）。

＊187条1項（占有の承継）占有者の承継人は，その選択に従い，自己の占有のみを主張し，又は自己の占有に前の占有者の占有を併せて主張することができる。

オ×　本権の訴えで敗訴すれば，訴えの提起の時から悪意の占有者とみなされる。

本権者から訴えられて敗訴したのに，訴訟が続いている期間も引き続き果実を収取できるとするのは不合理である。**むしろ，敗訴した場合には，訴訟期間中の果実は本権者に帰属させるべきである**（189条2項）。

以上から，妥当なのは**イ**，**ウ**，**エ**であり，正答は**4**である。

No.7の解説　占有の承継による土地の時効取得

→問題はP.267

占有とは「物の所持（事実的支配）」という一定の事実状態を保護しようとするものであるが，そこにいう事実状態の点だけを強調すると，それを「承継する」ということは奇異に感じるかもしれない。

しかし，**占有権は，物の所持を法的に保護することによって「財産秩序」を守ろうとする点に終局的な目的がある**。そうであれば，その目的に照らして合理的であれば，それは法の趣旨に添う必要な保護ととらえなければならない。

この観点から本問をみると，土地の取得時効においては，一方で「長期にわたって誰かが占有している」という状況があり，他方で「真の権利者はいつでもそれを排除できたのに，それを怠ってきた」という状況がある。その中で，周囲（取引社会）は，ある者が占有しているという事実状態を真の権利関係ととらえ，その上にさまざまな法律関係を築く。そして，相続などによって，その事実状態が「社会通念上正当に承継された」とみうる状況があれば，周囲は権利が承継されたととらえ，やはり同様に法的な権利関係をその上に築いていく。**占有の承継**は，そのような**取引社会の期待を保護し，「財産秩序」を守ろうとするもの**である。

1×　善意・無過失の前主の占有とあわせて10年占有すると時効取得できる。

前主の占有を併せて主張する場合には，前主の占有の態様である「善意・無過失」をそのまま主張できる（最判昭53・3・6）。そのため，Bは善意・無過失で占有開始した者の取得時効期間である10年（162条2項）よりも長い「8年（Aの占有）＋3年（Bの占有）」期間の占有継続を主張して，当該土地の所有権を時効取得できる。

2×　前主の占有と併せて主張する場合は，前主の瑕疵も承継する。

「前主の占有を併せて主張する」とは，前主の占有をそのままの状態で受け継ぐということである。したがって，前主の瑕疵，たとえば前主が悪意であれば，それもそのまま受け継ぐことになる。

そして，**悪意占有者の取得時効期間は20年**である（162条1項）。本肢で，Bは，これよりも長い「7年（Aの占有）+14年（Bの占有）」の占有継続を主張できる。したがって，Bは当該土地の所有権を時効取得できる。

3 × 占有権は，相続によってそのまま相続人に承継される。

相続人の知・不知を問わない（最判昭44・10・30）。本肢で，Aは自己に所有権がないことを知って（悪意）占有を開始している。そこで，Bは「15年（Aの占有）+7年（Bの占有）」の占有継続を主張できるので，当該土地の所有権を時効取得できる。

4 × 相続は，他主占有から自主占有に変わる「新権原」に当たる。

したがって，Bは善意・無過失の自主占有者として，10年の占有継続により当該土地の所有権を時効取得できる。

時効取得するためには所有の意思で占有することが必要であるが（162条，自主占有の要件），Aは土地を借りて占有しているので（他主占有），この要件を満たさない。

では，Bが**相続**によってAから占有を承継した際，それを「当該土地が始めからA所有だと過失なく信じて」占有を開始すれば，その時点から，Bが**新たに「自主占有」を開始したと認めることができるか**。**判例はこれを肯定**する（最判昭46・11・30）。

法は，新たな権原（**新権原**）によりさらに所有の意思をもって占有を始めれば，占有の性質が変わるとしているが（185条），Bに過失がないというのは，取引通念に照らして（つまりBだけでなく周囲も含めて），「Aが所有者として占有を開始した」と信頼してよい事情がBにあることを意味する。そうであれば，この条文を使って，被相続人Aの他主占有が相続人Bの段階で自主占有に変わったと認めて，短期間で（つまり20年ではなく10年の時効期間で），その事実状態を法的な権利関係として承認するのが「財産秩序」を守る見地から合理的である。

5 ◎ 自主占有でなければ，土地を時効取得することはできない。

妥当である。Aの占有は自主占有（所有の意思をもってする占有）ではないので，取得時効期間には算入されない。そして，Bは悪意であるから，所有の意思をもって占有しても，20年間占有を継続しなければ時効取得できない。

No.8 の解説　占有権

→問題はP.268

1 × 本権の訴えで敗訴すれば，訴えの提起の時から悪意の占有者とみなされる。

したがって，占有者はすでに消費した果実の代価を償還する義務を負う（189条2項）。→No.6オ

2 × 善意占有者は滅失・損傷には現に利益を受けている限度で賠償義務を負う。

善意占有者は，簡単にいえば「これは自分のものだ」と思っているので，滅失・損傷についてもそれほどの注意を払わない。それを，あとから「実は

これは他人のものだから損害全額を賠償せよ」というのでは不測の損害を被らせるおそれがある。たとえば，高価な骨董の抹茶茶碗を割ってしまった後で，それが時価数百万円する美術品とわかったなどという場合である。そのため，**善意占有者**については，法は**現に利益を受けている限度で賠償義務を負う**としている（191条本文）。

一方，最初から他人の物だとわかっている（あるいは疑いを持っている）**悪意占有者**の場合には，「**他人の物であれば大切に扱う義務がある**」ということで，**損害の全部を賠償する義務を負う**とされている（同条本文）。

3◎ 占有者が果実を取得したときは，通常の必要費は占有者がこれを負担する。

妥当である（196条１項）。たとえば，果樹園を自分のものだと思って占有していた者が果樹を収穫していたという場合がその例である。果樹園の手入れのために支出した通常の必要費（例：壊れた害獣除けの柵の修理費用）などを所有者に請求することはできない。これは，**果実と通常の必要費がほぼ同額と見て，両者を簡易決済しようという趣旨**である。

それほど大きな金額でない場合，**経験則からいって同じ程度の額であろうと判断されるときはいちいち計算するのが面倒なので簡易決済させてしまおう**ということは，民法ではしばしば見受けられる。本肢もその一つである。

●簡易決済の例

・不動産質権者は，被担保債権の利息を請求できない（358条）。
→不動産質では，質権者は目的物を使用・収益できるので，その使用の利益が不動産の管理費用や利息を合計したものとほぼ等しいとみなして，両者を簡易決済する趣旨である。

・売買での利息と果実の簡易決済（575条）。
→買主が代金の支払いを遅滞している場合でも，買主は，目的物の引渡しを受けるまでの期間に対応する遅延利息を支払う必要はない。売主が引渡しまでに得る目的物の使用利益と，買主が支払うべき遅延利息がほぼ同額と見て，両者を簡易決済する趣旨である。

・盗品の占有者は，返還請求を受けても支払いがあるまでは使用収益できる。
→No.10イ参照（最判平12・6・27）。

4× 占有保全の訴えでは，損害賠償の担保請求が認められる。

占有保全の訴えでは，妨害の予防を請求できるだけでなく，損害が発生した場合に備えて，**賠償が確実になされるように担保を取ることが認められている**（199条）。→No.５選択肢３

5× 占有訴権は，占有者の善意・悪意を問わず認められる。

したがって，悪意の占有者にも占有回収の訴えが認められる（大判大13・5・22）。→No.５選択肢４

No.9 の解説　占有権

→問題はP.269

ア×　賃貸借契約が無効になっても，賃貸人の代理占有は当然には消滅しない。

目的物をいったん引き渡している場合には，賃貸借契約が無効になっても，法が規定する代理占有の消滅事由（204条１項）が発生しない限り，代理占有関係は消滅しない。→No.６ア

もちろん，契約が無効になっているので，Ｂは預かった物をＡに返還しなければならない。しかし，Ａに引き渡すまでは，Ｂはその物を**事実的に支配**しているので占有権が認められ，ＡもまたＢの占有を介して**間接的にその物を支配**しているので，やはり占有権を有している（代理占有）。なぜなら，このようにしておかないと，第三者Ｃが無断でその物を侵奪したような場合に，ＡもＢも，Ｃに対して占有権に基づく占有回収の訴え（200条）を提起できなくなるからである（ＢはＡにその物を返さなければならないので，Ｃから占有を取り戻す必要がある）。

イ×　本権の訴えで敗訴すれば，訴えの提起の時から悪意の占有者とみなされる。

敗訴した場合は，占有開始時からではなく，訴え提起の時から悪意の占有者とみなされる（189条２項）。

訴えが提起された場合には，善意占有者（図でいえばＢ）は自分の占有に疑問を持つべきであるから，もはや勝手に果実を収取することは許されない。万一自分に占有がなかったような場合に備えて，果実をストックしておくなどの対応が求められる。したがって，敗訴の場合には，訴え提起の時点から悪意占有者とみなされることになる。

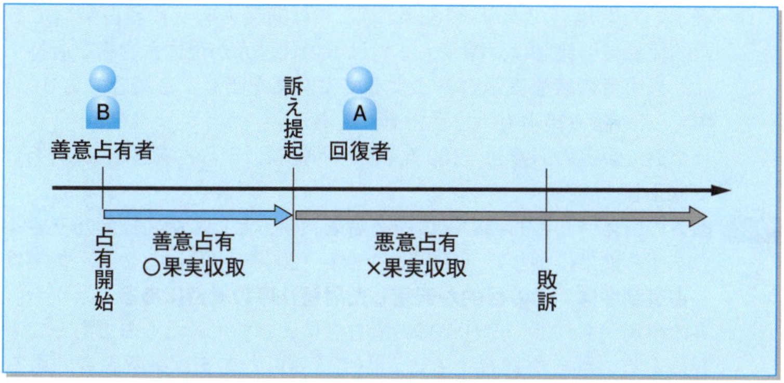

ウ○　相続は，他主占有から自主占有に変わる「新権原」に当たる。

妥当である（最判昭46・11・30）。ここで「新権原とは何か」などということを考える必要はない。法は，占有の性質が変わるのは，①**占有者が自己に占有をさせた者に対して所有の意思があることを表示する**，②**新たな権原によりさらに所有の意思をもって占有を始める**，という２つのいずれかの場合に限られるとする（185条）。

そして，「相続人が，新たに相続財産を事実上支配することによって占有を開始し，その占有に所有の意思があるとみられる場合」に，自主占有への転換を認めるのが妥当だと判断するのであれば，これは①には当てはまらないので，残るのは②である。したがって，「相続は新権原になり得る」とすればよいという，ただそれだけのことである。

つまり，**「相続による自主占有への転換を認めるのが妥当だ」という結論が先**にあって，条文を見たときに①には当てはまらないので，それならば②に当てはめればよいというのが，この部分の意味である。→No.７選択肢４

エ○ 占有の訴えに対して本権に基づく反訴を提起することは認められる。

妥当である（最判昭40・３・４）。→No.５選択肢５

オ× 占有回収の訴えで勝訴して占有を回復すれば，占有継続とみなされる。

占有を奪われている間も，訴訟を提起して「自分のものだ」と主張し続けているのであるから，占有の継続を認めて，その間を時効期間に含めるのが妥当だからである（最判昭44・12・２）。→テーマ９「時効」必修問題ア

以上から，妥当なものは**ウ**と**エ**であり，正答は**3**である。

No.10 の解説　占有権

→問題はP.270

ア○ 本権の訴えで敗訴すれば，訴えの提起の時から悪意の占有者とみなされる。

妥当である。敗訴した場合には，訴訟期間中の果実は本権者に帰属させるべきである（189条２項）。→No.６オ

イ× 占有改定は間接占有であり，簡易の引渡しは直接占有である。

占有改定は，「代理人が自己の占有物を以後本人のために占有する意思を表示した」場合であり（183条），これは間接占有（代理占有）である。また，簡易の引渡しは，譲受人またはその代理人が現に占有物を所持する場合に，当事者の意思表示のみによって占有権を譲渡する場合であり（182条２項），これは直接占有（自己占有）である。

なお，現実の引渡し（182条１項）と指図による占有移転（184条）については正しい。

ウ× 占有の訴えは，目的物の真の所有者を相手方として訴え提起ができる。

まず，前半は正しい（198条，199条，200条１項）。しかし，後半は誤り。

占有制度は，その目的が安定した財産秩序の維持にあることから，占有侵害の事実があれば，それが真の所有者によって生じたものであっても，占有者は占有の訴えを提起することができる。たとえば，所有者である賃貸人が，契約期限が切れたことを理由に賃貸物を勝手に持ち去った場合には，賃借人は占有侵害を理由に占有回収の訴えを提起できる。

エ○ 善意・無過失の前主の占有とあわせて10年占有すると時効取得できる。

妥当である。前主（前々主）の占有をあわせて主張する場合には，前主（前々主）の占有の態様である「善意・無過失」をそのまま主張できる（最判昭53・３・６）。したがって，→No.７選択肢１

オ × **他主占有から自主占有に変わったことの立証責任は相続人の側が負う。**

まず，**相続は，他主占有から自主占有に変わる新権原に当たる**ので，前半は正しい（最判昭46・11・30）。→No.７選択肢４

そこで，他主占有（賃借人などの所有の意思に基づかない占有）から自主占有（所有の意思に基づく占有）に変わったことの立証責任であるが，この**立証責任は事実を立証することによって利益を得る側が負担するのが原則**である。なぜなら，「立証が奏功すればするほど自分に不利になる」というのは不合理だからである。

そこで本肢であるが，**他主占有から自主占有に変わったことの立証で利益を得るのは，それによって不動産の時効取得という利益を得られる相続人Ｂである**。したがって，立証責任はＢの取得時効の成立を争う相手方ではなく，Ｂが負うべきものである（最判平８・11・12）。

以上から，妥当なものは**ア**と**エ**であり，正答は**2**である。

正答 No.6=**4**　No.7=**5**　No.8=**3**　No.9=**3**　No.10=**2**

所有権

必修問題

所有権の原始取得に関する次の記述のうち，妥当なものの組合せはどれか。

【地方上級・平成27年度】

ア：**所有者のない不動産**を，所有の意思をもって占有した場合には，当該不動産の所有権を取得する。

イ：**遺失物**の拾得者が当該遺失物を届け出たが，公告後6か月経過してから所有権者が現れても，拾得者は所有権を取得できる。

ウ：他人の所有する土地から発見された**埋蔵物**は，公告をした後6か月以内に所有者が判明しないときは，発見した者と土地の所有者で等しい割合で所有権が帰属する。

エ：**家畜以外の動物**で他人が飼育していたものを占有する者は，その占有の開始の時に悪意であっても，1か月以内に飼主から回復の請求を受けなかったときは，その動物について権利を取得する。

1　ア，イ
2　ア，ウ
3　ア，エ
4　イ，ウ
5　イ，エ

難易度　＊

必修問題の解説

本問のテーマである原始取得とは，新たに物権が発生してそれを所有したり，前の権利者の権利とは無関係に物権を取得したりすることをいう。要するに，担保権など何の負担もついていないまっサラの権利を取得することである。

ア×　所有者のない不動産は国庫に帰属する。

したがって，所有の意思をもって占有しても，その不動産の所有権を取得することはできない（239条2項）。

たとえば，海底火山の爆発で新島ができた場合，早い者勝ちで最初に占有した者の土地になるとしたら，爆発の兆候がある時点で危険を顧みず大勢の人が押し寄せるなど，大きな混乱を引き起こすおそれがある。

そもそも**土地は国の統治権などと大きなかかわりを持つもので，新たな土地を私人が勝手に自分の物にすることはできない。**

イ○ 遺失物は，公告後３か月以内に所有者が判明しなければ拾得者の所有となる。

妥当である。遺失物は，遺失物法の定める公告をした後３か月以内に所有者が判明しないときは，拾得者がその所有権を取得する（240条）。

つまり，**３か月を経過した時点で拾得者に所有権が移ってしまう**ので，公告後６か月経過してから元の所有権者が現れても，その者は拾得物の返還を請求できない。

ウ○ 他人の土地から発見された埋蔵物は，土地所有者と発見者が折半する。

妥当である。**埋蔵物**とは，**土地やその他の物の中に埋蔵されて誰の所有物かを容易に識別できないもの**をいう。

所有者が誰かわからないので，遺失物法の定める公告をした後６か月以内にその所有者が判明しないときは，発見者が所有権を取得する（241条本文）。干潟で貝掘りをしていたところ，江戸時代の小判が出てきたなどという場合がその例である。

ただ，**埋蔵物が他人の土地など他人の所有物の中から発見された場合**には，その他人の祖先が埋めたという可能性や，第三者がその中に勝手に隠したなど様々な可能性が考えられる。経緯がわからないので，民法は他人の所有物の中から発見された埋蔵物については，**発見者とその他人が均等割合で所有権を取得する**ものとした（241条但書）。

エ× 家畜以外の動物を取得するには，占有開始時に善意でなければならない。

家畜以外の動物とは，キジやイノシシのように**通常は人には飼われていない動物**をいう。それを誰かが飼育していた動物であることを知らずに（善意）占有を開始した場合には，１か月以内に飼主から回復の請求を受けなければ，その動物について権利を取得する（195条）。すなわち善意であることが取得の要件である。

以上から，妥当なものは**イ**と**ウ**であり，正答は**4**である。

解答のポイント **ア**の知識は必須。これで選択肢**1**～**3**が切れる。**ウ**は，上記の解説を読めば「折半」というのもうなずけるであろう。これを覚えておこう。

正答 4

FOCUS

所有権の分野では，所有権の性格を問うものは少なく，所有権の取得と相隣関係が２大テーマとなっている。このうち相隣関係は，条文が詳細で複雑なため，対策を記憶に頼るのは大変である。むしろ問題練習を通じて，隣地どうしの関係がどのようなものかを感覚としてつかみ，それをベースに「常識的な判断」で解くようにするほうがよい。

POINT

重要ポイント 1 所有権の意義

①所有権は，物を全面的に使用・収益・処分できる権利である。
②所有権の使用・収益権能を利用するのが用益物権である。これには，地上権，永小作権，地役権，入会権の４種がある。
③所有権の処分権能を利用して債権の担保を行うのが担保物権である。担保権者は，弁済期に履行がなされないときは，担保物を競売にかけて処分し，その代価から優先弁済を受けることができる。

重要ポイント 2 所有権の取得

（1）無主物の先占（せんせん）

①現在所有者がいない物を無主物という。
②無主の動産は，所有の意思をもって先に占有を開始すれば，その者が所有権を取得する。これに対して，無主の不動産は国庫に帰属し国の所有となる。
③他人の土地上に無権原で建物を所有する者がいる場合，土地の所有者は建物の収去を請求できる。その相手方は，通常は現実の侵害者であるが，建物の所有権がＡからＢに譲渡されたが，登記はいまだＡが有しているという場合には，Ａに対しても収去請求ができる。建物の実質的所有者を確定する負担（かなり面倒な調査が必要）を，所有権を侵害されている土地所有者に課すのは不合理（確定できない限り収去請求ができない）という理由からである。

（2）添付（付合・混和・加工）

①複数の独立の物が合わさって社会経済上単一の物と見なされる状態を**付合**という。
②土地に樹木や作物の苗などが植栽された場合には，それらの所有権は土地の所有者に帰属する。ただし，権原（所有権を自己に留保する権利）によって植栽された物については，植栽された物が取引上の独立性を有するに至れば植栽者に所有権が帰属する。
③建物の賃借人が，賃貸人の承諾を得て増改築を施した場合であっても，賃借人はその増改築部分の所有権を取得することはできない。この場合，その増改築部分の所有権は賃貸人に帰属する。すなわち，賃借人には，増改築部分についての権原は認められない。
④不法占拠者などの無権原者が付合させても，その者は付合物の所有権を自己に留保することはできない。
⑤公有水面を埋め立てるのに投入された土砂は，公有水面の地盤に付合して国の所有になるわけではない。
⑥複数の所有者の米の混合や灯油の融和など分離が困難になった状態を**混和**という。
⑦混和が生じた場合には，混和した物に主従の区別ができるときは（例：銀とすずの合金），主たる物の所有者が混和物の所有権を取得し，主従の区別ができないときは，混和時の価格の割合に応じ，それぞれの物の所有者が混和物を共有する。

⑧他人の動産に工作を加えて新たな物を作り出すことを**加工**という。
⑨加工物の所有権は，原則として材料の所有者に帰属する。ただし，工作によって生じた価格が「著しく」材料の価格を超えるときと，加工者が材料の一部を供した場合で「加工者の提供した材料の価格＋工作によって生じた価格＞他人の材料の価格」の関係にあるときは，加工者に所有権が帰属する。
⑩付合・混和・加工によって所有権を失った者は，所有権を取得した者に対して償金請求ができる。これは不当利得の性質を有するものである。

重要ポイント3 相隣関係

(1) 隣地使用権

①土地の所有者は，境界やその付近で建物の建築や修理のために必要な範囲で，隣地の使用を求めることができる。
②隣地の所有者がこれを承諾しない場合には，裁判所が代わって立入りを認めることができる。
　ただし，家屋への立入りは一切認められておらず，裁判所が代わって立入りを認めることもない。

(2) 囲繞地(いにょうち)通行権（隣地通行権）

①袋地の所有者は，公道に出るために，隣地を通行できる。ただし，通行に当たっては，償金を支払う必要がある。
②袋地の所有者が償金を支払わない場合でも，囲繞地通行権は消滅しない。単に債務不履行の問題が残るだけである（財産の差押え等の手段をとるほかない）。
③袋地が土地の一部譲渡によって生じた場合，または土地の全部を同時に数人に譲渡することによって生じた場合は，償金を支払うことなく隣地を通行できる。
④所有者を異にする２棟の建物の間に空き地があるときは，各所有者は共同の費用で塀を作ることができる。また，法の定める基準以上の高さの塀を望む所有者は，自己の負担で高さを増すことができる。
⑤建物は，隣地との境界から50cm以上離して建築しなければならない。この基準を満たさない場合，隣地の所有者は建築の廃止・変更を求めることができる。ただし，建築着手の時から１年が経過するか，または建物が完成した場合には，損害賠償の請求しかできない。

(3) 境界

①境界を越えて伸びてきた隣地の樹木の根は切ることができるが，枝は隣地の所有者に切取りを求めなければならない。
②土地の境界は，隣接する所有者どうしの合意によって確定することはできず，必ず境界確定の訴えによらなければならない（土地の境界は自治体の境界となることもあるような公益性の高いものだから）。

実戦問題

＊No.1 所有権に関する次の記述のうち，妥当なものはどれか。

【地方上級・平成17年度】

1 土地の所有者が，自己の土地上に建物を建てるために必要があるときは，築造に必要な範囲内で，隣人の承諾なしに，その土地または家屋に立ち入ることができる。

2 他の土地に囲まれて公道に通じない土地の所有者は，公道に至るため，その土地を囲んでいる他の土地を通行することができ，また，必要があれば通路を開設することもできる。

3 土地の所有者は，隣地から水が流れてくる場合には，それが自然に流れる場合であっても，これを妨げることができる。

4 境界を接する土地の所有者どうしが，共同でその境界線上に塀を設置する場合には，その塀は高さ１メートルでなければならず，かつその費用は当事者が共同で負担する。

5 土地の所有者は，隣地の竹木の枝が土地の境界線を越えているときは，自らこれを切除でき，また竹木の根が境界線を越えているときは，竹木の所有者にその根を切除させることができる。

＊＊No.2 民法に規定する相隣関係に関する記述として，判例，通説に照らして，妥当なのはどれか。

【地方上級（特別区）・令和元年度】

1 土地の所有者は，境界付近において障壁を修繕するため，隣人の承諾があれば，隣人の住家に立ち入ることができるが，隣人が承諾しないときは，裁判所で承諾に代わる判決を得て，その住家に立ち入ることができる。

2 分割によって公道に通じない土地が生じたとき，その土地の所有者は，公道に至るため，他の分割者の所有地のみを通行することができるが，この場合においては，償金を支払わなければならない。

3 土地の所有者は，隣地の所有者と共同の費用で境界標を設けることができるが，境界標の設置および保存ならびに測量の費用は，土地の所有者と隣地の所有者が土地の広狭にかかわらず等しい割合で負担する。

4 最高裁判所の判例では，共有物の分割によって袋地を生じた場合，袋地の所有者は他の分割者の所有地についてのみ囲繞地通行権を有するが，この囲繞地に特定承継が生じた場合には，当該通行権は消滅するとした。

5 最高裁判所の判例では，袋地の所有権を取得した者は，所有権取得登記を経由していなくても，囲繞地の所有者ないしこれにつき利用権を有する者に対して，囲繞地通行権を主張することができるとした。

No.3 ＊＊ **付合による所有権の取得に関する次の記述のうち，妥当なのはどれか。**

【市役所・平成９年度】

1 Ａ所有の建物を不法に占有しているＢが増改築した場合，その増改築部分が経済的に見て独立性を有するに至ったときは，その増改築部分はＢの所有となる。

2 建物の賃借人Ｂが建物所有者Ａの承諾を得て増改築した場合，その増改築部分が経済的に見て独立性を有していないときは，その増改築部分はＡの所有となる。

3 賃借人Ｂが賃借地に植えた苗が，成長して取引上の独立性を持つに至ったときであっても，その作物は土地所有者Ａの所有となると解することに争いはない。

4 Ａの所有地にＢが無断で樹木を植栽したときであっても，その樹木はＢの所有となる。

5 公有水面を埋め立てるのに投入された土砂は，公有水面の地盤に付合して国の所有となる。

No.4 ＊＊ **所有権に関するア～オの記述のうち，妥当なもののみをすべて挙げているのはどれか。ただし，争いのあるものは判例の見解による。**

【国家総合職・平成30年度】

ア：建物建築を請け負った建築業者が，未だ独立の不動産に至らない建前の段階で工事を中止したので，別の建築業者が材料を供して独立の不動産である建物に仕上げた場合，当該建物の所有権の帰属は，加工の法理によって決定すべきである。

イ：賃借人が，家主の承諾なしに賃借建物に二階部分を増築した場合，当該二階部分が独立性のあるものとして区分所有権の対象となるときは，当該二階部分については建物に付合しないので，家主は原状回復請求としての撤去請求をすることができる。

ウ：互いに主従の関係にない甲，乙２棟の建物が，その間の隔壁を除去する等の工事により１棟の丙建物となった場合，甲建物に設定されていた抵当権と乙建物に設定されていた抵当権はいずれも消滅するが，甲建物と乙建物の各抵当権者は，丙建物の所有者に新たな抵当権を設定するよう請求することができる。

エ：他人の土地を使用収益する権原のない者がその土地に稲の苗を植えた場合，当該土地の所有者は，苗の所有権を取得するので，その苗を掘り起こしたとしても当該無権原者に対して損害賠償義務を負うものではない。

オ：所有者のない不動産については，所有の意思をもって先に占有した者がその所有権を取得する。

1 ア，イ　**2** ア，エ　**3** イ，ウ　**4** ウ，オ　**5** エ，オ

No.5 所有権の取得に関する次の記述のうち，妥当なのはどれか。

【地方上級・平成10年度】

1 無主物の動産および不動産は所有の意思をもって先に占有を開始した者がその所有権を取得する。

2 Aが所有する灯油30リットル（価格4,000円）とBの所有する灯油10リットル（価格1,000円）が誤って混合された場合，Aは５分の４，Bは５分の１の割合で灯油を共有する。

3 Aが自家用車を修理するため，Bから預かっていたネジを使用し，強度を上げるために車に溶接して接合させた場合であっても，Bはネジの所有権を失わない。

4 AがBから預かっていたB所有の紙に印刷して，これを製本した場合，その本の所有権はBに帰属する。

5 建物の賃借人Aが，建物の所有者である賃貸人Bの許可を得てベランダを取り付けた場合，ベランダの所有権はAに帰属する。ただし，このベランダは構造上および取引上，独立性を有しない。

No.6 ＊＊ **占有権および所有権に関するア～オの記述のうち，妥当なもののみをすべて挙げているのはどれか。ただし，争いのあるものは判例の見解による。**

【国家一般職・平成28年度】

ア：所有の意思がある占有を自主占有といい，この所有の意思の有無は，占有取得の原因たる事実によって外形的客観的に決められるべきものであるから，盗人の占有も自主占有に当たる。

イ：相続人が，被相続人の死亡により，相続財産の占有を承継したばかりでなく，新たに相続財産を事実上支配することによって占有を開始し，その占有に所有の意思があるとみられる場合においては，当該被相続人の占有が所有の意思のないものであったときでも，当該相続人は民法第185条にいう新権原により所有の意思をもって占有を始めたものということができる。

ウ：占有者が他人に欺かれて物を交付した場合，当該占有者の占有移転の意思には瑕疵があるといえるため，当該占有者は，占有回収の訴えにより，その物の返還および損害の賠償を請求することができる。

エ：他人の土地上の建物の所有権を取得した者が，自らの意思に基づいて自己名義の所有権取得登記を経由した場合には，たとえ建物を他に譲渡したとしても，引き続き当該登記名義を保有する限り，土地所有者による建物収去・土地明渡しの請求に対し，当該譲渡による建物所有権の喪失を主張して建物収去・土地明渡しの義務を免れることはできない。

オ：建築途中のいまだ独立の不動産に至らない建前に第三者が材料を供して工事を施し独立の不動産である建物に仕上げた場合における建物所有権の帰属は，動産の付合に関する民法第243条の規定に基づいて決定される。

1 ア，イ，ウ
2 ア，イ，エ
3 ア，エ，オ
4 イ，ウ，オ
5 ウ，エ，オ

（参考）民法
（動産の付合）
第243条　所有者を異にする数個の動産が，付合により，損傷しなければ分離することができなくなったときは，その合成物の所有権は，主たる動産の所有者に帰属する。分離するのに過分の費用を要するときも，同様とする。

実戦問題の解説

No.1 の解説　所有権

→問題はP.282

1 ×　建物等の築造・修繕のための隣地使用には隣地所有者の承諾が必要である。

築造に必要な範囲内であっても，その土地または家屋に立ち入るには隣人の承諾が必要である（209条1項）。**築造という自分の側の事情で，隣人に当然に（＝承諾なしに）受忍を強いることは，もとより許されない。**

なお，土地と建物では以下のような法的扱いの違いがある。

①**土地**…築造のためにやむをえず立ち入らざるをえない場合もあるので，隣人の**承諾が得られなければ，それに代わる判決を求めることができる**（民事執行法174条1項本文）。ただし，立入りによって損害を生じた場合，隣人は償金請求ができる（209条2項）。

②**建物**…①のような例外はなく，**承諾なしに立ち入ることは一切できない。** 建物への立入りは，プライバシーという重大な利益の侵害を伴うものであるから，「建物を建てるために必要がある」といった程度の理由で安易にこれを認めることは許されない。

2 ◎　袋地の所有者には公道に至るための隣地通行権がある。

妥当である（210条1項，211条2項）。いわゆる**袋地**であるが，**公道にアクセスできないと生活が成り立たない**ので，このような権利（**隣地通行権**）が認められている。

ただ，他の土地に受忍を強いることになるので，その土地のために損害が最も少ないものを選ばなければならず（211条1項），また通行地の損害に対しては償金を支払う必要がある（212条）。

なお，「必要があれば通路を開設できる」とは，たとえば隣地が不在地主で，一面雑草木に覆われて車の通行もできないといった状況があるときに，草木を切って通路として使えるようにするような場合をいう。

3 ×　自然に流れてくる場合には妨げることができない（214条）。

もともと，自然の状態としてそのような土地であることを承知のうえで所有しているのであるから，土地の所有者はそれを受け入れざるをえない。

4 ×　塀の種類や高さは当事者が協議して決めるのが原則である。

土地の境界線上に共同で塀を設置する場合，それをどのようなものにするか（高さをどの程度にするか，板塀やブロック塀などどんな材質を使うか，デザイン等々）は，**基本的に境界を接する土地の所有者どうしの話合いによって決めるべき**ものである。

そして，話合いがつかない場合には，「板塀または竹垣その他これらに類する材料」で，「高さ2メートル」の塀を作るとされる（225条2項）。

解答のポイント　「1メートル」という数字に目を奪われないこと。本肢は，数字の正誤判断を求めているのではなく，「隣人どうしが共同でなんらかの作業をする場合は，話合いで決めるのが原則」という点がわかっているかどうかを問うている。法律で，数字の正誤判断が問われることはほとんどないと思って，数字以外の部分で正誤判断ができないかを考えるようにしておけば，「ひっかけ」に惑わされずに済む。

5 × 境界を超えた根は自ら切除できるが，枝は切除を請求できるにとどまる。

根であれば，Bは自分で切ることができるが，枝の場合には，BはAに切取りを求めなければならない（233条）。**枝の切除は実力行使として行われるため，近隣トラブルを生じやすい**。そのため，より穏やかな「切り取りを求める」という方法を民法は選択している。

No.2 の解説　相隣関係

→問題はP.282

1 × 隣人の承諾がなければ，その住家に立ち入ることはできない。

隣人が承諾しない場合に，承諾に代わる判決を得て立ち入ることができるのは隣地だけであって隣家には許されない（209条1項）。→No. 1 選択肢 1

2 × 分割によって生じた土地の場合は，通行のために償金を払う必要はない。

分割や土地の一部譲渡によって公道に通じない土地が生じたときは，その土地の所有者は，公道に至るため，他の分割者の所有地を通行できる（213条1項前段）。

また，下図のように，分割によって公道に通じない土地が生じたときは，通行のために償金を払う必要はない（同項後段）。そのように分割した段階で，乙地の所有者Bも当初から通行を甘受しているはずであることや，分割協議の段階で償金を含めた分割比率が設定されているはずだからである。

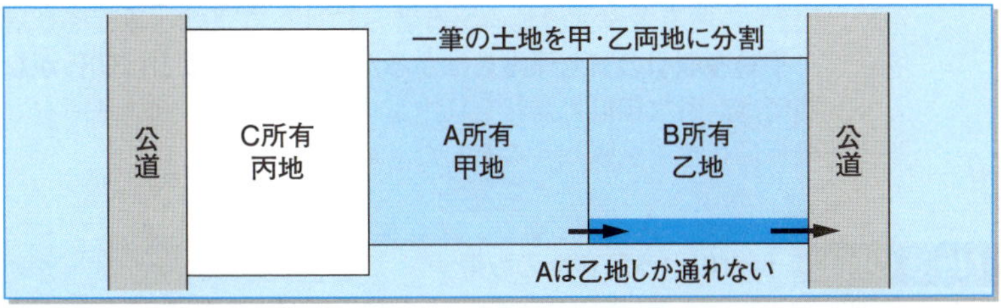

3 × 測量費用は土地の広狭に応じて，境界標の設置費用は平分して分担する。

境界の確定は，土地の広狭とは関係がないからである（224条）。

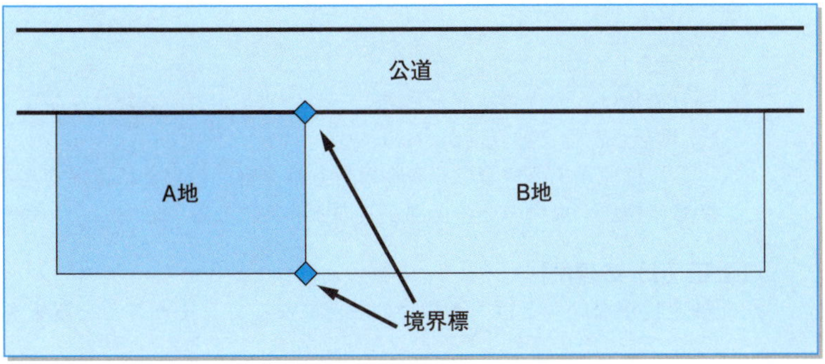

4 ×　共有物分割で生じた袋地に特定承継が生じても，通行権は消滅しない。

文章は難しいが，本肢は次のような意味である（最判平２・11・20）。

まず，承継は**包括承継**と**特定承継**に分けられる。前者は，相続のように，前主の持っていた一切の財産（権利義務等）を丸ごと全部受け継ぐものである。後者は，物を購入した場合のように，特定の財産のみを受け継ぐものである。

なので，特定承継とは，「買った」あるいは「もらった（贈与）」と考えればよい。そして，肢２の図で説明すると，甲地をＡから第三者Ｃが買った場合，ＣはＡの甲地に付属している権利を引き継ぐので，通行権は消滅しない。

5 ◎　袋地の所有権取得者は，登記していなくても囲繞地通行権を主張できる。

妥当である。肢２の図で，仮に，Ａが丙地を通行したほうが便利なので（例：丙地の隣にスーパーがあるなど），Ｃに「丙地を通行させてほしい」と申し出る場合には，Ｃとの間で**通行地役権**（→テーマ16「用益物権」参照）の約定を結ぶ必要がある（もちろん，通行料も払うであろう）。そして，この場合であれば，Ｃに最初から通行させる義務はないので，Ｃの土地を購入したいと申し出た者が「通行地役権などない完全利用の土地だ」と誤解するのを防ぐために，通行地役権を登記することが必要とされている（不動産登記法３条４号）。

しかし，**袋地を生じた場合に法が当然に認めている通行権**（**隣地通行権**）は，「所有権共存の一態様として，**囲繞地の所有者に一定の範囲の通行受忍義務を課し**」，袋地の効用を十分なものにしようとするものである。したがって，「袋地の所有者が囲繞地の所有者らに対して囲繞地通行権を主張する場合は，**不動産取引の安全保護をはかるための公示制度とは関係がない**」として，判例は，所有権取得登記を経由していなくても，囲繞地所有者らに対して囲繞地通行権を主張しうるとした（最判昭47・４・14）。

No.3 の解説　付合による所有権の取得

→問題はP.283

付合の問題への対処のルール

主となるＡの物に従となるＢの物が付合した場合は，次のように考える。

（１）付合した物に独立性がない

→Ｂの物はＡの物の一部として，その全部がＡの所有物になる

（２）付合した物に独立性がある

①Ｂに権原がある→Ｂはその物の所有権を自己のもとに留保できる

②Ｂに権原がない→その全部がＡの所有物になる

［上記（１）の理由］

「独立性がない」とは，Ａの物の一部になってしまうことを意味する。た

とえば，借家のセメント壁に穴が空いていたので，借家人が自分のセメントでその穴を塞いでも，その修復部分には独立の所有権は認められない。これを認めると，「壁の一部だけが別人の所有」という単に混乱を招くだけの法律関係を認めることになってしまうからである。そのため，**独立性を有しない場合には，所有権の主張ではなく修復費用の補償（金銭）で解決が図られる**。

［上記（2）の理由］

独立性が認められれば，それについて固有の所有権を認める意味がある。その場合，「①**権原がある**」とは，Ｂが付合物について固有の所有権を主張できる法律上の正当な根拠があるという意味である。たとえば，他人から土地を借りて農作物を作るような場合がそれで，種や苗が土地に付合しても，生育した農作物を収穫し販売できる権利（つまり所有権）は土地を借りている側にある。一方，「②**権原がない**」とは，そのような法律上の正当な根拠がないことをいう。この場合は，所有権の主張は認められない。たとえば，他人の土地に無断で柿の木を植えて，数年後に実がなったからといって，その実の所有権を主張することは許されない。

1 ×　不法占有者が増改築した部分に独立性があっても，所有権は主張できない。

この場合の増改築部分はＡの所有となる（上記（２）の②）。

次の順序で考える。

> 独立性はあるか→ある。では，権原はあるか→ない。
> 【結論】所有権は留保できない。

つまり，他人の建物を勝手に占拠しておいて，増改築したからといって所有権を主張するのは許さないということである。

2 ◎　賃借人が増改築した部分に独立性がなければ，所有権は主張できない。

妥当である（最判昭44・７・25，上記（１））。

独立性がなければ，増改築部分はＡ所有建物の一部にすぎない。Ｂはその部分について所有権を主張することはできない。

3 ×　賃借人が植えた苗が独立性を有するに至れば，賃借人の所有となる。

苗は，土地に植栽された段階では独立性が認められず，土地の一部として扱われる。しかし，それが成長して**取引上の独立性をもつに至った場合には，権原を有する賃借人の所有物となる**（242条但書，上記（２）の①）。

4 ×　他人が無断で植栽した樹木は，土地所有者の所有となる。

独立性の有無については問題文に記載がないが，いずれにせよ**無断植栽**であるから，**樹木の所有権は土地所有者Ａに帰属する**（242条本文）。

5 ×　埋立土砂は公有水面の地盤に付合せず，国の所有とはならない。

公有水面であっても，私人（例：港を築くために設立された第三セクターの株式会社）が都道府県知事から埋立ての免許を得て埋立工事を完成させ，竣功（しゅんこう）の認可を受けた場合には，その埋立地の上に当該私人のために土地所有権が成立する。しかし，埋立工事には相当な期間を要するので，その間になんらかの事情により埋立工事が中止されることも考えられる。その場合，当該私人には，**元の公有水面への原状回復義務が発生**する。そうであれば，公有水面を埋め立てるため土砂を投入した場合でも，その**土砂が直ちに公有水面の地盤に付合して国の所有になることはないとしておく必要がある。**なぜなら，工事が中止された場合には，当該私人が土砂の所有権者として，公有水面への原状回復のため，これを引き取らなければならないからである（最判昭57・6・17)。**私人は，土砂が公有水面の地盤に付合して国の所有になったとして，これを放置しておくことは許されない。**

No.4 の解説　所有権の取得

→問題はP.283

ア○　建前に第三者が材料を供して建物に仕上げた場合は加工の規定が適用。

妥当である。本肢では，「未だ独立の不動産に至っていない」というものを，きちんとした「独立の不動産である建物に仕上げた」というのであるから，これは独立の不動産ではないものに独立の不動産を「くっつけた」（付合）ではなく，**加工によって建物を完成させた**と評価すべきものである。

そこで，判例は付合の規定ではなく，加工の規定に基づいて所有権の帰属を決すべきとする（最判昭54・1・25)。

イ×　家主の承諾なしに賃借建物に増築された二階部分は建物に付合する。

本肢で，賃借人の増築は家主の承諾なしに行われたというのであるから，増築する正当な権利（権原）なしの増築ということになる。家主としては，他人に貸していたら勝手に二階部分を増築されて，「その部分には独立性があるから自分のものだ」と言われたらたまらない。したがって，これは認められない。

ただ，二階を撤去するというのも大変であろうから，二階部分は建物に付合した（つまり建物の一部になって，その**所有権は家主に帰属する**）として，撤去請求を認めないのが合理的な判断である（最判昭44・7・25参照)。

ウ×　甲，乙２棟の抵当建物が隔壁除去で１棟になっても抵当権は消滅しない。

判例は，「甲建物又は乙建物の価値は，丙建物の価値の一部として存続しているものとみるべきであるから，抵当権は当然に消滅するものではなく，丙建物の価値の一部として存続している**甲建物又は乙建物の価値に相当する各建物の価格の割合に応じた持分の上に存続**する」とする（最判平６・１・25)。

エ○　無権限者が勝手に苗を植えた土地を所有者が掘り起こしても賠償義務はない。

妥当である。他人の土地を使用収益する権原のない者が，その土地に稲の苗を勝手に植えたとしても，土地の所有者がその苗の所有権を尊重すべきいわれはない。**勝手に植えたのであれば，それはもはや土地の一部であり，法的には土地に付合している**として処理するのが妥当である（242条本文)。したがって，土地所有者がその苗を掘り起こしたとしても，無権原者に対して損害賠償義務を負うものではない（最判昭31・6・19）。

オ × **所有者のない不動産つまり無主の不動産は国庫に帰属する。**

無主物の不動産は国有財産となる（239条2項）。→必修問題ア

以上から，妥当なものは**ア**と**エ**であり，正答は**2**である。

No.5 の解説　所有権の取得

→問題はP.284

1 × **所有者のない不動産つまり無主の不動産は国庫に帰属する。**

無主物の動産については正しい（239条1項）。しかし，無主物の不動産は国有財産となるので誤り（同条2項）。→必修問題ア

2 ◎ **混和して主従の区別ができなければ，各自は価格の割合に応じて共有する。**

妥当である。ＡＢ両者の灯油は**混合してしまって分離できない状態**にある（これを**混和**という。245条）。この場合，**主従の区別ができれば，主たる物の所有者が混和物の所有権を取得**する。しかし，本肢の混和物はいずれも同じ灯油で，その価格にも**主従の区別ができるほどの大きな開きはない**。このような場合には**価格の割合に応じて共有すべき**ことになる（244条）。

3 × **動産が付合して分離が困難な場合，合成物は主たる動産の所有者に属する。**

ネジを溶接して接合させた場合，そのネジを壊さずに分離することは困難である（独立性がない）。そして，ネジと自動車では自動車が「主」，ネジが「従」の関係にあるので，ネジの所有権は「主」となる動産である自家用車の所有者Ａに帰属する（**付合**。243条前段）。なお，ネジの所有権を失うＢの損失は，Ａに対する**償金請求**によって補償される（248条）。

4 × **他人の紙を加工して本にした場合，本の所有権は加工者に帰属する。**

物に**加工**を施した場合，**加工された物の所有権は原則として材料の所有者に帰属**する。ただ，**工作によって生じた価格が著しく材料の価格を超えるときは，加工者がその物の所有権を取得する**（246条1項）。

本肢の場合，紙と本を比べれば，本の価格が紙の価格を著しく超える。したがって，本の所有権は加工者Ａに帰属し，紙の所有権を失うＢの損失は，Ａに対する**償金請求**によって補償される（248条）。

5 × **賃借人が承諾を得て取り付けた独立性のないベランダは賃貸人の所有となる。**

独立性がなければ，そのベランダは建物の構成部分，つまりキッチンやトイレなどと同じく建物の一部となっているということである。その場合，その所有権は賃貸人に属する。なお，賃貸人に**無断でベランダを取り付けた場合**には，賃借人はベランダを外して**原状回復**しなければならない。

No.6 の解説　占有権および所有権

→問題はP.285

ア○　盗人の占有は，所有の意思をもってする占有すなわち自主占有である。

妥当である（最判昭45・6・18）。→テーマ13「占有」No.3選択肢2，同No.4イ

イ○　相続は，他主占有から自主占有に変わる「新権原」に当たる。

妥当である（最判昭46・11・30）。→テーマ13「占有」No.7選択肢4

ウ×　占有者が他人に欺かれて物を交付した場合は，占有回収の訴えはできない。

欺かれたことによる占有移転は，「騙されたための行為」であるとはいえ，それ自体は任意の占有移転である。したがって，「奪われた」という評価はできず，**占有回収の訴え**（200条）**は提起できない**（大判大11・11・27）。

エ○　物権的請求権は，現在の登記名義人を相手に行使すべきである。

妥当である（最判平6・2・8）。本肢の事案では，**物権的請求権の行使の相手方**は誰かという点が問題になった。

物権的請求権は，物権のあるべき状態を回復するために認められた権利であるから，その行使の相手方は「物権のあるべき状態を現実に侵害している者」でなければならない。

では，Aの所有地上にBが無権限で建物を所有していたが，Bがその建物をCに譲渡したという場合において，建物の登記名義が依然としてBのもとにあるというときは，Aは，BとCのいずれを相手に物権的請求権（建物収去，土地明渡請求権）を行使すればよいのであろうか。

現実の侵害者はCであるから，AはCのみを相手に物権的請求権を行使しなければならないように思えるが，最高裁は，**登記名義を基準に判断**して，その相手方をBとした。

その理由について，同判決は，次のような点を挙げている。

①**実質的所有者を基準に判断すると，Aにその探求の困難を強いることになる**。場合によっては，通謀虚偽表示で売買が行われているとか（契約は無効），すでに二重譲渡されている（移転登記がないと実質的所有者が判断できない）ようなことも考えられないではない。外部から実質的所有者を特定するのは，極めて困難である。

②**Bは，所有権移転を主張して，容易に明渡しの義務を免れることが可能になるが，それは不当**である。すなわち，Bは，誰か気心の知れた相手を探してきて，その者に建物を売却したことにすれば，それで簡単に明渡義務を免れられる。

③**Bが真に所有権を移転したのであれば，その旨の登記をすべき**であって，登記を自己名義にしておきながら所有権はないと主張して建物の収去義務を否定することは，信義にもとり，公平の見地に照らして許されない。

判例は，「建物所有者が真実その所有権を他に譲渡したのであれば，その

旨の登記を行うことは通常はさほど困難なこととはいえず，不動産取引に関する社会の慣行にも合致する」としたうえで，上記のように述べている。

オ × **第三者が独立の不動産に仕上げた場合は，加工の規定を適用すべきである。**

判例は付合の規定ではなく，加工の規定に基づいて所有権の帰属を決すべきとする（最判昭54・1・25）。→No.4ア

以上から，妥当なものは**ア**，**イ**，**エ**の３つであり，正答は**2**である。

正答 No.1=**2** No.2=**5** No.3=**2** No.4=**2** No.5=**2** No.6=**2**

共 有

必修問題

共有に関する次の記述のうち，妥当なものはどれか。

【市役所・令和元年度】

1 各共有者は，共有物の一部についてのみ，その**持分**に応じた使用をすることができる。

2 各共有者は，他の共有者全員の同意を得なければ，**管理行為**をすることができない。

3 各共有者は，他の共有者全員の同意を得なくても，**保存行為**をすることができる。

4 共有者の１人が，その持分を放棄したとき，または死亡して相続人がないときは，その持分は，**国庫**に帰属する。

5 各共有者は，いつでも共有物の分割を請求することができるので，分割をしない旨の契約をすることはできない。

難易度 ＊

必修問題の解説

共有とは，複数人が共同で１つの物を所有することをいう。すなわち，共有とは共同して行う全部所有であって分割所有ないし部分所有ではない（イメージとしてはルームシェアを考えればよい―賃貸ではなく所有の場合）。

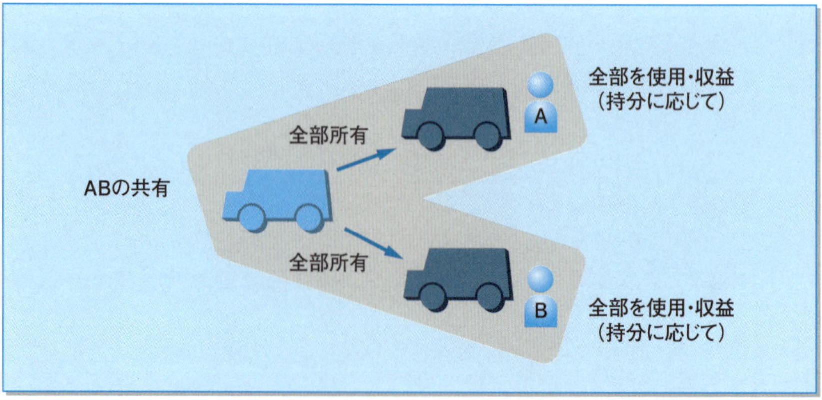

この共有は，たとえば２人が費用を分担し合って別荘を購入する例のように，費

用負担を軽減できるというメリットがある。その一方で，各共有者は持分に応じて共有物全部を使用・収益できるため，その利用の調整が問題となる。共有者間に信頼関係があって，話合いで使用日（ルームシェアなら使用方法）などの調整ができるうちはよいが，それが損なわれた場合にはトラブルになることが多い。その意味で，共有は不安定さを常にはらんだ所有形態といえる。

このような共有の特質から，民法は，共有において次の２つを主なテーマとして規定している。１つは共有者間の利益調整，そしてもう１つは，共有の不安定さを解消させるための共有物分割請求である。

1 ×　各共有者は，共有物の全部について，持分に応じた使用ができる。

共有とは，部分所有や分割所有ではない（249条）。前図の例でいえば，「車の前半分をAが，後ろ半分をBが所有する」などというものではない。共有者は，全部を使えなければ意味がない。つまり，**持分という制約はあるものの，全部を使えるのが共有**である。

2 ×　共有物の管理行為は持分の過半数で決する。全員の同意までは不要。

共有は単独所有ではないので，これをどう利用するかについては，一定のルールが設けられている。最初にこれをまとめておこう。次の３つがある。

保存	全員の利益になる行為	各共有者が単独でできる
管理	利用しまたは改良する行為	持分の過半数で決める
変更	価値の大幅減少，用途の変更など	全員の同意が必要

まず，**保存**は，車でいえば，定期点検や切れたライトの交換のように**共有物の利用を維持するために必要な行為のことである**。全員の利益になる行為であるから，誰がやってもよいし，他の共有者の同意を得る必要もない（252条但書）。

変更とは，たとえば通常のワンボックスカーをキャンピングカーに改造するなど，各共有者の使用・収益・処分権能に重大な変更を加える行為である（キャンピングカーに改造されては，通勤などの日常利用に支障を来すであろう）。これについては**全員の同意が必要**とされている（251条）。

そして，法は，**保存と変更の中間に管理という領域**を設けた。これは，一つの例でいえば，「共有の車を誰も使わない日があるので，その日に誰かに貸し出して使用料を取ろうか」などという場合である。これは変更でもないし保存でもない。そういった行為については，法は**持分の過半数で決める**としている（252条本文）。頭数ではなく持分を基準にするのは，共有物に**多く出資している者は，それだけその物に多くの利害を有している**からである。

3 ◎　保存行為は各共有者が単独ででき，他の共有者の同意を得る必要はない。

保存行為は全員の利益になる行為だからである（252条但書）。→選択肢２

4 ×　一人が放棄しまたは相続人なく死亡した場合の持分は他の共有者に帰属する。

共有者の一人が，その持分を放棄し，または相続人なくして死亡したときは，その持分は他の共有者に帰属する（255条）。

これは，共有関係をできるだけ解消する方向で処理して，**目的物の管理等を容易にするため**である。

これを国庫に帰属するとした場合には，次のような不都合が生じる。

①他の共有者側の不都合…土地を賃貸する場合（国の持分が過半数以上）や譲渡する場合などに，いちいち国の同意が必要となる。相手は役所なので，必要書類をそろえるなど，時間と手間の負担はかなりのものになると予想される。

②国の側の不都合…本肢のような事態が生じるたびに，国に共有物の管理責任が発生する（具体的には各地の財務局が担当する）。全国規模では相当な件数にのぼると予想され，国に膨大な事務量の負担がかかってくる。

5 × **共有物を一定期間分割しない旨の契約をすることもできる。**

共有持分の性質は所有権であるが，所有権とは「自由に使用・収益・処分する権利」である。そのため，持分を処分する際には，他の共有者の同意を得る必要はない。ただ，そうなると，たとえばAとBが別荘にする目的で購入したのに，BがAと意見の合わないCに持分を譲渡したために，「利用方法でトラブルが絶えなくなった」などということも起こり得る。そこで，法は，「５年を超えない期間内は分割をしない旨の契約をすることを妨げない」としている（256条１項但書）。

５年という制限を設けたのは，自由に処分できるという所有権（持分権）の性質上，あまりに**長期の拘束を認めることは妥当でない**と判断したためである。

正答 3

FOCUS

共有の本質は所有権である。すなわち，共有の第１の特質は，「共有者は自己の持分について自由に使用・収益・処分することができる」点にある。一方で，共有は各共有者の持分によって相互に制約を受けることになる。そのため，共有物は管理などが単独所有物よりもおろそかになりやすいという欠点がある。そこで，法はできるだけこれを単独所有に移行させようとする。そのために，共有物では分割請求の自由が認められている。これが，共有の第２の特質である。共有では，この２つの特質から考えることがポイントである。

重要ポイント1 共有の特質と共有物の利用

(1) 共有の特質

①共有の本質は所有権である。

②各共有者は，自己の持分を自由に使用・収益・処分できる。したがって，他の共有者の同意を得なくても，自由にこれを第三者に譲渡できるし，自己の持分に抵当権を設定することもできる。

(2) 共有物の利用等

①各共有者は，持分に応じて共有物全部の使用・収益ができる。

②共有物を利用するために分割を行う必要はない。共有物のままで利用できる。

③共有者の一人が他の共有者と協議しないまま自己の持分に基づいて共有物を占有している場合，他の共有者は，当然には共有物の明渡しを請求できない。

④共有者の一人が第三者に共有物を占有使用させている場合，その第三者の占有使用が当該共有者の持分に基づくものと認められる限りは，他の共有者は当該第三者に対して共有物の引渡しを請求できない。

⑤上記③・④の場合，他の共有者は，自ら占有使用しまたは第三者に占有使用させている共有者に対して，不当利得の返還ないし不法行為に基づく損害賠償の請求ができる。

⑥共有土地の不法占拠者に対する返還請求のような共有物の保存に関する行為は，各共有者が単独でこれを行うことができる。

⑦共有物の管理に関する事項は持分の過半数で決める。共有者（頭数）の過半数ではない。

⑧共有建物の賃貸借契約の解除は管理に関する事項にあたる。したがって，解除については持分の過半数の同意が必要である。解除不可分の原則は，この場合には適用がない。

⑨Ｂの共有物の管理費用を立て替えた共有者Ａは，Ｂが持分を第三者Ｃに譲渡した場合には，Ｃに対しても立て替えたＢの分の管理費用の支払いを請求できる。

⑩共有物の変更には，共有者全員の同意が必要である。たとえば，共有土地への地上権の設定や農地の宅地への転換などは，いずれも共有物の変更に当たるので，共有者全員の同意が必要である。

⑪変更・管理・保存のいずれに当たるかは，感覚的にはおおよそ以下の基準で考えればよい（最初から，これが変更に当たる行為，これが管理に当たる行為などと決まっているわけではなく，効果や性質などからどれに当たるかが決められる）。

変　更	・目的物の価値が大きく減少する行為（他の共有者の所有権－持分－の侵害に当たる） ・用途などが変わってしまって，各共有者が当初意図したような方法での目的物の使用ができなくなるような行為
管　理	・目的物の利用に関する事項
保　存	・共有者全員の利益になる行為

⑫共有者の一部が無断で共有物に変更を加える行為をしている場合，他の共有者は，その持分権に基づいて行為の全部の禁止を求めることができ，さらに，特段の事情がある場合を除いて原状回復を求めることもできる。

重要ポイント2 共有持分

(1) 持分権の主張

①持分権の主張は各共有者が単独でできる。これに対して，共有関係にあることの主張は共有者が全員で行わなければならない。

②共有不動産の登記においては，必ず持分を記載しなければならない。

③共有物が不法に侵害されている場合，各共有者は自己の持分に相当する損害賠償を加害者に請求できる。しかし，共有物全体についての賠償請求はできない。

④共有不動産について共有者の１人が無断で単独所有名義の登記をし，その不動産を第三者に譲渡して所有権移転登記を行ったときは，他の共有者は自己の持分について正しい内容に変更するための更正登記を請求できる。

(2) 持分権の放棄等

①共有者の一人が持分を放棄した場合，あるいは死亡して相続人がいないときには，その持分は他の共有者に帰属する。

②共有者の一人が死亡して相続人がいない場合において，その者に特別縁故者があれば，家庭裁判所は特別縁故者に共有持分を分与できる。

重要ポイント3 共有物の分割

①各共有者は，分割の特約がなされている場合でない限り，いつでも自由に分割を請求できる。他の共有者はこれを拒否できない。

②分割方法は，各共有者間の公平を最も図ることができる現物分割が原則である。

③共有者間の公平を確実に図ることができる特別の事情があれば，全面的価格賠償の方法によることもできる。

実戦問題

No.1 * **共有に関する次の記述のうち，妥当なものはどれか。**

【地方上級・平成28年度】

1 各共有者の持分は，常に相等しいものとされる。

2 共有物の変更のみならず，共有物の保存，管理をする場合にも，他の共有者の同意を得なければならない。

3 各共有者は，その持分に応じて，共有物に関する負担を負うが，共有者の一人がそれを怠る場合には，他の共有者は直ちに無償で当該共有者の持分を取得することができる。

4 各共有者は，いつでも共有物の分割を請求することができ，一定期間分割しない旨の契約をすることもできる。

5 共有者の一人が，その持分を放棄し，または相続人なくして死亡したときは，その持分は国庫に帰属する。

No.2 * **民法に規定する共有に関する記述として，判例，通説に照らして，妥当なのはどれか。**

【地方上級（特別区）・平成24年度】

1 各共有者は，共有物の全部について，その持分に応じて使用し収益を取得することができるが，自己の持分を譲渡し，あるいは自己の持分に抵当権を設定する場合には，他の共有者の同意を得なければならない。

2 共有物の分割について共有者間に協議が調わないときは，その分割を裁判所に請求できるが，現物分割が原則であるので，裁判所は，共有物の現物を分割することができない場合に限り，共有物の競売を命ずることができる。

3 共有物の管理に関する事項は，共有物の変更の場合を除き，各共有者の持分の価格に従い，その過半数で決するが，共有物の保存行為は，各共有者が単独ですることができる。

4 最高裁判所の判例では，共有者の一人が他の共有者との間で共有土地の分割に関する特約をしたとしても，他の共有者の特定承継人に対して，その特約は主張できないとした。

5 最高裁判所の判例では，共有者の一人が死亡して，その相続人の不存在が確定したとき，その共有持分は，まず特別縁故者への分与に充てられ，残りがあれば国庫に帰属することになるとした。

＊＊
No.3 **民法に規定する共有に関する記述として，判例，通説に照らして，妥当なのはどれか。** 【地方上級（特別区）・平成29年度】

1 各共有者は，共有物の全部について，その持分に応じた使用をすることができるが，各共有者が自己の持分を譲渡しまたは担保を設定するときは，他の共有者の同意を得なければならない。

2 各共有者は，その持分に応じ，管理の費用を支払い，その他共有物に関する負担を負うが，共有者が1年以内にこの負担義務を履行しないときは，他の共有者は，相当の償金を支払ってその者の持分を取得することができる。

3 共有者の一人が，その持分を放棄したときは，その持分は，他の共有者に帰属するが，共有者の一人が死亡して相続人がないときは，その持分は，国庫に帰属する。

4 最高裁判所の判例では，共有物に対して妨害する無権利者があれば，各共有者は単独でその排除を請求でき，共有にかかる土地が不法に占有されたことを理由として不法占有者に対して損害賠償を求める場合には，共有者はそれぞれの共有持分の割合を超えて請求することも許されるとした。

5 最高裁判所の判例では，共有物を共有者のうちの特定の者に取得させるのが相当であると認められれば，当該共有物を取得する者に支払能力があるなどの特段の事情がなくても，当該共有物を共有者のうちの一人の単独所有とし，他の共有者に対して持分価格を賠償させる方法による分割も許されるとした。

＊＊＊
No.4 **共有に関するア～オの記述のうち，判例に照らし，妥当なもののみをすべて挙げているのはどれか。** 【国家総合職・平成29年度】

ア：共有者の一人が死亡し，相続人不存在が確定して，相続債権者や受遺者に対する清算手続が終了したときは，その持分は，民法第255条により当然他の共有者に帰属することとなり，同法第958条の３に基づく特別縁故者への財産分与の対象にはならない。

イ：共有者の一人が他の共有者の同意を得ることなく共有物に変更を加える行為をしている場合には，他の共有者は，各自の共有持分権に基づいて，当該行為の全部の禁止を求めることができるだけでなく，共有物を原状に復することが不能であるなどの特段の事情がある場合を除き，当該行為により生じた結果を除去して共有物を原状に復させることを求めることもできる。

ウ：共有物の持分の価格が共有物の価格の過半数に満たない少数持分権者は，他の共有者の協議を経ないで当然に共有物を単独で占有する権限を有するものではないので，共有物の持分の価格が過半数を超える多数持分権者は，共有物を単独で占有する少数持分権者に対し，当然にその占有する共有物の明渡しを請求することができ，明渡しを求める理由を主張し立証する必要はない。

エ：不動産の共有者の一人は，その持分権に基づき，共有不動産に対して加えられた妨害を排除することができるが，不実の持分移転登記がされている場合であっても，そのことをもって共有者の持分権が侵害されたとはいえないから，共有不動産についてまったく実体上の権利を有しないのに持分移転登記を経由している者に対し，単独でその持分移転登記の抹消登記手続を請求することはできない。

オ：裁判による共有物の分割の場合において，共有物を共有者のうちの特定の者に取得させるのが相当であると認められ，かつ，その価格が適正に評価され，当該共有物を取得する者に支払能力があって，他の共有者にはその持分の価格を取得させることとしても共有者間の実質的公平を害しないと認められる特段の事情があるときは，共有物を共有者のうちの一人の単独所有または数人の共有とし，これらの者から他の共有者に対して持分の価格を賠償させる，いわゆる全面的価格賠償の方法によることも許される。

1 ア，イ　**2** ア，ウ　**3** イ，オ　**4** ウ，エ　**5** エ，オ

（参考）民法

（持分の放棄及び共有者の死亡）

第255条　共有者の一人が，その持分を放棄したとき，又は死亡して相続人がないときは，その持分は，他の共有者に帰属する。

（特別縁故者に対する相続財産の分与）

第958条の３　前条の場合において，相当と認めるときは，家庭裁判所は，被相続人と生計を同じくしていた者，被相続人の療養看護に努めた者その他被相続人と特別の縁故があった者の請求によって，これらの者に，清算後残存すべき相続財産の全部又は一部を与えることができる。

（第２項略）

＊＊

No.5 共有に関する次の記述のうち，判例に照らし，妥当なのはどれか。

【国家Ⅱ種・平成18年度】

1 不動産の共有者の１人が無断で自己の単独所有としての登記をし，当該不動産を第三者に譲渡して所有権移転登記を行ったときは，他の共有者は，共有持分権に基づき，当該移転登記の全部抹消を請求することができる。

2 不動産の共有者の１人が相続人なくして死亡したときは，その持分は他の共有者に帰属するので，特別縁故者が存在する場合であっても，他の共有者は死亡した共有者から自己に持分移転登記をすることができる。

3 土地を目的とする貸借契約について，貸主が２人以上いる場合に貸主側から当該契約を解除する旨の意思表示をするには，民法第544条第１項の規定に基づき，その全員からこれを行う必要がある。

4 不動産の共有者の１人が，その持分に基づき，仮装して当該不動産の登記簿上の所有名義者となっている者に対してその登記の抹消を求めることは，妨害排除の請求に該当し，いわゆる保存行為に当たるから，当該共有者は単独で当該不動産に対する所有権移転登記の全部抹消を請求することができる。

5 分割の対象となる共有物が多数の不動産である場合には，これらの不動産が隣接しているときには一括して分割の対象とすることができるが，数か所に分かれているときには，各不動産ごとに分割をし，それぞれについて価格賠償による調整が必要となる。

実戦問題の解説

No.1 の解説　共有

→問題はP.299

1 ×　持分の割合は法律の規定，もしくは当事者の合意によって定まる。

共有持分の割合は，他人の所有物の中から発見された埋蔵物や（241条但書，均等割合），法定相続分（900条）のように，共有が**法律の規定によって発生する場合には法律の規定によって**，また共有が**当事者の意思に基づいて発生する場合には当事者の合意によって**定まる。後者の場合には，持分は基本的に出資額に応じた割合とするのが合理的である。

なお，**これらによって決定されない場合**に，民法はこれを**相等しいものと推定**している（250条）。

2 ×　共有物の保存は単独ででき，管理は共有持分の過半数で決する。

他の共有者全員の同意が必要なのは，共有物の変更の場合だけである。

共有は，持分で制約されているとはいえ，その性質は所有権，すなわち物を自由に使用・収益・処分できる権利である。**共有物の変更**は，たとえば共有建物の建て替えや，長期の賃貸借あるいは地上権の設定（最判昭29・12・23）のように，各共有者の使用・収益・処分権能に重大な変更を加える（大幅に制約される）行為であるから，**共有者全員の同意が必要**とされている（251条）。

一方，**共有物の管理**は，たとえば賃借人からの値下げ要求に応じて賃料を相場に合わせた額に引き下げるなど，所有権の性質に影響を与える行為ではないので，各共有者の**持分の過半数で決することができる**（252条本文）。

また，共有物の保存は，たとえば第三者が勝手に行った虚偽の不動産の登記を抹消する場合のように，共有者全員の利益になる行為であるから，各共有者がそれぞれ単独で行うことができる（252条但書）。

3 ×　共有物の負担を怠る者がある場合，償金を払ってその持分を取得できる。

各共有者は，持分に応じて**管理費用等の共有物に関する負担**を負うが，共有者の一人が**1年以内にその義務を履行しないときは，他の共有者は相当の償金を支払ってその者の持分を取得することができる**（253条）。

共有物の管理費用等の未払いがあるときは，修繕等が十分行き届かずに共有物の価値が下がったり，建物などの場合などは荒廃してしまうおそれがある。そのような場合には，トラブルがさらに拡大する前に，共有関係を解消させるべく，法は上記のような手段で他の共有者による持分の取得を認めている。

4 ◎　各共有者は，いつでも共有物の分割を請求することができる。

妥当である（256条1項，共有物分割の自由）。共有では，共有者間の信頼関係が失われるとトラブルになることが多く，不安定さを常にはらんだ所有形態である。そこで，法はこれを単独所有に移す自由を認めており，**各共有者はいつでも共有物の分割を請求することができる**。

なお，共有者間で一定期間分割しないという契約を締結することは可能であるが，「５年を超えることができない」という期間制限が設けられており（256条１項但書），不分割に対して一定の制限が設けられている。ただし，この**不分割特約**が不動産を対象とする場合には，**登記しなければ持分の譲受人に対抗できない**（不動産登記法59条６号）。譲受人は，登記簿に特段何の記載もないことから，持分の取得後に分割請求して建物を建てるなど土地を利用しようと思っていたのに，特約があるから分割請求ができないというのでは，譲受人に不測の損害を生じさせるおそれがあるからである。

5 ×　共有者の一人が放棄した持分権は他の共有者に帰属する。

共有者の一人が，その持分を放棄し，または相続人なくして死亡したときは，その持分は他の共有者に帰属する（255条）。→必修問題選択肢４

No.2 の解説　共有

→問題はP.299

1 ×　持分の譲渡や担保権の設定に，他の共有者の同意は必要でない。

共有持分の本質は所有権であるから，各共有者は，目的物の利用に関しては他の共有者の持分により制約を受けるものの，それ以外では通常の所有権と同様，自由にこれを処分（譲渡や抵当権の設定など）できる。仮に**抵当権が実行されて，第三者が競売によりこれを取得しても，共有者の一人がその第三者に変わるにすぎない**。

また，各共有者は，共有物の全部について，その持分に応じた使用ができる（249条）。**使用方法は，共有者どうしの協議で決める**（252条本文）。たとえば自動車なら，「一週おき」とか，「毎月月末に翌月の使用日を決める」などといった方法をとる。**協議が整わなければ，持分の過半数で決める**。それに**不満ならば，分割を請求する以外にはない**。

2 ×　分割で価格を著しく減少させるおそれがあるときも競売の方法がとれる。

裁判所が共有物の競売を命ずることができるのは，①**共有物の現物を分割することができないとき**と，②**分割によってその価格を著しく減少させるおそれがあるとき**の２つである（258条２項）。前者には限られない。

後者の例としては，たとえば２つがペアとしてそろっていて初めて歴史的な価値があるとされる品を２人で分割する場合のように，「それぞれ１つずつという分割方法も可能だが，そうすると価格は10分の１以下になる」などという場合には，競売の方法を取ることが認められている。

3 ◎　共有物の管理行為は持分の過半数で，保存行為は各共有者が単独でできる。

妥当である（252条）。→No.１選択肢２

4 ×　共有土地の分割に関する特約は，他の共有者の特定承継人にも主張できる。

本肢の事例は，土地をどのように分割するかという土地の分け方に関する特約であった。判例は，このような特約は，他の共有者の特定承継人（他の共有者から持分を譲り受けた第三者）に対してもその特約の効力を主張できるとする（最判昭34・11・26）。

分割の方法に関する特約は，不分割特約（→No. 1 選択肢４）と異なり登記事項とはされておらず，**登記によって公示する手段がない**。そのため，判例は，「共有者の一人が共有物について他の共有者に対して有する債権は，その**特定承継人に対しても行使することができる**」とする254条の規定を適用して上記のような判断を行った。ただ，第三者にとっては意外な不意打ちとなる可能性もあることから，この判例には学説上異論もある。

細かな判例なので，あえて覚える必要はないので，他の選択肢で正答を導けばよい。

5 × **特別縁故者への財産分与がなければ，その持分は他の共有者に帰属する。**

判例は，「共有持分は，**特別縁故者**に対する財産分与の対象となり，その財産分与がされず，当該共有持分が承継すべき者のないまま相続財産として残存することが確定したときにはじめて，民法255条により他の共有者に帰属する」とする（最判平元・11・24）。

この問題点に関して，民法には次のような２つの規定が存在する。

①**共有者の一人が死亡して相続人がいない場合には，その共有持分は他の共有者に帰属する**（255条）。

②**死亡した被相続人に相続人がいない場合において，特別縁故者がある場合には，その者に遺産を分与できる**（958条の３）。

●特別縁故者

内縁の妻など，法定相続人には該当しないために相続権は有しないが，遺産を承継させることが望ましいと判断される者をいう。これに該当するかどうか，また該当する場合に遺産のどの部分（あるいは全部）を承継させるかの判断は，家庭裁判所によって行われる。

そこで，**この２つが競合する場合**には，いずれの規定を優先させるべきかが問題となった。判例は②の特別縁故者を優先すべきとする。その理由は以下のとおりである。

もともと**255条は政策的な規定にすぎない**。すなわち，不動産の共有持分が国庫に帰属するとすれば（239条２項），国は相続人なくして死亡する共有持分権者が出るたびに他の共有者と共同で共有物の管理を開始しなければならないが，このようなことは著しくわずらわしい。そこで，国庫に帰属させるよりも他の共有者に帰属させたほうが，まだしも合理的との考えから，「共有持分は他の共有者に帰属する」としたわけである。

一方，958条の３は，相続人がいないことを理由に相続財産を国庫に帰属させるよりも，事実上相続人と同様の立場にあるような者に帰属させてその財産の承継を認めるのが適当であるとの強い合理性に基づいて規定されたものである。したがって，**後者を優先させるのがはるかに合理的**である。

実質的に考えても，たとえば内縁の夫が共有持分の大半を持って住んでいたような家屋について，その夫が死亡した場合には，内縁の妻にこれを承継させてその生活をそのまま維持させるのが妥当であり，他の共有者に帰属させて内縁配偶者を無権利者として家屋から退去させるのはいかにも不合理である。

以上をまとめたのが次の図である。

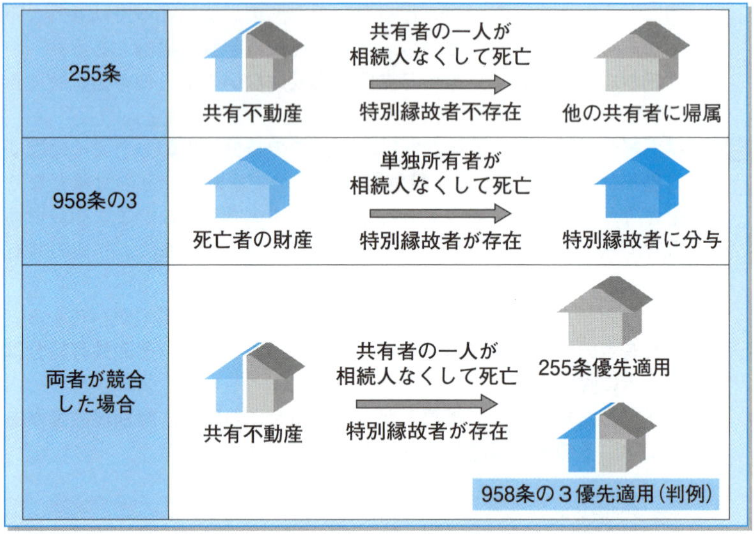

No.3 の解説　共有

→問題はP.300

1 ×　持分の譲渡や担保権の設定に，他の共有者の同意は必要でない。

共有持分の本質は所有権であるから，各共有者は，目的物の利用に関しては他の共有者の持分により制約を受けるものの，それ以外では通常の所有権と同様，**他の共有者の同意なく自由にこれを処分（譲渡や抵当権の設定など）できる**。→No.２選択肢１

2 ◎　共有物の負担を怠る者がある場合，償金を払ってその持分を取得できる。

妥当である（253条）。→No.１選択肢３

3 ×　共有者の一人が放棄した持分権は他の共有者に帰属する。

共有者の一人が，その持分を放棄し，または相続人なくして死亡したときは，その持分は他の共有者に帰属する（255条）。→必修問題選択肢４

4 ×　不法占拠者への損害賠償請求は，持分の割合に応じた額が限度となる。

前半については，**不法占拠者への返還請求は保存行為であるから**，各共有者が単独で行うことができる（大判大10・６・13）。各共有者が単独で共有物全部の返還を請求することを認めても，それは他の共有者の利益にこそなれ，これを害することはないからである（他の共有者の同意も不要である）。

後半については，各共有者は，他の共有者が損害賠償請求権（709条）を行使するかどうかにかかわらず，**自らの持分の割合に応じた額を限度として損害賠償を請求できる**にとどまる（最判昭41・３・３）。

賠償請求をするかどうかは各共有者がそれぞれ独自に判断すればよいこと，また全額の賠償請求を認めると，その分配をめぐってトラブルになるおそれがあること（例：共有者の一人が受領した賠償金を自己の借金の弁済に充当して，他の共有者の分配に回さない）などを考えると，単独での全額行使が認められない理由がわかりやすい。

5 × 全面的価格賠償の方法での分割には支払能力があるなど特段の事情が必要

共有持分の本質は所有権であるから，分割で最も重要なことは，**持分が各共有者に確実に配分される**ことである。そして，これに最も適した方法が現物分割なので，**共有物の分割では現物分割が原則**とされている。

ただ，誰も使わなくなった共有別荘の分割のように，**現物分割では不便という場合には代金分割の方法をとることもできる**。また，共有者のうちの１人だけが引き続き使用したいという場合には，**価格賠償の方法が便宜**なので，この方法も認められている。ただし，この方法をとるには，分割が確実に行われて当事者間の公平が図られるように，**全面的価格賠償**による場合には，**共有物の価格が適正に評価**されて，**共有物を取得する者に賠償金の支払能力がある**など，特段の事情が存することが要件とされている（最判平８・10・31）。

No.4 の解説　共有

→問題はP.300

ア × 特別縁故者への財産分与がない場合に，その持分は他の共有者に帰属する。

特別縁故者がいれば，持分は特別縁故者への財産分与に充てられる（最判平元・11・24）。→No.２選択肢５

イ ○ 同意のない共有物の変更について，他の共有者は原状回復を請求できる。

妥当である。共有持分の本質は所有権であるから，他の共有者の同意を得ることなく共有物に変更を加える行為は**所有権の侵害**にほかならない。したがって，他の共有者は，当該変更を加える行為の全部の禁止を求めることができるだけでなく，共有物を原状に復させることを求めることもできる（最判平10・３・24）。

ウ × 過半数持分権者であっても，当然には他の共有者に明渡請求はできない。

少数持分権者も，自己の持分に基づいて共有物の使用収益権能を有している。したがって，多数持分権者といえども当然に少数持分権者が占有する共有物の明渡しを請求できるわけではなく，これを求めるには，その理由を主張し立証しなければならない（最判昭41・５・19）。

なお，関連知識として次の判例も覚えておこう（こちらのほうは，持分の多寡は関係がない）。

＊共有者の一人が第三者に占有使用させている場合

この場合も，当然には引渡請求できない。

各共有者は，持分に応じて共有物全部を使用する権利を有している。そこで，自分が使う代わりにこれを第三者に使わせることも，共有物全部の使用権の一態様にほかならない。つまり，理屈の上では，共有者の一人が共有物全部を使用しているのと同じことになるので，その共有者から占有使用権限を認められた第三者に対して，他の共有者が土地の明渡請求をすることはできない（最判昭63・5・20）。

他の共有者としては，①自己の使用権（持分権行使）の侵害を理由に損害賠償を請求する，②占有使用させている共有者に対して使用形態についての協議を求める，　③協議がまとまらなければ共有物分割請求権を行使する，などの手段を講じるほかはない。

エ×　各共有者は，それぞれ単独で不実の持分移転登記の抹消を請求できる。

判例は，「不動産の共有者の１人は，その持分権に基づき，共有不動産に対して加えられた妨害を排除することができるところ，**不実の持分移転登記がされている場合には，その登記によって共有不動産に対する妨害状態が生じている**ということができるから，共有不動産について全く実体上の権利を有しないのに持分移転登記を経由している者に対し，単独でその持分移転登記の抹消登記手続を請求することができる」とする（最判平15・7・11）。

オ○　支払能力があるなど特段の事情があれば全面的価格賠償での分割も許される。

妥当である（最判平８・10・31）。→No.３選択肢５

以上から，妥当なものは**イ**と**オ**であり，正答は**3**である。

No.5 の解説　共有

→問題はP.302

1×　無断で単独登記に改めて譲渡しても，移転登記の全部抹消請求はできない。

判例は，他の共有者が請求できるのは，全部抹消登記手続ではなく，その者（＝他の共有者）の持分についてのみの一部抹消（更正）登記手続でなければならないとする（最判昭38・２・22）。

本肢でなされた登記には，①登記した共有者の持分の譲渡による持分権移転登記と，②他の共有者の持分権移転登記の２つが含まれている。このうち②は，無断でなされた無権利の登記であり，また登記に公信力がないので，譲受人は②については，それに対応する権利を取得できない。しかし，①の部分は実体関係に符合しているので，この部分は有効な権利移転であり，かつ有効な登記である。したがって，この部分まで否定してしまう「全部抹消」ではなく，**②の部分のみを否定する「一部抹消」でなければならない。**

更正登記：誤って登記された登記内容を正しいものに変更する登記。

2 ×　特別縁故者への財産分与がなければ，その持分は他の共有者に帰属する。

判例は，「その共有持分は，特別縁故者に対する財産分与の対象となり，右財産分与がされず，当該共有持分が承継すべき者のないまま相続財産として残存することが確定したときにはじめて，他の共有者に帰属する」とする（最判平元・11・24）。→No.２選択肢５

3 ×　共有物の賃貸借の解除は，持分の過半数を持って決する。

判例は，共有物の賃貸借契約の解除は管理に関する事項なので，252条本文により持分の過半数で決することができるとする（最判昭39・２・25）。

解除は，意思表示（表示内容に即した一定の法律効果が発生するもの）であるから，全員でこれを行わないと，解除を行った者にとっては契約は無効になり，そうでない者にとっては有効のままという混乱した法律状態が生じることになる。そこで，これを避けるために，法は「全員から」の解除を要求している（544条１項，**解除不可分の原則**）。

しかし，**共有物の賃貸借契約の解除**は，共有物の利用方法をどうするか（たとえば，より有利な条件で他の者に貸すとか，賃貸をやめて自分たちで使うなど）の問題であって，共有者間で協議し，まとまらなければ採決（持分の過半数）によって利用方法を決定する。そして，解除することに決した場合，そこで行われる**解除の意思表示は共有者全員にその効果が及ぶ**。したがって，前記のような混乱は生じないので，全員でこれを行う必要はない。

4 ◎　仮装の登記名義者に対して，各共有者は単独で登記の抹消を求めうる。

妥当である。本肢の「仮装して当該不動産の登記簿上の所有名義者となっている者に対してその登記の抹消を求める」とは，まったくの無権利者が行った虚偽の登記を，もとの状態（共有登記）に戻すことを意味する。これは共有者全員の利益になるので，**保存行為**（252条但書）として共有者の一人が単独で行うことができる（最判昭31・５・10）。

5 ×　不動産が距離的に分散している場合でも，一括して分割の対象とできる。

判例は，多数の共有不動産が数か所に分かれて存在するときでも，それらの「不動産を一括して分割の対象とし，分割後のそれぞれの部分を各共有者の単独所有とすることも，現物分割の方法として許される」とする（最判昭62・４・22）。

たとえば，離れた場所にある甲地と乙地のそれぞれをＡとＢに分割所有させるのではなく，甲地はＡの，また乙地はＢの単独所有とさせることも認められるとするわけである。この場合，甲地と乙地の価格に不均衡が生じるときは，超過分の対価を価値が不足する側に支払わせることによって公平を図ることができるとする。

正答　**No.1=4　No.2=3　No.3=2　No.4=3　No.5=4**

用益物権

必修問題

次の民法に規定する物権A～Eのうち，用益物権を選んだ組合せとして，妥当なのはどれか。

【地方上級（特別区）・平成30年度】

A 留置権
B 永小作権
C 先取特権
D 入会権
E 地役権

1 A，B，D
2 A，C，D
3 A，C，E
4 B，C，E
5 B，D，E

難易度 ＊

必修問題の解説

用益物権とは，他人の土地を使用収益できる物権である。

この定義には重要なポイントが含まれていて，用益物権は，①他人の「土地」を，②「使用収益」する，③「物権」である点に特質がある。つまり，用益物権は土地にしか設定できず，また土地という価値の高いものを利用することから，それが安定的に利用できるように，物権という強力な権利（例：所有者の承諾なしに権利を譲渡できる，など）として構成されている。

ただ，一口に土地の利用といっても，その形態はさまざまであるから，法は，それぞれの形態に応じて，地上権（265条），永小作権（270条），地役権（280条），入会権（294条）という4つの分類を設けた。

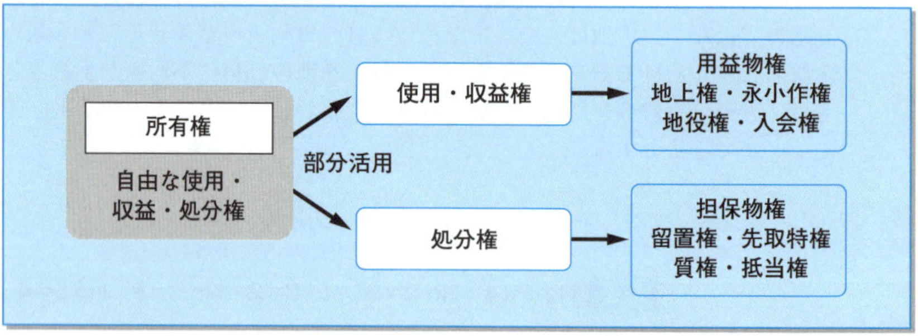

まずは前頁の図を見てほしい。

所有権は，物を自由に使用・収益・処分できる権利であるが，そのうちの使用・収益権能を活用するのが用益物権であり，処分権能を活用するのが担保物権である。

そして，A 留置権とC 先取特権は後者であり（次のテーマ17で詳説する），B 永小作権，D 入会権，E 地役権が前者である。したがって，本問の正答は**5**である。

簡単に，各種の用益物権を説明しておこう。

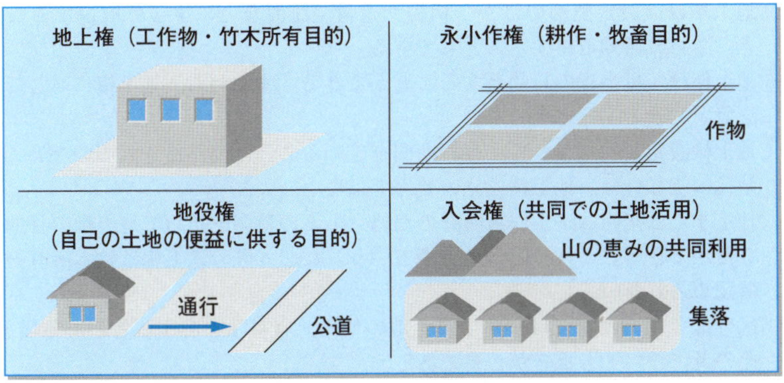

地上権は土地の工作物や竹木の所有を目的とするもので，もっとも典型的なのは「土地を借りてビルを建てる」などの場合である。**永小作権**は，小作料を支払って他人の土地で耕作または牧畜をする権利であるが，戦後の農地解放でほとんどその役目を終えた。現在，これに代わる土地活用の手段は賃借権で行われている。したがって，永小作権からの出題はほとんどない。**地役権**は，他人の土地を自己の土地の便益に供する権利である。便益の種類について特段の制限はない。**入会権**は，山林や原野などで共同で収益する権利であり，**総有**の例として挙げられる。

正答 5

FOCUS

用益物権は他人の土地を使用・収益する権利であるが，これには地上権，永小作権，地役権，入会権の４種がある。この中で，単独で公務員試験で出題されるのは地上権と地役権の２つに限られる。そこで，この２つを中心に知識をまとめておこう。

POINT

重要ポイント1 用益物権

①他人の土地を使用・収益できる権利である。

②地上権，永小作権，地役権，入会権の４種がある（出題は，ほぼ地上権と地役権の２つに限られる）。

重要ポイント2 地上権

（1）地上権の意義・要件

①地上権は，他人の土地で工作物や竹木を所有するためにその土地を利用する権利である。

②地上権は，設定契約のほか，相続や遺言，譲渡などによって取得することができ，さらに時効取得することもできる。

③地上権は，抵当権の目的とすることができる。すなわち，地上権に対して抵当権を設定できる。

④地上権設定契約において，存続期間を定めることは要件とされていない。

⑤地代の支払いは，地上権成立の要件ではない。

⑥地下または空間は，工作物所有のため，上下の範囲を定めて地上権の目的とすることができる。これを**区分地上権**という。なお，区分地上権は竹木所有のためには認められない。

⑦区分地上権の設定には，すでに土地の使用・収益権を有する者がある場合には，その者についても承諾が必要である。

さらに，その権利を目的とする者がある場合には（＝担保権者），その者の承諾も必要である。区分地上権の設定によって，担保価値の評価に影響を来すことが考えられるからである。

（2）地上権の効力

①土地所有者（地上権設定者）は，地上権者の土地使用を受忍するという消極的な義務を負うが，土地を使用できる状態にしておくという積極的な義務はない。

②地上権が期間満了等により消滅した場合，地上権者は工作物や竹木を撤去しなければならない。ただし，土地所有者は地上権者に通知してこれらを時価で買い取ることができる。

（3）建物の所有を目的とする地上権と土地の賃借権

①土地の使用形態等に大きな差がないことから，物権と債権という性質の違いに反しない限りで，両者について同一の取扱いがなされている（借地借家法）。

②賃借権は債権であるから，これを譲渡するには原則として賃貸人の同意が必要である。これに対して，地上権は物権であるから，これを譲渡するには土地所有者の同意を要しない。

③地上権では地代の支払いは要件とされていないが，賃借権では賃料の支払いは契約成立の要件である。

④建物の所有を目的とする場合，地上権も土地賃借権も，ともにその存続期間は原則として30年とされている（借地借家法による民法の修正）。

⑤建物の所有を目的とする場合，地上権も土地賃借権も，ともに地上建物の所有権登記（所有者は賃借人）によって土地賃借権の登記に代替することが認められている（借地借家法による民法の修正）。

⑥土地の不法占拠者に対しては，地上権者は物権的請求権によって，また賃借権者は所有者（賃貸人）が有する所有権に基づく妨害排除請求権の代位行使によって，ともに妨害排除請求権を行使することができる。

重要ポイント３ 地役権（ちえき）

（１）地役権の意義・要件

①地役権は，設定行為で定めた目的に従って他人の土地を自己の土地の便益のために利用する権利である。

②利用する便益の種類・内容に制限はない。土地の利用価値を増進するものである限り，どのようなものであっても自由に定めることができる。

③利用するほうの土地を**要役地**，利用されるほうの土地を**承役地**という。両者は隣接している必要はなく，離れていてもかまわない。

④地役権は，承役地を排他的・独占的に使用するものではないから，第三者のために同一内容の地役権を重ねて設定することができる。

（２）地役権の取得・消滅・効力

①地役権は，設定契約のほか，相続や遺言，譲渡などによって取得することができ，さらに時効取得することもできる。

②地役権は，所定の期間これを行使しなければ，時効によって消滅する。

③土地の共有者の１人が地役権を時効取得した場合，他の共有者も地役権を取得する。

④承役地を第三者が不法占拠している場合，地役権者は妨害排除請求はできるが，土地の明渡請求はできない。

⑤要役地と分離して，地役権だけを譲渡することはできない。

実戦問題

*
No.1　民法に規定する地上権に関する記述として，妥当なのはどれか。

【地方上級（特別区）・平成23年度】

1　地上権設定契約に存続期間の定めがない場合は慣習があればそれに従い，慣習がない場合は，存続期間の上限のみ定めなければならない。

2　地上権は，土地に対する直接の使用権であり，土地の所有者の承諾なしに，これを譲渡し，担保に供し，賃貸することができる。

3　区分地上権は，設定行為で定められた範囲以外の部分についての土地所有者の使用権限を奪うものではなく，その設定契約において，土地所有者が，区分地上権のために一定の使用をしないという制限を定めることはできない。

4　地上権者は，その地上権が消滅したときには，慣習がなければ土地を原状に復して工作物や竹木を収去することができないが，その土地の所有者が時価相当額を提供してこれを買い取ることはできる。

5　地上権は，地上権設定契約において無償で設定することはできないが，定期の地代によらないで，最初の設定時に一括して代価として支払うことはできる。

*
No.2　民法に規定する地上権に関する記述として，妥当なのはどれか。

【地方上級（特別区）・平成28年度】

1　地上権は，他人の土地において工作物または竹木を所有するため，その土地を使用する権利であり，工作物または竹木が現存しないときに，地上権を設定することはできない。

2　地上権者は，地上権に抵当権を設定し，地上権を譲渡し，または賃貸することができるが，いずれの場合にも，土地の所有者の承諾を必要とし，自由に処分することはできない。

3　地上権者が地上権に基づき土地上に植栽した竹木は，地上権者の所有に属するため，地上権者は，その権利が消滅した場合に，別段の慣習がないときは，土地の所有者に時価相当額でこれを買い取るよう請求することができる。

4　地代の支払は，地上権の成立要件であり，地上権者は土地の所有者に定期の地代を支払わなければならないが，不可抗力により収益について損失を受けたときは，地代の免除または減額を請求することができる。

5　地下または空間は，工作物を所有するため，上下の範囲を定めて地上権の目的とすることができ，この場合においては，設定行為で，地上権の行使のためにその土地の使用に制限を加えることができる。

*
No.3 地役権に関する次の記述のうち，妥当なものはどれか。

【地方上級・平成８年度改題】

1 地役権は物権であるから，消滅時効にかかることはない。

2 土地の共有者の一人が地役権を時効取得したからといって，他の共有者も同一内容の地役権を当然に取得できるわけではない。

3 地役権は，当事者が特約により異なる定めをしても，要役地と地役権とを分離して譲渡することはできない。

4 承役地を第三者が不法占拠している場合，地役権者は，その第三者に対して当該承役地を自己に引き渡すよう請求することができる。

5 土地Ａのために地役権が設定・登記された土地Ｂ上に，土地Ｃのために重ねて地役権を設定することはできない。

**
No.4 民法に定める地役権に関する記述として，妥当なものはどれか。

【地方上級・平成11年度】

1 地役権は，相隣関係の内容を拡張するものであり，地下鉄などの地下埋設物や電線などの空中構造物の設置のために地役権を設定することはできず，これらは地上権の設定によらなければならない。

2 要役地または承役地が共有である場合，各共有者は自己の持分についてだけは，地役権を消滅させることができるが，単独で地役権全体を消滅させることはできない。

3 地役権は，要役地のために存在する権利であるから，要役地と分離して地役権だけを譲渡することはできず，要役地の所有権が移転すれば特約がない限り，地役権も移転する。

4 地役権は設定行為のほかに時効によっても取得することができるが，時効による地役権の取得は，その地役権が承役地の所有者が認識することがない状態で行使されているものであってもよい。

5 地役権は，承役地が要役地のために一定の負担を受けることを内容とするものであり，民法は，地役権を有償とするとともに，地役権の最長存続期間を定めている。

No.5 ＊＊ **民法に規定する地役権に関する記述として，妥当なのはどれか。**

【地方上級（特別区）・平成25年度】

1 地役権は，設定行為に別段の定めがない限り，要役地の所有権に従たるものとして，その所有権とともに移転し，所有権の移転を承役地の所有者に対抗しうるときは，地役権の移転も登記なく対抗できる。

2 地役権は，通行地役権のように地役権者が一定の行為をすることを目的とする場合にのみ設定できるので，眺望や日照を確保するために承役地の利用者が建物を建てないことを目的として地役権を設定することはできない。

3 地役権は，要役地の所有者と承役地の所有者との間の設定行為という合意がある場合にのみ成立するものであり，時効によってその取得が認められることはない。

4 要役地または承役地が数人の共有に属する場合に，その土地の各共有者は，単独では地役権全体を消滅させることはできないが，自己の持分についてだけ地役権を消滅させることはできる。

5 地役権は，設定行為によって定めた目的に従い，承役地を要役地の便益に供する権利であるので，要役地に隣接しない土地を承役地として地役権を設定することはできない。

＊＊＊
No.6 **地役権に関するア～オの記述のうち，妥当なもののみをすべて挙げているのはどれか。ただし，争いのあるものは判例の見解による。**

【国家総合職・平成30年度】

ア：甲土地の所有者Aと乙土地の所有者Bは，甲土地のために，乙土地に通行地役権を設定する旨の合意をし，その地役権の登記をした。この場合，Aは，乙土地を不法に占拠してAの通行を妨害しているCに対し，通行地役権に基づき乙土地を自己に引き渡すよう請求することができる。

イ：電気事業者Aは，その所有する甲土地に設置期間を50年間とする変電所を設置する計画を立てたが，その変電所に必要な電線路設置のため，乙土地の所有者Bと交渉し，乙土地に地役権を設定することとした。この場合，AおよびBは，地役権の存続期間について，50年間と定めることができる。

ウ：AおよびBは，甲土地を共有し，甲土地のために，Cが所有する乙土地に通行地役権を有していた。CがAから甲土地の持分を譲り受けた場合，その持分の限度で当該通行地役権は消滅する。

エ：甲土地の所有者Aと乙土地の所有者Bは，甲土地のために乙土地に幅員4メートルの道路を設けることができる通行地役権を設定する旨の合意をしたが，実際には，Aは乙土地内に幅員2メートルの通路を開設してその通路上のみを通行し，この状況で20年が経過した。この場合，当該通行地役権の一部が時効により消滅することはない。

オ：甲土地の所有者Aは，甲土地が公道に接していなかったため，20年以上前から，毎日，隣接するB所有の乙土地を通行して公道に出ていたが，乙土地に通路を開設していなかった。この場合，Aは，甲土地のために乙土地を通行する地役権を時効により取得することができない。

1 ア，イ
2 ア，エ
3 イ，オ
4 ウ，エ
5 ウ，オ

実戦問題の解説

No.1 の解説　地上権

→問題はP.314

1 ×　存続期間の定めがなく，慣習もない場合，請求があれば裁判所が定める。

地上権では**存続期間の定めについて特段の規定はない**。そこで，存続期間が定められていない場合，慣習があればそれに従うが，それがない場合は，**当事者の請求によって裁判所が定める**。裁判所は，工作物または竹木の種類および状況その他地上権の設定当時の事情を考慮して，20年以上50年以下の範囲内で存続期間を定める（268条２項）。

2 ◎　地上権は物権なので，自由に譲渡し賃貸し，担保に供することができる。

妥当である。**地上権は物権であり，直接支配性を特質とする**。地上権の場合，「直接支配」の対象は土地の利用権であって，その利用権を直接支配しているので，土地の所有者の承諾なしに，これを譲渡し，担保に供し，賃貸することができる。

3 ×　区分地上権では，設定行為で土地の使用に制限を加えることができる。

区分地上権とは，地下または空間で上下の範囲を定めて地上権の目的とすることをいう（269条の２）。たとえば，地下の一定の深さの部分のみを，通信ケーブルを通すための管の埋設に使うなどがその例である。

この区分地上権では，**土地所有者は，区分地上権の効力が及ばない部分については依然として使用権を有している**。ただ，土地所有者の使用によって区分地上権に支障が生じないようにするため，設定行為で一定の制限を定めることができる（269条の２第１項後段）。上例で言えば，通信ケーブルの管に断裂を生じさせることのないように，一定以上の重量の建物を地上に建てないなどがその例である。

4 ×　地上権者は，地上権消滅の際には地上物を収去することができる。

民法は，「土地を原状に復してその**工作物および竹木を収去**することができる」と規定するが（269条１項本文），これは**権利であると同時に義務でもある**と解されている。たとえば，ガソリンスタンドの地下埋設タンクのように，土地所有者に不要な工作物が残っている場合，これを土地所有者の負担で収去すべきとするのは不合理だからである。

5 ×　地上権設定契約において，地代を定めることは契約の要件ではない。

地上権では，**地代は設定契約の要件ではない**。そのため，地代を無償としても構わない。地代をとるかとらないか，またその額をいくらにするかは，もっぱら当事者間の自主的な判断にゆだねられる。

●賃借権との比較
地上権と類似するものに土地賃借権があるが，こちらは賃料の支払いが契約の成立要件とされている。そのため，この点の違いが出題の素材とされることがある。ただ，債権契約としての土地の無償貸借も可能であり，その場合は「賃貸借」ではなく「使用貸借」という別の契約となる（593条）。いわば，地上権では有償・無償が１つの権利として統合されているのに対し，債権としての土地の賃借権では有償・無償が別の契約になっているというだけのことである。

No.2 の解説　地上権

→問題はP.314

地上権は物権で直接支配権であるといわれるが（→No.１選択肢２），これは，地上権が所有権の一部の権能を利用する権利として成立していることから考えると理解しやすい。

所有権は，物を自由に使用・収益・処分できる権利であり，それゆえに物に対する直接支配性を有する。そして，法は，所有権の全面的支配権のうち，その一部を他人に利用させる２つの方法を制度化した。一つは，所有権のうちの使用・収益権能を利用させる**用益物権**であり，もう一つは，物の処分権能を利用させる**担保物権**である（次章で扱う）。

	物の使用	物の収益	物の処分
所有権	○	○	○
用益物権	○	○	×
担保物権	×	×	○

いずれも，所有権の一部の権能であるから，その権能の範囲で物に対する直接支配性を有する。

●用益物権・担保物権
用益物権は，他人の土地を使用・収益することができる権利であり，地上権，永小作権，地役権，入会権の4種がある。たとえば永小作権は，他人の土地を使用してそこに作物を植え，これを収穫することのできる権利である。この用益物権には，「その土地を譲渡する」といった処分権限は含まれていない。

一方，担保物権は，債権の弁済を確実にするための権利である。この担保物権には，原則として物の使用・収益権はない。その代わり，債権が弁済されない場合には，これを競売にかけて処分する権限が認められている。

1 ×　工作物または竹木が現存することは，地上権を設定するための要件ではない。

これは，たとえば都心部にオフィスビルを建設するために，土地の所有者との間で地上権設定契約を締結することを考えれば自明である。ビル建設のために地上権設定契約を結ぶ場合，契約の時点ではいまだビルは建っていない。そもそもビルを建てるために地上権を設定するのであるから，**現存することが地上権設定の要件でないことは明らか**である。

2 × **地上権は物権なので，自由に譲渡し賃貸し，担保に供することができる。**

物権の直接支配性から，譲渡，賃貸，担保提供等は土地の所有者の承諾がなくてもこれを行うことができる。→No. 1 選択肢２

3 × **地上物買取請求権は設定者の権利であって，地上権者にはこの権利はない。**

権利消滅の際，地上権者は土地を借りたときの状態に戻して（原状回復）所有者に返還しなければならない。これが原則である。ただ，**土地所有者が使えるもの**があれば，地上権者が解体して撤去するよりも，**そのまま土地所有者が利用したほうが経済的**である。そのため，所有者にこのような権利が認められている（269条１項但書）。

●特別法（借地借家法）による修正

地上権が建物所有を目的とする場合には，特別法である借地借家法が適用されて，借主（地上権者・賃借権者）の側から建物を買い取るように請求する権利が認められている（借地借家法13条）。これは，借主の保護を目的にしたもので，「間接的に借地契約の更新を強制するための手段」として立法化され，地上権における買取請求権とは，その趣旨や行使権者を異にする。ただ，学説からは，借主の保護は別の手段で対処すればよく，借地借家法上の建物買取請求権は今日の社会状況に照らして合理性がないという批判が強い（なお，民法上の買取請求権の合理性については，特に異論はない）。

4 × **地代の支払いは，地上権成立の要件とはされていない。**

地代をとるかとらないか，またその額をいくらにするかは，もっぱら当事者間の自主的な判断にゆだねられる。→No. 1 選択肢５

5 ◎ **地下または空間に，上下の範囲を定めて地上権を設定することができる。**

妥当である（269条の２第１項）。いわゆる**区分地上権**と呼ばれるものである。

地上権は，土地所有権の使用・収益権能を所有者以外の者が利用する権利であるが，この土地所有権は，地表面だけでなく一定範囲の地下や地上の空間にも及ぶ。したがって，地下のみ（例：下水管の埋設）あるいは空間のみ（例：送電線の敷設）しか利用しないという場合に，土地全部に地上権を設定するのは，土地の有効活用という点からはマイナスである。そのため，本肢のような区分地上権なるものが認められている。

なお，設定行為で，地上権の行使のためにその土地の使用に制限を加えることができる点については，No. 1 選択肢３参照。

No.3 の解説　地役権

→問題はP.315

地役権とは，たとえば，高台にある池から自分の田に水を引くための水路を他人の土地に開設する場合のように，**自分の土地の便益のために他人の土地を利用する権利**である（280条）。

1 × **地役権は，一定期間これを行使しなければ時効消滅する。**

地役権は，承役地の所有者にとっては土地利用を制約するものであるが，長期間これを行使しない場合には，「地役権による制約のない完全な所有権」という事実状態が継続することになる。このような**事実状態を尊重**するという見地から，**地役権の時効消滅が認められている**（291条）。

2 ×　共有者の一人が地役権を時効取得すれば，他の共有者にもその効果が及ぶ。

すなわち，他の共有者も同一内容の地役権を当然に取得する。

土地が共有されている場合，各共有者は持分に応じてその土地の全部を使用することができる（249条）。そして**地役権はその土地の便益のために認められた権利**であるから，共有者の**一人がその土地のために地役権を取得すれば**，その土地の使用権を持つ**他の共有者もまた同一内容の地役権を取得する**（地役権の不可分性，284条１項）。

3 ◎　要役地を離れて，地役権のみを譲渡することはできない。

妥当である（281条２項）。**地役権は特定の土地の便益のための権利**であるから，**その土地を離れては存在しえない**。したがって，地役権だけを独立に譲渡の対象とすることはできない。

4 ×　地役権者は，承役地を自己に引き渡すよう請求する権利は有しない。

地役権も物権であるから，承役地のノーマルな利用が妨げられている場合には，それを回復するための権利（物権的請求権）が認められている。ただ，承役地のノーマルな利用とは，承役地を通行できる（通行地役権），あるいは承役地の井戸から水を汲める（汲水地役権）などといったものであるから，**物権的請求権**も，これら（通行や汲水）の**妨害を排除する範囲でしか認められない**。そしてそれは，不法占拠者が妨害を止めることによって実現できるので，地役権者に土地の明渡しまで認める必要はない。土地の明渡しは，地役権者ではなく所有者が求めるべきものである。

地役権に基づく物権的請求権

種　類	可　否	理　由
妨害排除請求権	○	いずれも承役地の利用を妨げられないようにするために必要な権利である
妨害予防請求権	○	（同上）
土地明渡請求権	×	地役権は承役地の占有を伴わない権利（共同使用権）であるから，明渡（引渡）請求を認めることは，「承役地の利用を妨げられない」という制度目的に照らし，必要以上の権利を認めることになる

5 ×　地役権が設定された土地上に重ねて地役権を設定することは可能である。

地役権は承役地を独占的・排他的に使用する権利ではない。したがって，Cのために重ねて地役権を設定することもできる。

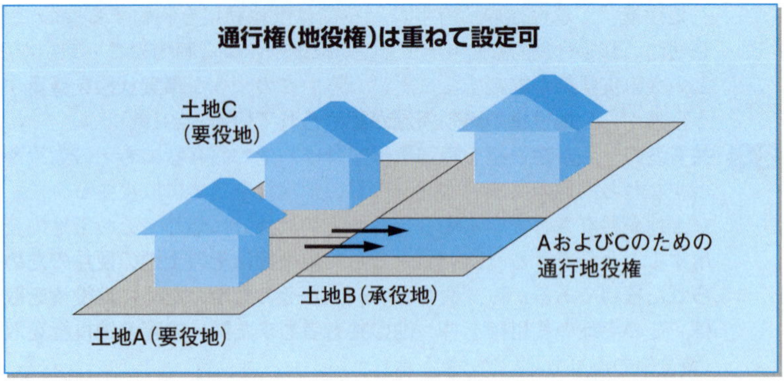

No.4 の解説　地役権

→問題はP.315

1 ×　要役地の利便性を高めるためのものであれば，地役権の設定は可能である。

地下埋設物や空中構造物の設置のためであっても，それが**要役地の利便性を高めるためのものであれば，地役権の設定は可能**である。たとえば，他人の土地の空中に自己の土地上に建てた建物のために電線を引かせてもらうなどがその例である（これに対して，地下鉄は公共の利便性を高めるものであり，自己の土地の利便性を高めるとはいえないので，地下鉄建設のための地役権の設定は無理である）。

なお，地上権の場合は土地を自分１人で全面的に使用できる権利であるが，電線を引くためであれば，土地を１人で全面的に使用する必要はないので，この場合には地上権よりも地役権のほうが都合がよい。

2 ×　共有者の一人が自己の持分だけに地役権を消滅させることはできない。

地役権は「その土地」の利便性を高めるためのものであるから，「その土地」が共有地であった場合，各共有者は自己の持分についてだけ地役権を消滅させることはできない。地役権は，持分だけについての利便性を高めるために設定できる権利ではないからである。

3 ◎　要役地を離れて，地役権のみを譲渡することはできない。

妥当である。これも，地役権が「特定の土地の利便性を高める」というその性質から導かれるものである。

すなわち，「要役地の利便性を高める権利」を，要役地と分離して「利便性を高める」という部分だけを譲渡するということは，そもそも意味をなさず，また「要役地というその土地の利便性を高める権利」である以上，**要役地の所有権が移転すれば特約がない限り，地役権も移転する**ことになる(281条２項，地役権の不可分性)。

4 ×　承役地の所有者が地役権の存在を認識できることが時効取得の要件である。

承役地の所有者が認識することがない状態で行使されている場合には，時

効取得は認められない。このような状態で土地の利用が行われると，承役地の**所有者は時効更新措置がとれないから**である。そのため，民法は，地役権の時効取得が認められるのは，それが「継続的に行使され，かつ，外形上認識することができるもの」である場合に限られるとしている（283条）。

●地役権の時効取得の要件

地役権は「継続的に行使され，かつ，外形上認識することができるもの」である場合に限って時効取得ができるとされている（283条）。では，ここにいう「継続的行使」とか「外形上認識可能」といった要件は，なぜ要求されているのであろうか。

取得時効が成立すると，もともとの権利者はその権利を失い，その反面，時効取得者が権利を取得する。これは，権利者の犠牲において時効取得者が利益を得ることを意味する。その中には「権利を行使しない者は不利益を受けても仕方がない」という考慮が働いている。

ただ，そのようにいえるためには，その前提として権利者に自己の権利を保全する機会が確保されていなければならない。なぜなら，権利保全が不可能である場合にまで，それを怠っていたことを理由に所有権の時効喪失という不利益を課すことは許されないからである。そしてこの観点から必要とされるのが，本条の２つの要件である。これは，外部から「無権限で通行している」あるいは「無権限で水を引いている」ことが客観的に判断できて初めて権利者は時効の完成を阻止する措置をとれるのであって，それが不可能な場合，すなわち外部から判断できないような隠れた態様で無権限の土地利用をしていても，そのような者には時効取得を認めるべきでないとするものである。

なお，これは地役権のみならず時効の一般的な通則とされるものであって，他の箇所でも同様の扱いがなされているので，きちんと理解しておこう。

5 × **地役権の対価や存続期間について，民法は特段の規定を設けていない。**

したがって，対価を支払うかどうか，またいくら払うかは当事者が自由に定めてよく，また期限についても当事者の合意によって自由に定めることができる。

No.5 の解説　地役権

→問題はP.316

1 ◎ **要役地が譲渡されれば，別段の定めがない限り地役権も共に移転する。**

妥当である。地役権は，「その土地」の利便性を高めるためのものであるから，「その土地」の所有権が移転すれば，特約がない限り地役権も移転する（281条１項）。そして，承役地の所有者は要役地のために地役権を設定しているのであるから，土地が譲渡されて譲受人が要役地の所有権取得を主張（対抗）できれば，**譲受人は地役権の移転について，その旨の登記がなくても承役地の所有者に主張（対抗）できる**。

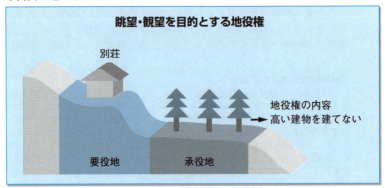

2 × **要役地の利便性を高める限り，眺望・観望を目的とする地役権も認められる。**

民法は土地の便益の種類に特に制限を設けていない（280条本文）。したがって，**土地の利用価値を増進するもの**である限り，**どのようなものであって**

も自由に定めることができる。

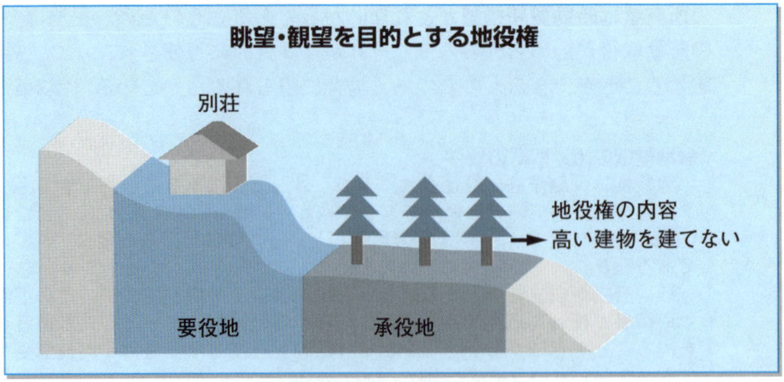

3 × **地役権も，時効によって取得することができる。**

地役権の取得は設定行為（設定契約）による場合が一般的であるが，時効によって取得することもできる（283条）。→No.４選択肢４

4 × **共有者の一人が自己の持分部分だけ地役権を消滅させることはできない。**

共有においては，各共有者が「共有物の全部」について，その持分に応じた使用をすることができる（249条）。そして，**地役権は「その土地」の利便性を高めるためのもの**である。

ということは，仮に「共有者の一人が自己の持分だけに地役権を消滅させる」という意思を示しても，他の共有者は依然として「共有物の全部」について使用できるのである。そうなると，「全部使用における便益」のための共有土地の地役権が，なんらの影響を受けるはずがない。つまり，**自己の持分についてだけ地役権を消滅させるなどということは無理**である。

5 × **要役地に隣接しない土地を承役地として地役権を設定してもかまわない。**

隣接した土地であることは必要でない。他人の土地の利用で自分の土地の利便性が増進されればよく，そのような土地利用である限り，承役地は要役地と離れていてもかまわない。たとえば，数軒先にある水源の水を利用するという場合にも，汲水のための地役権を設定できる。

No.6 の解説　地役権

→問題はP.317

ア × **通行地役権の侵害に対して，地役権者は通行妨害行為の禁止を請求できる。**

地役権は物権であるから，地役権を妨害する行為に対しては，**物権的請求権**としてその行為の禁止を求めることができる。ただ，地役権の内容は，通行の目的の限度で土地を自由に使用できるというものであるから，**地役権者が請求できるのは妨害行為の禁止にとどまり，土地全体を引き渡すように請求することはできない**。通行の妨害行為さえ禁止されれば，地役権者はその権利を完全に行使できるからである。→No.３選択肢４

イ○ 地役権の存続期間は，当事者の合意によって自由に定めることができる。

妥当である。乙土地における電線路設置は，変電所が設置された**甲土地の便益に供するもの**であるから，電気事業者AはBと合意して乙土地に地役権を設定できる（280条本文）。そして，民法は地役権の存続期間について特段の規定を設けていないので，存続期間を50年とすることも何ら問題がない。

ウ× 共有土地の持分が譲渡されても，通行地役権は持分の限度で消滅しない。

通行地役権は土地に付従した権利であるから，持分が譲渡された場合には，譲受人がその権利を受け継ぐ。そして，譲渡後はCとBがともに通行地役権を行使することになる（282条１項）。

エ× 地役権者がその権利の一部を行使しないときは，その部分が時効消滅する。

時効とは，一定期間継続した事実状態をそのままの状態で正当な権利関係として認めようというものである。

したがって，本肢のように，幅員４メートルの道路を設けることができる通行地役権を設定する旨の合意がなされても，事実として幅員２メートルの通路が開設され，地役権者がその通路上のみを通行して20年（166条２項）が経過したというのであれば，使われていない残りの２メートルの部分の通行地役権は時効によって消滅することになる（293条）。

オ○ 要役地所有者が通路を開設していなければ，地役権の時効取得はできない。

妥当である。判例は，「通行地役権の時効取得については，いわゆる『継続』の要件として，承役地たるべき他人所有の土地の上に通路の開設を要し，その**開設は要役地所有者によってなされることを要する**」とする（最判昭30・12・26）。通路の開設がなければ，**単に一時的な通行と捉えられることもある**からである。

以上から，妥当なものは**イ**と**オ**であり，正答は**3**である。

正答 **No.1=2** **No.2=5** **No.3=3** **No.4=3** **No.5=1** **No.6=3**

第３章
担保物権

テーマ17　担保物権
テーマ18　法定担保物権
テーマ19　質権
テーマ20　抵当権
テーマ21　譲渡担保

第3章 担保物権

試験別出題傾向と対策

試験名		国家総合職（国家Ⅰ種）					国家一般職（国家Ⅱ種）					国家専門職（国税専門官）				
年度		18-20	21-23	24-26	27-29	30-2	18-20	21-23	24-26	27-29	30-2	18-20	21-23	24-26	27-29	30-2
頻出度	テーマ　出題数	4	6	4	4	3	5	5	6	6	6	2	1	3	3	3
B	17 担保物権	1					1	3		1	1		1			
B	18 法定担保物権	1	1		1		1		1	1	1	1			1	1
C	19 質権		1	1		1			1							
A	20 抵当権	1	3	2	2	2	3	1	4	3	4	1		2	2	2
C	21 譲渡担保	1	1	1	1			1		1				1		

担保物権は，現実の取引社会で提起された問題がダイレクトに登場してくるダイナミックな分野である。この分野では，各種の担保制度が取引社会でどのように実際に機能しているのかを踏まえながら，各論点の理解を進める必要がある。担保物権の一般的な特徴として，比較的最近の重要判例を素材とした問題が多く出題される傾向が指摘できる。判例は，民法の他の分野でも出題の主要素材の一つになっているが，担保物権は担保権の実行という実務と密接に結びついているために，判例がリーダーシップを発揮する部分が他の分野よりも大きい。そのため，新判例が登場すると，理論がそれに影響を受け，それが直ちに問題に反映されるという連鎖が見られる。これに加えて，判例変更や，それを受けた法改正が他の分野よりも頻繁に行われていることから，この分野の新判例や，法改正があった部分の趣旨やポイントなどについて，十分に理解を深めておく必要がある。

担保物権は，法理論が現実の経済状況から極めて強い影響を受けるという意味で，やや特殊な分野である。資金を供給する側にとって，担保法がリスク回避のための有効な手段として機能しないと，円滑な資金供給は困難になる。それは経済全体にとってマイナスである。判例は，この分野で法理論を多少脇においてでも政策的な配慮を優先させることが多いが，それは担保法の上記のような特徴に由来する。この特性を踏まえたうえで判例を理解すると，全体の理解が深まる。

●国家総合職（法律）

毎年1～2問が出題される。留置権や抵当権などの重要部分だけでなく，先取特権や非典型担保のような比較的マイナーなテーマからも出題されている。国家総合職の特徴として，担保の実行にかかわる民事執行法等の知識が，断片的にではあるが要求されることがある。過去問で出題の傾向を十分に把握したうえで，周辺法令も含めて知識を整理しておく必要がある。

	地方上級（全国型）					地方上級（特別区）					市役所（C日程）				
	18-20	21-23	24-26	27-29	30-2	18-20	21-23	24-26	27-29	30-2	18-20	21-23	24-26	27-29	30-元
	2	1	2	1	1	1	4	3	3	3	1	2		2	1
テーマ17	2						1							2	
テーマ18					1		1	2	1	1					1
テーマ19				1			1			1	1	1			
テーマ20		1	1			1	1	1	1	1		1			
テーマ21			1						1						

●国家一般職

平成18年度の試験制度改正以来，毎年２問程度が出題されている。分野としては，抵当権からの出題が多い。また，素材が新規の判例（これまであまり登場してこなかった判例）に少しずつシフトし始めており，要求される知識の範囲が広がっている。

●国家専門職（国税専門官）

近年の出題箇所は留置権と抵当権が多い。ただ，担保物権では譲渡担保や先取特権なども含めて，まだ出題されてない重要テーマが豊富にあることから，出題箇所をあまり絞り込まずに，重要テーマについてはできるだけこまめに知識を整理しておくことが必要であろう。

●地方上級（全国型）

出題が最も多いのは抵当権である。素材は判例と条文をミックスしたものが主流であるが，判例の事案をそのまま使った難度の高いものも時折出題されている。内容的にはオーソドックスなものが大半を占めているので，過去問の範囲で知識を正確にしておけば，対策としては十分である。

●地方上級（特別区）

平成21年度から民法の出題数が４問から10問に増え，従来は出題数が少なかった担保物権の問題が増加した。抵当権からの出題が多いのは他の試験と同様だが，法定担保物権のウエートが高いのは特別区の特徴である。

●市役所

担保物権からの出題は３年で１問程度のペースである。質権のほか，抵当権にも注意が必要であろう。

担保物権

必修問題

次の(a)～(d)は担保物権が有する各種の性質，効力である。以下の担保物権に関するア～エの記述のうち，妥当なもののみをすべて挙げているのはどれか。ただし，ア～エは，それぞれの担保物権が有する性質，効力をすべて挙げているとは限らない。 【国家Ⅱ種・平成23年度】

(a) 被担保債権が発生しなければ担保物権も発生せず，被担保債権が消滅すれば担保物権も消滅するという性質

(b) 被担保債権が移転したときは，担保物権もこれと同時に移転するという性質

(c) 目的物の売却，賃貸，滅失または損傷によって債務者が受けとるべき金銭その他の物に対して優先弁済権を行使できるという性質

(d) 債務がすべて弁済されるまでは担保権者が担保の目的物を留置することができるという効力

ア：留置権は，(a)，(d)を有する。

イ：一般の先取特権は，(a)，(d)を有する。

ウ：抵当権は，(a)，(b)，(c)を有する。

エ：確定前の根抵当権は，(a)，(b)を有する。

1 ア，イ　**2** ア，ウ　**3** ア，エ

4 イ，ウ　**5** イ，ウ，エ

難易度 ＊

必修問題の解説

担保物権の性質を表にまとめると，以下のようになる。

共通の性質	内容	有しないもの（×）
付従性	・債権がないところに担保物権は存在しない	確定前の根抵当権
随伴性	・債権が移転すれば担保物権もまた移転する	確定前の根抵当権
不可分性	・債権全部の弁済があるまで権利行使できる	
物上代位性	・目的物の価値変形物にも権利行使できる	留置権

これを順に説明する。

①**付従性**：担保物権は「債権の担保」を目的としているので，債権がなければ担保物権は存在する意味がない。そのため，被担保債権が無効などの理由で発生しなければ担保物権も発生せず，弁済等で消滅すればそれと運命を共にして消滅する。

②**随伴性**：担保物権は「その債権の担保」を目的としているので，「その債権」が

譲渡されれば，それに伴って担保物権も移転する。

以上の①と②は確定前の根抵当権では認められない。確定前の根抵当権は，いわば箱のようなもので，その箱に入ったり出たりを自由に繰り返すさまざまな債権について，いつフタを閉めるかを身構えている状態である。確定前においては，被担保債権は箱への出入りが自由なので，付従性や随伴性は認められない。

③**不可分性**：担保物権は，被担保債権全額の弁済を受けるまで，目的物の全部について担保権を行使できる。担保物権は「債権の担保」を目的としており，たとえ一部が弁済されても，債権が残っていれば目的を果たしたことにはならないからである。

④**物上代位性**：担保物権とは，履行期に弁済がない場合は担保目的物を売却して，その代金から優先弁済を受けるという方法で「確実な弁済」を受けられるようにしているものである。このことを法的に表現すると，「担保権者は目的物の交換価値を把握している」ということになる。そして，交換価値を把握しているのであれば，目的物が別の価値に変わった場合には，それに対しても権利行使は可能でなければならない。これが物上代位性である。

この物上代位性は，もっぱら「弁済があるまでは目的物を返さない」という占有の圧力によって履行を強制する留置権には認められない。

次に，担保物権の効力を表にまとめると，以下のようになる。

効力	内容	有するもの（○）
優先弁済的効力	・目的物の価値から優先弁済を受けられる効力	留置権以外の担保物権
留置的効力	・債務の完済まで目的物を留置できる効力	留置権，質権＊
収益的効力	・目的物を収益し，それを弁済に充てられる効力	不動産質権

＊質権のうち，債権質にはこの効力がないものがある。

以上を前提に，本問を解いてみよう。

(a)は付従性，(b)は随伴性，(c)は物上代位性であり，(d)は留置的効力である。

ア○ 妥当である。留置権には，(a)付従性，(d)留置的効力がある。

イ× 一般の先取特権には，(a)付従性はあるが，(d)留置的効力はない。

ウ○ 妥当である。抵当権には，(a)付従性，(b)随伴性，(c)物上代位性がある。

エ× 確定前の根抵当権には，(a)付従性，(b)随伴性はない。

以上から，妥当なものは**ア**と**ウ**であり，正答は**2**である。

正答 2

FOCUS

担保物権一般に関する問題は，担保物権の種類，通有性，効力の３つが主要テーマとなっている。ただ，この３つは前章までに大半の知識が登場しているので，本章ではまとめや知識の整理を兼ねて問題を解いてみよう。

▸▸▸ POINT

重要ポイント 1 担保物権

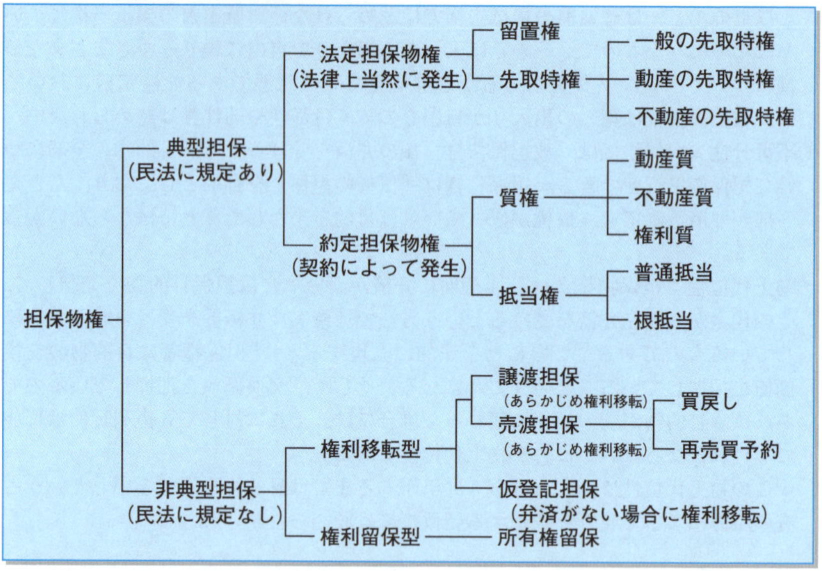

法定担保物権は，これを契約によって発生させることはできない。

重要ポイント 2 担保物権の効力

①担保物権の効力には，優先弁済的効力，留置的効力，収益的効力の３種がある。

②**優先弁済的効力**は，目的物の価値を物権的に支配し，そこから被担保債権について優先して弁済を受けうる効力であり，担保物権の中核的効力をなすものである。ただし，この効力は留置権には存しない。

③**留置的効力**は，債務者が債務の弁済を完了するまで目的物を留置しうる効力であり，留置権と質権に認められる（これら以外の担保物権にはこの効力はない）。

④**収益的効力**は，目的物を収益して，それを債権の弁済に充当しうる効力であり，不動産質権にこの効力が認められる。

重要ポイント3 担保物権の通有性

①担保物権の通有性（通常有すべき性質）として，**付従性**（債権があってはじめて担保物権も存在しうる），**随伴性**（債権が移転すれば，担保物権も原則としてそれに伴って移転する），**不可分性**（全額の弁済があるまで目的物の上に権利を行使しうる），**物上代位性**（担保物権は，目的物の売却，賃貸，滅失または損傷によって債務者が受けるべき金銭その他の物に対しても行使できる）の４つがある。

②留置権は目的物の交換価値を支配する権利ではないので，留置権には物上代位性はない。しかし，それ以外の担保物権には物上代位性がある。

実戦問題

No.1 * **担保物権に関する記述として，妥当なのはどれか。**

【地方上級（特別区）・平成21年度】

1 物的担保は，担保権設定者が破産したときには効力を失い，この場合，担保権者は，各債権者の債権額に比例した弁済を行う破産手続により権利の行使ができる。

2 質権および抵当権は，その目的物の売却・賃貸・滅失または損傷によって債務者が受けるべき金銭その他の物，あるいは目的物の上に設定した物権の対価に対しても，優先弁済権を及ぼすことができる。

3 民法典に規定されている留置権，質権，抵当権および譲渡担保を典型担保，民法典上に規定がない担保を非典型担保といい，非典型担保には仮登記担保契約に関する法律に規定する仮登記担保が含まれる。

4 債務が完済されるまで担保権者が目的物を留置しうる効力を留置的効力といい，これによって間接的に債務の弁済を促そうとするもので，典型担保では留置権にのみこの効力が認められる。

5 担保物権には付従性があり，被担保債権が発生しなければ発生せず，被担保債権が消滅すれば消滅するので，被担保債権の一部の額の弁済を受けると，目的物の全部についてはその権利を行うことはできない。

No.2 * **担保物権が有する効力には，留置的効力，優先弁済的効力，収益的効力があるが，次のア～オの各担保物権が有する効力を正しく分類しているものはどれか。ただし，民法以外の制度は考えないものとする。**　【市役所・平成22年度】

ア　留置権
イ　先取特権
ウ　動産質権
エ　不動産質権
オ　抵当権

	留置的効力	優先弁済的効力	収益的効力
1	ア，ウ	ア，イ，ウ，エ，オ	エ
2	ア，ウ	ウ，エ，オ	イ，エ
3	ア，エ	イ，ウ，エ，オ	ア，エ
4	ア，ウ，エ	イ，ウ，エ，オ	エ
5	ア，ウ，エ	ア，イ，ウ，エ，オ	ア，ウ，エ

No.3＊ **担保物権の効力に関するア～オの記述のうち，妥当なもののみをすべて挙げているのはどれか。** 【国税専門官・平成21年度】

ア：留置権には目的物を換価して優先弁済を受ける効力はないが，留置権者は，目的物から生ずる果実を収取し，他の債権者に先立って，これを自己の債権の弁済に充当することができる。

イ：留置権には目的物を使用収益する収益的効力があり，債務者の承諾を得ずして，目的物を使用することができる。

ウ：先取特権は，その目的物の滅失，損傷等によって債務者が受けるべき金銭その他の物に対しても行使することができるが，質権にはこのような物上代位は認められていない。

エ：質権の設定は，債権者にその目的物を引き渡すことによってその効力を生じ，動産質権者は，目的物を継続して占有しなければ，その質権をもって第三者に対抗することができない。

オ：抵当権には目的物を換価して優先弁済を受ける効力があり，抵当権者はこのような優先弁済的効力を登記なくして第三者に対抗することができる。

1 ア，エ
2 ア，オ
3 イ，ウ
4 イ，オ
5 ウ，エ

No.4 ＊＊ **担保物権の効力および性質に関するア～オの記述のうち，妥当なもののみをすべて挙げているのはどれか。ただし，争いのあるものは判例の見解による。**

【国家一般職・平成27年度】

ア：担保物権の優先弁済的効力は，債務の弁済が得られないとき，担保権者が担保の目的物の持つ価値から他の債権者に優先して弁済を受けることのできる効力であり，これは担保物権の債権担保としての効果をあげるための効力であるから，留置権，先取特権，質権，抵当権のいずれにも認められる。

イ：担保物権の収益的効力は，担保権者が担保の目的物を収益し，これを債務の弁済に充当できる効力であり，抵当権には収益的効力が認められていないが，動産質権および不動産質権には収益的効力が認められる。

ウ：担保物権は，特定の債権を担保するために設定されるものであり，その債権が発生しなければ担保物権も発生せず，その債権が消滅すれば担保物権も消滅するという付従性を有するから，債権の額が増減変動する不特定の債権を担保する目的の担保物権は認められない。

エ：留置権，先取特権，質権，抵当権のいずれにも不可分性があり，担保権者は，被担保債権の一部の弁済があっただけで債権全額の弁済がない場合には，債権全額の弁済を受けるまでは，担保目的物の全部についてその権利を行使することができる。

オ：抵当権は，担保目的物の売却，賃貸，滅失または損傷によって債務者が受けるべき金銭その他の物に対しても行使することができるという物上代位性を有し，抵当権者は，担保目的物である不動産の賃借人が供託した賃料の還付請求権について抵当権を行使することができる。

1　ア，ウ
2　ア，エ
3　イ，ウ
4　イ，オ
5　エ，オ

No.5 * **留置権，先取特権，質権および抵当権に共通する性質に関する次の記述のうち，妥当なものはどれか。** 【地方上級・平成９年度】

1 これらの担保物権は付従性を有するから，目的物が第三者に譲渡された場合であっても，被担保債権から独立して消滅時効にかかることはないというのが判例である。

2 これらの担保物権も物権であるから，目的物が不動産である場合，登記なくして当該物権を第三者に対抗することはできない。

3 これらの担保物権は価値権であるから，目的物が担保権者の占有下にある場合であっても，担保権者は目的物の使用収益権を有しない。

4 これらの担保物権は優先弁済権を有するから，目的物が競売されたときは，担保権者は他の債権者に先立って弁済を受けることができる。

5 これらの担保物権は不可分性を有するから，被担保債権が弁済により減縮しても，担保権者は目的物の全部について権利を行使することができる。

実戦問題の解説

No.1 の解説　担保物権

→問題はP.334

1 ×　物的担保は，担保権設定者が破産したときでもその効力を失わない。

法は優先弁済的効力を有する**担保制度に対する信頼を保護**しようとする観点から，破産手続によっても担保権は影響を受けず（別除権という），担保権者はその権利を行使できるとしている（破産法65条２項）。

2 ◎　質権や抵当権は，担保目的物の価値変形物にもその効力を及ぼし得る。

妥当である。いわゆる物上代位である（350条，372条，304条）。

3 ×　譲渡担保は民法典には規定がない非典型担保である。

4 ×　留置的効力は，担保権者が目的物を留置する留置権と質権で認められる。

5 ×　担保物権は，一部弁済があっても目的物の全部について権利行使できる。

被担保債権の一部の額の弁済があっても，残額すべてが弁済されるまで，目的物の全部について担保権を行使しうる（**不可分性**，296条，305条，350条，372条）。

No.2 の解説　担保物権の担保的効力

→問題はP.334

本問は，留置権に焦点を当てて考えると判断しやすい。すなわち，留置権は留置物の引渡しを拒絶することで間接的に弁済を促そうとする権利であり，目的物の交換価値を支配する権利ではないので，不履行の場合に目的物を競売にかけて，その中から優先弁済を受けるという効力を有しない。これで，**1**と**5**を消せる。

また，留置権の特質である**留置的効力**は，留置権のほかに質権もこれを有している（動産・不動産共通である）。これで**3**を消せる。

次に，**優先弁済的効力**は，目的物の交換価値を支配する担保物権に認められるものであり，担保物権の中核をなす効力として留置権以外のすべての担保物権が共通に有している。これで，**2**を消せる。

残るのは**4**であり，これが正答となる。

なお収益的効力とは，目的物を収益しこれを債権の弁済に充当しうる効力であり，不動産質権がこれを有している（356条）。

No.3 の解説　担保物権の効力

→問題はP.335

ア○ 留置権は換価による優先弁済効はないが，果実を収取して弁済に充当できる。

妥当である。前半については，**留置権**は価値支配権ではないので，目的物を換価して優先弁済を受ける効力**（優先弁済的効力）はない**。後半については，留置物の管理中に果実が生じた場合，それを弁済に充当することを認めても，債務者に不利にはならず簡易決済にも資するので，このような権利が認められている（297条1項）。

イ× 留置権には目的物を使用収益する収益的効力はない。

留置権は，留置物の引渡しを拒絶することで間接的に弁済を促そうとする権利であり，留置物の使用権は有していない。留置権者は，留置物を善良なる管理者の注意をもって管理しなければならず（298条1項），債務者（債務者と所有者が異なるときは所有者）の承諾なしに無断で使用することは許されない（同2項）。

なお，**担保物権の中で使用収益的効力が認められているのは，唯一不動産質権のみ**である（356条）。法が不動産質権に限って使用・収益権を認めたのは，不動産が動産などに比べて利用価値が高く，これが未使用のままで放置されていることを社会的損失と考えたためである。

ウ× 質権は目的物の交換価値を支配しているので，物上代位性が認められる。

本肢の「目的物の滅失，損傷等によって債務者が受けるべき金銭その他の物に対しても行使…できる」とは，**物上代位**のことである。そして，物上代位は留置権以外のすべての担保物権に認められており，質権にも同様に認められる（350条，304条1項本文）。

たとえば，質権者が留置している動産を第三者が壊した場合には，質権者は，所有者が第三者に対して取得する損害賠償債権上に質権を行使できる。

エ○ 質権設定契約は要物契約であり，占有の継続が第三者対抗要件である。

妥当である。**質権設定契約は要物契約**であり，目的物を相手方に引き渡すことによってその効力を生じる（344条）。

また，質権は，期限に弁済がなければ目的物を売却して優先弁済を受ける権能（価値支配権）と，「債務の完済まで質物の返却に応じない」といういわゆる占有の圧力によって弁済を促す権能をともに有しており，これらの権能を発揮するには占有の継続が必須となる。そのため，**占有の継続が質権の対抗力の要件**とされている（352条）。

オ× 抵当権者は，登記しなければ抵当権の効力を第三者に対抗できない。

抵当権も，登記しなければ，抵当権としての効力（優先弁済的効力）を第三者に主張できない（177条）。

以上から，妥当なものは**ア**と**エ**であり，正答は**1**である。

No.4 の解説　担保物権の効力および性質

→問題はP.336

ア×　担保物権の中で，留置権だけには優先弁済的効力は認められていない。

優先弁済的効力とは，債務者からの弁済が得られない場合に，競売等で目的物を換価して，その代価から優先的に弁済を得られるという効力である。この効力は，**留置権以外の担保物権に認められている**（303条・342条・369条）。

一方，留置権は，あくまで留置の圧力で弁済を促そうとするもので，「目的物の交換価値を支配して，弁済がなければ目的物を競売にかける」という価値支配権ではないので，優先弁済的効力は認められていない。

イ×　担保物権の中で収益的効力が認められているのは，不動産質権のみである。

不動産の利用価値の高さに着目して，法は不動産質権に限って使用・収益権を認めている（356条）。→No.３イ

ウ×　債権額が増減変動する不特定の債権を担保する担保物権を根担保という。

民法に明文規定が置かれている根担保は根抵当権のみであるが（398条の２以下），これ以外にも根質や根譲渡担保などがある。

→テーマ19「質権」No.３選択肢４

エ○　担保権者は，債権全部の弁済を得られるまで目的物上に権利を行使できる。

妥当である。担保物権は，債権全額が弁済されるまで目的物全部の上にその効力を及ぼすことのできるものであり，被担保債権が一部弁済等によって減縮した場合でも，目的物の全部について担保権を行使することができる（**不可分性**，296条，305条，350条，372条）。

オ○　抵当権は物上代位性を有し，抵当権者は賃料の還付請求権に権利行使できる。

妥当である。抵当権の物上代位性については372条・304条。

また，判例は，「賃料が供託された場合には，賃料債権に準ずるものとして供託金還付請求権について抵当権を行使することができる」とする（最判平元・10・27）。

以上から，妥当なものは**エ**と**オ**であり，正答は**5**である。

No.5 の解説　担保物権の通有性

→問題はP.337

1 ×　抵当権は，抵当不動産の第三取得者との関係では時効によって消滅する。

債務者が債務を弁済せずに抵当権の時効消滅を主張することは，信義に反するので許されない。しかし，抵当不動産の第三取得者については，財産権一般の原則どおり，20年間抵当権を行使しなければ時効によって消滅する（大判昭15・11・26，166条２項）。

2 ×　留置権は，目的物が不動産の場合も，登記なくして第三者に対抗できる。

留置権を第三者に主張するための要件としては，動産の場合も不動産の場合も，ともに目的物の留置で足りる。これは被担保債権が比較的少額であり，また通常は短期間のうちに決済される性質のものなので，目的物が不動産であっても，あえて登記を要求する必要性に乏しいからである。

3 ×　留置権は価値支配権ではなく，また不動産質権には使用・収益権がある。

本肢では，次の２点が誤り。

①留置権は価値権（担保目的物の交換価値を支配する権利）ではない。

②不動産質権では担保権者（不動産質権者）に目的物の使用・収益権が認められている（356条）。→No.３イ

4 ×　留置権には，優先弁済的効力は認められていない。

留置権は，あくまで留置の圧力で弁済を促そうとするもので，交換価値を支配する権利ではないので，優先弁済的効力は認められていない。

→No.４ア

5 ◎　担保権者は，債権全部の弁済を得られるまで目的物上に権利を行使できる。

妥当である。担保物権の不可分性である。→No.４エ

正答　No.1=2　No.2=4　No.3=1　No.4=5　No.5=5

法定担保物権

必修問題

BはAから動産の修理を請け負った。ところが，修理代金の支払期限が到来したにもかかわらず，Aは修理代金を支払おうとしない。そこで，Bは当該動産につき留置権を主張している。次のア～オの記述のうち2つ妥当なものがあるが，それはどれか。 【地方上級・平成28年度】

ア：AがBに対して修理代金の一部を支払った場合においても，Bは全額の弁済を受けるまで，動産全部についてその権利を行使することができる。

イ：Bは，当該動産につき，**自己の財産に対するのと同一の注意義務**をもって保管すれば足りる。

ウ：Bが留置権を行使している間に**必要費**を支出したときは，Aに対してその償還を請求することができる。

エ：BはAに無断で当該動産をCに賃貸をしてもかまわない。

オ：AがDに対して当該動産を売買で譲ったときは，BはDに対して，留置権を主張できなくなる。

1 ア，イ　**2** ア，ウ　**3** イ，ウ　**4** ウ，エ　**5** ウ，オ

難易度 ＊

必修問題の解説

債権の担保手段（弁済をより確実にする手段）には，保証や連帯保証のような「人の支払能力をあてにする」人的担保と，目的物を強制換価（競売）して，その競売代金の中から優先的に弁済を受ける物的担保（担保物権）の2種がある。

確実に弁済を受けられるという点では後者のほうが優れているが，競売に手間と費用がかかるなどの理由から，人的担保も広く利用されている。

本章以降では物的担保（担保物権）の問題を解いていくことになるが（人的担保は民法Ⅱで扱う），これはさらに，一定の要件が備わった場合に法律が当然に（つまり設定契約などの何の行為もなしに）成立を認める法定担保物権と，設定契約（質権設定契約・抵当権設定契約など）によって成立する約定担保物権に分かれる。

前者で，法律が当然に担保権の設定を認めるのは，当事者の公平性を確保する必要が強い（留置権），あるいは生存保障の要請（雇用関係の先取特権）といった特別の事情があるため，その「履行を強力に支援すべき特段の必要」があるからである。

ア○ 留置権者は債権全額の弁済があるまでは，留置物を引き渡さなくてよい。

妥当である（296条）。たとえば「修理代金の10万円のうち９万円まで払ったんだから返してくれてもいいだろう」と言われても，残りの１万円の弁済があるまでは目的物を引き渡さなくてよい。

債権の担保とは，**中途半端な額を返してもらえばよいというものではなく，約束どおりの額の全額の支払いをきちんと確保しようとするもの**である。したがって，完済があるまでは目的物を引き渡す必要はない。これを**不可分性**といい，担保物権に共通の性質（通有性という）である。

イ× **他人の物を預かっているので，留置権者には善管注意義務が課せられる。**

他人の物の扱いは，自己の物と同等ではない。およそ**他人の物**である以上，**保管する側の責任として十分な注意を払って物を管理しなければならない**。すなわち，Ｂには**善良なる管理者の注意義務**（**善管義務**ないし**善管注意義務**）が課されている（298条１項）。

ウ○ **留置権者が必要費を支出したときは，債務者に償還請求ができる。**

妥当である。**必要費**とは，たとえば博物館から貴重な文化財の修理を依頼された工房が，修理完了後に温度・湿度の管理ができる業者のもとに預けていた場合の保管費用などがその例である。**本来は，修理の依頼者が負担すべき費用**なので，留置権者は償還請求ができる（299条１項）。

エ× **留置権者は，債務者の承諾を得なければ留置物の使用や賃貸ができない。**

留置権者の善管注意義務から考えるとわかりやすい。留置物は，あくまでも他人の物であるから，弁済があるまでは必要な注意を払って誠実に保管すべきもので，勝手に使用したり賃貸したりできないのは当然のことである。すなわち，**使用や賃貸を行うには債務者の承諾が必要**である（298条２項本文）。

オ× **留置権は物権であるから，誰に対してもこれを主張できる。**

留置権は，直接支配性を有する権利，すなわち物権である。留置権の場合，直接支配しているのは担保権，つまり「弁済があるまではその物を留置できる権利」であり，**直接支配という性質上，誰に対してもこれを主張できる**。したがって，動産を購入した第三者に対しても，「修理代金の支払いがあるまでは渡せない」と主張することができる。

以上から，妥当なものは**ア**と**ウ**であり，正答は**2**である。

正答 2

FOCUS

この分野の出題の多くは留置権からである。留置権は公平の観点から認められた権利であり，一見わかりやすいような印象があるが，実際はさまざまな要素を考慮するために成否判断の難しい権利となっている。留置権は，出題数もそれほど多くないので，知識の範囲を広げるよりも，本項で登場した問題の範囲に知識を絞ったほうがよい。それで足りない場合には，本項の知識をベースに類推などで勝負するほうが受験対策としては効率的である。

▸▸▸ POINT

重要ポイント1 法定担保物権

①法律の定める要件を満たした場合に当然に発生する担保物権である。これには留置権と先取特権の２種がある。
②法定担保物権を契約によって成立させることはできない。

重要ポイント2 留置権

(1) 留置権の成立

①留置権は，同時履行の抗弁権と同様に当事者の公平を図るための権利であるが，同時履行の抗弁権とは異なり，その成立原因は契約に限られない。したがって，被担保債権も契約によって生じたものに限定されない。
②留置権は，債務者の所有物についてのみ成立するとは限らない。第三者の所有物についても留置権は成立する（例：友人の傘を借りて美容院に行ったが，その美容院で別の客に傘を取り違えられた。この場合，友人の傘を返してもらうまでは，その「別の客」の傘を留置できる)。
③弁済期が到来していない債権を被担保債権として留置権を主張することはできない。
④物の占有が不法行為によって始まった場合には，留置権は成立しない。
⑤占有権原を失うことが確実な状況になった場合には，それ以降に費用を支出しても，留置権の成立は認められない。
⑥土地の賃貸借契約が終了した場合，建物買取請求権を被担保債権として土地について留置権の成立が認められる。
⑦建物の賃借人は，有益費や必要費などの費用を支出した場合には，費用償還請求権を被担保債権として建物について留置権を主張できる。しかし，賃貸借契約が解除された後にこれらを支出した場合には，留置権の成立は認められない。
⑧建物の賃貸借契約が終了した場合，賃借人は造作買取請求権を被担保債権として建物について留置権を主張することはできない。
⑨建物の賃貸借契約が終了した場合，賃借人は敷金返還請求権を被担保債権として建物について留置権を主張することはできない。
⑩不動産の二重売買において，売主から不動産の引渡しを受けたＡは，先に登記を備えたＢに対して，売主に対する損害賠償請求権を被担保債権として，不動産について留置権を主張することはできない。
⑪債務者は，債権額に対し相当の担保を供して，留置権の消滅を請求できる。

(2) 効力

①留置権は物権であるから，第三者に対してもこれを主張できる。
②留置権は，「債権が弁済されるまでは留置物を返さない」という占有の圧力で弁済を確実なものにしようとする権利である。他の担保物権とは異なり，目的物の交換価値を把握するという性質は有していない。
③留置権は価値把握権ではないので，弁済がない場合に目的物を競売にかけて，その中から優先弁済を受けるという効力（優先弁済的効力）を有しない。

④留置権は価値把握権ではないので，担保物権の通有性（通常有すべき性質）の一つである物上代位性は有しない。
　なお，それ以外の通有性（付従性，随伴性，不可分性）はすべて有している。
⑤留置権者に管理義務違反行為があった場合には，債務者は留置権の消滅請求ができるようになる。
⑥留置権の行使は代金債権の請求ではないので，それだけでは債権の消滅時効の完成猶予や更新はない。完成猶予や更新のためには，裁判上の請求等の手段が別途必要になる。
⑦留置物返還訴訟で，債権者が留置権を主張して返還を拒むに当たり，その基礎たる被担保債権の存在を主張してそれが裁判所の判断の対象となった場合には，債権の消滅時効が更新される。

重要ポイント3 先取特権

(1) 種類

①先取特権には，債務者の総財産（一般財産）上に効力を及ぼす一般の先取特権，特定動産上に効力を及ぼす動産の先取特権，特定不動産上に効力を及ぼす不動産の先取特権の３種がある。
②一般の先取特権の成立原因には，共益の費用，雇用関係（賃金や社内預金の返還など），葬式の費用，日用品の供給の４つがある。「**今日こそ日曜**」と覚える。
③動産の先取特権の成立原因には，不動産の賃貸借（家賃等の確実な回収のために賃借人所有の動産上に認められる先取特権），旅館の宿泊（宿泊費等の確実な回収のために客が所有する手荷物等の動産上に認められる先取特権），動産の保存や売買など，８つがある。
④不動産の先取特権の成立原因には，保存，工事，売買の３つがある。

(2) 効力

①先取特権は価値把握権であるから，物上代位性を有する。
②先取特権は，債務者がその目的である動産を第三取得者に引き渡した後は，その動産について行使することができない。
③動産売買の先取特権の効力としての物上代位権の目的には，請負代金債権が含まれる。
④不動産上に成立する先取特権（一般および不動産の先取特権）を有する者と第三者や特別担保（不動産質権，抵当権）を有する者との優劣は登記の先後による。
　ただし，不動産の保存と工事の先取特権は，登記すれば，先に登記をした抵当権・不動産質権に優先する。保存や工事によって不動産の価値が増すので，優先権を認めても抵当権者等に不利にはならないからである。
　なお，工事（新築・増改築）について先取特権（優先弁済権）が認められるのは，現存する価値の増加部分に限られ，工事代金の全額ではない。

実戦問題

No.1 ＊＊ **留置権に関する次の記述のうち，妥当なのはどれか。**

【国税専門官／財務専門官／労働基準監督官・平成27年度】

1 他人の物の占有者は，その物に関して生じた債権を有するときは，その債権の弁済を受けるまで，留置権の成立を根拠として，その物を留置することが認められるから，当該占有が不法行為によって始まった場合であっても，留置権を主張することができる。

2 留置権者は，債権の弁済を受けるまでの担保として，物の占有を継続することが認められるにすぎないから，留置物から果実が生じた場合にこれを収取することは許されない。

3 留置権者は，留置権が成立する間，物の占有を継続することが認められる以上，当該物に関する必要費は自己の負担で支出する必要があり，所有者に当該必要費の償還を請求することはできない。

4 債務者の承諾を得た場合であっても，留置権者が第三者に留置物を賃貸したときは，留置権は消滅する。

5 債権者において留置権が成立している場合であっても，債務者は，相当の担保を提供して，留置権の消滅を請求することができる。

No.2 ＊＊ **民法に規定する留置権に関する記述として，妥当なのはどれか。**

【地方上級（特別区）・平成26年度改題】

1 留置権は債権がなければ存在せず，債権が消滅すれば留置権も消滅するので，留置権者が留置権を行使して留置物の引渡しを拒絶している間は，その留置権が担保している債権の消滅時効は進行しない。

2 留置権者は，債務者の承諾を得ないで留置物を使用し，賃貸し，または担保に供したときは，債務者からの留置権消滅請求の有無にかかわらず，留置権は直ちに消滅する。

3 留置権には他の債権者に優先して弁済を受ける権利はないので，留置権者は，留置物から生ずる果実を収取し，他の債権者に先立って，これを自己の債権の弁済に充当することはできない。

4 建物の売却で移転登記を済ませたにもかかわらず代金の支払いがない場合には，売主は代金の支払いがあるまでは建物について留置権を行使できるが，建物が火災により焼失したときには，売主は買主が取得する当該建物についての火災保険金請求権に対して物上代位権を行使して，優先弁済を受けることができる。

5 借地権の期間満了に伴い，借地権者は，借地権設定者に対して有する建物買取請求権を被担保債権として，建物買取請求権の目的である建物のみならず，その敷地についても留置権を主張できる。

＊＊＊
No.3 民法に規定する留置権に関する記述として，最高裁判所の判例に照らして，妥当なのはどれか。 【地方上級（特別区）・令和元年度改題】

1 留置権者所有の物を買受けた債務者が，売買代金を支払わないままこれを譲渡した場合には，留置権者は，この譲受人からの物の引渡請求に対して，未払代金債権を被担保債権とする留置権の抗弁権を主張することができないとした。

2 不動産の二重売買において，第二の買主のため所有権移転登記がされた場合，第一の買主は，第二の買主の不動産の所有権に基づく明渡請求に対し，売買契約不履行に基づく損害賠償債権をもって，留置権を主張できるとした。

3 留置物の所有権が譲渡により第三者に移転した場合において，その第三者が対抗要件を具備するよりも前に，留置権者が留置物の使用または賃貸についての承諾を受けていたときは，新所有者は，留置権者に対し，その使用等を理由に留置権の消滅請求をすることができないとした。

4 留置権者が留置物について必要費，有益費を支出しその償還請求権を有するとき，物の保存に必要な範囲を超えた使用に基づく場合においては，その償還請求権につき留置権は発生しないとした。

5 目的物の引渡しを求める訴訟において，留置権の抗弁を提出し，その理由として被担保債権の存在を主張した場合には，積極的に被担保債権について訴えの提起に準ずる効力があったといえるとした。

＊＊
No.4 **留置権に関するア～オの記述のうち，判例に照らし，妥当なもののみをすべて挙げているのはどれか。** 【国家一般職・平成30年度】

ア：AがBに土地を売却して引き渡したが，その登記がされないうちに，AがCに当該土地を二重に売却し，Cが登記をした場合において，Cが当該土地を占有するBに対して土地明渡請求をしたときは，Bは，Aに対して有する当該土地の売買契約の不履行に基づく損害賠償請求権を被担保債権として，Cに対し，留置権を行使することができる。

イ：AがBに土地を売却し，Bが，Aに代金を支払わないうちに，Cに当該土地を転売した場合において，Cが当該土地を占有するAに対して土地明渡請求をしたときは，Aは，Bに対する代金債権を被担保債権として，Cに対し，留置権を行使することができる。

ウ：建物の賃借人が，賃貸借契約の終了時に，賃借中に支出した必要費もしくは有益費の償還請求権を被担保債権として，建物について留置権を行使したときは，特段の事情のない限り，その償還を受けるまで従前のとおり建物に居住することができる。

エ：AがBから宅地造成工事を請け負い，工事が完了した土地を順次Bに引き渡した場合において，Aが，Bの工事代金の未払を理由に残りの土地について留置権を行使するときは，特段の事情のない限り，被担保債権の範囲は，工事代金のうち，工事を請け負った土地全体に占める未だ引き渡していない土地の面積の割合に相当する部分に限られる。

オ：建物の賃借人Aが，債務不履行により賃貸人Bから賃貸借契約を解除された後，権原のないことを知りながら不法に建物を占有していた場合であっても，建物を不法に占有する間に有益費を支出していたときは，Aは，有益費の償還請求権を被担保債権として，Bに対し，留置権を行使することができる。

1 ア，イ
2 ア，ウ
3 イ，ウ
4 イ，オ
5 エ，オ

*
No.5 民法に規定する先取特権に関する記述として，妥当なのはどれか。

【地方上級（特別区）・平成25年度】

1 日用品の供給の先取特権は，債務者の生活に必要な飲食料品，燃料および電気の供給について存在し，この債務者には自然人のみならず法人も含まれる。

2 貸借権の譲渡または転貸の場合には，賃貸人の先取特権は，譲受人または転借人の動産に及ぶが，譲渡人または転貸人が受けるべき金銭には及ばない。

3 不動産の売買の先取特権は，その効力を保存するための登記をした場合は，登記の先後にかかわらず，常に抵当権に優先する。

4 特別の先取特権は一般の先取特権に常に優先するので，不動産の賃貸の先取特権は，共益の費用の先取特権に優先する。

5 先取特権は，債務者がその目的である動産をその第三取得者に引き渡した後は，その動産について行使することができない。

**
No.6 民法に規定する先取特権に関する記述として，通説に照らして，妥当なのはどれか。

【地方上級（特別区）・平成29年度】

1 先取特権は，債務者の財産について，他の債権者に先立って自己の債権の弁済を受ける権利であり，質権や抵当権と同様に約定担保物権であるため，当事者の契約で先取特権を発生させることができる。

2 共益の費用，雇用関係，葬式の費用または日用品の供給によって生じた債権を有する者は，債務者の総財産について先取特権を有し，この総財産には，債務者が所有する動産，不動産は含まれるが，債権は含まれない。

3 賃貸人の先取特権は，賃借権の譲渡の場合には，譲受人の動産に及び，譲渡人が受けるべき金銭についても同様に及ぶため，賃貸人が先取特権を行使するには，この金額をその払渡し前に差押えることを必要としない。

4 一般の先取特権と特別の先取特権とが競合する場合には，特別の先取特権が一般の先取特権に優先するが，共益の費用の先取特権は，その利益を受けたすべての債権者に対して優先する効力を有する。

5 不動産の工事の先取特権の効力を保存するためには，工事着手後にその費用の予算額を登記しなければならないが，この場合，工事の費用が予算額を超えるときは，先取特権は，その超過額についても存在する。

実戦問題の解説

No.1 の解説　留置権

→問題はP.346

1 ×　占有が不法行為によって始まった場合には，留置権は認められない。

仮にこのような場合に留置権を認めると，目的物を手元に置きたいために有益費用を支出するなどという悪質な不法行為者を保護することになりかねないからである（295条２項）。

2 ×　留置権者は，留置物から生じた果実を収取して弁済に充てることができる。

留置権者は，留置物から生ずる果実を収取し，他の債権者に先立って，これを自己の債権の弁済に充当することができる（297条１項）。

留置権者には優先弁済権はないが，果実が一般に少額のものであることから，これを収取して弁済に充てることで，**簡易な弁済方法**を認めたものである。

3 ×　留置物に関して支出した費用については償還請求ができる。

本来それは債務者が負担すべき費用だからである（299条１項）。

→必修問題ウ

4 ×　債務者の承諾を得て賃貸した場合，留置権は消滅しない。

「債務者の承諾を得て賃貸する」とは，たとえばすぐには弁済できないので，賃貸してその賃料を債務に充当してほしいなどという場合である。留置権者は，**賃料を債務に充当してもなお債務額全額に達しなければ**，残金の支払いがあるまでは，**目的物を引き渡さないという主張（留置権の行使）ができる**。

5 ◎　債務者は，相当の担保を提供して，留置権の消滅を請求できる。

妥当である（301条）。たとえば，機械の修理を依頼した工場経営者Aが，すぐにでもその機械を使って生産を始めないと顧客の指定した納期に間に合わないなどという場合に，修理代金に見合うだけの価値を有する有名画家の絵画など，**代わりの担保を提供すれば留置権の消滅を請求できる**。

なお，代わりの担保は何でもよいわけではなく，**被担保債権額に見合うだけの「相当の担保」でなければならない**。

No.2 の解説　留置権

→問題はP.346

1 ×　留置権の行使では，債権の消滅時効の更新は生じない。

「債権行使を怠っている者は保護されない」というのが債権の消滅時効の制度である。そして，**留置権の行使**は「目的物の引渡しを拒絶する」というだけであって，**売買代金を請求（債権の行使）しているわけではない**。そのため，留置権を行使しているというだけでは時効は進行を続けることになる（300条）。

2 ×　留置権者が承諾なしに賃貸等をした場合，債務者は留置権消滅を請求できる。

たとえば賃貸の場合，賃料を弁済に充当することで債務額を減らせるというメリットがある。したがって，そのまま賃貸を認めるか，それとも無断賃貸を理由に留置権を消滅させるか，その**判断の機会を与える**ために，法は**当然消滅ではなく「消滅請求できる」としている**（298条３項）。

3 ×　留置権者は，留置物から生じた果実を収取して弁済に充てることができる。

果実収取による簡易な弁済方法を認めたものである。→No. 1 選択肢２

4 ×　留置権は目的物の交換価値を把握していないので，物上代位は認められない。

留置権は，「弁済があるまで担保物を渡さない」として，**占有の圧力によって弁済を促すもの**であり，効力としてはそれにとどまる（295条１項本文）。すなわち，留置権は，他の担保物権とは異なり，**目的物の価値が形を変えて現実化した場合に，それらに対して担保物権の効力を及ぼすこと（物上代位）はできない**。

●物上代位

担保物権は，履行期にその担保する債権（被担保債権という）の弁済がない場合には，目的物を強制換価（競売）して，その競売代金の中から優先弁済を受けられる権利である。すなわち，担保物権は目的物の交換価値を把握しているとされ，この点から価値支配権と呼ばれる。そのため，目的物の価値がなんらかの原因で別の形に変わった場合には，その価値変形物にも担保物権の効力を及ぼすことができる。その典型が，本肢のような火災保険金請求権であり，担保権者は，火災保険金から他の債権者に優先して弁済を受けることができる。これが物上代位である。

ただ，この物上代位権は，担保物権の中で唯一，留置権には認められていない。留置権は，「弁済を受けるまでは目的物を引き渡さない」として履行を担保（弁済を強制）する権利であり，他の担保物権のように目的物の交換価値を支配する権利ではないからである（その意味で，留置権は他の担保物権とはかなり性格を異にしている）。

担保物権は，弁済期において債権の確実な履行を担保しようとするものであるが，その履行の担保の仕方にはおおよそ２通りの方法がある。１つは，担保に取った物を弁済があるまで返さないという方法であり，もう１つは担保に取った物を売却して，その代金の中から優先的に弁済に充てるという方法である（いわゆる優先弁済的効力，これを「目的物の交換価値を把握している」と表現する）。

留置権は，前者すなわち**占有の圧力によって弁済を促す担保手段**であり，後者のように交換価値を把握して優先弁済を得られるという権利ではない。

なお，担保物権は，「債権の履行をどのように確保するか」という点で，大きく２つに分かれる。

①	弁済がなければ競売などで換価して，その代価から優先弁済を受ける（優先弁済的効力）	留置権以外のすべての担保物権
②	「弁済があるまで担保物を渡さない」として，占有の圧力によって弁済を促す（留置的効力）	留置権と質権（質権は①・②の両方の効力を持つ）

先取特権には①の効力があるので，競売換価して，その代価から優先弁済を受けることができるが，留置権にはこの効力がない。そのため，留置権では優先弁済を受けるために，目的物を競売手続にかけることはできない。

5◎ 建物買取請求権では，建物のみならず敷地についても留置権を主張できる。

妥当である。敷地について留置権を認めないと，借地権者は，土地所有者から建物の撤去を求められた場合にこれを拒めないことになる。しかし，建物を別の場所に移築することは困難なので，借地権者は建物買取請求権の行使を断念せざるをえない。そうなると，**建物に留置権を認めた意味がなくなってしまう**。そこで，**判例は敷地についても留置権の主張を認めている**（大判昭14・8・24）。

> **●建物買取請求権（借地借家法13条）**
> 土地の賃貸借においては，賃借人は期間満了時に土地を借りたときの状態（原状＝更地）に戻して返還しなければならないが，建物のような高価なものを収去する（≒壊す）のはもったいないとの考慮から，この権利が認められている。「何かに利用できるはずだから，買い取らせても損にはならない」というわけである。

なお，建物買取請求権と異なり，**造作買取請求権**については，判例は留置権を認めない（最判昭29・1・14）。造作とは「建物に付加された物権で賃借人の所有に属し，かつ建物の使用に客観的便益を与えるものをいう」（最判昭29・3・11）。エアコンはその典型例である。造作は，取り外しが比較的容易であるが，せっかく取り付けたものなので，できれば賃貸人が買い取ってくれたほうがありがたい。そこで法は，賃借人に造作の買取請求権を認めている（借地借家法33条）。ただ，造作は，本来賃貸借が終了した時点で賃借人が撤去すべきものを，便宜的に法が買取請求を許容したものである。したがって，**そのような権利で建物全体の留置を認めることは，賃貸人にとってあまりに負担が大きい**（公平という点でバランスを失している）。そのため，建物を留置することは認められていない（最判昭29・1・14）。

No.3 の解説　留置権

→問題はP.347

1× 代金未払いの買主が転売した場合，売主は購入者に留置権を主張できる。

本肢は，「AがBに物を売ったが，Bが代金を支払わないままCに転売した。その場合，AはCからの引渡請求に対して，代金の支払いがあるまでは物を引き渡さないと主張できるか」（**留置権の抗弁**—抗弁とは相手方の請求を拒否できる事由）という問題である。

代金を受領していないのに，「転売されれば引渡しを拒めない」というのは，あまりに不合理である。そこで，判例は，**留置権の成立を認めて代金の支払いがあるまで目的物の引き渡しを拒絶できる**とした（最判昭47・11・

16)。**留置権は物権であるから，契約の相手方である買主以外の者に対しても主張できる**点に強みがある。そして，これが認められれば，買主は代金の確保をより確実なものにすることができる。物権である留置権を認めるのは，その点に狙いがある。

2 × 二重譲渡で劣後する譲受人は，損害賠償債権による留置権を主張できない。

不動産の二重売買において，どちらの買主が優先するかは登記の先後によって決まる（177条）。そして，本肢の場合，第二の買主Cが先に登記を備えているので，Cが確定的に所有権を取得する。そうなると，第一の買主Bには，売主Aに対して債務不履行（履行不能）に基づく損害賠償請求権が発生することになるが，では，この債権の履行を確保するために，Cからの明渡請求に対して，Bは留置権を主張して明渡しを拒絶できるか。

これはムリである。

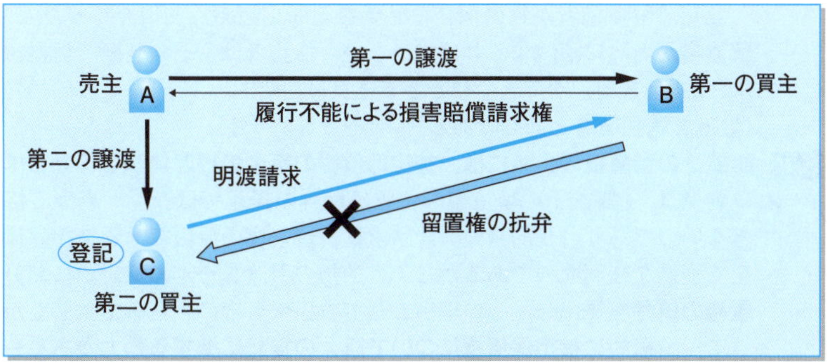

AC間の売買は**二重譲渡**に当たるが，その優劣は，法によって登記の先後で決するとされている。つまり，**第二の買主Cは，競争に関する法のルールに則って勝者とされているのであるから，完全な所有権の取得が認められるべき**で，それについて何らかの負担が生じるのは不合理である。B→Aの損害賠償請求の問題は，AB間のプロパーの問題であって，その両者間で解決されるべきである。

そうであれば，Cの明渡請求に対し，Bは，Aに対する損害賠償債権を被担保債権として，Cに対して留置権を主張することは認められないことになる（最判昭43・11・21）。

3 ◎ 使用等が承諾された留置物が譲渡された場合，譲受人は消滅請求できない。

妥当である。留置物の無断使用・賃貸が行われた場合には，債務者は留置権の消滅を請求できる（298条3項，**留置権消滅請求**）。

では，たとえば，カーシェアリングに使用されていた車が故障して，業者に修理してもらったとする。ただ，修理代金の工面ができなかったので，「カーシェアに使っていたのなら，いっそしばらく誰かにレンタル（賃貸）して，その賃料を修理代金に充てたらどうですか」と提案され，これを承諾した。その後，この車が第三者に譲渡され，その第三者が「修理業者が勝手に賃貸しているので留置権消滅請求するから直ちに車を引き渡してほしい」と主張してきた場合，これは認められるか。

判例は，譲渡前に「留置物の使用又は賃貸についての承諾を受けていたときには，留置権者は承諾の効果を新所有者に対し対抗することができ」，留置権の消滅請求はできないとした（最判平９・７・３）。**留置権者の関与できないところで譲渡がなされ，それによって承諾の効果が無効になるというのでは，留置権者にとって著しく不公平**となる。判例の結論は妥当である。

4 ×　保存に必要な範囲を超えた使用の場合も，償還請求について留置権は成立可

必要費（例：屋根の雨漏りの修理費など）や有益費（そのうちの価格の増加が現存する部分）について，債務者はそれらの費用（必要費・有益費）によって実際に利益を得ているのであるから，**当事者の公平を図る**見地から，これらの費用の償還について留置権が認められる。

ただ，留置権者が物の保存に必要な範囲を超えた使用を行ったとしても，留置権が当然に消滅するわけではない。債務者は，その判断で留置権消滅請求（298条３項）ができるにとどまる（最判昭33・１・17）。この場合の理屈はNo.２選択肢２と同じである。

5 ×　訴訟上の留置権の主張には，被担保債権の訴えの提起に準ずる効力はない。

判例は，「訴訟上の留置権の主張は反訴の提起ではなく，単なる抗弁に過ぎないのであり，目的物の引渡請求権と留置権の原因である被担保債権とは全く別個な権利なのであるから，目的物の引渡しを求める訴訟において，**留置権の抗弁**を提出し，その理由として被担保債権の存在を主張したからといって，積極的に**被担保債権について訴えの提起に準ずる効力があるものということはできない**」とする（最大判昭38・10・30）。

No.4 の解説　留置権

→問題はP.348

ア ×　二重譲渡で劣後する譲受人は，損害賠償債権による留置権を主張できない。

Ｂの留置権主張は認められない（最判昭43・11・21）。→No.３選択肢２

イ ○　代金未払いの買主が転売した場合，売主は購入者に留置権を主張できる。

妥当である（最判昭47・11・16）。→No.３選択肢１

ウ ○　建物の賃借人には，費用償還請求権を被担保債権として留置権が成立する。

妥当である。必要費は本来債務者が支出すべきものであること，また，有益費は，それによる価値の増加分について債務者が利益を得ていることから，いずれもその物（建物）について生じた債権として，債務者に負担させるのが公平に資する。したがって，賃借建物について留置権の成立が認められる（必要費について大判昭14・４・28，有益費について大判昭10・５・13）。

エ ×　留置権者は留置物の一部の占有を喪失しても残部について留置権を行使可

留置権の不可分性（最後の１円が支払われるまで「担保物全部」を留置できるという担保物権の性質）の問題である。

判例は，不可分性を定めた296条は「留置権者が留置物の一部の占有を喪失した場合にも適用があるのであって，この場合，留置権者は，占有喪失部分につき留置権を失うのは格別として，その**債権の全部の弁済を受けるまで留置物の残部につき留置権を行使し得る**」としている（最判平３・７・16）。

オ× **建物の不法占有中に有益費を支出しても，留置権は認められない。**

仮にこのような場合に留置権を認めると，目的物を手元に置きたいために有益費用を支出するなどという悪質な不法占有者を保護することになりかねないからである（最判昭46・７・16，295条２項）。→No. 1 選択肢 1

以上から，妥当なものは**イ**と**ウ**であり，正答は**3**である。

No.5 の解説　先取特権

→問題はP.349

先取特権とは，**特に保護の必要性が高いと思われる債権について，法律上当然に担保権（優先弁済権）の設定を認めようというもの**である。

なぜそのように強い保護を与えるかというと，生存確保の要請があるなど**債権の性質に照らして保護の必要性が高い**ことや，**債権が一般に少額**で優先権を認めても取引の安全を脅かすおそれが少ないことなどがその理由である。

そして，このような性質は，**債務者の総財産を担保**（つまり，いざとなったら車などの動産，家屋などの不動産，預貯金のどれであっても強制執行の対象とできる）**とする一般の先取特権**の場合に典型的に表れる。この先取特権は，全員の利益になる費用（共益費），資力の乏しい者の生存確保の費用（雇用関係，日用品の供給）や葬儀費用など，社会生活上，実際に支払いを確実にする必要性が特に高いものである（306条，「今日こそ日曜」と覚える）。

このほか，先取特権には**動産の先取特権**や**不動産の先取特権**もあるが，これらは目的の動産や不動産と特別の関係にあり，**それらから優先的に弁済を受けさせる特別の理由があるもの**である。

1× **日用品の供給の先取特権の債務者には，法人は含まれない。**

判例は，310条の先取特権が認められた趣旨が「多くの債務を負っている者あるいは資力の乏しい者に**日常生活上必要不可欠な飲食品および薪炭油（燃料および電気）の入手を可能ならしめ，もってその生活を保護しようとする**ことにある」ことから，同条の債務者に法人は含まれないとする（最判昭46・10・21）。

2× **賃貸人の先取特権は，譲渡人または転貸人が受けるべき金銭にも及ぶ。**

賃貸人の先取特権とは，賃料や，賃借人が賃借物を棄損した場合の損害賠償代金など，**賃貸借関係から生じた債権を担保するため**に，賃借人の動産に認められる先取特権である（312条）。

賃貸人の保護を手厚くすることで，賃貸人が賃借権の譲渡・転貸に承諾を与えやすくする効果が期待でき，このことは賃借人にも有利に働く。そのため，賃借権の譲渡・転貸の場合に，譲渡人または転貸人が受けるべき金銭にも先取特権が及ぶとされている（314条）。

3 × **抵当権との優先関係は，いずれが先になされたかによって決まる。**

不動産売買の先取特権は，売買代金とその利息につき優先権を認めるものである（328条）。そして，不動産の先取特権には，保存，工事，売買という３種類があるが（325条），売買は保存や工事と異なり物権変動に当たるもので，その金額も大きいことから，前二者と異なり，抵当権との優劣は登記の先後によって決せられる（339条，177条）。

なお，不動産売買の先取特権は，売買契約と同時に不動産の代価またはその利息の弁済がされていない旨を登記しておくことが効力要件とされている（340条）。

4 × **共益の費用の先取特権は，不動産の賃貸の先取特権に優先する。**

一般の先取特権と特別の先取特権では，後者が前者に優先するのが原則であるが（329条２項，一般と特別では特別のほうが優先する），一般の先取特権である共益の費用の先取特権は，その利益を受けたすべての債権者に対して優先する（同項但書）。

共益の費用は他の債権者の利益となる費用であるから，それを支出した者に**費用回収の優先権を認めようという趣旨**である。

5 ◎ **目的動産を第三取得者に引き渡した後には，先取特権は行使できない。**

妥当である。先取特権の目的物となっている動産が第三取得者に引き渡されてしまった場合には，その動産に先取特権を行使することはできない。

動産の場合，先取特権という優先権を主張できる者がいることを明確に公示しておく手段がないため，第三者に引き渡された後は，先取特権の主張は認められていない（333条，**取引の安全との調整**）。

4の知識は頻出ではないが，**5**は頻出事項なので覚えておこう。本問も，その知識で解けるようになっている。

No.6 の解説　先取特権

→問題はP.349

1 ×　先取特権を当事者間の契約で発生させることはできない。

先取特権は，未払賃金や葬式の費用などのように（308条，309条），**他の債権に優先して確保させる社会的な要請が強い債権**について，法律上当然に担保権（優先弁済権）の成立を認めて，その弁済を確実にしようとするものである。したがって，それは**法律の要件を満たした場合にのみ認められる**ものであり，当事者間の契約によって成立させることはできない。

2 ×　一般の先取特権が担保する総財産とは動産・不動産・債権のすべてである。

一般の先取特権は債務者の総財産について成立するが（303条），ここで総財産とは全財産のことであり，動産や不動産だけでなく債権も含まれる。

→No.５前提解説部分

3 ×　賃貸人が先取特権を行使するには，払渡し前の差押えが必要である。

まず，賃貸人の先取特権は，賃借権の譲渡の場合には，譲受人の動産に及ぶ（314条）。これは，賃借権を譲渡する場合には備品などの動産もまとめて譲渡することが多いので，**先取特権を認めて賃貸人の賃料等を保護しようとする趣旨**である。したがって，前半は正しい。

一方，賃貸人が先取特権を行使するには，譲渡人が受けるべき金銭を**払渡し前に差し押さえることを要する**（304条１項但書）。先取特権の優先権は，あくまで「譲渡人が受けるべき金銭」を対象とするものであるから，それが譲受人の一般財産に混入してしまう前に，「譲渡人が受けるべき金銭」とわかる段階で先取特権を行使することが必要だからである。したがって，本肢は後半が誤り。

4 ◎　共益の費用の先取特権は，その利益を受けたすべての債権者に優先する。

妥当である。すべての債権者に利益になる費用（共益費用）を負担した者には，すべての債権に先立つ優先権が認められるべきだからである（329条２項）。

5 ×　登記された工事費用額の超過分には不動産工事の先取特権は認められない。

不動産の工事額は，それが**多額になることもあるので，取引の安全との調整を図るために，予算額を登記することが先取特権の効力要件**（登記しなければ効力が認められない）とされている（338条１項前段）。

そして，いったん登記した以上，たとえ**超過費用が出た場合でもその超過分について先取特権**（優先弁済権）**は認められない**。不動産の購入者などが，超過額の弁済を強いられるなど，**取引の安全を脅かす**おそれがあるからである（同項後段）。

正答　No.1=**5**　No.2=**5**　No.3=**3**　No.4=**3**　No.5=**5**　No.6=**4**

質 権

必修問題

BはAに対する債権を担保するために，Aが所有する宝飾品につき質権を設定した。A，B間の質権設定契約に関する次の記述のうち，妥当なものはどれか。

【地方上級（全国型）・平成29年度】

1 A，B間の質権設定契約は，Aが宝飾品を引き渡すことによって効力を生じるが，この引渡しは**占有改定**によることもできる。

2 BがAの承諾を得て質物である宝飾品を賃貸したときは，その収益によって得た金銭を自己の債権の弁済に充当することができる。

3 BがAに対して質物である宝飾品を任意に返還した場合，質権は消滅しないが，**対抗力**が失われるとすることに異論はない。

4 Bが質物である宝飾品を第三者であるCに奪われたときは，Bは質権に基づいて回復を請求することができる。

5 BがAの承諾を得ずに，質物である宝飾品をさらに質入れして**転質**の目的とした場合，当該宝飾品が**不可抗力**により滅失したときは，Bは責任を免れる。

難易度 ＊

必修問題の解説

質権は，譲渡可能なものに設定できる約定担保物権である。

たとえば，AがBからお金を借りたいが，Bは，Aが弁済できないときに備えて相応の担保を提供してほしいという。そのときに，貴金属のような動産，または不動産あるいは国債のような債券など，その種類が何であれ，とにかく「譲渡可能」なものであれば，これを担保として提供することができる。このように，質権は目的となる対象の範囲が広いという点で利便性の高い担保物権である。

ただ，その一方で，質権は担保として提供している間はそのものの利用ができないという点がデメリットになっている。同じく契約によって成立する約定担保物権である抵当権は，たとえば住宅ローンを組んで抵当権が設定された場合のように，その物を利用しながら（住み続けながら）これを担保に供することができる。この利便性の差から，質権は主に動産と債権などの権利について利用され，不動産についてはほとんど利用されていない（抵当権は登記が可能なものにしか設定できないので，動産や債権などには設定できない）。

1 ×　占有改定の方法で質権を設定することは認められない。

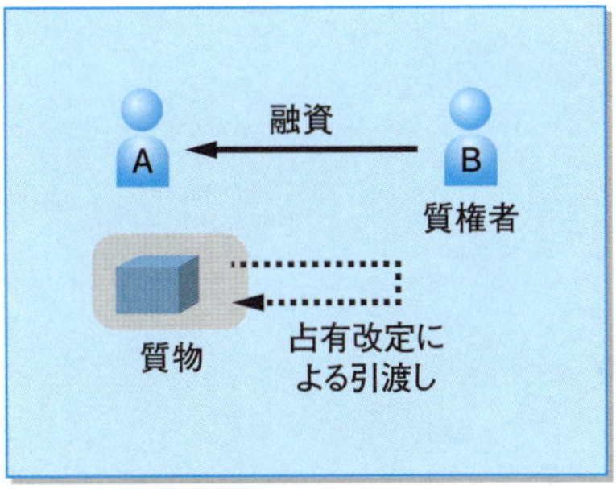

占有改定による引渡し（183条）とは，借主AがBに質入れする際，「そのまま私が使っていていいですか」「はい，いいですよ」として，質物は実際に引き渡さず，「いったんBに渡すのを省略して，意思表示でBから渡してもらったことにする」という占有移転の方法である。ただ，この方法によると，Aが期限に弁済しない場合，質権者Bは，「弁済がない限り質物は返さない」という**質権の中核的な効力（占有の圧力**という）**を発揮できない**。そのため，**占有改定の方法では，質権の設定はできない**（345条）。

2 ◎　承諾を得て質物を賃貸したときは，賃料を自己の債権の弁済に充当できる。

妥当である（350条による297条1項の準用）。債務者としても，**質権者が賃貸賃料を債務に充当**（その分は支払いが済んだことになる）してくれれば，**それだけ債務が減る**ことになる。Aが質物の賃貸を承諾するのは，その点のメリットがあるからである。

3 ×　質物の任意返還の場合，質権が消滅するかについては見解の対立がある。

対抗力喪失説は，**質物返還によって占有を失っても対抗力がなくなるだけで**（352条）**質権自体が消滅するわけではない**とする（大判大5・12・25）。

一方，学説の多数は，質権は占有の圧力によって間接的に弁済を強制する点に特質があり，**質物の留置は質権の本質的な効力**をなすものであるから，

任意返還がなされれば質権は消滅するとする（**質権消滅説**）。

占有の圧力によって弁済を促すことが質権の中核的な効力であるから，その中核的効力が失われれば質権は消滅するとする多数説の論理も説得的である。ただ，一方で，質権契約に基づいて再度の返還を求められる点は，判例の説にもメリットがある。両説の優劣は，いまだ決着がついていない。

4 × **質物の占有を奪われたときの回復手段は，占有回収の訴えに限られる。**

質物の喪失により第三者に質権を主張できる効力（対抗力）が失われているから，あとは占有回収の訴えによって質物を取り戻すしかない（353条）。

5 × **責任転質によって生じた損害については，不可抗力でも責任を負う。**

質権者が自己の判断で転質をしなかったら，質物は不可抗力で壊れることはなかったであろうから，質権者はその場合も責任を負う（348条後段）。

正答 2

FOCUS

質権では，どの問題にも取り上げられるような核になる論点がいくつかある。具体的には，占有改定で質権を設定できるか，質物を失った場合の質権に基づく返還請求の可否，責任転質などである。ただ，それ以外の問題点は重複が少なく，全体にばらつきが見られるのが特徴である。しかし，主要な論点のほとんどは本項掲載の問題でカバーできるので，各選択肢，問題とも，十分に知識を整理しておいてほしい。

▸▸▸ POINT

重要ポイント 1 質権の意義・特質

①質権は約定担保物権である。

留置権などと異なり，法律上当然に発生することはない。

②質権は，譲渡が可能なものについて設定することができる。

譲渡が可能であればよいので，動産・不動産だけでなく，債権や株式など，財産的価値を有するものについて幅広く担保に利用できる。

③何を質権の目的物にするかによって，動産質，不動産質，権利質の３つに分かれる。

所有権以外の財産権は権利質の対象となる。

④被担保債権は条件付債権または将来発生する債権であってもよく，これらを担保するために，質権は設定契約の時点から有効に成立する。

債権が現実に将来発生した時点から質権が有効になるわけではない。

⑤質権の行使は被担保債権の行使とは異なる。

したがって，単に質物の返還を拒んだだけでは被担保債権の消滅時効は更新しない。

⑥債務者以外の者で自己の財産に担保権の設定を承諾した者を物上保証人という。

債務者が期限に弁済しない場合，物上保証人も担保権を実行（競売）されないために，自ら債務者に代わって被担保債権を弁済できる。

重要ポイント 2 動産質

(1) 設定

①質権設定契約は要物契約である。

質物の占有を質権者に移転しなければ，質権は効力を生じない。

②質権設定の要件たる占有の移転には，占有改定は含まれない。

したがって，占有改定の方法で質権を設定することはできない。

質権設定の手段としての引渡し	現実の引渡し	○
	簡易の引渡し	○
	指図による占有移転	○
	占有改定	×

③占有の継続は質権を第三者に対抗するための要件である。

したがって，質権者が質物を奪われた場合には質権の対抗力は失われ，質権に基づいて返還請求を行うことは認められない。この場合は，占有回収の訴えによる以外に手段がない（ただし，この手段は占有を「奪われた」場合に限られるので，質物をだまし取られた場合や遺失した場合などにはもはや取り戻す手段がない）。

④質権者が質物を任意に質権設定者に返還した場合に質権がどのような影響を受けるかについては，質権消滅説と対抗力喪失説の対立がある。

前説のほうが有力である。

(2) 効力

①動産質権では，不動産質権とは異なり，目的物の使用・収益権は認められていない。

ただし，設定者の承諾を得れば，これを賃貸して，賃料を被担保債権の弁済に充てることができる。

②質権の被担保債権の範囲は，元本，利息，損害賠償などのほか，違約金や各種の費用なども含まれる。

抵当権が被担保債権の範囲を限定している（375条２項）のと対照的である。このような限定は後順位担保権者との利益調整のためであるが，質権の場合には後順位担保権者が出現する可能性が少ないため，調整のための制限が設けられていない。

(3) 転質

①質権者は，質権設定者の承諾を得て転質することができるほか（**承諾転質**），承諾を得ずに自己の責任で転質することもできる。これを**責任転質**という。

②責任転質においては，転質権の存続期間は原質権の存続期間内であることを要する。

③責任転質がなされた場合，質権者は転質をしなければ生じなかったであろうという損害については，たとえそれが不可抗力によって生じたものであっても質権設定者に賠償責任を負う。

重要ポイント３ 不動産質・権利質

(1) 不動産質

①不動産質も不動産の占有を質権者に移転することで効力を生じる（要物契約）。その対抗要件は登記である。

②質権の中で，唯一，目的物の使用・収益権が認められている。

その代わり，不動産質権者は被担保債権の利息を請求できない。利息と使用・収益による利益を簡易に決済する趣旨である。

(2) 権利質

①所有権は動産質・不動産質の目的となるので権利質の目的とはならない。

しかし，地上権は権利質の目的となる。

②質権者は質権の目的である債権を直接に取り立てることができる。

実戦問題

No.1 * **民法に規定する質権に関する記述として，妥当なのはどれか。**

【地方上級（特別区）・平成23年度】

1 質権の設定は，債権者にその目的物を引き渡すことによって，その効力を生ずるため，同一の動産について数個の質権を設定することはできない。

2 質権者は，自己の責任で質物について転質をすることができ，この場合，転質をしたことによって生じる不可抗力による損失については，責任を負わない。

3 動産質権者が，第三者に質物の占有を奪われたときは，占有回収の訴えによってのみ，その質物を回復することができ，質権に基づく回復請求により，その質物を回復することはできない。

4 質権設定における目的物の引渡しには，簡易の引渡しはもとより，占有改定や指図による占有移転も含まれる。

5 質権者がいったん有効に質権を設定した後，質権設定者に質物を占有させても質権は消滅することはなく，動産質にあってはその質権をもって第三者に対抗することができる。

No.2 * **動産質権に関する次の記述のうち，妥当なのはどれか。**

【国家Ⅱ種・平成13年度】

1 質権の設定は，質権者と質権設定者の合意によって効力を生じる。

2 質権設定者は，第三者に保管させている自己の物を，第三者に保管させたままで質入れすることができる。

3 質権者は，質物が第三者に奪われた場合には，質権に基づいて質物の返還を請求することができる。

4 質権の被担保債権の範囲は，第三者の利益を保護するために，元本のほか，利息と損害賠償に限られる。

5 質権者は，原則として，質物を使用収益し，その収益を被担保債権の弁済に充当することができる。

＊ No.3 質権に関する次の記述のうち，妥当なものはどれか。

【国家Ⅱ種・平成３年度改題】

1 質権設定契約は要物契約であるので，目的物を現実に質権者に引き渡すことが必要であり，簡易の引渡しや指図による占有移転によって質権を設定することはできない。

2 質権者は被担保債権の履行を求めるのに必要な範囲でのみ質物の留置をなしうるのみであり，質物に転質権を設定する場合には質権設定者の承諾を必要とする。

3 質権で担保することのできる債権は，現在すでに発生している債権に限られ，条件付債権や将来の債権は含まれない。

4 質権は担保物権の一つである以上附従性を有するから，将来発生する不特定の債権を担保するためにあらかじめ質権を設定することはできない。

5 質権者が質権に基づき質物の引渡しを拒むことは債権の請求それ自体ではないから，被担保債権の消滅時効は進行する。

＊＊ No.4 動産質権に関する次の記述のうち，妥当なのはどれか。

【国家Ⅰ種・平成21年度】

1 質権の設定は，債務者が債権者に目的物を引き渡すことによって効力を生じ，その引渡しは目的物を現実に引き渡すことのみならず，簡易の引渡しや指図による占有移転によるものでも認められる。

2 質権者は，質物の占有を第三者に奪われた場合には，占有回収の訴えによってその質物を回復することができるほか，質権も物権であるから，第三者に対して質権に基づく物権的返還請求権を行使することができる。

3 質権者は，元本のほか，利息その他の定期金を請求する権利を有するときは，その満期となる最後の２年分についてのみ，質権を実行することができ，債務の不履行によって生じた損害賠償を請求する権利についても同様である。

4 契約による質物の処分は禁止されているため，質権設定者は，債務の弁済期の前後を問わず，質権者に弁済として質物の所有権を取得させ，その他法律に定める方法によらないで質物を処分させることを契約することはできない。

5 質権者は，質権設定者の承諾を得なければ，質物を使用し，賃貸し，または担保に供することができないから，自己の責任で質物について転質をすることはできない。

No.5 ＊ **質権に関するア～オの記述のうち，妥当なもののみをすべて挙げているのはどれか。ただし，争いのあるものは判例の見解による。**

【国家総合職・令和元年度】

ア：質権は，差押禁止財産などの譲り渡すことができない物についても設定することができる。

イ：動産質権者が質物の占有を失った場合には，質権に基づく物権的返還請求または占有回収の訴えにより，その質物を回復することができる。

ウ：動産質権者は，質権設定者の承諾を得なければ，保存に必要な使用を除き，質物を使用することはできない。他方，不動産質権者は，質権設定者の承諾を得なくとも，質権の目的である不動産の用法に従い，その使用および収益をすることができる。

エ：質権の目的である債権が金銭債権の場合，質権者は，その被担保債権額に対応する部分に限り，これを直接に取り立てることができる。

オ：不動産および動産を目的とした質権設定契約は，質権者にその目的物を引き渡すことによってその効力が生じるが，この引渡しには，指図による占有移転は含まれない。

1 ア，イ　**2** ア，オ　**3** イ，エ　**4** ウ，エ　**5** ウ，オ

No.6 ＊＊ **民法に規定する質権に関する記述として，妥当なのはどれか。**

【地方上級（特別区）・令和2年度】

1 質権者は，その権利の存続期間内において，自己の責任で，質物について，転質をすることができ，この場合において，転質したことによって生じた損失については，不可抗力によるものであれば，その責任を負わない。

2 質権者は，質物の目的である債権を直接に取り立てることができ，また，債権の目的物が金銭であるときは，自己の債権額に対応する部分に限り，これを取り立てることができる。

3 動産質権者は，継続して質物を占有しなければ，その質権をもって第三者に対抗することができず，質物の占有を奪われたときは，質権に基づく返還請求により，その質物を回復することができる。

4 不動産質権者は，管理の費用を支払い，その他不動産に関する負担を負うが，設定行為に別段の定めがない限り，質権の目的である不動産の用法に従い，その使用および収益をすることができない。

5 不動産質権の存続期間は，10年を超えることができないが，設定行為でこれより長い期間を定めたときであれば，その期間は10年を超えることができ，また，不動産質権の設定は，更新することができる。

実戦問題の解説

No.1 の解説　質権

→問題はP.363

1 × 同一の動産に複数の質権を設定することは可能である。

たとえば，Aの動産を，Bを占有代理人として，C・Dが順にAから指図による占有移転によって質権の設定を受けるような場合である。この場合，動産質権の順位は設定の先後によって決せられる（355条）。

2 × 責任転質によって生じた損害については，不可抗力でも責任を負う。

質物を預かった質権者が，第三者から融資を受けるために，預かっている**質物を第三者に担保として質入れすること**が認められている（348条）。これを**転質**という。これは，預かった物を無断で担保に供してはならないという一般原則（298条2項）に対して，**法が特別規定を設けたもの**である。

この転質には，質権設定者（最初に質入れした者）の承諾を得て行う**承諾転質**と，承諾なしに質権者が自己の責任で行う**責任転質**とがあり，いずれも有効とされている。

ただ，質権者が自己の責任で転質した場合には（**責任転質**），質権者は転質をしなければ生じなかったであろうという損害については，たとえそれが**不可抗力によって生じたものであっても賠償責任を負う**（348条後段）。

たとえば，質権者の保管倉庫が高台にあり，そこであれば被害はなかったのに，質権者が承諾なしに転質をして，保管場所が転質権者所有の低地の倉庫に移ったために，台風による浸水で質物が使い物にならなくなったという場合には，転質を行った質権者が責任を負わなければならない。

3 ◎ 質物の占有を奪われたときの回復手段は，占有回収の訴えに限られる。

妥当である。動産質権者は，質物の占有を奪われたときは，**占有回収の訴え**によってのみ，その質物を回復することができる（353条）。すなわち，**質権に基づく返還請求は認められていない**。→必修問題選択肢４

質権の中核的な要素は，占有の圧力によって弁済を強制しようとする点にある。すなわち，占有の継続は「質権の効力が存続している」ことを主張するための要件とされ，これが失われた場合には，もはや質権に基づく権利（物権的請求権としての回復請求権）の主張は認められない。

4 × 占有改定の方法で質権を設定することは認められない。

物（動産や不動産）に質権を設定する場合，質権はその物の占有を債権者に移転することによって効力が生じる（344条）。これは，弁済がなければその物を返さないという**占有の圧力によって履行を強制しようとする**ためである。そして，この占有の圧力は，物に対して債権者が事実的支配を及ぼしうる形で占有移転がなされてはじめて実効的なものとなる。そのため，現実の引渡しはもとより，**簡易の引渡し**や**指図による占有移転**での質権設定は認められるが，債務者が物を占有する方法，すなわち**占有改定**による質権設定は認められない（345条）。→必修問題選択肢１

5 × 質物を設定者に返還した場合，質権の対抗力は失われる。

動産質権者は，継続して質物を占有しなければ，その質権をもって第三者に対抗できない（352条）。

No.2 の解説　動産質権

→問題はP.363

1 ×　質権は，目的物を引き渡さなければ質権としての効力を生じない。

すなわち，当事者の質権設定の合意だけでは質権は効力を生じない（344条）。

質権は，質物を債権者が占有（留置）し，債務者が期限に弁済しないときは質物を競売にかけて（質権の実行），その代金の中から優先的に弁済を受けるという担保手段である。そうすると，質権者が現実に質物を占有（留置）していなければ，このような手段はとることができない。そこで質権では，**目的物の引渡しがなければ質権としての効力は生じない**とされている。このように，物の引渡しが効力要件とされている契約を**要物契約**という。

●民法上の要物契約

民法では質権設定契約や消費貸借（書面でするものを除く）などが要物契約とされている。

なお，要物契約と要式契約（保証契約，遺言など）は混同しやすいので，明確に区別して覚えておくこと。

2 ◎　指図による占有移転の方法によって質権を設定することは認められる。

妥当である。質権設定者が質物を第三者に占有させている場合には，その第三者（占有代理人）に対して，「今後は質権者（債権者）のために占有するように」と命じる方法で，質権設定に必要な占有移転の要件を満たすこともできる。いわゆる，**指図による占有移転**（184条）の方法による質権設定である。→No.1 選択肢1

3 ×　質物の占有を奪われたときの回復手段は，占有回収の訴えに限られる。

質権に基づいて質物の返還を請求することは認められていない（353条）。

この場合，質権者は占有回収の訴え（200条1項）によって質物を取り戻す以外に手段はない。→No.1 選択肢3

4 ×　質権によって担保される債権の範囲は，元本・利息・損害賠償に限られない。

これらのほかに，質物保存の費用や質権実行の費用など，広範囲のものが含まれる（346条）。

質権によって担保される債権（被担保債権）からは，元本や利息以外にも違約金やさまざまな費用が生じてくる。これらは質権によって担保される債権（被担保債権）から生じてきたものであるから，できればそのすべてを質権で担保することが望ましい。ただ，担保物に後順位の担保権を持つ者があれば，その者との利害の調整が必要となる。しかし，**質権では質権者（債権者）が質物を占有するので，後順位者が現れることはまれ**である（No.1 選択肢１参照)。そのため，法は**費用などについても広く担保の範囲に含めることを認めている**。

5 × **動産質権では質物の使用・収益権は認められていない。**

質権設定者は債権者から担保を要求されて，大切な動産をやむなく質入れした者である。期限に返済したら，その動産をまた自分で使うつもりなので，質権者に勝手に使われるのは迷惑である。そこで**動産質権では，質権者が質物を無断で使用することは禁止**されている（350条，298条２項)。

No.3 の解説　質権

→問題はP.364

1 × **占有改定以外の占有移転の方法であれば，質権の設定が認められる。**

したがって，簡易の引渡しや指図による占有移転（大判昭９・６・２）でもよい。→No.１選択肢４

2 × **質権者は，質権設定者の承諾を得なくても自己の責任で転質ができる。**

これを**責任転質**という（348条)。

転質は，たとえば「ＡがＢに宝石を質入れして50万円借りたが，弁済期前にＢも資金が必要になったため，この宝石をＣに質入れして30万円借りる」というような場合である。このような**質物の再利用は簡便な金融手段として認められており**，前例の場合，Ｂは自己の責任で質入れができる。

ただし，Ａが期限に弁済すればＢは宝石を返さなければならないので，Ｂが**転質で質入れできるのは，Ａの債務の期限内**でなければならない。

3 × **条件付債権や将来発生する債権を担保するためにも，質権を設定できる。**

条件付債権や**将来発生する債権**のように，質権設定の時点でいまだ発生していない債権であっても，現在の時点で有効に質権の設定ができる（364条カッコ書き)。このような債権についても，**担保によって支払いを確実にしておく必要がある**からである。

たとえば，主債務者Ａから保証人になるように依頼されたＢが，将来の求償権を担保するために，Ａの動産に質権を設定するなどが本肢の債権の例である。保証人Ｂは主債務者Ａから十分な担保を取っておけば，仮にＡが期限に弁済できずにＢが保証債務の履行を余儀なくされた場合でも，Ａに対する求償権を質権によって担保することができる。そのために，保証人を承諾した時点で将来発生するかもしれない求償権を被担保債権として，質権を設定しておくのである。なお，主債務者が期限に債権者に弁済した場合には，被担保債権は不発生に確定するので，その場合には質権は消滅する。

4 ×　将来発生する不特定の債権を担保するための質権設定も有効である。

これを**根質**（ねしち）という。

たとえば，A商店が問屋Bから継続的に商品を供給してもらうという契約において，A商店にそれほどの信用がなく，またほかに適当な担保もないという場合には，問屋BはAが貴金属でも持っていれば，それを質にとりたいと願うであろう。ところが，商品を仕入れるたびに問屋Bに質物を渡して，月末に代金を決済するたびに質物を返してもらうというのではあまりにも面倒である。そこで，取引関係が終了するまでの間とか，Aに十分な信用ができるまでの間などといった**期間を決めて，その間，質権を設定したままにしておくという方法**がとられることがある。これが**根質**である。この根質は，A商店が注文するたびに発生する代金債権，すなわち本肢にあるような**「将来発生する不特定の債権」を担保するためにあらかじめ設定される質権**である。

●**根担保**（ねたんぽ）

将来発生する不特定の債権について，一定の決済時期における残高を一定額まで担保しようとするものである。同じく将来発生するものであっても，特定の債権を担保するものではなく，不特定の債権を担保する点に特質がある。この根担保には，民法に明文規定のある根抵当のほか，明文規定はないものの根質，根譲渡担保，根仮登記担保などがあり（また人的担保としても根保証がある），いずれも判例法上その有効性が承認されている。

5 ◎　質権者が質物の引渡しを拒んでも，被担保債権の消滅時効は進行する。

妥当である。消滅時効が更新するには，債権者（質権者）が訴えを提起して勝訴するなど，**債権の存在が公的に承認され，債権者の債権行使の意思が明確になることが必要**である。単に質物を返さないと述べただけでは，質権の主張はしているが弁済の請求はしていない。したがって，このままでは時効は更新せずに進行を続ける（350条，300条）。

No.4 の解説　動産質権

→問題はP.364

1 ◎　現実の引渡しや簡易の引渡し，指図による占有移転でも質権設定ができる。

妥当である。質権設定は占有改定によることは認められないが（345条），本肢の３つの方法によることは認められる。→No.１選択肢４

2 ×　質物の占有を奪われたときの回復手段は，占有回収の訴えに限られる。

動産質権者は，質物の占有を奪われたときは，占有回収の訴え（200条）によってのみ，その質物を回復することができる（353条）。すなわち，質権に基づく返還請求は認められていない。→No.１選択肢３

3 ×　質権によって担保される債権の範囲は，元本・利息・損害賠償に限られない。

抵当権では「満期となった最後の２年分についてのみ」という制約があるが（375条１項本文），質権の場合にはそのような制約はない。すなわち質権

では，**利息その他の定期金が何年分残っていても，それを質権によって担保することができる。**→No.２選択肢４

4 ×　期限前の流質契約は禁止されている。

本肢は，「債務の弁済期の前後を問わず」が誤り。このような契約（**流質契約**という）の締結が禁止されるのは，弁済期前に限られる（349条）。

すなわち，たとえば５万円を工面できずに窮地に陥ったAが，母の形見の指輪（時価50万円相当）を担保にBから融資を受ける際に，Bの求めにやむをえず応じて，「期限に弁済がなければ指輪の所有権はBに移る（あるいは自由に処分できる）」という約定をするような場合である。この場合，清算（差額の45万円をAに戻す）は行われないので，Bが暴利を得ることを許してしまうことになる。そのため，**期限前の流質契約は禁止**されている。

なお，期限後には，このような圧力のおそれはないため，禁止はされていない。

5 ×　質権者は，その権利の存続期間内で，自己の責任で転質ができる。

いわゆる責任転質である（348条）。→No.１選択肢２

No.5 の解説　質権

→問題はP.365

ア ×　質権は，差押禁止財産などの譲渡できない物には設定できない。

質権は，担保を相手に提供して（引き渡して），期限に「弁済しなければ返さない」という**占有の圧力によって履行を促そうとする担保物権**である。したがって，相手に引き渡すことが設定の要件であり（344条），そのためには，目的物は譲渡可能なものでなければならない。

そのため，債務者等の生活に不可欠な衣服や寝具等のいわゆる差押禁止財産（民事執行法131条）については質権の設定は認められていない。

イ ×　質物の占有を奪われたときの回復手段は，占有回収の訴えに限られる。

動産質権者は，質物の占有を奪われたときは，占有回収の訴えによってのみ，その質物を回復することができる（353条）。すなわち，**質権に基づく返還請求は認められていない。**→No.１選択肢３

ウ ○　不動産質権者は，用法に従って目的不動産の使用収益をすることができる。

妥当である（356条）。**不動産質権は，当初から目的物の使用収益権が認められている**珍しい担保物権である。その代わり，不動産質権者は特約がない限り**被担保債権の利息を請求できない**（358条，359条）。目的不動産の使用利益と被担保債権の利息がほぼ同額とみて，両者を簡易決済する趣旨である。→テーマ13「占有」No.８選択肢３

エ ○　金銭債権が入質された場合，質権者はその債権額の直接取り立てができる。

妥当である。質権者は，質権の目的である債権を直接に取り立てることができ（366条１項），債権の目的物が金銭であるときは，自己の債権額に対応する部分に限り，これを取り立てることができる（同条２項）。

直接取り立てが認められれば，質権者にとって便利であるし，Aから債権回収を図る手間を省くことができる。

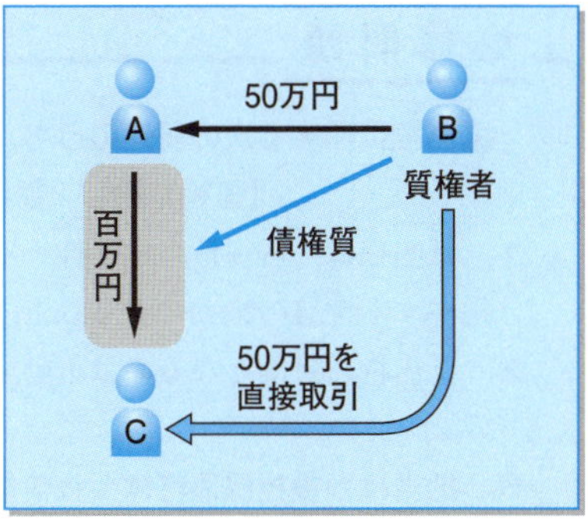

オ × **指図による占有移転の方法での質権設定は認められる。**

質権設定の場合の引渡しの方法として認められないのは，占有改定による場合だけであり（345条），指図による占有移転の方法での質権設定は認められる。→No. 1 選択肢４

以上から，妥当なのは**ウ**と**エ**であり，正答は**4**である。

No.6 の解説　質権

→問題はP.365

1 × **責任転質によって生じた損害については，不可抗力でも責任を負う。**

質権者が自己の判断で転質をしなかったら，質物は**不可抗力**で壊れることはなかったであろうから，**質権者はその場合も責任を負う**（348条後段）。

→No. 1 選択肢２

2 ◎ **金銭債権が入質された場合，質権者はその債権額の直接取り立てができる。**

妥当である。**直接取り立てが認められれば，質権者にとって便利である**し，債務者から債権回収を図る手間を省くことができるからである（366条１・２項）。→No. 5 エ

3 × **質物の占有を奪われたときの回復手段は，占有回収の訴えに限られる。**

質物の喪失により第三者に質権を主張できる効力（対抗力）が失われているから，あとは占有回収の訴えによって質物を取り戻すしかない（353条）。

→No. 1 選択肢３

4 × **不動産質権者は，用法に従って目的不動産の使用・収益ができる。**

不動産質権者は，特約がない限り被担保債権の利息を請求できない（358条，359条）。ただ，その代わりに目的物の使用収益権が認められている（356条）。　→No. 5 ウ

5 × **不動産質権では10年超の存続期間を定めても，期間は10年に短縮される。**

不動産質権は担保権であって，質権者は最終的には設定者に目的物を返却すべき立場にある。そのため，不動産の改良を怠りがちになることもあり，そのような状態で長期の拘束を認めることは社会経済上好ましくない。そこで，法は，10年を超える期間を定めても，これを10年に短縮している（360条１項後段）。

なお，それ以外の部分は正しい（同項前段，同２項）。

正答　No.1=**3**　No.2=**2**　No.3=**5**　No.4=**1**　No.5=**4**　No.6=**2**

抵当権

必修問題

抵当権に関する次の記述のうち，妥当なのはどれか。

【国税専門官／財務専門官／労働基準監督官・平成30年度】

1 抵当権は，附従性，随伴性，不可分性は有するが，目的物の担保価値を把握する性質の権利である以上，**物上代位性**は有しない。

2 抵当権の目的となるのは不動産のみで，動産は抵当権の目的となり得ない。

3 抵当権の**被担保債権**は金銭債権でなければならず，金銭債権以外の債権を被担保債権とする抵当権設定契約は無効である。

4 抵当権は，債務者および抵当権設定者に対しては，その担保する債権と同時でなければ，時効によって消滅しない。

5 抵当権は，あくまでも目的物の担保価値を把握するものである以上，抵当不動産の果実に及ぶことはない。

難易度 ＊

必修問題の解説

抵当権は，所有者（抵当権設定者）が目的物を使用・収益しながら担保に供し得るという点で，極めて優れた担保手段であり，取引社会で頻繁に利用されている。そして，利用頻度が高いために，そこに生じてくる紛争も多く，そのため判例が多数蓄積して，公務員試験でも最頻出箇所の一つとされている。

この制度は，取引社会で果たす役割が極めて大きいことから，「実務界が安心して利用できるようにするには，どのように解釈すればよいか」という方向でとらえるのがポイントになる。

1 × 抵当権は，付従性，随伴性，不可分性だけでなく物上代位性も有する。

たとえば，抵当家屋が火災で焼失して，それが火災保険金に形を変えた場合には，その火災保険金に対して抵当権の効力が及ぶ（372条，304条）。

2 × 民法上，抵当権の目的となるのは不動産，地上権，永小作権の３つである。

本肢の「抵当権の目的」という表現は独特であるが，これは設定対象という意味である。そして，**民法上抵当権を設定できるのは「登記できるもの」に限られる**。すなわち，**不動産**（369条１項）と，用益物権のうちの**地上権**と**永小作権**である（同２項）。よって，本肢はこの点が誤り。

なお，用益物権のうち入会権は登記できず，地役権は登記できるが，地役権は土地に付随するもので単独で存在する権利ではないため（つまり，地役権のみを競売にかけることはできない），抵当権の目的とはされていない。

また，動産は単独では抵当権の目的にはならないが，不動産に付随するもの（例：畳，エアコンなど）は，不動産とともに目的になりうる。

3 × 抵当権の被担保債権は，必ずしも金銭債権に限られない。

金銭債権以外の債権（例：物の引渡債権など）であっても，債務不履行で金銭債権に変わる可能性があるからである。

4 ◎ 債務者・設定者に対しては，被担保債権と同時でなければ時効消滅しない。

妥当である。本肢は，「**自らが行った行為に反する行動をとることは許されない**」という**信義則**にかかわる問題である。

まず，抵当権も財産権の一般原則どおり，20年間これを行使しなければ時効によって消滅する（166条２項）。したがって，たとえば抵当不動産の購入者（**抵当不動産の第三取得者**）は時効完成後に消滅時効を援用して，抵当権の登記の抹消を請求できる。

しかし，**債務者や物上保証人が債務を弁済せずに抵当権の時効消滅を主張することは**，自ら行った行為（債務負担や抵当権設定）に反する行動をとるという意味で，**信義に反するので許されない**（大判昭15・11・26）。

●抵当権の消滅時効
①原則…抵当権も，20年間これを行使しなければ，時効によって消滅する。
→166条２項「債権又は所有権以外の財産権は，権利を行使することができる時から20年間行使しないときは，時効によって消滅する。」
②例外…抵当権は，債務者および抵当権設定者との関係では，被担保債権と同時でなければ時効消滅しない（396条）。

5 × **抵当権の効力は，抵当不動産の果実にも及ぶ。**

担保価値という表現はわかりにくいかもしれないが，要するに，抵当不動産が全体として有している財産的価値のことである。これには抵当不動産が賃貸されて，そこで得られる賃料などの果実も含まれる。これも財産的価値に変わりはなく，債権者はその価値をひっくるめて担保に取っているからである。

なお，抵当権は，設定者が目的物を利用（使用・収益）することを許す担保物権であるから，**抵当権者が賃料などの果実を返済に充てることができるのは，被担保債権の不履行があった時から**である（371条）。

正答 4

FOCUS

抵当権はポピュラーな担保方法として広く利用されており，多様な論点が存在する担保物権の最大の山場である。論点が多いため，知識の範囲を限定しておかないと学習範囲が必要以上に広がるおそれがある。抵当権のような重要テーマについても，「必要な知識に絞って最大の効果」という点をきちんと意識しておきたい。

▶▶▶ POINT

重要ポイント 1 抵当権の性質

①抵当権は約定担保物権である。したがって，抵当権は当事者の契約によってのみ成立する。
②抵当権には随伴性がある。したがって，被担保債権が同一性を保って譲渡された場合には，抵当権もまた譲受人に移転する。
③抵当権は，登記しなければ，一般債権者に対して優先弁済権を主張できない。
④抵当建物が取り壊されて再築された場合，旧建物についての抵当権の登記が残っていても，旧建物の抵当権の効力は新建物には及ばない。
⑤債務者以外の者も，債権者との間で抵当権設定契約を締結できる。この場合の設定者を物上保証人という。
　物上保証人は債務を負っているわけではないので，債権者は物上保証人に債務の履行を請求することはできない。
⑥抵当権は，20年間これを行使しなければ時効消滅する。ただし，債務者や抵当権設定者との関係では，抵当権独自では消滅時効にはかからない。

重要ポイント 2 抵当権の設定

①抵当権は，不動産のほかに，地上権と永小作権についても設定できる。
②不動産の共有持分上にも抵当権を設定できる。
③抵当権の被担保債権は金銭債権に限られない。

重要ポイント 3 抵当権の効力

(1) 効力の及ぶ範囲

①抵当権の効力は，抵当不動産に付加して一体となっている物に及ぶほか，従物や従たる権利にも及ぶ。
②ガソリンスタンド用建物に抵当権が設定された場合，ガソリンスタンドにある地下タンク，洗車機等の諸設備にも抵当権の効力が及ぶ。
③賃借地上の建物に設定された抵当権の効力は，土地の賃借権にも及ぶ（土地の賃借権は建物の従たる権利である）。したがって，競売によって建物の所有権が買受人に移転した場合には，土地の賃借権は買受人に移転する。
　ただし，これは賃借権の譲渡に当たるから，買受人が賃借権を行使するには地主の承諾が必要である。
④設定契約に別段の定めをすれば，抵当不動産に付加する物に抵当権の効力を及ぼさないとすることができる。
⑤抵当権は，その担保する債権について不履行があったときは，その後に生じた抵当不動産の果実に及ぶ。

(2) 物上代位

①抵当権は，目的物の交換価値を支配する権利であるから，目的物の交換価値が現実化した場合には，それに対しても抵当権の効力を及ぼすことができる。
②物上代位権行使の要件として，抵当権者自らが差押えをすることを要する。目的

債権が譲渡され第三者対抗要件が備えられた後においても，自ら差し押さえて物上代位権を行使できる。

③一般債権者の差押えと抵当権者の物上代位権に基づく差押えが競合した場合には，両者の優劣は一般債権者の申立てによる差押命令の第三債務者への送達と抵当権設定登記の先後によって決せられる。

④抵当目的物が賃貸されている場合，その賃料にも物上代位することができる。

⑤買戻特約付売買における買戻費用も物上代位の対象となる。

⑥抵当権設定者が破産手続開始の決定を受けた場合でも，抵当権の優先弁済権は影響を受けず，抵当権者はなお物上代位権を行使できる。

⑦賃借人が賃料を支払うよりも前に抵当権者が賃料債権を差し押さえれば，抵当権者の物上代位が認められる。抵当権者の差押え以後に抵当権者以外の者に賃料を支払った場合，賃借人は再度抵当権者に賃料を支払わなければならない。

⑧転貸賃料債権に対しては，抵当不動産の賃借人を所有者と同視することを相当とする場合を除き，物上代位権を行使できない。

(3) 妨害排除請求

①抵当権者は，所有者が不法占拠者に対して有する妨害排除請求権を代位行使できる。

②第三者の不法占有により抵当不動産の交換価値の実現が妨げられ，抵当権者の優先弁済請求権の行使が困難となるような状態があるときは，抵当権に基づく妨害排除請求として，抵当権者は不法占有の排除を求めることも許される。

重要ポイント 4 法定地上権

①法定地上権の成否は，自己借地権が認められていない現行法制下で借地権を設定したくてもそれができないことと，抵当権者の担保価値の評価を侵害しないことの２つの要素で判断する。

②共有の場合には，「土地が共有であれば法定地上権は成立しない」で判断すればよい。なお，法定地上権は建物のために認められる権利であるから，建物が共有の場合，共有者の全員について法定地上権が認められる。

③更地として評価されて土地に抵当権が設定されていることが明らかであれば，抵当権者があらかじめ建物の築造を承認していた場合でも，法定地上権は成立しない。

④抵当権設定時にすでに建物が存在していた場合には，後に建物が滅失してそのあとに新たな建物が再築されたとしても，法定地上権が成立する。

⑤抵当権設定時にすでに建物が存在していた場合には，建物が未登記または移転登記未了であっても，法定地上権が成立する。

実戦問題1　基本レベル

*
No.1　AがBに対して1,000万円の債権を有し，C所有の土地に抵当権を設定した場合に関する次の記述のうち，妥当なものはどれか。

【地方上級（全国型）・平成15年度】

1　AがCに請求してきたら，Cは，まずBに請求するように抗弁することができる。

2　Bも自己の土地に抵当権を設定しているときには，CはAに対し，まずBに対する抵当権を実行せよと抗弁できる。

3　CがDに抵当土地を売却した後，抵当権が実行されたときは，DはBに求償できない。

4　AがCの土地の抵当権を実行したが，800万円にしかならなかったときは，Aは残りの200万円をBに請求できない。

5　CはBのAに対する債務について，消滅時効を援用することができる。

**
No.2　抵当権の効力としての物上代位権の行使には差押えが要件とされているが，その目的について，以下のようなⅠ～Ⅲ説がある。債権者Xのために，債務者Yが自己の建物に抵当権を設定し，その旨を登記していた事例において，Xが，Yが有する当該建物についての賃料債権に物上代位権を行使しようとする場合について，ア～ウの記述のうち，妥当なもののみをすべて挙げているのはどれか。なお，Yに対しては，一般債権者としてZがいる。【国家Ⅱ種・平成22年度】

（Ⅰ説）　差押えの目的は，目的債権の特定性を維持するためにすぎない。

（Ⅱ説）　差押えの目的は，優先権を保全するためである。

（Ⅲ説）　差押えの目的は，第三債務者を保護するためである。

ア：Ⅰ説によると，賃料債権が第三者に譲渡された後であっても，Xは物上代位権を行使し得ることになる。

イ：Ⅱ説によると，物上代位権の行使に当たっては，Xによる賃料債権への差押えがなくとも，Zによる賃料債権への差押えがあればよいことになる。

ウ：Ⅲ説によると，Xによる物上代位権の行使とZによる賃料債権への差押えとの優劣が争われた場合，Xによる賃料債権への差押えとZによる賃料債権への差押えの先後で優劣を決することになる。

1　ア　　**2**　イ　　**3**　ウ　　**4**　ア，イ　　**5**　イ，ウ

＊ No.3 **法定地上権に関する次の記述のうち，判例に照らし，妥当なものはどれか。**

【国税専門官・平成４年度】

1 土地に対する抵当権設定後に建物が築造された場合，抵当権者がその築造をあらかじめ承認していたときは，たとえ抵当権が当該土地を更地として評価して設定されたことが明らかであっても法定地上権が認められる。

2 抵当権設定当時存在していた建物が滅失した場合には，後に建物が再築されたときであっても法定地上権は認められない。

3 抵当権設定当時土地と建物の所有者が異なっていた場合には，その後当該土地および建物の所有権が同一人に属するようになっていたとしても法定地上権は認められない。

4 抵当権設定当時同一人に属した土地と建物の一方が，その後，競売に至るまでの間に第三者に譲渡された場合には，法定地上権は認められない。

5 建物の共有者の一人がその敷地を単独で所有する場合に，同人が当該土地に抵当権を設定し，その実行により第三者が当該土地を競落したときには，敷地所有者に限り法定地上権が認められる。

＊＊ No.4 **抵当権に関する次の記述のうち，判例に照らし，妥当なものはどれか。**

【地方上級（全国型）・平成22年度】

1 ガソリンスタンド用建物に抵当権が設定された場合，ガソリンスタンドにある地下タンク，洗車機等の諸設備には抵当権の効力は及ばない。

2 抵当不動産が賃貸され，賃借人によってさらに転貸がなされた場合，抵当権者は，抵当不動産の賃借人を所有者と同視することを相当とする事情があれば，この賃借人が取得すべき転貸賃料債権に対して物上代位権を行使することができる。

3 抵当権設定登記後に抵当不動産の所有者から占有権原の設定を受けこれを占有する者について，その占有権原の設定に抵当権の実行としての競売手続を妨害する目的が認められ，その占有によって抵当不動産の交換価値の実現が妨げられて抵当権者の優先弁済請求権の行使が困難となるような状態がある場合であっても，抵当権者は，抵当権に基づく妨害排除請求として，当該占有者に対してその占有の排除を求めることはできない。

4 土地の所有者がその土地の上にある建物を譲り受けたが，建物について所有権移転登記を経由する前に，土地に抵当権が設定された場合には，その後に抵当権が実行されて土地が競売されても法定地上権は成立しない。

5 建物の共有者の一人がその建物の敷地である土地を単独で所有する場合においては，同人が右土地に抵当権を設定し，この抵当権の実行により，第三者が右土地を競落したときは，右土地に法定地上権は成立しない。

No.5 ＊＊ **民法に規定する根抵当権に関する記述として，妥当なのはどれか。**

【地方上級（特別区）・平成30年度】

1 根抵当権設定者は，元本の確定後においては，その根抵当権の極度額を，現に存する債務の額と以後２年間に生ずべき利息その他の定期金および債務の不履行による損害賠償の額とを加えた額に減額することを請求することができる。

2 元本の確定前においては，後順位の抵当権者その他の第三者の承諾を得なければ，根抵当権の担保すべき債権の範囲および債務者の変更をすることはできない。

3 元本の確定前に根抵当権者から債権を取得した者は，その債権について根抵当権を行使することができるが，元本の確定前に債務者に代わって弁済をした者は，根抵当権を行使することができない。

4 根抵当権者は，債務の不履行によって生じた損害の賠償を除き，確定した元本および元本確定時までに生じた利息に限り，極度額を限度として，その根抵当権を行使することができる。

5 元本の確定後において現に存する債務の額が根抵当権の極度額を超えるとき，その根抵当権の主たる債務者または保証人は，その極度額に相当する金額を払い渡して，その根抵当権の消滅を請求することができる。

実戦問題 1 の解説

No.1 の解説　抵当権

→問題はP.377

1 ×　物上保証人は債務を負担しておらず，債権者は物上保証人には請求できない。

Cのように，債務者以外の者が自己の財産に担保権を設定する場合を物上保証人という。この**物上保証人**は，担保物を競売に付されて所有権を失うというリスクを負っているが，**保証人と異なり債権者に債務を負っているわけではない**。そのため，AはCに請求できず，Cも支払いを行う義務はない。

2 ×　債権者は，物上保証人よりも先に債務者の抵当権を実行すべき義務はない。

BCどちらの土地に対する抵当権を先に実行するかは，抵当権者Aの判断にゆだねられる。すなわち，Aは**抵当権を実行しやすいほう**（競売妨害のおそれがないなど），あるいは**価値が高く自己の債権を確実に回収できるほうを任意に選んで競売にかける**ことになる。

3 ×　抵当権が実行された場合，抵当権の負担をしていた者は債務者に求償できる。

Dは抵当権がついたままの土地を購入することになるから，抵当権が実行されて土地の所有権を失った場合には，Bに対して求償できる。Bがきちんと債務を弁済すれば，Dはその土地を失わずに済んだはずなので，Dの損失をBに補償させるのが公平に資するからである。

この観点から，判例は，**抵当不動産の第三取得者**は物上保証人に類似する地位にあるとして，Dに物上保証人の求償権に関する規定（372条，351条）を準用して**債務者Bへの求償を認めている**（最判昭42・9・29）。

4 ×　競売代価が債権全額に満たない場合，債権者は債務者に差額を請求できる。

抵当権は，競売代金の範囲内で優先的に弁済を受けることのできる権利であるから，抵当権を実行して800万円について優先弁済を受けた場合，200万円が残ることになる。そして，この200万円はBに直接請求していく以外にはない。もしBが任意に支払わなければ，Bの**一般財産に強制執行することになる**。ただ，その場合には担保なしの債権となるから，他に債権者がいる場合でも，抵当権のような優先弁済権は主張できない。

5 ◎　物上保証人は，抵当権の被担保債権の消滅時効を援用できる。

妥当である。物上保証人は自己の財産を他人の債務のために担保として提供している者であるから，他人の債務について時効が完成すれば，抵当権の実行を免れ，財産を失わずに済む。そこで判例は，このような立場にある者（**物上保証人**）は「時効によって直接利益を受ける者」に当たるとして，**時効の援用権を認めている**（最判昭42・10・27，145条カッコ書き）。

No.2 の解説　物上代位

→問題はP.377

抵当権者が**物上代位権**を行使するには，**差押えが要件**となっている（372条，304条）。

たとえば，抵当家屋の賃料は自動的に抵当債権の弁済に充てられるわけではないので，賃貸人（抵当権設定者）に支払われる前に差押えをしなければならない。また，抵当家屋が火災で滅失した場合に損害保険会社から支払われる火災保険金についても，受取人たる抵当権設定者に支払われる前に差押えが必要である。

ただ，この差押えは，抵当権者自らが行うべきか，それとも他の債権者が行った場合にも抵当権者は優先権を主張できるかについては，本問のⅠ～Ⅲ説のような見解の対立がある。簡単に主張の趣旨をまとめてみよう。

Ⅰ説…差押えは，賃料等が債務者の一般財産に混入されて，どの部分が「抵当権の価値変形物」なのかがわからなくなるのを防ぐために必要である（特定性維持説）。
→したがって，抵当権者自らが差押えをする必要はなく，他の債権者が差押えをした場合にも，物上代位が認められる。

Ⅱ説…賃料等の価値変形物は通常の金銭債権であるから，他の債権者から見て，それに抵当権の効力が及んでいることがわかりにくい。そこで，優先権を保全するために差押えを要件とすべきである。
→抵当権者自らが差押えをしなければならない。

Ⅲ説…第三債務者（賃料の場合には賃借人，火災保険金の場合には保険会社）が二重弁済を強いられる危険を回避するために差押えが要件とされている（第三債務者保護説，最判平10・1・30）。
→抵当権者自身による差押えが必要。裁判所からの差押命令の送達によって，第三債務者は物上代位がなされていることを知り，それ以降は抵当権者に支払えば免責されるので，二重弁済の危険を回避できる。

以上を前提に，本問を考えてみよう。

ア○ 妥当である。Ⅰ説では，債務者の一般財産への混入が防げればそれでよいので，たとえ賃料債権が第三者に譲渡された後であっても，その支払がなされて第三者の一般財産に混入される前に差押えをしておけば，Xは物上代位権を行使できる。

イ× Ⅱ説では，差押えは，抵当権者の優先権を保全するための要件であるから，X自らが差押えをしなければならない。

ウ× Ⅲ説では，Xによる賃料債権への差押えがあれば，Xの物上代位が優先する。Zの債権が一般債権であれば，抵当権の効力がこれに優越する効力を有するからである（ただし，このようにいえるためには，抵当権は登記されていなければならない。未登記の場合，抵当権の被担保債権と他の債権者の一般債権―無担保債権―との間に優劣はない）。

以上から，妥当なものは**ア**のみであり，正答は**1**である。

No.3 の解説　法定地上権

→問題はP.378

抵当権の実行前は，**土地と建物が同一の所有者**に属していたのに，実行によって土地と建物の所有者が異なるようになった場合，建物は「土地を不法占拠している」状態になる。現行法は，自己所有地上の自己所有の建物について土地利用権の設定（自己借地権）を認めていないので，**実行前の建物所有者から引き継ぐことができる土地利用の権原（地上権，土地賃借権）が存在しない**からである。

そうなると，建物所有者は建物を撤去して土地を明け渡さなければならなくなるが，それでは社会的損失があまりにも大きい。そこで，抵当権者の利益を侵害しない範囲で**地上権の成立を認めて，建物の撤去による社会的損失を回避**しようとしたのが**法定地上権**の制度である（388条）。

したがって，法定地上権の成立が認められるためには，次のような要件が必要となる。

①借地権を設定したくても，それができなかったこと。

→借地権の設定が可能であれば，それによって建物の存続を図ればよく，法定地上権の成立を認める必要はない。

→「借地権を設定したくても，それができなかった」とは，抵当権設定時に土地上にすでに建物が存在していることと，土地と建物の所有者が同一人であることの２つの要件が必要。

②抵当権者の担保価値の評価を侵害しないこと。

→抵当権を設定しようとする者は現地を調査するのが常識となっており，建物が存在すれば，更地の場合よりも土地の担保価値を低く評価する。したがって，建物が未登記であっても抵当権者の担保価値の評価を侵害することはないので，法定地上権の成立を認めてよい。すなわち，抵当権者を害しない範囲では，できるだけ建物の存続を図る方向で考える。

③共有の場合は，「土地が共有であれば法定地上権は成立しない」で判断する。

→共有の場合は，法定地上権が他の共有者の共有持分（所有権）に不測の損害を与えるかどうかで判断する。土地が共有の場合は，抵当権に関与していない他の共有者（その共有持分）に不利益になるので法定地上権の成立は認められない。

1 ×　抵当権者が更地と評価したことが明らかであれば，法定地上権は不成立。

本肢は，前記②に関連する。すなわち，抵当権者が建物の築造をあらかじめ承認していたとしても，**抵当権が土地を更地として評価して設定されたことが明らかで**あれば，**法定地上権の成立は認められない**（最判昭36・２・10）。抵当権者の担保価値の評価を害するからである。

2 × **設定時に建物が存在すれば，途中で滅失・再築しても法定地上権は成立する。**

本肢は，前記②に関連する。すなわち，抵当権設定当時にすでに建物が存在していれば，抵当権者は法定地上権の成立を考慮に入れて担保価値を低く評価している。したがって，**再築された建物について法定地上権の成立を認めても抵当権者を害することはない**。そうであれば，再築建物の撤去を避けるために，法定地上権の成立を認めるべきである（大判昭10・8・10）。

3 ◎ **設定時に土地と建物の所有者が同一でなければ法定地上権は成立しない。**

妥当である。本肢は，前記①に関連する。すなわち，法定地上権は自己借地権の設定を認めていない現行制度の不備を補うためのものである。**抵当権設定当時に土地と建物の所有者が異なっていた**場合には，借地権（地上権・賃借権）の設定が可能なので，**法定地上権を認める必要はない**（最判昭44・2・14）。

4 × **設定時に土地と建物の所有者が同一であれば，法定地上権が成立する。**

本肢は，前記①と②に関連する。すなわち，**抵当権が設定された当時に土地と建物が同一人に属していれば**，借地権の設定は不可能である。また，抵当権を設定しようとする者も，建物があれば担保価値を低く評価する。したがって，抵当権者を害しないので，建物の存続を図るために**法定地上権の成立を認めてよい**（大判大12・12・14）。

5 × **土地が単独所有で建物が共有なら，その全員について法定地上権が成立する。**

本肢は，前記③に関連する。土地は共有ではないので法定地上権の成立が認められる。そして，法定地上権は，敷地所有者に限らず，建物所有者（共有者）の全員について認められる（最判昭46・12・21）。**法定地上権は共有持分ではなく建物自体について認められる権利**だからである。

No.4 の解説　抵当権一般

→問題はP.378

1 × **ガソリンスタンド用建物の抵当権の効力は，地下タンク等にも及ぶ。**

抵当権の効力は抵当権設定時の従物（＝主となる物の経済的効用を助ける関係にある物で，主物との結合を外さないほうがよいと思われるもの）にも及ぶ（最判昭44・3・28）。**抵当権者は，従物を含めて全体としての担保価値を評価**しているからである。

そして，判例は，ガソリンスタンドにある地下タンク，洗車機等の諸設備はガソリンスタンド用建物の従物であり，ガソリンスタンド用建物に抵当権が設定された場合には，これらについても抵当権の効力が及ぶとする（最判平2・4・19）。

ガソリンスタンド用建物は，それ自体で取引の対象となるような価値があるものではなく，地下タンクや洗車機等の諸設備と相まって相応の価値を有するものである。したがって，ガソリンスタンド用建物に抵当権を設定する場合，**債権者（抵当権者）は「ガソリンスタンド諸設備一式」として担保価**

値を評価しているはずであるから，この評価を損なうようなことは認めるべきでない。

2 ◎ 転貸借関係が仮装のものであれば転貸賃料債権についても物上代位できる。

妥当である。本肢の「転貸賃料債権に対して物上代位権を行使する」とは，B所有の抵当不動産をBがCに賃貸し，CがさらにDに転貸（又貸し）している場合，DがCに支払う転貸賃料を抵当権者Aが物上代位権の行使として差し押さえて「A→B債権」の弁済に充てるという意味である。

そこで，まず原則であるが，物上代位権は，**担保目的物の価値が具体化した**場合，「目的物の売却，賃貸，滅失または損傷」によって，「**債務者が受けるべき金銭その他の物**」に対して行使できる（372条，304条1項）。ところが，賃借人は抵当権者に対して「債務者」の地位に立つ者ではない。つまり，抵当権者が物上代位権を行使できるのは，「債務者が受けるべき賃料債権」にとどまるのであるから，**債務者ではない「転貸人」が受けるべき転貸賃料債権には物上代位はできない**。

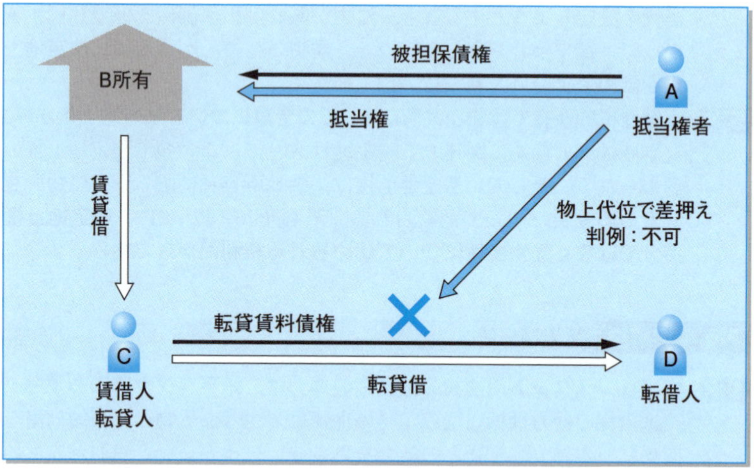

しかしながら，抵当権者による賃料の差押えを免れる目的で，賃貸借を仮装したうえで，転貸借関係を作出したものであるなど，抵当不動産の賃借人（C）を所有者（B）と同視することを相当とする場合は事情が異なる。この場合，判例は「賃借人が取得すべき転貸賃料債権に対して抵当権に基づく物上代位権を行使することを許すべき」とする（最決平12・4・14）。

3 × 競売妨害目的を有する占有者に対しては，妨害排除請求権を行使できる。

判例は，**抵当権に基づく妨害排除請求**として，占有者に対してその占有の排除を求めることができるとする（最判平17・3・10）。

その理由として，同判例は，「抵当不動産の所有者は，抵当不動産を使用または収益するに当たり，抵当不動産を適切に維持管理することが予定されており，抵当権の実行としての競売手続を妨害するような占有権原を設定することは許されないからである」と述べている。

4 × 設定時に土地と建物の所有者が同一であれば，法定地上権が成立する。

本肢の場合，土地所有者がその土地上の建物の所有権を譲り受けているので，**自己所有地に土地の利用権の設定はできない**（→No.３①）。そして，土地につき抵当権を取得しようとする者は，現実に土地を見て地上建物の存在を了知しこれを前提として評価するのが通例となっているので，本肢の場合に法定地上権の成立を認めても，抵当権者の担保価値の評価を侵害することはない（→No.３②）。

したがって，建物につき登記がされているか，所有者が取得登記を経由しているか否かにかかわらず，**法定地上権の成立が認められる**（最判昭48・9・18）。

5 × 土地が単独所有で建物が共有なら，その全員について法定地上権が成立する。

法定地上権は共有持分ではなく建物自体について認められる権利だからである（最判昭46・12・21）。→No.３選択肢５

No.5 の解説　根抵当権

→問題はP.379

根抵当権（ねていとうけん）の理屈は根質（ねしち）と同じである。→テーマ19「質権」No.３選択肢４

●根抵当権

A商店が，毎月商品を問屋Bに発注して，その月末に代金を支払うという取引を続ける場合，A商店に不動産があれば，問屋Bは代金債権のためにそれを担保にとることを願うであろう。この場合，A商店が注文するたびに抵当権を設定して，月末に決済するたびに抵当権設定登記を抹消するというのではあまりにも面倒である。そこで，「取引関係がなくなるまで」など一定の期限を区切って，その間に発生する債権をすべて担保するために，抵当権を設定したままにしておくというのが根抵当権である。

根抵当権では，A商店の発注額は月によって増減するであろうから，最大どれだけの額になりそうかを設定時に予測して，被担保債権の最高限度額を定める。これを**極度額**という。たとえば担保不動産の価値が2,000万円で，商品の注文額が最大で1,200万円に達しそうであれば，その額を極度額と定める。これを定めた場合，Aは残りの価値（800万円）を利用して，C銀行から別途融資を受けることができる。残りの価値（800万円）に二番抵当権を設定するわけである。

ところで，根抵当権は「枠支配権」であるといわれる。C銀行が二番抵当権を設定する時点で，根抵当権者の債権額が極度額（1,200万円）に達していなくても，C銀行は極度額（これが「枠」である）までは競売代金からの優先弁済を期待してはならないとされる。すなわち，C銀行が二番抵当権を設定する時点で，根抵当権者の債権額が500万円にとどまっていても，C銀行は担保価値を「不動産の価値（2,000万円）－ 現在の問屋Bの債権額（500万円）＝ 担保価値（1,500万円）」と評価してはならない。なぜなら，A商店からの注文が増えて，いつ問屋Bの債権額が極度額に達するかわからないからである。

したがって，後順位抵当権が設定される場合，後順位者は極度額（枠）まではなんら期待をもたずに残りの価値を基準に担保権を設定しなければならないとされる。そのため，ＡＢ間で極度額（枠）をいじらずに被担保債権などを変更するという場合でも，後順位者Ｃの同意は必要でない。後順位者は，極度額まではなんら期待を有していないからである。

なお，取引の終了などによって新たな債務が発生しなくなると，根抵当権はその時点で未払いになっている債務だけを担保するようになる（これを確定という）。ただそうなると，根抵当権は「いつ発生するかわからない不特定の債権」を担保するのではなく，その存在がわかっている特定の債権を担保するようになる。これは根抵当権ではなく普通の抵当権である。すなわち，根抵当権も確定を生じると，その時点で普通抵当と同様のものになる。

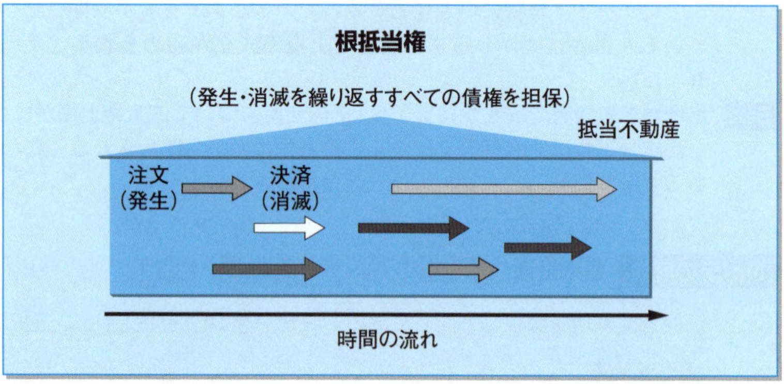

本問にとりかかる前に，予備知識として次のことを確認しておこう。

根抵当権は元本の確定の前後で性格が異なる。
〔確定前〕極度額までは優先弁済権がある→確定時までに極度額いっぱいまで被担保債権が増える可能性がある→その場合は極度額まで担保する
〔確定後〕普通抵当と同じようなものになる→残っている債権のみを担保する

1 ◎ 根抵当権設定者は，元本の確定後には極度額減額請求権を行使できる。

妥当である（398条の21第１項）。**極度額減額請求権**の行使内容は問題文にあるとおりである（細かく覚える必要はない）。

目的は次の図のように，減額によって根抵当権の拘束を解き，その分を担保として利用して，新たに金融を得ることができるようにするためである。

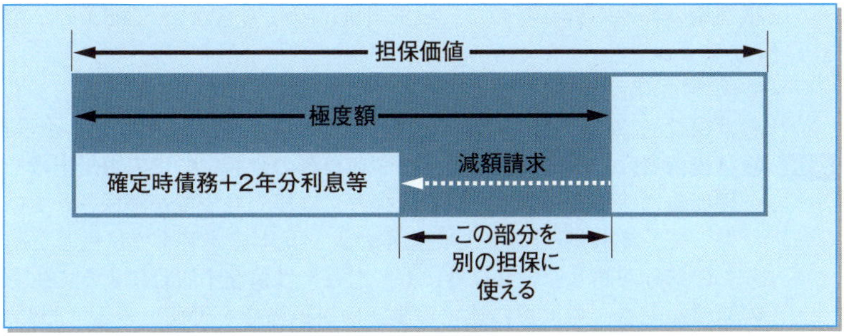

2 × **元本確定前の債権範囲基準や債務者の変更には第三者の承諾は必要でない。**

確定前の変更について，後順位の抵当権者その他の第三者の承諾が不要なものとしては，次の３つを覚えておけばよい。

元本確定「前」の次の３つの変更には後順位抵当権者等第三者の承諾は不要
①根抵当権の担保すべき債権の範囲の変更（債権範囲基準の変更）
②債務者の変更（①②は398条の４第１・２項）
③確定期日の変更（398条の６第１・２項）
＊すべて変更登記が効力要件（398条の４第３項，398条の６第４項）

なぜこれらについて承諾が不要かというと，後順位の抵当権者その他の第三者は，**極度額という枠の範囲で優先弁済を得られることは当初から期待していない**からである。その枠の中で①～③の変更が行われても，根抵当権者が支配している極度額という枠に影響を及ぼすことはない。つまり，利益を損ねることはないので承諾は不要とされる。

3 × **元本確定前に根抵当権者から債権を取得しても根抵当権は行使できない。**

根抵当権の設定契約のポイントは次のようなものである。

＜根抵当権設定契約のポイント＞
最終的には，元本確定時に存在している元本ならびに利息その他の定期金，確定後に生じた債務不履行の遅延損害金（遅延利息）を極度額の範囲で担保する。

債権が根抵当権の枠に入るということは，「その時点で仮に確定が生じたら（398条の19，398条の20），その債権は根抵当権によって優先弁済を受けられる」ということである。すなわち，**枠に入ることによって，「いつ確定が生じても大丈夫」という保険が付く**ということであって，優先弁済が担保されるのは，あくまで確定した時点で債権者（根抵当権者）と債務者（根抵当権設定者）の間に残っている債権であることが要件である。

したがって，確定前に根抵当権者から債権を譲渡されても，その時点で根抵当権の枠から外れるので，根抵当権は行使できない（398条の７第１項前段）。

同様に，元本の確定前に債務者に代わって弁済をした者があっても，その者は根抵当権を行使できない（同項後段）。よって，本肢は前半が誤り。

4 ×　根抵当権者は，極度額までの元本や利息等の全額について根抵当権を行使可

極度額に達するまでは，根抵当権者には優先弁済権が確保されている。したがって，本肢は，「確定した元本および元本確定時までに生じた利息に限り」の部分が誤り。これ以外にも，たとえば債務不履行によって生じた損害の賠償なども，極度額に達するまでは根抵当権を行使できる（398条の３第１項）。

5 ×　元本確定後に債務額が極度額を超えても，全額弁済するまで消滅請求不可

不可分性の問題である。すなわち，「担保権者は被担保債権全額の弁済を受けるまで，目的物の全部についてその権利を行使できる」というのが不可分性であり，この性質は，担保する債権の範囲が固まった確定後の根抵当権にも存在する。したがって，全額の弁済がなければ，根抵当権の消滅請求はできない。

正答　No.1=5　No.2=1　No.3=3　No.4=2　No.5=1

実戦問題❷ 応用レベル

＊＊
No.6 抵当権に関するア～オの記述のうち，妥当なもののみをすべて挙げているのはどれか。ただし，争いのあるものは判例の見解による。

【国家一般職・令和元年度】

ア：抵当権は，債務者および抵当権設定者に対しては，その担保する債権と同時でなければ，時効によって消滅しないが，後順位抵当権者および抵当目的物の第三取得者に対しては，被担保債権と離れて単独に20年の消滅時効にかかる。

イ：債権者が抵当権を実行する場合において，物上保証人が，債務者に弁済をする資力があり，かつ，債務者の財産について執行をすることが容易であることを証明したときは，債権者は，まず，債務者の財産について執行をしなければならない。

ウ：抵当権は，その目的物の賃貸によって債務者が受けるべき賃料についても行使することができるところ，この「債務者」には抵当権設定・登記後に抵当不動産を賃借した者も含まれると解すべきであるから，抵当権設定・登記後に抵当不動産を賃借した者が賃貸人の同意を得て転貸借を行っていた場合，抵当権者は，抵当不動産を賃借した者が取得すべき転貸賃料債権についても，原則として物上代位権を行使することができる。

エ：抵当権設定・登記後に抵当不動産の所有者から賃借権の設定を受けてこれを占有する者について，その賃借権の設定に抵当権の実行としての競売手続を妨害する目的が認められ，その占有により抵当不動産の交換価値の実現が妨げられて抵当権者の優先弁済請求権の行使が困難となるような状態があるときは，抵当権者は，当該賃貸借契約の賃料相当額の損害が生じたとして，抵当権侵害による不法行為に基づく損害賠償請求をすることができる。

オ：不動産の取得時効完成後，所有権移転登記がされることのないまま，第三者が原所有者から抵当権の設定を受けて抵当権設定登記を完了した場合は，所有権移転登記よりも抵当権設定登記が先になされている以上，当該不動産の時効取得者である占有者が，その後引き続き時効取得に必要な期間占有を継続したとしても，特段の事情がない限り，当該抵当権は消滅しない。

1 ア
2 ウ
3 ア，イ
4 イ，ウ
5 エ，オ

＊＊＊
No.7 物上代位に関するア～オの記述のうち，判例に照らし，妥当なもののみをすべて挙げているのはどれか。ただし，抵当権は抵当権設定登記を備えているものとする。 【国家一般職・平成29年度】

ア：抵当権者が物上代位権を行使して賃料債権の差押えをした後は，抵当不動産の賃借人は，抵当権設定登記の前に賃貸人に対して取得した債権を自働債権とする賃料債権との相殺をもって，抵当権者に対抗することはできない。

イ：動産売買の先取特権者は，物上代位の目的債権が譲渡され，第三者に対する対抗要件が備えられた後においては，自ら目的債権を差し押さえて物上代位権を行使することはできない。

ウ：抵当権者は，物上代位の目的債権が譲渡され，第三者に対する対抗要件が備えられた後においては，自ら目的債権を差し押さえて物上代位権を行使することはできない。

エ：敷金が授受された賃貸借契約に係る賃料債権につき抵当権者が物上代位権を行使してこれを差し押さえた場合においても，当該賃貸借契約が終了し，目的物が明け渡されたときは，賃料債権は，敷金の充当によりその限度で消滅する。

オ：転付命令に係る金銭債権が抵当権の物上代位の目的となり得る場合においては，転付命令に係る金銭債権が転付債権者に移転するだけであり，転付債権者が第三債務者から弁済を受けない限り，抵当権者は転付命令に係る金銭債権について抵当権の効力を主張することができる。

1 ア，イ
2 ア，ウ
3 イ，エ
4 ウ，オ
5 エ，オ

No.8 ＊＊ **物上代位に関するア～オの記述のうち，妥当なもののみをすべて挙げているのはどれか。ただし，抵当権は抵当権設定登記を備えているものとし，争いのあるものは判例の見解による。**

【国税専門官／財務専門官／労働基準監督官・平成29年度】

ア：Aは，Bが所有する時計を修理したが，Bが修理代金を支払わないため，その時計を留置している。Bが，Cとの間でその時計を譲渡する契約を修理前に締結していた場合，AはBのCに対する売買代金請求権について物上代位権を行使することができる。

イ：AがBに対して動産売買の先取特権を有している場合，物上代位権行使の目的債権について，Bの一般債権者が差押えをした後であっても，Aは物上代位権を行使することができる。

ウ：AがB所有の甲土地について抵当権を有している場合，物上代位権行使の目的債権について，Bの一般債権者が差押えをして転付命令が第三債務者に送達された後は，Aは目的債権を差し押さえて物上代位権を行使することができない。

エ：AがB所有の甲土地について抵当権を有しており，BのCに対する甲土地についての賃料債権を目的債権として物上代位権を行使しようとしていたところ，目的債権がBからDに譲渡され，第三者に対する対抗要件が備えられた。この場合，Aは，目的債権の譲渡につき第三者に対する対抗要件が備えられた後であっても，自ら目的債権を差し押さえて物上代位権を行使することができる。

オ：Aは，Bに対する金銭債権を担保するため，Bが所有する甲建物に抵当権を有しており，Bは甲建物をCに賃貸し，Cは甲建物をさらにDに転貸している。この場合，Aは，甲建物の賃借人であるCを所有者であるBと同視することが相当でないときであっても，Cが取得する転貸賃料債権について物上代位権を行使することができる。

1 ア，イ
2 ウ，オ
3 ア，イ，オ
4 イ，ウ，エ
5 ウ，エ，オ

＊＊＊
No.9 法定地上権に関するア～オの記述のうち，妥当なもののみをすべて挙げているのはどれか。ただし，争いのあるものは判例の見解による。

【国家一般職・平成28年度】

ア：法定地上権は，公益上の理由に基づき，法律上当然に発生するものであるから，第三者に対し登記なくして法定地上権を対抗することができる。

イ：土地および地上建物の所有者が，建物の取得原因である譲受けにつき所有権移転登記を経由しないまま土地に対し抵当権を設定し，その抵当権が実行された場合，法定地上権は成立しない。

ウ：土地を目的とする先順位の甲抵当権と後順位の乙抵当権が設定された後，甲抵当権が設定契約の解除により消滅し，その後，乙抵当権の実行により土地および地上建物の所有者を異にするに至った場合において，当該土地および地上建物が，乙抵当権の設定当時に同一の所有者に属していたとしても，甲抵当権の設定当時に同一の所有者に属していなければ，法定地上権は成立しない。

エ：所有者が土地および地上建物に共同抵当権を設定した後，当該建物が取り壊され，当該土地上に新たに建物が建築された場合には，新建物の所有者が土地の所有者と同一であり，かつ，新建物が建築された時点での土地の抵当権者が新建物について土地の抵当権と同順位の共同抵当権の設定を受けたときなど特段の事情のない限り，新建物のために法定地上権は成立しない。

オ：建物の共有者の一人がその敷地を単独で所有する場合において，当該土地に設定された抵当権が実行され，第三者がこれを競落したときは，当該土地につき，建物共有者全員のために，法定地上権が成立する。

1 ア，イ
2 ア，エ
3 イ，ウ
4 ウ，オ
5 エ，オ

No.10 ＊＊ **法定地上権に関するア～オの記述のうち，判例に照らし，妥当なもののみをすべて挙げているのはどれか。** 【国家一般職・令和元年度】

ア：民法第388条は土地または建物のいずれか一方のみに抵当権が設定された場合を規定するものであり，同一の所有者に属する土地およびその上に存する建物が同時に抵当権の目的となった場合には，同条は適用されず，法定地上権は成立しない。

イ：Aが所有する土地に抵当権が設定・登記された当時，当該土地上に建物が存在せず，更地であった場合には，その後，当該土地上にA所有の建物が築造され，抵当権の実行により当該土地がBに競落されたとしても，原則として，法定地上権は成立しない。

ウ：AとBが共有する土地の上にAの所有する建物が存在する場合において，Aが当該土地の自己の共有持分に抵当権を設定・登記し，これが実行されて当該土地がCに競落されたときは，Bの意思にかかわらず，法定地上権が成立する。

エ：土地の所有者Aが当該土地上の建物をBから譲り受けたが，当該建物の所有権移転登記を経由しないまま当該土地に抵当権が設定・登記された場合において，抵当権の実行により当該土地がCに競落されたときは，法定地上権は成立しない。

オ：Aが所有する土地に一番抵当権が設定・登記された当時，当該土地上の建物をBが所有していた場合には，その後，Aが当該建物をBから譲り受け，当該土地に後順位抵当権が設定・登記されたとしても，一番抵当権が実行され，当該土地がCに競落されたときは，法定地上権は成立しない。

1 ア，イ　**2** ア，ウ　**3** イ，オ
4 ウ，エ　**5** エ，オ

（参考）民法
（法定地上権）
第388条　土地及びその上に存する建物が同一の所有者に属する場合において，その土地又は建物につき抵当権が設定され，その実行により所有者を異にするに至ったときは，その建物について，地上権が設定されたものとみなす。（以下略）

＊＊
No.11　根抵当権に関するア～オの記述のうち，妥当なもののみをすべて挙げているのはどれか。　【国家一般職・平成30年度】

ア：根抵当権者は，確定した元本については極度額を限度としてその根抵当権を行使することができ，利息や債務の不履行によって生じた損害の賠償金については，元本との合計額が極度額を超える場合にも，その根抵当権を行使することができる。

イ：根抵当権の極度額を変更する場合には，利害関係者の承諾を得る必要があるが，元本の確定前に根抵当権の担保すべき債権の範囲を変更する場合には，第三者の承諾を得ることを要しない。

ウ：根抵当権の担保すべき元本が確定する期日は，当事者間の合意により何年先であっても自由に設定および変更することができるが，期日の変更について，変更前の期日より前に登記をしなかったときは，担保すべき元本はその変更前の期日に確定する。

エ：根抵当権の元本の確定前に債務者の保証人が債務者に代わって弁済をした場合には，保証人は根抵当権を行使することができない。

オ：元本の確定前に根抵当権者が死亡した場合，根抵当権の被担保債権の範囲は，相続開始の時に存する債権をもって自動的に確定する。

1　ア，ウ
2　ア，オ
3　イ，エ
4　イ，オ
5　ウ，エ

実戦問題2の解説

No.6の解説　抵当権

→問題はP.389

ア○　債務者・設定者に対しては，被担保債権と同時でなければ時効消滅しない。

妥当である（396条）。前半については，**債務者や物上保証人が債務を弁済せずに抵当権の時効消滅を主張することは**，自ら行った行為（債務負担や抵当権設定）に反する行動をとるという意味で，**信義に反するので許されない**（大判昭15・11・26）。→必修問題選択肢4

後半については，166条2項により正しい。

イ×　物上保証人が債務者への執行を求めても，抵当権者に応じる義務はない。

単なる保証人の場合には，「債務者に弁済をする資力があり，かつ，執行が容易であることを証明したときは，債権者は，まず主たる債務者の財産について執行をしなければならない」という制約がある（453条，**検索の抗弁**という）。しかし，抵当権にはこのような制約はない。したがって，債務者に弁済の資力があっても，先に抵当権を実行（競売申立て）して構わない。

競売申立ては手続的にかなり煩瑣であり，その煩わしさで実質的に検索の抗弁と同じような効果があるので，あえて抵当権にこのような抗弁を設ける必要はない。

ウ×　抵当権者は，原則として転貸賃料債権について物上代位権を行使できない。

判例は，転貸人である抵当不動産の賃借人を所有者と同視することを相当とするときを除いて，転貸賃料債権について物上代位権を行使することはできないとしている（最判平12・4・14）。→No.4選択肢2

エ×　競売妨害目的を有する占有者に対しては，妨害排除請求権を行使できる。

判例は，抵当権に基づく妨害排除請求として，占有者にその占有の排除を求めることができるとする（最判平17・3・10）。→No.4選択肢3

オ×　時効完成後に抵当権設定しても，再度の時効が完成すれば抵当権は対抗不可

仮にCの権利が抵当権でなく所有権の場合，Cは時効完成前の第三者であるから，BはCに登記なくして所有権を主張でき，Cは所有権を失うことになる（→テーマ9「時効」No.8ウ）。そして，抵当権は所有権のうちの処分権能を利用するにすぎないところ，完全な所有権でさえBに対抗できないのであるから，その一部にすぎない抵当権がBに対抗できるはずがない。

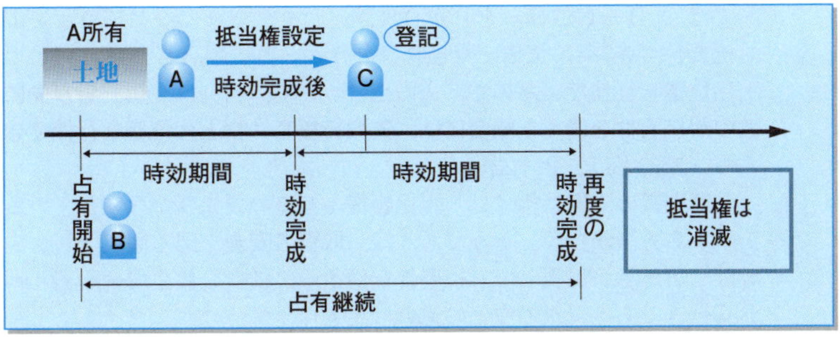

判例は，占有者Bが再度の「時効取得に必要な期間占有を継続したときは，占有者が抵当権の存在を容認していたなど抵当権の消滅を妨げる特段の事情がない限り，占有者は，不動産を時効取得し，その結果，抵当権は消滅する」とする（最判平24・3・16）。

以上から，妥当なものは**ア**のみであり，正答は**1**である。

No.7 の解説　物上代位

→問題はP.390

ア×　相殺には，抵当権設定登記前に賃貸人に対する債権の取得が必要である。

本肢の事例を時系列で示すと次のようになる。①抵当権設定契約と登記，②抵当不動産を賃貸，③賃貸人に対する債権を賃借人が取得，④物上代位による賃料債権の差押え，⑤賃借人が賃料債権と③の債権を相殺する旨の意思表示。

抵当権設定登記以前に取得した債権であれば，相殺についての期待は保護される。しかし，「被担保債権について不履行があったときは抵当権の効力は担保不動産の収益に及ぶが，そのことは**抵当権設定登記によって公示されている**」ので，**賃借人は抵当権者の物上代位権行使の可能性を認識できる**ことから，①以後に取得した債権での相殺は認められない。

そのため，判例は，相殺が認められるには，賃貸人に対する債権を抵当権設定登記の「前」に取得することが必要であるとする（最判平13・3・13）。

イ○　動産売買先取特権者は，転売代金債権譲渡に対抗要件があれば物上代位不可

妥当である（最判平17・2・22）。本肢は純粋に先取特権の問題で，抵当権とは関係がない。そのことを念頭に置いて考えてみよう。

まず，動産売買の先取特権とは，買主Bが売った物（動産）の代金や利息を支払わない場合に，売主Aがその動産について優先弁済権を有するというものである（321条）。買主が「代金を支払っていない＋売った物を返さない」場合に，この担保が有効となる。

そして，買主BがそれをCに転売した場合には，目的動産は「B→Cの転売代金債権」に形を変えたということができるので，Aはそれに対して物上代位権を行使できる（差し押さえてAに代金を払わせることができる）。

では，「B→C債権」をBがDに譲渡して，それについてDがAより先に対抗要件（467条）を備えた場合はどうか。この場合も，Aは同じように物上代位権を行使できるのか。この点について，判例は，**第三者が先に債権譲渡の対抗要件を備えた場合には，先取特権者は物上代位権を行使できない**とする（最判平17・2・22）。

動産売買の先取特権には，担保物権としての優先権が存在していることを公示する方法がない。そうであれば，**取引の安全**を図る観点から，先取特権者は，第三者が出現して対抗要件を備える前に転売代金債権を差し押さえておくべきである（次の**ウ**との違いに注意）。

ウ ×　抵当権者は，目的債権が譲渡され対抗要件が備えられても物上代位権行使可

判例は，「**抵当権の効力が物上代位の目的債権についても及ぶことは抵当権設定登記により公示されている**」ことなどを理由に，「民法304条１項の趣旨目的に照らすと，同項の『払渡または引渡』には債権譲渡は含まれず，抵当権者は，物上代位の目的債権が譲渡され第三者に対する対抗要件が備えられた後においても，自ら目的債権を差し押さえて物上代位権を行使することができる」とする（最判平10・１・30）。→No.２Ⅲ説

エ ○　敷金は未払い賃料に優先充当されるので，物上代位の目的とはならない。

妥当である。判例は，「敷金契約が締結された場合は，賃料債権は敷金の充当を予定した債権になり，このことを抵当権者に主張することができる」，したがって「敷金が授受された賃貸借契約に係る賃料債権につき抵当権者が物上代位権を行使してこれを差し押さえた場合においても，当該賃貸借契約が終了し，目的物が明け渡されたときは，**賃料債権は，敷金の充当によりその限度で消滅する**」とする（最判平14・３・28）。

オ ×　目的債権について転付命令が送達されれば，物上代位権は行使できない。

転付命令とは，差押えを受けた債権を代物弁済として差押債権者に移す（転付する）ことによって債権の満足を図るという強制執行の手段である（民事執行法159条）。そして，転付命令の効力について，法は「転付命令に係る金銭債権が存する限り，その券面額で，転付命令が第三債務者に送達された時に弁済されたものとみなす」としている（同160条）。

つまり，**転付命令が送達されると同時に転付命令に記載された券面額で債務は消滅する**ことになる。そして，これは法が定めた効力であるから，抵当権者が物上代位権を主張することは認められない（最判平14・３・12）。

以上から，妥当なものは**イ**と**エ**であり，正答は**3**である。

No.8 の解説　物上代位

→問題はP.391

ア ×　目的物の交換価値を支配する権利ではない留置権には物上代位権はない。

留置権（295条）には物上代位権（304条）は認められていない。

イ ○　一般債権者が差押えをした後でも，先取特権者は物上代位権を行使できる。

妥当である。一般債権者と先取特権者では後者が優先することや，差押えは処分禁止の効力を有するにとどまることなどから，判例は一般債権者が差押えをした後であっても，先取特権者は物上代位権を行使できるとする。（最判昭60・７・19）。

ウ ○　目的債権について転付命令が送達されれば，物上代位権は行使できない。

判例は，「転付命令に係る金銭債権（被転付債権）が抵当権の物上代位の目的となり得る場合においても，転付命令が第三債務者に送達される時までに抵当権者が被転付債権の差押えをしなかったときは，転付命令の効力を妨げることはできず，差押命令及び転付命令が確定したときには，**転付命令が**

第三債務者に送達された時に被転付債権は差押債権者の債権及び執行費用の弁済に充当されたものとみなされ，抵当権者が被転付債権について抵当権の効力を主張することはできない」とする（最判平14・３・12）。→No.７オ

エ○ 抵当権者は，目的債権が譲渡され対抗要件が備えられても物上代位権行使可

妥当である（最判平10・１・30）。→No.２Ⅲ説

オ× 転貸借関係が仮装のものであれば転貸賃料債権についても物上代位できる。

抵当権者による賃料の差押えを免れる目的で，賃貸借を仮装したうえで，転貸借関係を作出したものであるなど，抵当不動産の賃借人（C）を所有者（B）と同視することを相当とする場合には，判例は「賃借人が取得すべき転貸賃料債権に対して抵当権に基づく物上代位権を行使することを許すべき」とする（最決平12・４・14）。→No.４選択肢２

以上から，妥当なものは**イ**，**ウ**，**エ**の３つであり，正答は**4**である。

No.9 の解説　法定地上権

→問題はP.392

ア× 法定地上権も，第三者に対抗するには登記が必要である。

法定の要件を満たした場合，民法は**法定地上権**（388条）の成立を認めるが，**それが認められた場合には，権利者は速やかに登記をしなければならない**。これは，地上権の存在を公示して，取引の安全を図るためである。したがって，法定地上権も登記がなければ第三者に対抗できない（最判昭44・４・18）。

イ× 設定時に土地と建物の所有者が同一であれば，法定地上権が成立する。

抵当権設定時において土地利用権（自己借地権）の設定ができないことや，抵当権者は現地を見て担保価値を評価することなどから，抵当権者を害するおそれがないことがその理由である。→No.４選択肢４

ウ× 後順位設定時に土地と建物の所有者が違えば，法定地上権は成立しない。

まず，抵当権設定時に土地と建物が同一の所有者に属していなければ，そこにはなんらかの土地利用権が設定されているはずであるから，法定地上権は成立しない。したがって，その後に後順位の抵当権が設定され，その時点で土地と建物が同一の所有者に属していたとしても，先順位の抵当権者が抵当権を実行すれば，法定地上権は成立しないことになる。

ところが，判例は，**先順位の抵当権が解除されて消滅すれば，後順位の抵当権を基準に法定地上権の成否を判断**せよという（最判平19・７・６）。そうなると，**後順位の抵当権が設定された時点では土地と建物が同一の所有者に属している**のであるから，**法定地上権が成立**することになる。

その理由として，判例は，「甲抵当権が被担保債権の弁済，設定契約の解除等により消滅することもあることは抵当権の性質上当然のことであるから，乙抵当権者としては，そのことを予測した上，その場合における順位上昇の利益と法定地上権成立の不利益とを考慮して担保余力を把握すべき」で

あるとする。つまり，先順位の抵当権が弁済や解除によって消滅することを予測して，法定地上権が成立することも考慮しつつ抵当権を設定するかどうかを判断せよということである。

しかし，一番抵当権がすんなりと実行に至れば法定地上権は成立しないのであるから，解除などという不確定な将来の事実を，後順位者に予測させるのは酷である。そのため，**この判例に対しては，担保の安定性を害するという批判が強い。したがって，この判例だけ，結論を別途覚えておくしかない。**

エ○ 共同抵当の建物が壊され，その後新築されても，法定地上権は成立しない。

妥当である。順を追って考えよう。

まず**共同抵当**とは，**抵当権者が土地と建物の双方を担保としてつかんでいるということ**である。そして，本肢の「所有者が土地および地上建物に共同抵当権を設定した後，当該建物が取り壊された」場合には，土地は更地になるので，抵当権者が掴んでいる担保価値は減少しない。建物の担保価値は，取り壊しによってゼロになるが，**更地は何にでも使えるので**，価値としては建物が建っている場合よりも高く，**建物の担保価値がゼロになったのを十分カバーできる。**

では，そこに新たに建物が建築された場合はどうなるか。**この建物のために法定地上権の成立が認められるとすると，土地の担保価値は大幅に下落する。**さらに，新築の建物には抵当権の設定はないのであるから，当初の共同抵当の場合よりもがぜん不利になる。

そのため，判例は，「新建物の所有者が土地の所有者と同一であり，かつ，新建物が建築された時点での土地の抵当権者が新建物について土地の抵当権と同順位の共同抵当権の設定を受けたときなど特段の事情のない限り」，**新建物のために法定地上権は成立しない**とする（最判平９・２・14）。

オ○ 土地が単独所有で建物が共有なら，その全員について法定地上権が成立する。

妥当である（最判昭46・12・21）。→No.３選択肢５

以上から，妥当なものは**エ**と**オ**であり，正答は**5**である。

No.10 の解説　法定地上権

→問題はP.393

ア ×　同一所有者の土地・建物に同時に抵当権が設定されても法定地上権は成立

土地と建物が同時に抵当権の目的となっている場合にも借地権は設定できないことや，建物が存在していることは現地を見れば明らかであることなどから，判例は，本肢の場合にも388条の適用があるとして法定地上権の成立を認めている（最判昭37・9・4）。

イ ○　抵当権者が更地と評価したことが明らかであれば，法定地上権は不成立。

妥当である（最判昭36・2・10）。法定地上権の成立を認めることは，抵当権者の担保価値の評価を害するからである。→No.３選択肢１

ウ ×　土地が共有で建物が単独所有ならば，法定地上権は成立しない。

土地が共有の場合は，抵当権に関与していない他の共有者（その共有持分）に不利益になるので**法定地上権の成立は認められない**（最判昭29・12・23）。→No.３③

エ ×　設定時に土地と建物の所有者が同一であれば，法定地上権が成立する。

建物につき登記がされているか，所有者が取得登記を経由しているか否かにかかわらず，法定地上権の成立が認められる（最判昭48・9・18）。

→No.４選択肢４

オ ○　一番抵当権設定当時土地と建物の所有者が異なっていれば法定地上権不成立

妥当である。本肢は，No.３の①と②に関連する。

本肢にあるように，「一番抵当権が消滅した時点で，地上建物のための法定地上権が成立する」とすると，競落人は，結局法定地上権の成立した土地を取得することになるので，競売に際して，土地については低い（利用が制限される土地としての）評価しかしないはずである。しかし，それでは，「抵当権設定当時，土地と建物の所有者が異なるので法定地上権は成立しない」として土地の担保価値を高く（自由に利用できる土地として）評価した一番抵当権者を害することになる。そのため，判例は法定地上権の成立を認めない（最判平２・１・22）。

以上から，妥当なものは**イ**と**オ**であり，正答は**3**である。

No.11 の解説　根抵当権

→問題はP.394

ア ×　根抵当権を行使できるのは，債務額が極度額を超えても極度額が限度である。

本肢は後半が誤り。根抵当権は極度額を限度として優先弁済権を認めるもので，それを超えて優先弁済権を認めるものではない（398条の３第１項）。

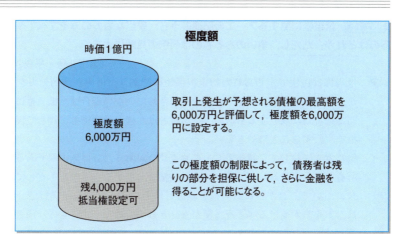

極度額

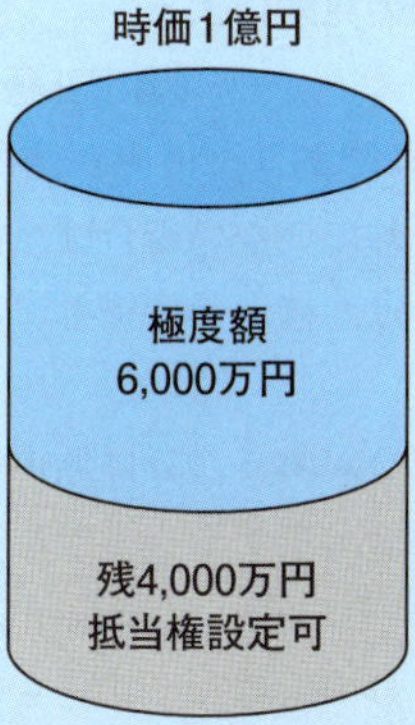

取引上発生が予想される債権の最高額を6,000万円と評価して，極度額を6,000万円に設定する。

この極度額の制限によって，債務者は残りの部分を担保に供して，さらに金融を得ることが可能になる。

イ○ 元本確定前に被担保債権の範囲を変更するには，第三者の承諾を要しない。

妥当である。極度額の変更について398条の５，根抵当権の担保すべき債権の範囲の変更（債権範囲基準の変更）について398条の４第１項前段・２項。→No.５選択肢２

ウ× 確定期日は，これを定めまたは変更の日から５年以内でなければならない。

これは，根抵当権による拘束が不当に長期にわたることを避ける趣旨である（398条の６第３項）。

なお，後半は正しい（同条第４項）。→No.５選択肢２

エ○ 元本確定前に債務者に代わって弁済をしても根抵当権は行使できない。

妥当である。根抵当権は，元本確定時に存在している元本ならびに利息その他の定期金，確定後に生じた債務不履行の遅延損害金（遅延利息）を極度額の範囲で担保するものだからである（398条の７第１項後段）。

→No.５選択肢３

オ× 確定前に根抵当権者が死亡しても，被担保債権の範囲は自動的に確定しない。

元本の確定前に根抵当権者について相続が開始したときは，根抵当権は，相続開始の時に存する債権のほか，相続人と根抵当権設定者との合意により定めた相続人が相続の開始後に取得する債権を担保する（398条の８第１項）。

なお，本肢は覚える必要のないもの，いわゆる惑わし肢である。

以上から，妥当なものは**イ**と**エ**であり，正答は**3**である。

正答 No.6=**1**　No.7=**3**　No.8=**4**　No.9=**5**　No.10=**3**　No.11=**3**

実戦問題❸ 難問レベル

＊＊＊
No.12 抵当権に関するア～エの記述のうち，妥当なもののみをすべて挙げているのはどれか。ただし，争いのあるものは判例の見解による。

【国家Ⅱ種・平成20年度】

ア：抵当権は民法で定められた約定担保物権であり，優先弁済的効力を有するが，抵当権設定契約が結ばれたが登記されていない場合は，抵当権は当事者間では有効に成立するものの，抵当権者は，ほかの債権者に対して優先弁済権を主張することはできない。

イ：債務者Aに対して，債権者B，CおよびDがおり，Dは無担保であるが，A所有の不動産に対して，Bが一番抵当権を，Cが二番抵当権を有している場合において，BがDに抵当権を譲渡し，その後に抵当権が実行されたときは，本来Bが受けるべき配当額が，BとDの債権額に比例して，両者にそれぞれ分配されることとなる。

ウ：債務者Aに対して，債権者BおよびCがおり，Cは無担保であるが，A所有の不動産に対してBが抵当権を有している場合において，AがDに対して有する債権について，Bの物上代位に基づく差押えとCの差押えが競合したときの両者の優劣は，Bの申立てによる差押命令のDへの送達と，Cの申立てによる差押命令のDへの送達の先後によって決せられる。

エ：債務者Aに対して有する債権について，債権者Bが，A所有の甲不動産と物上保証人C所有の乙不動産に対して第一順位の共同抵当権の設定を受けた後，別の債権者Dが，甲不動産に対して第二順位の抵当権の設定を受けた場合において，Bが乙不動産のみについて抵当権を実行し，債権の満足を得たときは，Cの代位権はDに優先し，Bが甲不動産に有した抵当権について代位することができる。

1 ア
2 ア，エ
3 イ，ウ
4 イ，エ
5 ウ

＊＊＊
No.13 **実行前の抵当権の効力に関するア～オの記述のうち，妥当なもののみをすべて挙げているのはどれか。** 【国家一般職・平成24年度】

ア：抵当権の設定登記がされた建物を賃借した者は，賃借権の登記をしていなくとも，競売手続の開始前から建物を使用または収益していれば，その建物の競売における買受人の買受けの時から６か月を経過するまでは，その建物を買受人に引き渡さなくてよい。

イ：抵当権の設定登記がされた建物を賃借した者は，賃借権の登記をしていなくとも，登記をした抵当権を有するすべての者の同意を得ることができれば，その建物が競売されても，当該賃借権は買受人に引き受けられ，存続する。

ウ：自己の所有する建物に抵当権を設定した債務者が，その過失により，当該建物を損傷させた場合，債務者は期限の利益を失う。

エ：抵当権者は，抵当権の設定登記がされた建物を買い受けた第三取得者に対して，その売買代金を自己に支払うことを請求し，抵当権を消滅させることができる。この代価弁済は，売買価格が被担保債権額を下回っている場合に利用されるものであるから，第三取得者の同意を要しない。

オ：抵当権の設定登記がされた建物を買い受けた第三取得者は，自らが申し出た金額を抵当権者に支払うことにより，抵当権の消滅を請求することができる。抵当権者としてはこれに応ずる義務はないが，請求に応じない場合，抵当権者は１か月以内に増価競売の請求をしなければならない。

1 ア，ウ
2 ア，エ
3 イ，ウ
4 イ，オ
5 エ，オ

実戦問題❸の解説

No.12 の解説　抵当権一般

→問題はP.402

ア○　抵当権も登記しなければ他の債権者に優先弁済権を主張できない。

妥当である。抵当権も物権であるから，物権の一般原則に従い，登記しなければその効力を第三者に主張できない（369条1項，177条）。

イ×　優先弁済権を無担保債権者と比例配分するのは抵当権の放棄である。

ＢとＤの債権額に比例して両者に分配されるのは，抵当権の放棄であって抵当権の譲渡ではない（376条1項）。

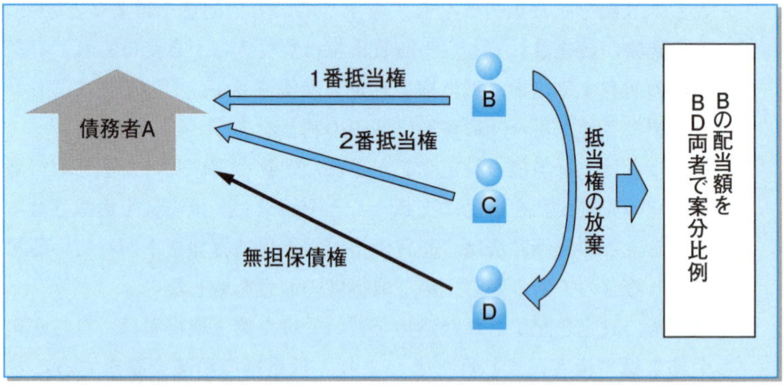

抵当権の譲渡とは，上図でいえば，譲渡人Ｂが**優先弁済を得られる額をＤに譲り渡すこと**をいう。

たとえば，Ｂの被担保債権が1,000万円でＤの債権が1,500万円ならば，Ｄは抵当権の譲渡によってＢの優先部分の1,000万円について優先弁済を受けることができる。なお，Ｄの債権がＢの優先部分より少ない額，たとえば600万円ならば，Ｂは1,000万円から600万円を差し引いた残額の400万円について，なお第一順位で優先弁済を得ることができる。

ウ×　一般債権と物上代位双方の差押えの優劣は差押命令送達と登記の先後で決定

判例は，債権について一般債権者の差押えと抵当権者の物上代位権に基づく差押えが競合した場合には，両者の優劣は一般債権者の申立てによる**差押命令の第三債務者への送達と抵当権設定登記の先後によって決せられる**とする（最判平10・3・26）。

エ○　共同抵当において先に実行された物上保証人の求償権は他の債権に優先する。

妥当である（大判昭4・1・30）。甲乙両不動産に抵当権が設定された場合であっても，本来被担保債権を弁済すべきは甲不動産の所有者たるＡである。したがって，本来であれば，債権者Ｂは甲不動産の競売代金から先に弁済を受けてしかるべきといえる。ただ，共同抵当は，担保の効力を強化するために，どちらから先に（あるいは両者同時に）実行してもよいとされているので，物上保証人Ｃ所有の乙不動産が先に実行された場合には，甲不動産の後順位抵当権者との関係では，Ｃの保護をより厚くすべきである。なぜなら，物上保証人Cは甲不動産から自己の求償権の満足を得られることを期待していたはずであり，その後に甲不動産に後順位抵当権が設定されたことをもって，Cのこのような期待を奪うのは妥当でないからである。

このような観点から，判例は，本肢の場合，Cの代位権はDに優先し，Bが甲不動産に有した一番抵当権を行使して，求償権につき優先弁済を受けることができるとする。

以上から，妥当なものは**ア**と**エ**であり，正答は**2**である。

No.13 の解説　実行前の抵当権の効力

→問題はP.403

本問のテーマである「実行前の抵当権の効力」とは，譲渡や賃貸などの担保不動産の利用と抵当権者の利益調整をどのように図るかの問題である。

抵当権は，目的物を利用しながら担保に供して金融を得られる点で，極めて優れた担保手段とされている。ただ，この長所を生かすための目的物の譲渡や賃貸といった利用が，抵当権者の利益と衝突することも多く，過去には様々なトラブルが生じていた。そこで，この点に対処すべく平成15年の民法改正の際に制度の改正が行われ，両者の利益の合理的な調整が図られた。

本問は，この点の理解を問うものである。

ア○　抵当権に劣後する賃借権も，競売時から６か月は建物を明け渡さなくてよい。

妥当である（395条１項)。本肢のように「抵当権の設定登記がされた建物を賃借」する場合，抵当権の登記が先になされているので，賃借権は抵当権に対抗できない。その結果，抵当権が実行（競売）されると，賃借人は直ちに建物を明け渡さなければならない。しかし，**抵当権をいつ実行するかは抵当権者の判断**によるところが大きいので，**「急に実行されて直ちに退去を迫られる」というのでは，「そんな不安定な家屋には借り手がいなくなる」**ということにもなろう。これでは不動産の十分な活用が図れない。抵当権では，債務者が不動産の家賃を弁済の資に回すケースも多いので，利用が阻害される場合のデメリットは大きい。そこで，15年改正法は新たに**明渡猶予期間**の制度を設け，その期間を**６か月に設定**した。

比較的余裕のある６か月という期間が与えられれば，賃借人はあわてることなく次の住居を探すことができるので，借りる際のハードルは低くなる。また，抵当権者にとっても，「実行から６か月後には確実に賃借権の負担のない建物になる」ことがわかるので担保価値の評価を下げずに済む。これによって両者の利益の調整を図っているわけである。なお，次の点に注意。

●抵当不動産の賃借人の明渡猶予期間
①建物賃借人（○）…認められている。
→「6か月間は買受人に賃借権を対抗できる」という意味ではない。賃借権自体は買受人には対抗できない。ただ単に明渡しを法的に猶予されているにすぎない。
②土地賃借人（×）…認められていない。土地賃借権は短期間保護されてもメリットがないことが理由。

イ × 抵当権登記後の賃借権も抵当権者全員の同意と登記で対抗できるようになる。

登記をした抵当権を有するすべての者の同意を得ることで，賃借権が買受人に引き受けられ存続できるようになるためには，賃借権は登記をしていることが要件となる（387条1項）。

まず，**ここで賃借権の登記とは，抵当権の登記の後に行われたものをさす**。賃借権の登記が先であれば，その賃借権は抵当権に優先するので，賃借人は権利としてそのまま利用を続ければよく，なんら問題は生じない。

本肢で問題になるのは，抵当権に劣後する賃借権について，優良な賃借人が入居しているなどの理由から，「賃借権の存続を認めたほうが，かえって担保価値が高まる」と抵当権者が判断した場合に，それが認められるか，認められるとすればその要件はどうかという点である。

抵当権が先に登記をしていれば賃借権に対抗できるとされるのは，賃借権が負担となって担保価値を下落させ，競売の価格が下がることで被担保債権の十分な満足が得られなくなることを防止するためである（抵当権者の保護）。そうであれば，抵当権者が，賃借権の存続を認めたほうが担保価値が高まると判断すれば，その存続を認めることが目的物の有効利用という観点から望ましい。そこで，15年改正法は，**次の3つを要件として賃借権の存続を認めることとした**（この場合，賃借権は買受人にも対抗できる）。

●抵当権登記後の賃借権についての抵当権者の同意による存続の要件
①賃借権の登記があること
→借地借家法上の対抗要件（土地の場合は建物の登記，建物の場合は引渡し）での代替はできない。必ず賃借権の登記が必要。
②賃借権登記前に登記した抵当権を有するすべての者が同意すること
③抵当権者の同意について登記がなされること
→効力要件である（単なる対抗要件ではない）

このうち，③の要件は，「登記簿上は抵当権の登記が先だから抵当権が優先している」と判断するような第三者に不測の損害を被らせないように，「抵当権者が同意しているので，○△という賃借権は抵当権に優先する」ことを登記簿上で明示的に公示するためである。

ウ○ 債務者が過失で抵当建物を損傷させた場合，債務者は期限の利益を失う。

妥当である（137条２号）。自己の所有する建物に抵当権を設定した債務者は，期限に弁済できない場合でも，抵当権者が競売で十分な弁済が得られるようにするため，担保価値の維持を心がけておかなければならない。したがって，**担保目的物を損傷させた**場合には，信用を損ねる行為として**債務者は期限の利益を失う**。

エ× 代価弁済には，抵当権者と第三取得者双方の合意が必要である。

抵当不動産が第三者（第三取得者）に売却された場合において，その**売買代価を抵当権設定者ではなく抵当権者に支払うことによって抵当権を消滅させる制度**が民法に設けられている。これが**代価弁済**である（378条）。

この代価弁済においては，**抵当権者と第三取得者双方の合意が必要**とされている。

抵当権者は，売買代価が安く設定された場合，その代金を渡されて一方的に抵当権を消滅させられると不利益を被るおそれがある（例：被担保債権は800万円で，競売にかければ1,000万円で落札でき，それで全額を回収できたはずの抵当物件を，設定者が500万円で売却し，第三取得者から自分－抵当権者－にその売買代金を渡された場合，300万円が無担保債権になって残ることになる）。

第三取得者のほうは，売買代金を一番抵当権者に渡してそれを消滅させても，二番抵当権者がいる場合には，その抵当権は消滅しない。それよりも，被担保債権の弁済期に債務者がきちんと弁済して，それで抵当権が消滅することを期待したほうが得という場合もあるかもしれない。

すなわち，状況に応じて有利・不利の選択を認める必要があることから両者の同意が要件となっている。

オ× 増加競売の制度は（旧384条２項），平成15年改正法によって廃止された。

抵当権者に負担が大きく不合理であるというのが廃止の理由である。

以上から，妥当なものは**ア**と**ウ**であり，正答は**1**である。

正答 No.12＝**2**　No.13＝**1**

譲渡担保

必修問題

動産に譲渡担保権を設定した場合に関する次の記述のうち，妥当なものはどれか。ただし，争いがある場合は判例による。 【地方上級・令和元年度】

1 譲渡担保権の設定者は，質権や抵当権の場合とは異なり，被担保債権の債務者でなければならない。

2 動産の譲渡担保権の**対抗要件**は，目的物である動産の引渡しであるが，この引渡しは**占有改定**で足りる。

3 目的物である動産が第三者に侵害された場合でも，譲渡担保権設定者は**物権的請求権**を行使することができない。

4 目的物である動産が滅失等した場合には，譲渡担保権者は，**物上代位権**を行使することができない。

5 譲渡担保権者が譲渡担保権を実行する場合，必ず目的物を第三者に処分し，そこから得た売買代金で債権を回収しなければならず，他の清算方法は認められない。

難易度　＊

必修問題の解説

譲渡担保とは，目的物の所有権をいったん債権者に移転する形をとったうえで，期限に債務者が弁済すれば物の所有権を取り戻すことができるという債権担保の方法である。質権や抵当権と同様に契約によって成立する点で約定担保物権の一種であるが，法律に規定がないので，非典型担保（「法が用意したものではない担保」という意味）と呼ばれる。

なぜこのような非典型担保が存在しているかというと，「担保をもっと自由に設計したい」という点が一番の理由である。法律に規定された典型担保は，質権ならば「相手に担保物を渡さなければならない」，抵当権ならば「目的物は登記できるものに限られる」という前提がまずあって，そのうえ，要件・効果などが法で厳格に規定されている。要するに，「型にはまりすぎて使いにくい」というわけである。

そこで，譲渡担保は，①譲渡できるものなら何でも担保になる，②要件など細かいことは言わない，③実行方法（担保の換価方法）もいたって簡単……となっていて，取引社会で重宝されている。

ただ，この担保方法では，弱い立場にある「融資を受ける側」が不当な要求を押し付けられる危険性があるので，その点については判例が規制をかぶせている。そのため，現在では，当初ほど「うまみのある担保方法」ではなくなってきているが，それでも典型担保よりも自由度は高いとして，よく利用されている。

試験でもしばしば出題されているので，どのような特徴があるかを，問題を通してみていこう。

1 × **譲渡担保権の設定者が債務者でなければならないという制約はない。**

譲渡担保の最大の特徴は担保としての自由度の高さにある。

譲渡担保は，その名が端的に表しているように，「形式は譲渡だが実質は担保」ということである。

どういうことかというと，たとえば，「工場に工作機械を導入したいので融資してほしい」「担保はありますか？」「ありません。でも工作機械は担保になりませんか」「じゃあ，工作機械はそちらで使って構わないので，その所有権を名目的にこちらに渡してください。債務が完済されたら所有権はいただきません」というのが譲渡担保である。

では，返済がない場合はどうなるかというと，①担保である機械を最終的に自分のものにする（**帰属清算型**という），②機械を他に売却して，その代金から融資金を回収する（**処分清算型**という）という実行方法がある。どちらも，**裁判所を通しての競売手続を経なくてよいという手軽さ**が大きなメリットである。

いずれにせよ，本肢で，譲渡担保権設定者について特に制約は存しない。

2 ◎ **動産譲渡担保権の対抗要件としての引渡しは，占有改定でもよい。**

妥当である（最判昭30・6・2）。これも譲渡担保の**自由度の高さの表れ**である。仮に質権の場合であれば，占有改定の方法での担保設定は認められない（345条）。しかし，譲渡担保では，とりあえず**所有権を移したことにすれば，債権者は担保を確保できる**ので，あとは両当事者がそれでよいというのであれば占有改定の方法で設定しても構わない（最判昭30・6・2）。また，そのほうが，肢1の例のように，債務者としても，目的物を使用しながら融資を受けられるというメリットがある。

なお，民法上で占有改定が許容される場合とそうでない場合は，知識が混乱しやすいのでまとめておこう。

占有改定でよい	権利の公示（対抗要件），動産譲渡担保権の設定，占有改定で引渡しを受けた場合の占有回収の訴えの提起
占有改定不可	即時取得，質権設定

3 × **設定者は占有侵害者に対して物権的請求権である返還請求権の行使ができる。**

設定者とは，自己所有物を担保として提供した者のことである（融資の面つまり債権・債務からいえば債務者）。そして，譲渡担保は，形式は所有権譲渡であるが実質（目的）は担保である。したがって，形式上の所有者は担保権者であるが，実質的な所有者は設定者ということになる。そうであれば，設定者は実質的な所有者として，侵害者に対して物権的請求権を行使することができる。

判例も，「譲渡担保は，債権担保のために目的物件の所有権を移転するものであるが，その**所有権移転の効力は債権担保の目的を達するのに必要な範囲内においてのみ認められる**」として，「設定者は，担保権者が換価処分を完結するまでは，被担保債務を弁済して目的物件についての完全な所有権を回復することができるのであるから，正当な権原なく目的物件を占有する者がある場合には，特段の事情のない限り，設定者は，譲渡担保の趣旨及び効力に鑑み，当該占有者に対して（物権的請求権の行使として）その返還を請求することができる」とする（最判昭57・9・28）。

4 × **譲渡担保は担保であるから担保物権の通有性である物上代位権が認められる。**

譲渡担保は，形式的に所有権移転という形をとりながら，「期限に弁済がなければ確定的取得や処分ができる」という方法で**目的物の交換価値を把握している担保物権である**。そのため，譲渡担保には「目的物の交換価値を把握する担保物権の通有性である物上代位性」を認めた304条の規定が類推され，目的物である動産が滅失等をした場合には，譲渡担保権者は，担保物の変形物である損害賠償請求権等に物上代位できるとされている。

5 × **譲渡担保権の実行として，担保権者が自分のものにするという方法も可能**

これを**帰属清算型**という。→選択肢 1

正答 2

FOCUS

譲渡担保は，所有権移転の形式で行われる担保権の設定であるため，形式と実質のどちらを重視するかによって法的な処理が変わってくる。いわゆる譲渡担保の法律構成の問題であるが，この部分が把握できていると，譲渡担保をより深く理解することができる。ただ，法的構成は複雑で混乱を来しやすいので，とりあえず判例の立場（所有権移転）で考えておけばよい（時間に余裕がないときは，深く立ち入らなくてよい）。

重要ポイント1 譲渡担保権の設定

①譲渡担保とは，目的物の所有権をいったん債権者に移転する形をとったうえで，期限に債務者が弁済すれば物の所有権を取り戻すことができるという債権担保の方法である。

②将来発生する不特定の債権を担保するために，譲渡担保権を設定することもできる。これを**根譲渡担保**という。

③譲渡担保は，目的物の所有権が債権者に移転するが，目的物は引き続き債務者が所持してこれを使用する。そのため，引渡しは占有改定の方法で行われる。不動産の場合は所有権移転の登記がなされるので，それが譲渡担保の公示手段（第三者対抗要件）となり，動産の場合は占有改定による占有移転（引渡し）が公示手段（第三者対抗要件）となる。

占有改定の方法による	譲渡担保権設定	○
	質権設定	×
	即時取得	×

重要ポイント2 譲渡担保の効力

（1）当事者間の権利・義務，効力

①譲渡担保は所有権移転の形式をとるが，債権者は目的物について担保目的以上に権利行使しない義務を負う。

②債務者が期限に弁済した場合には，目的不動産の所有権は債務者に復帰する。したがって，債権者が債務者への目的物返還義務に違反してこれを第三者に譲渡した場合には，あたかも債権者から債務者と第三者へ二重譲渡がなされたのと同様の関係になる。そのため，両者の優劣は登記の先後によって決せられる。

　第三者が背信的悪意者の場合には，債務者は登記がなくても所有権の自己への復帰を主張できる。

　なお，債務者が期限に弁済した場合，債務者は直ちに登記の返還手続をとることが可能である（債権者が協力しない場合に備えて，法的手段も準備されている）。

③被担保債権の範囲について，抵当権のような「利息その他の定期金請求権については，満期となった最後の２年分についてのみ」といった制約はない。その範囲については，当事者間で，強行法規または公序良俗に反しない限り自由に定めることができる。

④目的不動産の譲受人は，譲渡担保権設定者（債務者）が譲渡担保権者（債権者）に対して有する清算金支払請求権につき，消滅時効を援用することができる。

（2）受戻権（目的物の取戻権）

①清算を第三者への処分によって行うという処分清算方式の譲渡担保においては，債務者（譲渡担保権設定者）は，弁済期限が経過した後でも，債権者（譲渡担保権者）が第三者に目的物を譲渡（処分）するまでは，債務を弁済して目的物を取り戻すことができる。

②処分清算方式の譲渡担保において，債権者が第三者に目的物を譲渡した場合には受戻権は消滅する。これは第三者が背信的悪意者の場合も同様である。

③受戻権が消滅した場合において，目的物の譲渡を受けた第三者が債務者に対して目的物の引渡しまたは明渡しを要求したときは，債務者は清算金支払請求権を被担保債権として留置権を主張できる。

(3) 集合動産譲渡担保

①構成部分の変動する集合動産であっても，その種類，所在場所等によって目的物の範囲を特定することは可能である。そして，特定ができれば1個の集合物として譲渡担保の目的とすることができる。これを集合動産譲渡担保という。

②集合動産譲渡担保権と動産先取特権が競合した場合には，集合動産譲渡担保権が優先する。

③譲渡担保権には物上代位権が認められている。これは集合動産譲渡担保権の場合も同様である。したがって，集合動産譲渡担保権者は目的物の価値変形物に対して担保権の効力を及ぼすことができる。

●譲渡担保と抵当権・質権の比較

	譲渡担保	抵当権	質　権
目的物	広範 すべての譲渡性のある財産	限定 不動産・地上権・永小作権のみ	広範 すべての譲渡性のある財産
目的物の利用	○	○	×
実行方法	容易 （私的実行）	煩瑣 （公売－担保競売）	煩瑣 （公売－担保競売）

●譲渡担保の法的構成

<table>
<tr><th colspan="3"></th><th>所有権的構成</th><th>担保権的構成</th></tr>
<tr><td colspan="3">法的構成</td><td>所有権移転</td><td>担保権設定</td></tr>
<tr><td colspan="3">所有権者</td><td>譲渡担保権者</td><td>設定者</td></tr>
<tr><td rowspan="3">対外的効力</td><td colspan="2">設定者による処分</td><td>二重譲渡
不動産…登記で優劣が決せられる
動産…即時取得による保護の可能性あり</td><td>担保権の負担のついた所有権の譲渡
（動産の場合は即時取得の可能性あり）</td></tr>
<tr><td rowspan="2">譲渡担保権者による処分</td><td>弁済期前</td><td>有効な譲渡</td><td>不動産の場合は94条2項類推適用，動産の場合は即時取得によって保護される可能性あり</td></tr>
<tr><td>弁済後</td><td>二重譲渡の関係</td><td>同上</td></tr>
</table>

実戦問題

No.1（＊＊） **譲渡担保に関するア～オの記述のうち，判例に照らし，妥当なもののみをすべて挙げているのはどれか。** 【国家Ⅱ種・平成21年度】

ア：将来の債権を譲渡担保の対象とする場合，一定額以上が安定して発生することが確実に期待されることが必要であるから，対象とする債権は1年以内に発生する債権に限られる。

イ：抵当権や先取特権と異なり，譲渡担保権に基づく物上代位を認める余地はない。

ウ：目的不動産を相当の価格で第三者に売却等をする処分清算型の譲渡担保においては，その処分の時までの間は，債務者は，債務の全額を弁済して譲渡担保権を消滅させ，目的不動産の所有権を回復することができる。

エ：譲渡担保権によって担保される債権の範囲について，当事者間においては，強行法規または公序良俗に反しない限り自由に定めることができるが，第三者に対する関係においては，抵当権の被担保債権の範囲と同様の制約を受ける。

オ：いわゆる集合債権を対象とした譲渡担保契約において，当該契約に係る債権の譲渡を第三者に対抗するには，債権譲渡の対抗要件の方法によることができる。

1 ア，イ　**2** ア，エ　**3** イ，ウ　**4** イ，オ　**5** ウ，オ

No.2（＊＊） **譲渡担保に関する次の記述のうち，判例に照らし，妥当なのはどれか。**
【国税専門官／財務専門官／労働基準監督官・平成24年度】

1 譲渡担保権は，民法上規定された物権でないことから，物上代位が認められることはない。

2 所有する不動産につき譲渡担保を設定した債務者が弁済期に債務の弁済をしない場合において，債権者が目的不動産を第三者に譲渡したときは，債務者は，譲渡を受けた第三者がいわゆる背信的悪意者に当たると否とにかかわらず，債務を弁済して目的不動産を受け戻すことができない。

3 所有する不動産につき譲渡担保を設定した債務者が弁済期に債務の弁済をしないときは，債権者は，目的不動産を換価処分するかまたはこれを適正に評価することによって具体化する物件の価額から被担保債権を満足することができ，この場合は，被担保債権額と差し引いて残額があったとしても，これに相当する金銭を清算金として債務者に支払うことは要しない。

4 不動産が譲渡担保の目的とされ，債務者から債権者への所有権移転登記が経由された場合に，債務者が債務を弁済したことにより譲渡担保権が消滅した後に，当該不動産が債権者から善意の第三者に譲渡されたときは，債務者は登記なくして当該不動産の所有権を当該第三者に対抗することができる。

5 譲渡担保の目的物の占有が債権者にある場合は，債務の弁済と譲渡担保の目的物の返還とは，同時履行の関係に立つ。

No.3 ＊＊ **譲渡担保に関する次の記述のうち，妥当なのはどれか。ただし，争いのあるものは判例の見解による。** 【国家一般職・平成29年度】

1 譲渡担保は，民法の予定していない特殊な形態の物的担保であり，判例によって認められてきたものであるが，現在では，譲渡担保契約に関する法律が制定され，同法の規制を受けることとなった。

2 譲渡担保においては，売主は，買主に目的物を譲渡するが，当該目的物の所有権は代金完済までは買主に移転しない旨の特約を結ぶことにより間接的に任意の弁済を促すとともに，代金が支払われないときは売主が契約を解除し，所有権に基づいて目的物を取り戻すことで債権の回収を担保するという形式がとられる。

3 譲渡担保の目的物については，譲渡性のある財産であれば，その性質は問わないため，構成部分が変動する集合動産は，その種類・所在場所・量的範囲等により目的物の範囲が特定される場合には譲渡担保の目的物となるが，将来の債権は譲渡担保の目的物とはならない。

4 譲渡担保権者は，債務者の履行遅滞により目的物の処分権を取得するため，債務者は，債権者が担保権の実行を完了する前であっても，履行遅滞後に残債務を弁済して目的物を受け戻すことはできなくなる。

5 譲渡担保権が実行された場合において，譲渡担保の目的物の価額から被担保債権額を差し引き，なお残額があるときは，譲渡担保権者は当該残額について清算する義務を有し，清算金の支払と目的物の引渡しは，特段の事情のある場合を除き，同時履行の関係に立つ。

＊＊＊
No.4 **XはA会社に対して極度額を20億円とする集合動産譲渡担保を有していた。目的物は，Aの甲倉庫内に存する普通棒鋼，異形棒鋼等の一切の在庫商品である。YはAに異形棒鋼を販売し，Aの敷地内に搬入したが，Aがその代金を支払わなかったため，Yは動産売買先取特権に基づいて競売の申立てを行った。これに対してXは，所有権に基づき第三者異議の訴えを提起した。**

この事例に関する次の記述のうち，判例に照らし，妥当なものはどれか。

【地方上級・平成９年度】

1 「Aの甲倉庫内に存する普通棒鋼，異形棒鋼等の一切の在庫商品」というだけでは，譲渡担保の目的物は特定されたとはいえず，Xの第三者異議の訴えは認められない。

2 Xは，Yの先取特権の対象となっている異形棒鋼について引渡しを受けたといえるから，Xは民法333条にいう「第三取得者」に該当し，Xの第三者異議の訴えは認められる。

3 Xは，民法333条にいう「第三取得者」には該当しないが，民法334条の類推適用により，Xの譲渡担保権はYの動産売買先取特権に優先するので，Xの第三者異議の訴えは認められる。

4 集合動産の譲渡担保については，民法334条および330条２項が類推適用され，譲渡担保権者Xが当該担保権を取得した当時に，Yの動産先取特権があることを知っていたときは，Xの第三者異議の訴えは認められない。

5 Xが集合動産譲渡担保を実行し，集合動産を特定しなければ，集合物を構成する個別の動産に対し譲渡担保権の効力は及ばないと考えられるから，Yの先取特権がXの譲渡担保権に優先することになり，Xの第三者異議の訴えは認められない。

（参考） 民法

第330条① 同一の動産について特別の先取特権が互いに競合する場合には，その優先権の順位は，次に掲げる順序に従う。この場合において，第二号に掲げる動産の保存の先取特権について数人の保存者があるときは，後の保存者が前の保存者に優先する。

一 不動産の賃貸，旅館の宿泊及び運輸の先取特権

二 動産の保存の先取特権

三 動産の売買，種苗又は肥料の供給，農業の労務及び工業の労務の先取特権

② 前項の場合において，第一順位の先取特権者は，その債権取得の時において第二順位又は第三順位の先取特権者があることを知っていたときは，これらの者に対して優先権を行使することができない。第一順位の先取特権者のために物を保存した者に対しても，同様とする。

③　略

第333条　先取特権は，債務者がその目的である動産をその第三取得者に引き渡した後は，その動産について行使することができない。

第334条　先取特権と動産質権とが競合する場合には，動産質権者は，第330条の規定による第一順位の先取特権者と同一の権利を有する。

実戦問題の解説

No.1 の解説　譲渡担保

→問題はP.413

ア×　将来の長期間にわたる債権も，特定性があれば譲渡担保の対象となる。

判例は，譲渡可能な将来の債権の発生時期を1年内に限定しておらず（最判平11・1・29），それを超えた場合の譲渡担保を有効としている（最判平19・2・15）。

もともと譲渡担保は，法的規制が厳しい法定担保物権（質権・抵当権）を避けて，取引社会が，より使いやすい担保手段を実務的に作り上げてきたものである。そのため，**利便性が優先されているので，このような制約はない**と考えればよい。

イ×　抵当権や先取特権と異なり，譲渡担保権に基づく物上代位性がある。

物上代位は，留置権には認められないが，それ以外の担保物権にはすべて認められる。したがって，**譲渡担保でも同様に認められる**（最決平11・5・17）。

ウ○　処分清算型譲渡担保では，債務者は処分時までは受戻権を行使できる。

妥当である。弁済期到来後であっても，債権者が譲渡担保権の実行に着手していなければ，債務者は，債務の全額を弁済して譲渡担保権を消滅させることができる（最判昭62・2・12）。

なぜなら，譲渡担保契約の目的は，債権者が担保目的物の所有権を取得する（あるいは処分する）こと自体にあるわけではなく，その担保物が有する金銭的価値に着目し，その価値の実現によって自己の債権の満足を得ることにあるのであって，目的不動産の所有権取得（あるいは処分）は，このような金銭的価値の実現の手段にすぎないと考えられるからである。

要するに，債務者からの弁済による債権の満足を得られれば，**債権者**としては譲渡担保契約の目的は達成できるので，**あえて弁済期到来の時点で受戻権を消滅させる必要はない**。

なお，判例が示す受戻権（債務の全額を弁済して譲渡担保権を消滅させ，目的不動産の所有権を回復する権利）の行使時期は次のようになっている。

①処分清算型…処分時までの間
②帰属清算型…履行遅滞後に，債権者が債務者に目的不動産を確定的に自己所有に帰せしめる旨の意思表示をしただけでは受戻権は消滅せず，目的不動産の適正評価額が債務の額を上回らない場合にはその旨の通知をするまでの間，目的不動産の適正評価額が債務の額を上回る場合には債権者が債務者に清算金の支払いもしくはその提供をするまでの間は受戻権を行使できる。

エ ×　譲渡担保権の被担保債権の範囲については，抵当権と同じ制約は受けない。

抵当権の場合は，元本以外で生じる利息その他の定期金については，「満期となった**最後の２年分**」しか抵当権で担保されないことになっている（375条１項）。これは，抵当権特有の性格，すなわち**後順位抵当権が設定されることが多いという特質に基づくもの**である。

たとえばＢ銀行がＡ所有の時価5,000万円の不動産を担保として，利息・遅延利息ともに５％の条件で3,000万円を貸し付けたとする。この場合，担保価値としてはあと2,000万円残っているので，Ａがそれを担保として，Ｃ銀行から1,500万円を借りたという場合，上記のような制限がなければどうなるか。

Ｂ銀行は，期限到来後も抵当権を実行せずに待っていれば，３年後には450万円（3,000万円×５％×３年分＝450万円），４年後には600万円の利息を，抵当権を実行して元本とともに優先弁済を受けることができる。しかし，それではＣ銀行は元本すら優先弁済を受けることが危うくなる。そうなると，上記のような制限がなければ後順位抵当権で融資しようという者は現れなくなる。それでは担保の有効利用が図れないとして，上記のような制限が設けられた。

では，譲渡担保の場合はどうか。**譲渡担保は，実質は担保でも目的物をいったん債権者に譲渡する形をとる**。したがって，担保権が設定されている旨を公示する手段がないので，**第三者が担保の範囲について信頼するという事態は起こりえない**。そのため，判例は，第三者に対する関係においても，抵当権の被担保債権の範囲と同様の**制約は受けない**とする（最判昭61・7・15）。

オ ○　集合債権対象の譲渡担保の対抗要件は，債権譲渡の例によって行う。

妥当である（最判平13・11・22）。**集合債権譲渡担保**とは，たとえば，順調に経営を続けている部品メーカーが，工場設備の更新のために，取引先との間で発生する現在および将来の売掛代金債権を担保に，銀行から融資を受けるというような場合である。譲渡担保は，形式的には譲渡の形をとるので，**集合債権の場合には，債権譲渡の対抗要件の方法で担保権の設定を第三者に対抗できる。**

以上から，妥当なものは**ウ**と**オ**であり，正答は**5**である。

No.2 の解説　譲渡担保

→問題はP.413

1 ×　譲渡担保権も交換価値を把握しているので物上代位性が認められる。

物的担保のうちで**物上代位性がないのは留置権だけ**なので，これを覚えておけばよい。譲渡担保権も含めて（最決平11・5・17）留置権以外はすべて物上代位性がある。

2 ◎　弁済期後に譲渡があれば，譲受人が背信的悪意者でも受戻権は消滅する。

妥当である。まず，担保権を設定した者が弁済期に債務の弁済をしなければ，担保権を実行される。これは譲渡担保の場合も同様で，担保を設定する以上は覚悟すべき事項である。そして，**譲渡担保権の実行方法**は，**目的物を他に売却してその代金から優先弁済を得る方法（処分型）**と，**自ら取得する方法（帰属型）**の２通りがある。本肢では，このうち処分型がとられ，かつ譲受人が背信的悪意者であった場合に，その後に弁済資金の調達ができた債務者が，弁済して目的不動産を取り戻す（**受戻し**という）ことができるかが問題になっている。

判例は，たとえ**譲受人が背信的悪意者であっても，債務者は不動産を取り戻す（受け戻す）ことはできない**とする（最判平６・２・22）。

債務者が弁済期に弁済しない場合，債権者は担保権の実行権能すなわち目的物を処分する権能を取得する。そして，この権能を行使して目的物を処分した場合，譲受人が背信的悪意者かどうかで譲渡の効力が左右されるべきではない。**債権者は，単に担保権を実行したというにすぎないからである**。また，そのように解しないと，譲受人が背信的悪意者に当たるかどうかを確知し得る立場にあるとは限らない債権者に，不測の損害を被らせるおそれを生ずることにもなりかねない。

3 × **譲渡担保権者には担保物と債権額の差額について清算義務が課せられる。**

実務界が民法に規定のない譲渡担保という担保手段を生み出したのは，裁判所に競売を申し立てる必要がないという実行の容易さとともに，目的物を丸取りできるうまみがあったという点が指摘されている。たとえば300万円を貸し付けて時価1,000万円の不動産を譲渡の形式で担保に取り，期限に弁済がない場合は清算せずに1,000万円を丸ごと自己の物にする（帰属型）といった具合である。

金策に窮している債務者は，このような方法でも承諾せざるを得ない。しかし，それは債務者の弱みに付け込んだ不当な実行手段である。そのため，判例はこのような丸取りを許さず，**担保権者に清算義務**（上例でいえば差額の700万円を清算金として返還する義務）**を課している**（最判昭46・３・25）。

4 × **弁済による不動産の復帰を第三者に対抗するには登記が必要である。**

弁済した場合，債務者は債権者に対して登記を戻すように要求できる。債権者が協力しない場合には，それに備えて別途法的手段も用意されている。したがって，債務者は「やるべきことをやればよい」だけの話である。それを怠っているうちに**第三者が出現した場合には，いずれが先に登記を備えたかで優劣が決せられる**（最判昭62・11・12）。

5 × **債務の弁済と譲渡担保の目的物の返還とは，同時履行の関係に立たない。**

弁済によって債務が消滅して初めて目的物の返還義務が発生する。したがって，弁済が先であり，両者は同時履行の関係に立たない（最判平６・９・８）。

No.3 の解説　譲渡担保

→問題はP.414

1 ×　譲渡担保は法律に規定のない担保，すなわち非典型担保である。

譲渡担保は，実務界（取引社会）が法律に規定のある担保物権では制約が多いとして，より簡便な方式である「所有権を形式的に譲渡する」という方法での担保設定を考案してきたものである。ただ，当初は「真の譲渡でないということは通謀虚偽表示（94条1項）だから無効」として認められなかった。しかし，その有用性から判例が後にこれを承認し，判例のお墨付きのもとに現在でも活用されている。その担保方法は「所有権を移す」というシンプルなものであることから，判例による規制で足りるとして法制化はなされていない。

2 ×　代金完済まで所有権を買主に移転しないという担保方法は所有権留保である。

本肢は表現が難しいが，案外身近にあるもので，たとえば新車購入の際にクレジット会社でマイカーローンを組むような場合に利用されている。車検証を見るとわかるが，車の購入者は「使用者」とされていて，「所有者」はクレジット会社になっている。購入者がローンを完済すれば自己名義に変更ができるが，通常は手続きが面倒なので行われることは少ない（なお，銀行のマイカーローンは車を担保に取らない無担保融資なので，所有者名も最初から購入者になっている）。

つまり，本肢は，貸金（ローン）の**完済までは融資者側が所有権を留保しておくという担保方法**で，これを**所有権留保**と呼ぶ。

これは，「購入の際に売買目的物を担保にする」というもので，融資を得るために自己所有物を担保に提供する譲渡担保とは利用の局面が異なる。

3 ×　将来の債権も特定性があれば譲渡担保の対象となる。

前半については，**構成部分の変動する集合動産**であっても，**その種類，所在場所等によって目的物の範囲が特定される場合には，１個の集合物として譲渡担保の目的とすることができる**（最判昭54・２・15）。

たとえば，ある工場の倉庫に日常的に製品が搬入され，出荷されるとしても，常態としてある一定量の製品が倉庫内に保管されているとすれば，「倉庫内の製品全部」などと特定したうえで，それを担保として金融を得ることができる。価値のあるものを利用して資金を確保するという点から，集合物譲渡担保は有効な担保手段である。

後半については，将来の債権も特定性があれば譲渡担保の対象となる。

→No. 1 ア

4 ×　債務者は，履行遅滞後でも担保権の実行前なら目的物の受け戻しができる。

債務者は，債権者が担保権の実行を完了する前であれば，履行遅滞後であっても，残債務を弁済して目的物を受け戻すことができる。→No. 1 ウ

5 ◎　清算金の支払いと目的物の引渡しは同時履行の関係に立つ。

妥当である。譲渡担保権者は，すでに目的物の売却によって弁済を受けて

おり，その権利は充足されている。したがって，本肢のように清算金が生じる場合には，それが設定者のもとに確実に返還されるように手段を講じておく必要がある。この点から，**清算金の支払いと目的物の引渡しは同時履行の関係に立つ**と解されている（最判昭46・3・25）。

なお，「債務の弁済と目的物の返還」の場合（→No.２選択肢５）と混同しないように注意。

No.4 の解説　集合動産譲渡担保

→問題はP.415

本問は，最判昭62・11・10の事案をそのままの形で素材としたものである。本事案においては**集合動産の譲渡担保権**と**動産売買の先取特権**という２つの担保権が競合する場合にいずれが優先するかが問題となった（結論から先に述べると，判例は，集合動産の譲渡担保権が動産売買の先取特権に優先するとした）。

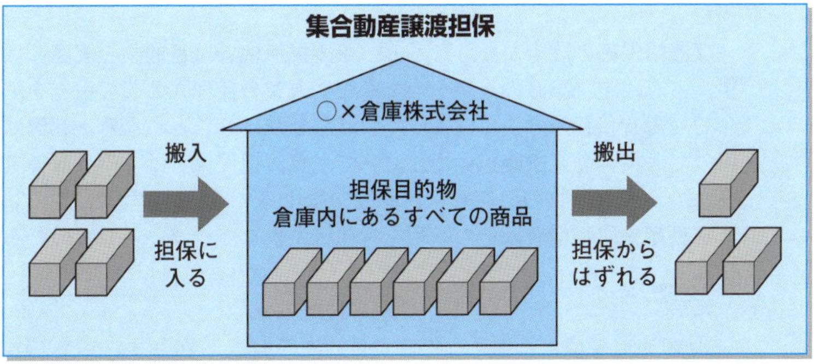

まず，権利関係を整理しておこう。なお，動産売買先取特権とは，動産の売買において売主が商品を引き渡したにもかかわらず買主が代金を支払わないというときに，売買代金債権を担保するために，法がその商品の上に当然に成立を認める担保物権である（311条５号，321条）。

①債権者ＸのＡ会社に対する権利…Ａ会社の倉庫内にある「異形棒鋼等」の在庫商品を目的物とする集合動産譲渡担保権
②異形棒鋼等の売主ＹのＡ会社に対する権利…「異形棒鋼等」を目的物とする売主の動産売買先取特権

↓

すなわち，「異形棒鋼等」はＸ・Ｙ両者の担保目的物となっている。

↓

Ｘの集合動産譲渡担保権とＹの動産売買の先取特権はどちらが優先するか。

↓

判例：譲渡担保権が優先する（Ｘが勝つ）…**本問の結論**

本問の事案で問題となったのは，両者の優劣の判断基準である。

判例は，双方の権利の公示力の弱さを考慮して，一般的な判断基準である「公示手段の具備の先後」を用いずに，「いずれを優先するのが社会的な利益が大きいか」という点に重点を置いて判断した。

そして，両者を比較すると，本問に「極度額20億円」とあることからわかるように，集合物譲渡担保は企業の資金調達に極めて重要な役割を果たしている。集合物譲渡担保を使えば，企業は20億円という巨額の金銭を借り入れることができるのである。ところが，このような優れた金融担保の手段を公示のない他の担保物権（動産売買先取特権）に劣後させるとすれば，集合物譲渡担保に対する信頼が薄らいで，集合物だけでは企業の資金調達は困難になる。そこで**判例は，集合動産譲渡担保権を動産先取特権に優先させた**わけである。

判例は，そのための理論構成として，「動産先取特権は，第三取得者が目的物の引渡しを受けた後はこれを行使できない」とする規定（333条）を用いた。

譲渡担保権の設定がなされると，譲渡担保権者は目的物を実際には受領せず，占有改定（譲渡人Ａがそのまま譲受人Ｘの代理人として占有を続ける観念的な占有移転の方法）によって引渡しを受けることになる。判例はこれを用いて，集合動産譲渡担保権において，譲渡担保権者は「第三取得者」に該当し，かつ目的物の引渡しを占有改定によって受けているので，333条により，動産先取特権者はその権利を行使（主張）できないとしたのである。

◇判例の理論構成◇

①動産先取特権は，第三取得者が目的物の引渡しを受けた後はこれを行使できない（333条）。

→そうなると，この規定を使って，「第三取得者」が「引渡しを受けた」という事実が認定できれば，動産先取特権者は権利を行使できなくなる。つまり，譲渡担保権者を勝たせることができる。（よし！この規定を使おう）

②「第三取得者」

判例の採用する所有権的構成によれば，担保目的物の所有権は譲渡担保権者に移転する。つまり，譲渡担保権者Ｘは第三取得者となる。

③「引渡しを受けた」

債務者が動産の占有を取得した場合，その動産は自動的に譲渡担保の目的物である集合物に含まれることになる。

そうなると，債権者Ｘは占有改定によって引渡しを受けたことになる。

④第三取得者Ｘが引渡しを受けたことにより動産先取特権は消滅し，Ｘが勝つ。

以上を前提に本問を検討すると，次のようになる。

本問の**第三者異議の訴え**とは強制執行の排除を求める訴えのことである（民事執行法38条）。これは，自分に劣後する者が，自分を差し置いて強制執行をしようとしている場合にその中止を求めるものである。

本問では，動産先取特権者Ｙが集合動産譲渡担保権者Ｘを差し置いて強制執行をしようとしている。したがって，Ｘは333条にいう「第三取得者」に該当することを理由に，その中止を求めて第三者異議の訴えを提起できる。

以上から，正答は**2**である。

正答 No.1＝**5**　No.2＝**2**　No.3＝**5**　No.4＝**2**

索　引

【あ】
悪意……23
悪意占有……256

【い】
意思能力……20
意思の不存在……85
意思表示……85
意思表示の到達……87
囲繞地通行権……281
入会権……216,312

【う】
受戻権……411

【え】
永小作権……312

【か】
解除条件……158
加工……281
瑕疵ある意思表示……85
果実……75
間接占有……256

【き】
期間……160
期限……160
危難失踪……48
境界……281
強迫……86
共有……297
共有持分……298

【く】
区分地上権……312

【け】
原始取得……240
顕名……109
権利質……362
権利能力……20
権利能力なき社団……62

【こ】
行為能力……20
公示の原則……207
公信の原則……207
混和……280

【さ】
詐欺……86
先取特権……345
錯誤……86
指図による占有移転……257

【し】
時効（制度）……174
時効の援用……174
時効の利益の放棄……174
自己契約……110
自主占有……256
質権……361,412
失踪宣告……48
集合動産譲渡担保……412
従物……75
取得時効……175
取得時効と登記……217
主物……75
承役地……313
承継取得……240
条件……158
承諾転質……362
譲渡担保……411
消滅時効……175
所有権……280
親権の共同行使の原則……23
心裡留保……85

【せ】
制限行為能力者……20
成年被後見人……21
責任転質……362
善意……23
善意占有……256
占有……256
占有回収の訴え……257
占有改定……257
占有権の消滅……258
占有訴権……257
占有保持の訴え……257
占有保全の訴え……257

【そ】
相続と登記……216
双方代理……110
相隣関係……281
即時取得……239

【た】
胎児の権利能力……55
代理権……108
代理行為……109
代理人の行為能力……109
他主占有……256
担保物権……332

【ち】
地役権……313
地役権に基づく物権的請求権……322
地上権……312
直接占有……256
賃借権……216

【つ】
追認……22,144
通行地役権……216
通謀虚偽表示……85

【て】
停止条件……158
抵当権……375,412

転質……362
天然果実……75
添付……280

【と】
登記……216
登記請求権……217
動機の錯誤……86
動産……75
動産質……361
特別縁故者……305
特別失踪……48
取消し……143

【ね】
根譲渡担保……411
根担保……369
根抵当権……385

【ひ】
被保佐人……21
被補助人……21
表見代理……112

【ふ】
復代理……109
付合……280
普通失踪……48
物権……207
物権的請求権……207
物権変動と登記……216
物権法定主義……207
物上代位……375
不動産……74
不動産質……362
不動産登記……217
不動産物権変動……216

【ほ】
法人……62
法人の不法行為……63
法定果実……75
法定担保物権……344
法定地上権……376
法定追認……22

【み】
未成年者……20
未分離の果実……74

【む】
無権代理……111
無権代理と相続……111
無効……143
無主物の先占……280

【め】
明認方法……79

【も】
持分権……298
物……74

【よ】
要役地……313
用益物権……312

【り】
留置権……344
立木……74
隣地使用権……281
隣地通行権……281

●本書の内容に関するお問合せについて

『新スーパー過去問ゼミ』シリーズに関するお知らせ，また追補・訂正情報がある場合は，小社ブックスサイト（jitsumu. hondana. jp）に掲載します。サイト中の本書ページに正誤表・訂正表がない場合や訂正表に該当箇所が掲載されていない場合は，書名，発行年月日，お客様の名前・連絡先，該当箇所のページ番号と具体的な誤りの内容・理由等をご記入のうえ，郵便，FAX，メールにてお問合せください。

〒163-8671　東京都新宿区新宿 1-1-12　実務教育出版　第二編集部問合せ窓口
FAX：03-5369-2237　　E-mail：jitsumu_2hen@jitsumu.co.jp

【ご注意】
※電話でのお問合せは，一切受け付けておりません。
※内容の正誤以外のお問合せ（詳しい解説・受験指導のご要望等）には対応できません。

公務員試験
新スーパー過去問ゼミ６　**民法Ⅰ**

2020年９月30日　初版第１刷発行　〈検印省略〉
2023年２月10日　初版第５刷発行

編　者　資格試験研究会
発行者　小山隆之

発行所　株式会社　実務教育出版
〒163-8671　東京都新宿区新宿1-1-12
☎ 編集　03-3355-1812　　販売　03-3355-1951
振替　00160-0-78270

組　版　明昌堂
印　刷　精興社
製　本　ブックアート

ISBN 978-4-7889-3727-7 C0030　Printed in Japan